Die Bonus-Seite

Ihr Vorteil als Käufer dieses Buches

Auf der Bonus-Webseite zu diesem Buch finden Sie zusätzliche Informationen und Services. Dazu gehört auch ein kostenloser **Testzugang** zur Online-Fassung Ihres Buches. Und der besondere Vorteil: Wenn Sie Ihr **Online-Buch** auch weiterhin nutzen wollen, erhalten Sie den vollen Zugang zum **Vorzugspreis**.

So nutzen Sie Ihren Vorteil

Halten Sie den unten abgedruckten Zugangscode bereit und gehen Sie auf **www.galileocomputing.de**. Dort finden Sie den Kasten **Die Bonus-Seite für Buchkäufer**. Klicken Sie auf **Zur Bonus-Seite/Buch registrieren**, und geben Sie Ihren **Zugangscode** ein. Schon stehen Ihnen die Bonus-Angebote zur Verfügung.

Ihr persönlicher **Zugangscode**

Anne Grabs, Jan Sudhoff

Empfehlungsmarketing im Social Web

Kunden gewinnen und Kunden binden

Liebe Leserin, lieber Leser,

unsere Autoren nehmen Sie mit auf Konsumentenreise! Denn wenn Sie verstehen, wie sich das Kaufverhalten ändert und warum Kunden immer mehr »Gestalter« von Kauf- und Entscheidungsprozessen werden statt nur zu konsumieren, dann werden Sie auch die richtigen Maßnahmen ergreifen, um Ihr Geschäft den neuen Anforderungen anzupassen.

Lassen Sie sich von unseren Experten für Empfehlungsmarketing und Social Commerce begleiten! Anne Grabs, Social-Media-Expertin der ersten Stunde, und Jan Sudhoff, spezialisiert auf Vertrieb und Kundenbindung, zeigen Ihnen, wie man sowohl als stationärer als auch als Online-Händler von den neuen Kunden und Möglichkeiten profitieren kann.

Sie müssen kein Social-Media-Experte sein, um dieses Buch zu verstehen. Sie sollten aber bereit sein, das Internet als Freund zu nutzen und nicht als Konkurrent zu verteufeln.

Bereit dazu? Dann verspreche ich Ihnen, dass Sie dieses Buch mit »Gewinn« lesen werden!

Dieses Buch wurde mit großer Sorgfalt lektoriert und produziert. Sollten Sie dennoch Fehler finden oder inhaltliche Anregungen haben, scheuen Sie sich nicht, mit mir Kontakt aufzunehmen. Ihre Fragen und Änderungswünsche sind jederzeit willkommen. Ich freue mich auf den Dialog mit Ihnen.

Ihr Stephan Mattescheck

stephan.mattescheck@galileo-press.de
www.galileocomputing.de
Galileo Press · Rheinwerkallee 4 · 53227 Bonn

Auf einen Blick

1	Der Handel im Wandel	17
2	Social Commerce	47
3	Nutzen Sie Digitales Marketing	75
4	Mobile Commerce	109
5	Die Prinzipien des Handels	143
6	Strategien für erfolgreichen Handel	183
7	Wichtige Tools für Onlinehändler und stationäre Händler	307

Wir hoffen sehr, dass Ihnen dieses Buch gefallen hat. Bitte teilen Sie uns doch Ihre Meinung mit. Eine E-Mail mit Ihrem Lob oder Tadel senden Sie direkt an den Lektor des Buches: *stephan.mattescheck@galileo-press.de*. Im Falle einer Reklamation steht Ihnen gerne unser Leserservice zur Verfügung: *service@galileo-press.de*. Informationen über Rezensions- und Schulungsexemplare erhalten Sie von: *britta.behrens@galileo-press.de*.

Informationen zum Verlag und weitere Kontaktmöglichkeiten finden Sie auf unserer Verlagswebsite *www.galileo-press.de*. Dort können Sie sich auch umfassend und aus erster Hand über unser aktuelles Verlagsprogramm informieren und alle unsere Bücher versandkostenfrei bestellen.

An diesem Buch haben viele mitgewirkt, insbesondere:

Lektorat Stephan Mattescheck
Korrektorat Beate Darius
Fachgutachten Adrian Hotz
Herstellung Melanie Zinsler
Typografie und Layout Vera Brauner
Einbandgestaltung Barbara Thoben, Köln
Titelbild Sabine Tress, Green Voodoo, 110 x 90cm, 2012, Acryl auf Leinwand
Satz III-satz, Husby
Druck und Bindung Himmer, Augsburg

Dieses Buch wurde gesetzt aus der Linotype Syntax (9,25/13,25 pt) in FrameMaker. Gedruckt wurde es auf chlorfrei gebleichtem Offsetpapier (90 g/m^2).

Der Name Galileo Press geht auf den italienischen Mathematiker und Philosophen Galileo Galilei (1564–1642) zurück. Er gilt als Gründungsfigur der neuzeitlichen Wissenschaft und wurde berühmt als Verfechter des modernen, heliozentrischen Weltbilds. Legendär ist sein Ausspruch *Eppur si muove* (Und sie bewegt sich doch). Das Emblem von Galileo Press ist der Jupiter, umkreist von den vier Galileischen Monden. Galilei entdeckte die nach ihm benannten Monde 1610.

Bibliografische Information der Deutschen Nationalbibliothek
Die Deutsche Nationalbibliothek verzeichnet diese Publikation in der Deutschen Nationalbibliografie; detaillierte bibliografische Daten sind im Internet über *http://dnb.d-nb.de* abrufbar.

ISBN 978-3-8362-2038-5
© Galileo Press, Bonn 2014
1. Auflage 2014

Das vorliegende Werk ist in all seinen Teilen urheberrechtlich geschützt. Alle Rechte vorbehalten, insbesondere das Recht der Übersetzung, des Vortrags, der Reproduktion, der Vervielfältigung auf fotomechanischem oder anderen Wegen und der Speicherung in elektronischen Medien.

Ungeachtet der Sorgfalt, die auf die Erstellung von Text, Abbildungen und Programmen verwendet wurde, können weder Verlag noch Autor, Herausgeber oder Übersetzer für mögliche Fehler und deren Folgen eine juristische Verantwortung oder irgendeine Haftung übernehmen.

Die in diesem Werk wiedergegebenen Gebrauchsnamen, Handelsnamen, Warenbezeichnungen usw. können auch ohne besondere Kennzeichnung Marken sein und als solche den gesetzlichen Bestimmungen unterliegen.

Inhalt

Über dieses Buch 13

1 Der Handel im Wandel 17

1.1 Die neue Konsumentenreise 17
    1.1.1 Die Produktrecherche hat sich ins Web verlagert 18
    1.1.2 Konsumenten vertrauen Konsumenten 19
    1.1.3 Der ROPO-Effekt – Online recherchieren, im Handel kaufen 19
    1.1.4 Zeitsparend, erlebnisreich und praktisch – Was Kunden am Online-Einkauf schätzen 21
    1.1.5 Der Laden wird zum Showroom 22
    1.1.6 Vom Neukunden zum Markenbotschafter 23

1.2 Wie Onlinehändler von Social Media profitieren 27
    1.2.1 Der Handel war schon immer sozial 28
    1.2.2 Empfehlungen unter Shoppingfreunden 29
    1.2.3 Der Onlinehandel kennt seine Kunden besser 31
    1.2.4 Kleinere Händler sind die Gewinner im Social Web 31

1.3 Die Karten sind neu gemischt 32
    1.3.1 Der Heimvorteil des Ladengeschäfts 34
    1.3.2 Jede dritte Suchanfrage hat lokalen Bezug 35
    1.3.3 Werden Ladengeschäfte in Zukunft verschwinden? 36

1.4 Mobile Commerce: Smart-Shopper erobern die Märkte 37
    1.4.1 Mobile Recherchen führen zum Kaufabschluss 38
    1.4.2 Mobiles Einkaufen mit Smartphones und Tablets 39
    1.4.3 Onlineshopping über interaktive Bildschirme 40
    1.4.4 Mobile Commerce auf dem Vormarsch 41

1.5 Stellen Sie Ihren Kunden in den Mittelpunkt! 44
    1.5.1 Kundenzentrierter Handel 45
    1.5.2 Kaufimpulse stimulieren 46

2 Social Commerce 47

- **2.1** Social Media als Entscheidungshilfe für den Kunden 47
  - 2.1.1 Die neue Macht der Konsumenten 48
  - 2.1.2 Unternehmen setzen auf Social Media 49
- **2.2** Was versteht man unter Social Commerce? 51
  - 2.2.1 Social Commerce = E-Commerce + Social Media? 53
  - 2.2.2 Social Commerce ist nicht per se Facebook-Commerce 53
  - 2.2.3 Ziele des Social Commerce für den Onlinehandel 55
  - 2.2.4 Ziele des Social Commerce für den stationären Handel 56
- **2.3** Erhöhen Sie Ihre Umsätze durch Bewertungen 56
  - 2.3.1 Bewertungen sind Ihre Earned Media 56
  - 2.3.2 Ohne Bewertungen verlieren Sie potenzielle Kunden 57
  - 2.3.3 Bewertungen im Onlineshop erhöhen die Kaufwahrscheinlichkeit 58
- **2.4** Mehr Traffic für Ihren Onlineshop 59
  - 2.4.1 Mehr Traffic durch Pinterest 60
  - 2.4.2 Kundengewinnung mit relevanter Werbung in Social Media 61
- **2.5** Gewinnen Sie neue Kunden durch Empfehlungen 62
  - 2.5.1 Sichern Sie sich wertvolle Empfehlungen 63
  - 2.5.2 Machen Sie Kunden zu Verkäufern 64
- **2.6** Schlagen Sie dem Kunden passende Produkte vor 67
  - 2.6.1 Social Recommendations: Empfehlungen mittels Software 67
- **2.7** Binden Sie Kunden an Ihren Onlineshop 68
  - 2.7.1 Wie man Kunden an ein Socken-Abo bindet – Best Practice Blacksocks 69
  - 2.7.2 Ermöglichen Sie den gemeinsamen Moment des Schenkens 71
- **2.8** Produktinnovation mit der Community 72
- **2.9** Nutzen Sie die Prinzipien des Handels 74

3 Nutzen Sie Digitales Marketing 75

- **3.1** Gehen Sie online – Ihre Kunden sind es schon 75
- **3.2** Digitales Marketing für stationäre Händler 77
  - 3.2.1 Ziele des Digitalen Marketing für stationäre Händler 77
- **3.3** Händlersuche: Adieu Gelbe Seiten, Hallo Google! 79
  - 3.3.1 Restaurants, Shops, Hotels – Wonach wird gesucht? 79

	3.3.2	Die Bedeutung der lokalen Suche von unterwegs	80
	3.3.3	Die mobile lokale Suche führt direkt ins Ladengeschäft	82
3.4	Nutzen Sie Google+ Local – Der Allrounder für stationäre Händler		83
	3.4.1	Wie funktioniert Google+ Local?	83
3.5	Machen Sie Ihr Sortiment auffindbar		87
	3.5.1	Tragen Sie Ihre Produkte bei Google ein	89
3.6	Gewinnen Sie mehr Kunden durch Online-Bewertungen		90
	3.6.1	Kundengewinnung durch Bewertung lokaler Geschäfte bei Google	90
	3.6.2	Bewertungen von Geschäften auf lokalen Bewertungsplattformen	92
3.7	Social Media Marketing für den stationären Handel		93
	3.7.1	Facebook Marketing für den stationären Handel	95
	3.7.2	Empfehlungen mit Check-Ins	96
	3.7.3	Bewertung von Orten bei Facebook	99
	3.7.4	Graph Search – Empfehlungseffekte mit Facebooks »Sozialer Suche«	99
	3.7.5	Social Ads – Kundengewinnung über Facebook-Anzeigen	100
3.8	Digitales Couponing: Locken Sie mit Angeboten und Rabatten		101
	3.8.1	Group Buying: Neukundengewinnung mit digitalen Gruppenrabatten	101
	3.8.2	Facebook Offers: Lokale Angebote für Fans in Facebook	103
	3.8.3	Mobile Coupons	105
3.9	Kaufanreize auf Preisvergleichsportalen		106
3.10	Tipp für Multichannel-Händler		107

4 Mobile Commerce ... 109

4.1	Mobile Endgeräte verändern das Kaufverhalten		109
	4.1.1	Mobile auf dem Vormarsch: Der Absatz mobiler Endgeräte boomt!	111
	4.1.2	Die mobilen Alleskönner vereinen viele Funktionen in einem Gerät	112
4.2	Was genau ist Mobile Commerce?		113
	4.2.1	Kaufvorbereitung mit mobilen Endgeräten	115
	4.2.2	Mobile Shopping: Smartphone-Nutzer shoppen gerne mobil	116
	4.2.3	Mobile Payment: Nutzen Sie mobile Bezahlverfahren	120

4.3 Welche Ziele können Sie mit Mobile Commerce verfolgen? 121
    4.3.1 Ziele für den stationären Handel 121
    4.3.2 Ziele für den Onlinehandel 122
4.4 Nutzen Sie Showrooming 122
    4.4.1 Wie Onlinehänder von Showrooming profitieren 123
    4.4.2 Wie stationäre Händler auf Showrooming reagieren können 124
    4.4.3 Instore-Media am Point of Sale 126
4.5 Erzeugen Sie Kaufimpulse mit mobilen Coupons 127
4.6 Erzielen Sie mehr Umsätze mit mobil optimierten Onlineshops 128
    4.6.1 Optimieren Sie Ihren Onlineshop für mobile Endgeräte 130
    4.6.2 Die Alternative zur teuren Optimierung: Responsive Design 131
4.7 Erhöhen Sie die Kundenbindung mit Shopping-Apps 132
    4.7.1 Shopping-Apps eignen sich für den Multichannel-Handel 133
    4.7.2 Was eine Shopping-App bieten muss 134
4.8 Mobile Payment 139
    4.8.1 Das Potenzial des Mobile Payment 140
    4.8.2 Was ist Mobile Payment überhaupt? 141

5 Die Prinzipien des Handels 143

5.1 Emotion schlägt Ratio 143
    5.1.1 Kaufen nach dem Bauchgefühl 144
    5.1.2 Die sechs Prinzipien kurz erklärt 145
5.2 Das Prinzip Social Proof 147
    5.2.1 Wie funktioniert Social Proof? 147
    5.2.2 Zeigen Sie, was andere Kunden gerade kaufen 148
    5.2.3 Social Proof im stationären Handel 151
5.3 Das Prinzip Autorität 152
    5.3.1 Autoritäten bei Kaufentscheidungen 153
    5.3.2 Mit Autorität verkaufen 153
    5.3.3 Wie der stationäre Handel Autoritäten einsetzen kann 153
    5.3.4 Wie der Onlinehandel gezielt Autoritäten einsetzt 154
    5.3.5 Auch Ihre Kunden sind Autoritäten 156
    5.3.6 Gewinnen Sie Ihre Kunden für Produktempfehlungen 156
5.4 Das Prinzip Knappheit 160
    5.4.1 Nutzen Sie die absatzfördernde Wirkung der künstlichen Verknappung 162

5.4.2	Wie Betreiber von Onlineshops das Prinzip der Knappheit nutzen	163
5.4.3	Die Zeit tickt auch beim Couponing	168
5.4.4	Knappheit bei Shopping-Apps	169

5.5 Das Prinzip Affinität 170
    5.5.1 Menschen mögen, was auch dem Freundeskreis gefällt 170
    5.5.2 Shopping unter Freunden ermöglichen 170

5.6 Das Prinzip Commitment 173
    5.6.1 Warum Menschen sich committen 173
    5.6.2 Erzeugen Sie Commitment 174
    5.6.3 Wie Sie bei Produkttestern Commitment erzeugen 175

5.7 Das Prinzip Reziprozität 177
    5.7.1 Geben und Nehmen 177
    5.7.2 Wie die Reziprozitätsnorm beim Onlinehandel eingesetzt wird 177
    5.7.3 Reziprozität beim Abo-Commerce 179
    5.7.4 Durch Reziprozität Empfehlungen auslösen 180
    5.7.5 Fazit: Die Tupperparty® als Mikrokosmos aller Prinzipien 181

6 Strategien für erfolgreichen Handel 183

6.1 Die Bewertungsstrategie 186
    6.1.1 Bewertungen stiften Vertrauen 187
    6.1.2 Bewertungen und Gütesiegel bieten Sicherheit 188
    6.1.3 Produktbewertungen in Onlineshops 189
    6.1.4 Produktbewertungen auf Bewertungs- und Preisvergleichsportalen 192
    6.1.5 Wie kommen Sie zu Bewertungen? 193
    6.1.6 Wie Sie die Qualität von Bewertungen erhöhen 197
    6.1.7 Shopbewertungen von Onlineshops 198
    6.1.8 Integrieren Sie Produkt- und Shopbewertungen direkt ins Google-Suchergebnis 201
    6.1.9 Händlerbewertungen: Bewertungen für den stationären Handel 202
    6.1.10 So kommen Sie zu mehr Online-Bewertungen für Ihr stationäres Geschäft 205
    6.1.11 Der richtige Umgang mit negativen Bewertungen 207
    6.1.12 Was tun, wenn's brennt? 208
    6.1.13 Finger weg von gefälschten Bewertungen! 209

6.2 Die Empfehlungsstrategie 211
    6.2.1   Mündliche Empfehlungen: Word-of-Mouth-Marketing 212
    6.2.2   Word-of-Mouth-Marketing im Media-Mix 213
    6.2.3   Wie Sie Empfehlungen unter Freunden, Bekannten und Familienmitgliedern generieren 213
    6.2.4   Produkt- und Shopempfehlungen in Social Media 215
    6.2.5   Visuelle Empfehlungsplattformen Pinterest, Polyvore & Co 221
    6.2.6   Empfehlungen via Pinterest 223
    6.2.7   Empfehlungen für Onlineshops 225
    6.2.8   Mobile Produkt-, Shop- und Händlerempfehlungen 226
    6.2.9   Influencer Relations 229
    6.2.10 Die fünf Typen von Influencern 231
    6.2.11 Wer sind Ihre digitalen Influencer? 233
    6.2.12 Influencer gewinnen: Schaffen Sie eine Win-win-Situation! 234
    6.2.13 Produktempfehlungen in Onlineshops 236

6.3 Die Belohnungsstrategie 237
    6.3.1   Verschenken Sie keine Belohnungen 239
    6.3.2   Game-based Marketing 239
    6.3.3   Gamification im Onlinehandel 241
    6.3.4   Empfehlungen in Social Media belohnen 243
    6.3.5   Gamification im stationären Handel – Mobile Gamification 246

6.4 Die Involvierungsstrategie 249
    6.4.1   Involvierung mittels Content Marketing 249
    6.4.2   Onlineshops stellen auf Content Marketing um 250
    6.4.3   Storytelling: Content Marketing braucht gute Geschichten 253
    6.4.4   Content Marketing mit Blogs 260
    6.4.5   Content Marketing mit Videos 264
    6.4.6   Content Marketing mit Bildern, Infografiken und Online-Magazinen 268
    6.4.7   Involvierung durch Crowdsourcing 271

6.5 Die Kundengewinnungsstrategie 276
    6.5.1   Couponing: Kundengewinnung für stationäre Händler 276
    6.5.2   Anzeigen und Coupons in Social Media 279
    6.5.3   Mobile Couponing: Kundengewinnung on the go 282
    6.5.4   Kundengewinnung mit ortsbezogenen Diensten und Angeboten (LBS) 285
    6.5.5   Navigieren Sie potenzielle Kunden direkt ins Ladengeschäft 288
    6.5.6   Google Shopping: Von der Produktsuche zum stationären Angebot 291

6.6	Die Kundenbindungsstrategie		291
	6.6.1	Kundenbeziehungsmanagement – Von der Idee, Kunden zu begeistern	293
	6.6.2	SocialCRM	293
	6.6.3	Fragen Sie Ihre Kunden direkt nach deren Produktvorlieben	296
	6.6.4	Kundenbindung durch personalisierte Angebote	298
	6.6.5	Erfolgreiches SocialCRM braucht herausragenden Service	299
	6.6.6	Tipp: Nutzen Sie Service Design	304

7 Wichtige Tools für Onlinehändler und stationäre Händler 307

7.1	Preisvergleichsportale		307
	7.1.1	Übersicht über die wichtigsten Preisvergleichsportale	309
	7.1.2	Couponing-Plattformen und Gutschein-Portale	310
7.2	Anbieter für Produktbewertungen		311
	7.2.1	Externe Anbieter für Produktbewertungen	311
	7.2.2	Shop-Lösungen mit Produktbewertungen	314
	7.2.3	Rich Snippets im organischen Suchergebnis integrieren	316
7.3	Shopbewertungen (Onlinehandel)		318
	7.3.1	Anbieter für Shop- und Händlerbewertungen	318
	7.3.2	Gütesiegel für Onlineshops	321
	7.3.3	Google Seller Rating – Die Google Verkäuferbewertung nutzen	321
7.4	Bewertungsportale für den stationären Handel		322
	7.4.1	Qype, Yelp & Co	323
	7.4.2	Google+ Local Unternehmensseite anlegen und verwalten	327
	7.4.3	Local Citations – Das SEO für den stationären Handel	331
7.5	Tools für Empfehlungsmarketing		332
	7.5.1	Forensuche	332
	7.5.2	Influencer recherchieren und identifizieren	333
	7.5.3	Blogger identifizieren	336
	7.5.4	Empfehlungen mit Pinterest generieren	339
	7.5.5	Word-of-Mouth-Marketing: Anbieter und Agenturen	341
	7.5.6	Empfehlungssysteme für Onlineshops	343
7.6	Social-Media-Monitoring-Tools		345
	7.6.1	Kostenlose Social-Media-Monitoring-Tools	345
	7.6.2	Kostenpflichtige Social-Media-Monitoring-Tools	351
	7.6.3	SocialCRM-Anbieter	355
	7.6.4	Crowdtesting-Anbieter	356

7.7	Social Tools für den Onlineshop		356
	7.7.1	Social Login	356
	7.7.2	Social Plugins	361
	7.7.3	Anbieter von Live Chat-Software für den Onlineshop	363
7.8	Tools für Content Marketing		363
	7.8.1	Blogging Software	363
	7.8.2	Video Marketing	366
	7.8.3	Tools für Infografiken	372
	7.8.4	Tools für Online-Magazine und Tutorials	372
	7.8.5	Erhöhen Sie mit SEO die Auffindbarkeit Ihres Contents in Google	374
7.9	Tools für Digitales Marketing		376
	7.9.1	Produktanzeigen in Google Shopping schalten	377
	7.9.2	Google AdWords	379
	7.9.3	YouTube-Anzeigen	380
	7.9.4	Facebook-Anzeigen	381
7.10	Mobile Bezahlverfahren im Onlinehandel		382
	7.10.1	Handypayment – Zahlungsabwicklung über die Mobilfunkrechnung	382
	7.10.2	Bezahlsysteme in mobil optimierten Onlineshops	383
7.11	Mobile Bezahlverfahren im stationären Handel		384
	7.11.1	Kunden zahlen mit ihrem Smartphone über Bezahl-Apps	384
	7.11.2	Mobile Wallets – Die digitale Brieftasche für das Smartphone	385
	7.11.3	Händler verwandeln ihr Smartphone in ein Kartenlesegerät	386

Das Coverbild 389
Index 391

Über dieses Buch

Handeln war schon immer sozial! Genau unter dieser Prämisse haben wir den Handel unter die Lupe genommen und uns angeschaut, wie sich Social Media und Smartphones auf den Onlinehandel und den stationären Handel auswirken. Eines hat sich grundlegend geändert: die Konsumentenreise. Die beginnt seltener beim Händler selbst, sondern im Internet mit einer Produktrecherche, insbesondere bei teuren Anschaffungen. Was den Kunden bei der Informationssuche hilft, sind Preisvergleiche, Produktbewertungen und Erfahrungsberichte anderer Kunden. Was ist also grundlegend anders? Ihre Kunden vertrauen lieber den Berichten anonymer Nutzer im Web als schnöden Werbeversprechen. Nun könnten Sie den schwarzen Peter der Werbung zuschieben, die Hände in den Schoß legen und abwarten, oder Sie werden ganz einfach selbst aktiv! Das sollten Sie auch, denn mit Social Media und mobilen Endgeräten stehen Ihnen eine Reihe an Funktionen und Tools mitunter kostenlos zur Verfügung, die Sie nutzen können, um genau jene Informationen und Vergleichsmöglichkeiten zu bieten, die Ihre Kunden im Social Web und im mobilen Internet schon längst zur Kaufvorbereitung nutzen.

Social Media hat aber noch eine weitere Komponente, wenn man die Auswirkungen auf den Onlinehandel und den stationären Handel betrachtet: Empfehlungseffekte. Denn während Ihre Kunden Mails lesen, in Onlineshops stöbern, Produkte auf Bewertungsplattformen und in Foren vergleichen, sind sie in ihr Lieblingsnetzwerk Facebook eingeloggt und sehen sich Clips auf YouTube an. Dort findet aber nicht nur Austausch unter Freunden statt, sondern werden auch Händler wegen Serviceanfragen kontaktiert, werden Facebook-Seiten von Unternehmen geliked und Blogs abonniert, um über die neuesten Produktangebote informiert zu werden. Vor allem aber werben Freunde für Produkte, sei es direkt durch eine dezidierte Empfehlung im eigenen Netzwerk oder indirekt durch Werbung in Social Media, die auf Empfehlungen von Freunden basieren. Dadurch werden persönliche Empfehlungen unter Freunden in soziale Netzwerke geholt, lösen dort Kaufimpulse aus, die sich gleichermaßen auf den Onlinehandel und auf den stationären Handel auswirken. Denn die Nutzer folgen diesen Empfehlungen.

Dieses Buch zeigt Ihnen, wie Sie der neuen Erwartungshaltung Ihrer Kunden beim Einkaufen gerecht werden. Sie erfahren, wie Sie Bewertungen, Angebote und Services im Onlineshop, in Social Media oder im mobilen Web zur Verfügung stellen, um das Vertrauen potenzieller Kunden zu gewinnen und bestehende Kunden noch stärker an sich zu binden. Mit Social Commerce, Digitalem Marketing und Mobile Commerce ergreifen Sie also gleichsam Maßnahmen zur Kundenbindung und Kundengewinnung. Aber wir wollen nicht länger mit Fachbegriffen und trendigen Bezeichnungen um uns werfen, sondern Sie Stück für Stück in die drei Teilbereiche einführen. Dabei unterscheiden wir immer zwischen Maßnahmen für den Onlinehandel und den stationären Handel und geben Ihnen wichtige Strategien und Tools an die Hand.

Aufbau des Buches

Kapitel 1, »Der Handel im Wandel«, zeigt Ihnen die neue Konsumentenreise und die Bedeutung von Social Media und mobilen Endgeräten vor dem Kauf, im Ladengeschäft und nach dem Kauf. Sie erfahren, wie Sie mit Social Commerce, Digitalem Marketing und Mobile Commerce den Kunden ins Zentrum Ihrer Maßnahmen stellen und kundenzentrierten Handel betreiben.

Kapitel 2, »Social Commerce«, zeigt Ihnen, wie sich die neue Macht des Kunden auf den Onlinehandel und stationären Handel auswirkt. Es werden Trends und Best Practices im Bereich Social Commerce vorgestellt und gezeigt, wie sich Onlinehändler in Social Media darstellen können und ihren Onlineshop mit Social-Media-Funktionalitäten ausstatten können.

Kapitel 3, »Nutzen Sie Digitales Marketing«, dient stationären Händlern dazu, sich mit Maßnahmen der gezielten Kundenansprache im Web und Social Web vertraut zu machen. Sie erfahren, wie Sie sich in Google und Social Media präsentieren können, um Kunden, die nach Händlern oder Angeboten in der unmittelbaren Umgebung suchen, zu gewinnen.

Kapitel 4, »Mobile Commerce«, ist für alle Händler (online, stationär oder beides) relevant, da Mobile Commerce in drei Teilbereiche: mobile Produktsuche, mobiler Einkauf und mobiles Bezahlen aufgeteilt ist. Stationäre Händler erfahren, wie sie der mobilen Produktsuche und Preisvergleichen im Ladengeschäft begegnen können. Onlinehändler, die ihr mobiles Onlinegeschäft ankurbeln wollen, erfahren hier anhand von Fallbeispielen und Best Practices, wie Mobile Shopping gelingt und was sie dabei beachten müssen.

Kapitel 5, »Die Prinzipien des Handels«, erläutert die sechs Einflussfaktoren beim Kaufverhalten: Social Proof, Autorität, Knappheit, Affinität, Commitment und Reziprozität, und überträgt diese auf den Social Commerce und Mobile Commerce. Sie erfahren in diesem Kapitel beispielsweise, wie sich Produktlimitierungen im Onlineshop, Empfehlungen von Meinungsführern auf die Kaufentscheidung Ihrer Kunden auswirken.

Kapitel 6, »Strategien für erfolgreichen Handel«, zeigt Ihnen sechs relevante Strategien, die Onlinehändler und stationäre Händler ergreifen können. Sie wollen mehr Bewertungen für Ihren Onlineshop oder Händlerbewertungen? Dann ist die Bewertungsstrategie für Sie relevant. Sie wollen wissen, wie man gezielt Empfehlungen in Social Media erzeugt und Markenbotschafter gewinnt? Das können Sie in der Empfehlungsstrategie nachlesen. Sie wollen Ihre Kunden stärker an sich binden und einbeziehen? Dafür eignen sich die Belohnungs- und Involvierungsstrategie mit Gamification-Maßnahmen und Content Marketing und natürlich die Kundenbindungsstrategie.

Kapitel 7, »Wichtige Tools für Onlinehändler und stationäre Händler«, zeigt Ihnen die wichtigsten Anbieter und relevanten Tools, um mit Social Commerce, digitalem Marketing und Mobile Commerce durchzustarten. Auf unserer Facebook-Seite *http://facebook.com/trustmebuch* veröffentlichen wir regelmäßig weitere wichtige Links und Studien. Schauen Sie also ab und zu vorbei!

Mit dieser Roadmap können Sie nun mit dem Lesen beginnen. Sie müssen nicht alle Kapitel lesen, sondern können zu jenen springen, die für Sie relevant sind. Die Überschriften geben Hinweise darauf, ob der Abschnitt für Onlinehändler oder stationäre Händler relevant ist. Noch eine Anmerkung: Kurz vor Redaktionsende haben wir erfahren, dass die lokale Bewertungsplattform Qype zum Ende des Monats ihre Pforten schließen wird. Qype wurde bereits im Oktober 2012 von seinem amerikanischen Vorbild Yelp übernommen, bestand aber vorerst noch als eigenständige Plattform weiter. Obwohl die Funktionen der beiden Bewertungsportale nahezu identisch sind, war Qype im deutschsprachigen Raum wesentlich beliebter als Yelp. Im Rahmen der Schließung von Qype werden nun die Beiträge und Fotos der Nutzer von Yelp übernommen. An vielen Stellen dieses Buches wurde Qype als Beispiel für die Bewertung lokaler Händler angeführt, noch bevor wir von der Zusammenführung der beiden Dienste erfahren haben. Zukünftig aber gilt: Yelp wird fortan auch in Deutschland der Platzhirsch in Sachen lokaler Bewertungen sein. Sie können unsere Ausführungen zu Qype somit auch als Empfehlungen für den Umgang mit Yelp lesen.

Dies ist ein Buch, welches ständigen Veränderungen unterliegt. Wir haben uns bemüht, das Buch so aktuell wie möglich zu halten und bis zum Schluss Texte editiert. Es ging uns jedoch nicht darum, etwas zu beweisen, sondern den Ist-Zustand darzustellen und daraus Maßnahmen abzuleiten, die auch bei Änderungen von Funktionalitäten ihre Gültigkeit behalten. Wenn Sie dennoch ein Beispiel finden, welches nicht mehr aktuell ist, zögern Sie nicht, uns darauf hinzuweisen.

Danksagungen

Dieses Buch ist mit zahlreichen Fallbeispielen und Best Practices versehen. Eine bildreiche Darstellung war uns ein Anliegen, um Beispiele zu veranschaulichen und das Lesen zu erleichtern. Nicht immer ist es so einfach, an Bildmaterial zu gelangen. Daher möchten wir zunächst den Unternehmen danken, die uns ihr Bildmaterial zur

Verfügung gestellt haben: Blogwerk AG, checkitmobile GmbH, Diehl & Brüser Handelskonzepte GmbH, Hointer INC, Fittkau & Maaß Consulting GmbH, guenstiger.de GmbH, plista GmbH, Saphiron GmbH, Jacob Schneider & Marc Stickdorn, trnd Deutschland GmbH, Qype GmbH (Yelp Deutschland GmbH). Auch dem Verlag sei an dieser Stelle gedankt, der sehr viele Bilder auf unseren Wunsch erstellt hat. Dankeschön auch an Gábor, der sich für Showrooming-Aufnahmen zur Verfügung gestellt hat. Ein besonderer Dank gilt außerdem Sonja Keßner, die uns Einblicke in die Theorie des Schauspiels und der Heldenreise gewährt hat und damit eine Grundlage für unsere Ausführungen zum Thema Storytelling geschaffen hat. Wenn Sie mehr zum Thema Storytelling erfahren möchten, besuchen Sie unseren Projektblog *http://størytelling.de*. Ebenso Dank gebührt der sembassy GmbH, bei der wir bei fachlichen Fragen immer auf offene Ohren stießen. Weiterer Dank geht an Adrian Hotz, der unser Buch begutachtet und uns wertvolle Rückmeldungen gegeben hat.

Zuletzt möchten wir uns bei unseren Familien und Freunden bedanken, die uns ein Jahr lang bei der Buchentstehung unterstützt und begleitet haben. Ich, Anne, möchte mich ganz besonders bei Magdi, Jana, Romy, Beatrice, Chrissy und meinem Vater Jörg bedanken. Ihr begleitet mich mitunter schon zum dritten Mal bei einer Buchentstehung und werdet nicht müde, mich zu unterstützen und mir den Rücken zu stärken. Karla, Karin, Jeanne, Sandra, Steffi, Lisa, Georg und Mido danke ich für ihr Verständnis und ihre Leichtigkeit, wenn es für mich schwierig war. Und ich danke meiner Agentur virtual identity AG für ihre Unterstützung und das schönste Büro, das man sich für eine Buchfinalisierung wünschen kann! Ich, Jan, danke Rolf & Ute für ihren Glauben an mich, Natascha für ihre Engelsgeduld, Chris für meine Sicht auf die Welt, Klaus für Rat und Tat, Eva für ihre Weisheit und Marlen & Ben für ihre Gelassenheit. Und zuallerletzt sei natürlich unserem Lektor, Stephan Mattescheck, gedankt, der uns professionell unterstützt hat und ohne dessen Nervenkostüm aus Stahl dieses Buch heute nicht in Ihren Händen liegen würde.

Und nun empfehlen wir uns!

Jedes Buch lebt natürlich von den Rückmeldungen und dem Feedback seiner Leser. Ein Buch zum Thema Bewertungen und Empfehlungen tut das in besonderem Maße! Daher empfehlen wir Ihnen: Bewerten Sie uns! Ob in Amazon, auf Ihrem Blog, in Facebook oder wo auch sonst – wir sind gespannt auf Ihr Feedback und freuen uns auf Ihre Anmerkungen.

Los geht's! Wir wünschen viel Spaß beim Lesen.

Anne Grabs und Jan Sudhoff
Berlin

1 Der Handel im Wandel

Social Media bieten den Konsumenten unabhängige Bewertungen und Erfahrungsberichte. Smartphones ermöglichen Preisvergleiche direkt am Point of Sale, und der Onlinehandel wächst ohnehin ungebremst. Der Kunde hat über digitale und mobile Kanäle und stationäre Kontaktpunkte eine Informations- und Wahlfreiheit wie noch nie zuvor. Mit Social Media, Angeboten und mobilen Services können Sie auf diese neue Konsumentenreise reagieren.

Das Internet hat in den letzten Jahren das Einkaufsverhalten vieler Konsumenten spürbar verändert. Was früher ausschließlich beim Spezialhändler gekauft werden konnte, ist jetzt mit einem Klick online bestellt. Onlineshopping ist inzwischen selbstverständlich für viele Konsumenten. Neun von zehn deutschen Internetnutzern (92 %) kaufen inzwischen online ein, 39 % tun dies regelmäßig.[1] Eine wichtige Rolle beim Onlineshopping nehmen Bewertungen und Empfehlungen in Foren und sozialen Netzwerken ein. Niemals zuvor hatten Konsumenten mehr Möglichkeiten bei der Produkt- und Anbieterauswahl, und niemals zuvor hatten es Konsumenten leichter, sich vor einem Kauf über Produkte und Händler so umfassend zu informieren wie heute.

1.1 Die neue Konsumentenreise

50 % der Umsätze im Handel kommen über Produktrecherchen vor dem Kauf zustande, und diese Recherchen finden über das Internet, das Social Web oder neuerdings immer häufiger über das Smartphone, also über das mobile Web, statt. Versierte Kunden nutzen den stationären Handel ganz bewusst, um sich einen haptischen Eindruck von einem Produkt zu verschaffen, vergleichen dabei aber Preise mit dem Smartphone, was inzwischen häufig zu Kaufabbrüchen vor Ort führt. Das stationäre Ladengeschäft nimmt in diesem Fall lediglich noch die Funktion eines »Showrooms« ein. In nicht wenigen Fällen erfolgt die Bestellung beim konkurrierenden Onlinehändler noch direkt im Ladengeschäft. Die Konsumenten können sich innerhalb weniger Minuten einen Überblick über das Produkt verschaffen. Dieses neue Selbstbewusstsein des Konsumenten hat weitreichende Folgen für den Absatz von Produkten. Die Kundenrolle hat sich drastisch geändert. Der

---

1 BITKOM, 2012, http://www.bitkom.org/74339_74331.aspx.

Kunde kennt seine Einflussnahme, weiß, dass er sich öffentlich im Web empören kann, und hat im Zweifelsfall schon mal einen Shitstorm einer Marke mitbefeuert. Diese neue Macht des Kunden muss zwangsläufig zu einer radikalen Neuorientierung in Marketing und Vertrieb führen, dem nur mit neuen Strategien begegnet werden kann.

1.1.1 Die Produktrecherche hat sich ins Web verlagert

Die Produktrecherche hat sich zum größten Teil ins Internet verlagert, denn dort findet der Kunde alle wichtigen Informationen: Preisvergleiche, Testberichte, Bewertungen. Die Meinungen anderer Käufer stiften Vertrauen beim unsicheren Kunden, entscheiden letztendlich somit darüber, ob der Kunde zuschlägt oder nicht. Am häufigsten bemühen die Konsumenten die Suchmaschine bei einer gezielten Produktrecherche im Internet (siehe Abbildung 1.1).[2] Vor allem Google wird von vielen Verbrauchern für die Suche nach Produktinfos genutzt. Suchmaschinen sind bei der Produktrecherche oft die erste Anlaufstelle und der Wegbereiter für die Kaufentscheidung. Interessant ist auch, dass Online-Marktplätze wie z.B. Amazon oder eBay an zweiter Stelle der bevorzugte Einstieg für die Produktrecherche sind, gefolgt von Händler-Websites und Preisportalen. Erst an fünfter Stelle stehen die Hersteller-Websites selbst.

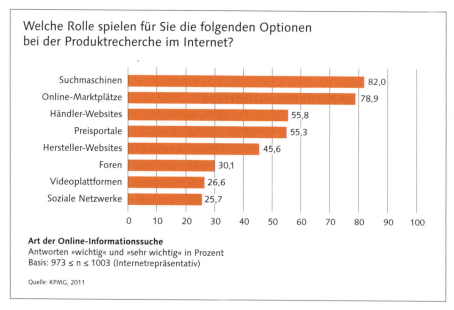

Abbildung 1.1 Suchmaschinen sind der häufigste Einstieg für Produktrecherchen.

---

2 KPMG, 2011, http://www.kpmg.de/docs/Studie_Preisportale_secured.pdf.

1.1.2 Konsumenten vertrauen Konsumenten

Mobile Endgeräte werden heute ganz selbstverständlich zur Produktrecherche im Ladengeschäft eingesetzt. Um die Kaufentscheidung zu erleichtern, liest der Kunde lieber schnell noch die Bewertungen anderer Kunden bei Amazon und vergleicht den Preis bei Ciao.com. Woran liegt das? Höchstwahrscheinlich am Misstrauen der Konsumenten gegenüber Unternehmen. 57 % der Verbraucher glauben nicht, dass die Wirtschaft Mangelware aussortiert, und 66 % vertrauen auch den Behörden nicht, dass sie sich darum kümmern.[3] Hinter diesen Prozentzahlen stehen freilich schlechte Erfahrungen der Kunden. Da ist es ganz leicht nachvollziehbar, dass Kunden sich lieber auf die Meinungen und Empfehlungen anderer verlassen. Mehr dazu siehe Abschnitt 1.2.2, »Empfehlungen unter Shoppingfreunden«.

Sie fragen sich, ob die Kunden von heute überhaupt noch eine persönliche Beratung wollen, wenn sie ohnehin nur ihrem Smartphone und den Erfahrungsberichten anderer Kunden anstatt Ihrem sympathischen Verkäufer vertrauen? Sie fragen sich außerdem, ob Shoppingcenter und Geschäfte dem Untergang geweiht sind und ob das soziale Netzwerk Facebook zur virtuellen Shoppingmall wird? Weder das eine noch das andere, aber einige grundlegende Dinge haben sich bei der Konsumentenreise geändert, die im Folgenden erklärt werden.

1.1.3 Der ROPO-Effekt – Online recherchieren, im Handel kaufen

Kunden recherchieren online, bevor sie das Produkt am »Point of Sale« (POS) erwerben. Dieses Phänomen ist auch besser bekannt als der »ROPO-Effekt«. ROPO steht für »Research Online, Purchase Offline«. Um beantworten zu können, ob Ihre Kunden Ihre Produkte online recherchieren, bevor sie sie kaufen, lohnt der Blick auf das »Consumer Barometer« von Google, *http://www.consumerbarometer.com* (siehe Abbildung 1.2). Dort werden für einzelne Branchen und Länder das Recherche- und Einkaufsverhalten der Nutzer inklusive ROPO in Infografiken angezeigt. Sie können sogar Ländervergleiche anstellen und nach soziodemografischen Merkmalen der Konsumenten (Alter, Geschlecht, Einkommen) filtern. Das Tool ist also nicht nur sehr informativ, sondern macht auch Spaß!

So erfährt beispielsweise ein Autohändler, dass durchschnittlich 61 % der deutschen Kunden vor einem Autokauf im Internet recherchieren, bevor sie es stationär kaufen. Anhand des Ländervergleichs Deutschland – Österreich sieht der Autohändler, dass die österreichischen Kunden noch häufiger im stationären Handel recherchieren als die deutschen (20 % in AT zu 7 % in DE siehe Abbildung 1.3), und kann noch mehr Vergleiche zwischen unterschiedlichen Zielgruppen anstellen, beispielsweise wie sich männliche und weibliche Autokäufer in ihrem Rechercheverhalten unterscheiden.

---

3 Welt, 2013, »Jeder zweite Verbraucher wittert Betrug«. http://www.welt.de/politik/deutschland/article116764951/Jeder-zweite-Verbraucher-wittert-Betrug.html.

1 Der Handel im Wandel

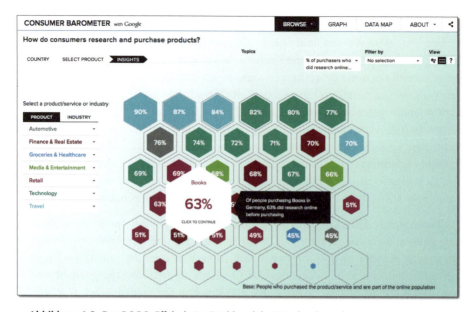

Abbildung 1.2 Der ROPO-Effekt beim Buchhandel: 63 % der deutschen Konsumenten recherchierten zuerst online, bevor sie ein Buch im Handel kaufen. Quelle: http://www.consumerbarometer.com

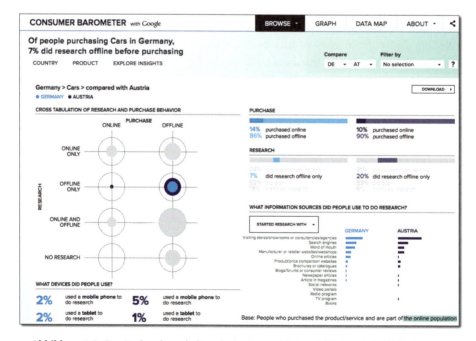

Abbildung 1.3 Das Rechercheverhalten deutscher und österreichischer Autokäufer im Vergleich; Quelle: http://www.consumerbarometer.com

> **Der Handel profitiert vom ROPO-Effekt**
> Jedem dritten Einkauf im stationären Handel geht eine Informationssuche im Internet voraus, und diese vorab recherchierten Käufe machen 66,4 % des Umsatzes im stationären Handel aus.[4] Produktrecherchen und Preisvergleiche erhöhen die Kaufwahrscheinlichkeit.

1.1.4 Zeitsparend, erlebnisreich und praktisch – Was Kunden am Online-Einkauf schätzen

Eine aufschlussreiche Typologie über die Onlineshopper in Deutschland liefert die Studie »Einkaufen 4.0« von TNS Infratest und Deutsche Post DHL. Sie haben vier verschiedene Onlineshopper-Typen in ihrer Befragung bestimmen können (siehe Abbildung 1.4):

- **Souveräne (26 %)**: Der Käufertyp »Souveräne« ist männlich, jung, gute Schulbildung, ledig bzw. Single, keine Kinder. Er ist souverän im Umgang mit dem Internet, und das wirkt sich auch positiv auf sein Einkaufsverhalten aus. Er gelangt schnell zu Informationen über Produkte und Preise und kann dadurch Zeit sparen. Immerhin 21 % bewerten die Vorstellung, ohne Onlineshopping zu leben, als »schrecklich«, und 52 % als »unangenehm«.

- **Berechnende (15 %)**: Der Käufertyp »Berechnende« bewertet den Online-Einkauf als praktisch, weil ihm Informationen über Angebote und Preise zur Verfügung stehen. Bei den Zahlungs- und Lieferbedingungen ist er eher misstrauisch, und allgemein ist Onlineshopping nur eine rationale Angelegenheit, aber kein Vergnügen für ihn. Im Grunde hat er noch nicht sehr viele Erfahrungen beim Onlineshopping gemacht, weshalb er noch unsicher ist. Er lehnt Onlineshopping aber generell nicht ab, sondern nutzt es gezielt, beispielsweise beim Kauf von Büchern oder beim Buchen einer Reise. Der Typ »Berechnende« ist eher männlich und älter.

- **Entdecker (32 %)**: Der Käufertyp »Entdecker« schätzt beim Online-Einkauf vor allem den Erlebniswert. Dieser überwiegend weibliche und junge Käufertyp erfreut sich an der großen Produktauswahl und an Angeboten im Bereich Mode, Schuhe und Accessoires. Dafür wendet er viel Zeit auf. Er ist dennoch unsicher im Umgang mit dem Internet und zeigt große Unsicherheiten bei den Zahlungs-, Liefer- und Rückgabebedingungen.

- **Traditionalisten (28 %)**: Traditionalisten sind eher skeptisch in Bezug auf Onlineshopping. Sie kommen häufig eher aus ländlichen Gebieten und schätzen die

---

4 ECC Handel, http://www.ecc-handel.de/News/Mobile-Commerce-in-Deutschland---Die-Rolle-des-Smartphones-im-Ka.

Vorteile des stationären Einkaufs und würden diesen dem Online-Einkauf in den meisten Fällen vorziehen, da sie sich im Ladengeschäft besser zurechtfinden.

Abbildung 1.4 Typologie der Onlineshopper in Deutschland; Quelle: Studie »Einkaufen 4.0« von TNS Infratest und Deutsche Post DHL, eigene Darstellung

1.1.5 Der Laden wird zum Showroom

Die Konsumentenreise kann auch genau anders herum, nämlich von »Research offline« zu »Purchase online« (erst im Handel recherchieren und dann online bestellen) erfolgen: In diesem Fall sucht der Kunde zwar gezielt das Ladengeschäft auf, um ein Produkt in den Händen zu halten oder anzuprobieren, kauft dann aber im Internet bei einem günstigeren Anbieter. Oder er wird im stationären Handel auf ein Produkt aufmerksam und sucht noch im Ladengeschäft mit seinem Smartphone nach einem günstigen Online-Angebot (so genannter »Showrooming«-Effekt, siehe Abbildung 1.5). Der Showrooming-Effekt tritt bei nahezu 75 % der Konsumenten auf: 71 % der deutschen Konsumenten informieren sich im Geschäft und kaufen dann online ein.[5] Versierte Kunden profitieren hierbei sowohl vom haptischen Einkaufserlebnis im stationären Handel, bei dem Waren angesehen und ausprobiert werden können, als auch von der meist günstigeren Preisgestaltung der Onlineshops. Nach Begutachtung der Ware vor Ort wird der Preis dann noch direkt im Geschäft mit dem Angebot der Onlineshops verglichen. Hilfreich sind hierbei oft-

---

5   BITKOM, 2012, http://www.bitkom.org/74339_74331.aspx.

mals kostenfrei erhältliche Apps für das Smartphone, mit deren Hilfe Produkte anhand ihres Strichcodes identifiziert werden können (Barcode-Scanner). Da vor allem im Bereich des Onlinehandels die oft preisgünstigeren Angebote zu finden sind, führen die beim Preisvergleich gewonnenen Erkenntnisse des Kunden oft zum Kaufabbruch. Das stationäre Ladengeschäft nimmt in diesem Fall lediglich noch die Funktion eines »Showrooms« ein.

Abbildung 1.5 Anprobieren, mobil recherchieren, online kaufen. Sieben von zehn Konsumenten betreiben Showrooming im stationären Handel.

Das Einkaufsverhalten Ihres Kunden verläuft also nicht mehr geradlinig von Kaufinteresse zu Kaufabschluss, sondern beginnt zum Beispiel mit einer Produktrecherche im Web, gefolgt von einer Suche mit dem Smartphone, und endet schließlich im stationären Handel. Showrooming mit dem Smartphone führt aber bei den meisten Kunden (noch nicht) unmittelbar zum mobilen Einkauf. Der Grund dafür ist, dass der Großteil der Kunden noch nicht mit dem mobilen Shopping vertraut ist, und die Konsumenten lieber warten, bis sie wieder zuhause am heimischen PC sitzen. Häufig findet also nach dem Showrooming mit dem Smartphone ein weiterer Kanalwechsel von mobil zu online statt.

1.1.6 Vom Neukunden zum Markenbotschafter

Sie wissen jetzt: In der Phase vor dem Kauf eines Produkts (»Pre-Sales-Phase«) werden Produkte online und mobil recherchiert. Social Media und das Smartphone werden zu Recherchezwecken genutzt. Sie können aber auch zur Inspiration in der Pre-Sales-Phase eingesetzt werden (siehe Abbildung 1.6 »Social Trigger«, »Local Trigger«, »Mobile Trigger«).

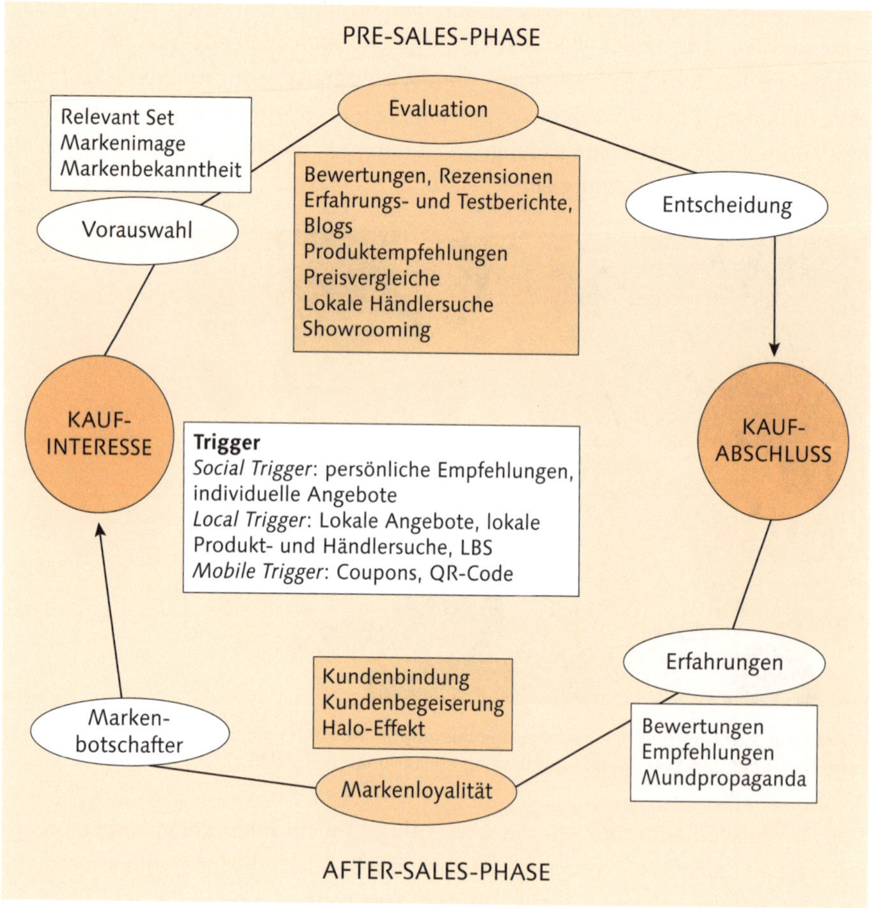

1 Der Handel im Wandel

PRE-SALES-PHASE

- Relevant Set
- Markenimage
- Markenbekanntheit

Evaluation
- Bewertungen, Rezensionen
- Erfahrungs- und Testberichte, Blogs
- Produktempfehlungen
- Preisvergleiche
- Lokale Händlersuche
- Showrooming

Vorauswahl — **Entscheidung**

KAUF-INTERESSE — **KAUF-ABSCHLUSS**

Trigger
Social Trigger: persönliche Empfehlungen, individuelle Angebote
Local Trigger: Lokale Angebote, lokale Produkt- und Händlersuche, LBS
Mobile Trigger: Coupons, QR-Code

Erfahrungen
- Bewertungen
- Empfehlungen
- Mundpropaganda

- Kundenbindung
- Kundenbegeisterung
- Halo-Effekt

Markenbotschafter — **Markenloyalität**

AFTER-SALES-PHASE

Abbildung 1.6 Die Konsumentenreise von der Kaufvorbereitung über den Kaufabschluss bis zur Kaufbewertung und Weiterempfehlung; (eigene Darstellung)

In der Phase nach dem Kauf (»After-Sales-Phase«) dienen vor allem Social Media den Konsumenten als Sprachrohr für ihre Erfahrungen. So werden Bewertungen und Empfehlungen für neue Kunden generiert. In seiner Konsumentenreise wird der einstige Kunde also Schritt für Schritt zu einem wichtigen Markenbotschafter. Allerdings müssen Unternehmen dafür etwas tun. Kundenbegeisterung kann nur durch intensive Bemühungen der Unternehmen zur Kundenbindung sichergestellt werden. Unternehmen, die es jedoch geschafft haben, Kunden zu überzeugen, profitieren vom »Halo-Effekt« (»Halo«, Englisch: »Heiligenschein«). Eine positive Produkterfahrung überträgt sich auch auf weitere Produkte und Dienstleistungen des Unternehmens. Die einzelnen Phasen der Konsumentenreise sollen im Folgenden genau erklärt werden.

Die Vorauswahl von Produkten in der Customer Journey

Bei einem konkreten Kaufinteresse oder einem vagen Produktwunsch trifft der Kunde eine Vorauswahl von Marken, die er bereits kennt (»Relevant Set«). Eine gezielte Markenführung über alle digitalen Kanäle hinweg und die Einbindung von Markenfans in Social Media kann dazu beitragen, in das Relevant Set dieser Kunden zu gelangen. Hat der Kunde nur eine vage Vorstellung von seinem Wunschprodukt, beginnt er in den meisten Fällen mit einer Produktrecherche im Internet.

Produktrecherche und Kaufentscheidungen: »Warte mal, ich muss schnell noch die Bewertung lesen!«

Wie sehr Ihr Kunde das Internet zur Kaufvorbereitung heranzieht, hängt von der Art der Kaufentscheidung selbst ab. Bei einem Gewohnheitskauf wird weitaus weniger recherchiert als bei einer geplanten Anschaffung. Generell führen Konsumenten Internetrecherchen oder Showrooming vor dem Kauf eher durch, wenn die Anschaffung mit einem Risiko verbunden ist (z. B. teure Produkte) und sich möglicherweise als teurer Fehlkauf herausstellen könnte.

Die Produktevaluation in der Customer Journey

In der zweiten Phase prüft der Kunde den Preis, die Qualität, und vor allem zieht er die Meinung anderer zur Entscheidungsfindung heran. Das kann eine Bewertung eines anonymen Nutzers in einem Forum oder die persönliche Empfehlung eines Freundes sein. Der digitale Produktcheck wird durch Preissuchmaschinen, Verbraucherforen und Bewertungsportale begünstigt. Mehr dazu lesen Sie in Abschnitt 6.1, »Die Bewertungsstrategie«. Noch stärker ist ihr Einfluss im Zusammenhang mit mobilen Endgeräten. Dann können Informationen wie Preis, Qualität und Warenverfügbarkeit zu jeder Zeit an jedem Ort abgerufen werden. Aber: Trotz ausführlicher Produktevaluation passiert es dennoch häufig, dass Kunden das Produkt mit der schönsten Verpackung wählen. Warum das so ist, erfahren Sie in Abschnitt 5.1, »Emotion schlägt Ratio«. Social Media ist also immer nur eine Einflussgröße von mehreren.

Die Kaufentscheidung und die Händlerauswahl in der Customer Journey

Hat sich der Kunde für ein Produkt entschieden, sucht er nach einem passenden Anbieter. Entweder wird dann direkt in einem Onlineshop bestellt, oder der Kunde sucht eine Filiale, Kaufhaus, Ladengeschäft auf. Mitunter kann die Suche aber auch schon abgeschlossen sein, wenn in der Phase der Evaluation bereits ein passender Anbieter gefunden wurde.

Die Produkterfahrungen in der Customer Journey

Die Produkterfahrung ist ein ganz wichtiger Moment in der Customer Journey und entscheidend für die Gewinnung von Markenbotschaftern. Die Erfahrung mit dem Produkt ist der emotionalste Moment der Konsumentenreise, und nur wenn der Kunde glücklich mit dem Produkt ist, wird er es in Zukunft weiterempfehlen. Genau an dieser Stelle müssen Sie den Kunden packen und im Falle der Unzufriedenheit schnell einen sehr guten Service bieten. Wer Markenbotschafter für sich gewinnen will, muss in Produkterfahrungen investieren.

»Der Moment der Wahrheit«

Die Erfahrung mit einem Produkt ist der Moment der Wahrheit, der über eine »Top«- oder »Flop«-Bewertung entscheidet. Früher konnten Händler noch über eine schlechte Produkterfahrung hinwegsehen, weil sie niemand lesen konnte. Doch heute kann sie jeder lesen, der einen Rechner oder ein Smartphone mit Internetzugang hat. Viele Kunden nutzen die Möglichkeit, im Internet und Social Web ihre Produkterfahrungen und Erlebnisse mit Dienstleistungen zu veröffentlichen. Die Hotelbranche wurde von diesen Bewertungen in den letzten Jahren komplett umgekrempelt. Denn die Erlebnisse anderer Hotelgäste stellen einen Moment der Wahrheit dar, »wie es wirklich im Urlaub gewesen ist«. Sie beschönigen nichts und bringen Details zu Tage, die professionelle Hotelbewerter vielleicht verschwiegen hätten.

Die Entstehung von Markenloyalität in der Customer Journey

Markenloyalität entsteht durch Kundenzufriedenheit. Mitunter genügt eine einzige positive Produkterfahrung, damit sich Markenloyalität manifestiert und der Kunde auch beim nächsten Mal zu dem Produkt greift oder wieder in dem Onlineshop bestellt. Knifflig wird es bei Produkten mit hoher Wechselbereitschaft und hoher Preissensibilität. Dann müssen es Marken schaffen, in das »Relevant Set« der Kunden zu gelangen. Trotzdem kann es passieren, dass Kunden nicht zufrieden sind bzw. Rückfragen haben. Ein sehr guter Kundensupport, vor allem auch im Social Web, kann dazu beitragen, dass Kunden, die möglicherweise nicht zu 100 % zufrieden waren, zu loyalen Kunden werden, wenn sie das Gefühl bekommen, dass ihnen zugehört wird und das Unternehmen alles daran setzt, ihnen zu helfen.

»Bleiben Sie uns gewogen!«

Konsumenten bringen in den Social Media ihre Markentreue zum Ausdruck. Wenn Ihre Kunden zufrieden mit einem Kauf sind, möchten sie das in vielen Fällen gerne auch mitteilen. Bieten Sie diesen Kunden eine Plattform, um ihr Lob auszusprechen, aber auch um Produktverbesserungen vorzuschlagen. Ein Dankeschön für das Feedback erhöht zudem die Markenloyalität und schafft gute Voraussetzungen für die persönliche Weiterempfehlung Ihrer Produkte, siehe Abschnitt 6.2, »Die Empfehlungsstrategie«.

1.2 Wie Onlinehändler von Social Media profitieren

In den vergangenen Jahren haben Social Media ihren Siegeszug im Internet angetreten. Der Erfolg von Communitys und Bewertungsplattformen ist letztendlich auf die einfache Bedienbarkeit und das Bedürfnis der Menschen, sich auszutauschen, zurückzuführen. Die so genannten »Web 2.0«-Technologien haben für Social Media den Weg geebnet. Seitdem können auch Computerlaien ohne umfangreiche Programmierkenntnisse Inhalte veröffentlichen und Beiträge im Netz kommentieren. Social Media sind im Grunde kein neues Phänomen. Sie werden nur dem Bedürfnis der Menschen nach Erfahrungsaustausch gerecht. Und dieses Bedürfnis haben Menschen seit jeher beim Einkaufen. Social Media bieten Informationen zu Marken und Produkten, Raum für unabhängige Kundenmeinungen, Erfahrungsaustausch und Inspiration. Die spezifische Vernetzung unter Freunden, Bekannten und Interessengemeinschaften fördert den stetigen Austausch zwischen Konsumenten, Experten und Markenfans.

> **Ein Viertel informiert sich in Social Media über Marken**
> Ein Viertel der deutschen Internetnutzer, etwa 13,35 Mio. Deutsche, informiert sich in Social Media über Marken und Produkte. Bei den unter 35-Jährigen sind es sogar 39 %. 43 % dieser jüngeren Zielgruppe unter 35 Jahren folgt mindestens einer Marke in Facebook. Weltweit greifen bereits durchschnittlich 55 % der Internetnutzer auf Social Media zur Produktrecherche zurück.

Onlinehändler setzen auf Social Media bei ihrer Kundenkommunikation und dem Verkauf von Produkten. Facebook ist Spitzenreiter in der Kundenkommunikation. 82 % der Onlinehändler nutzen eine eigene Facebook-Seite, um Informationen über ihren Onlineshop zu streuen und in den Dialog mit ihren Kunden zu treten. Auch YouTube nutzt fast die Hälfte der Onlinehändler. Was Produktbewertungen angeht, so nutzen 56 % der Händler diese Möglichkeit. 78 % nutzen die Verkäuferbewertung in »Google Shopping« und wurden dabei im Durchschnitt mit 4,58 Punkten von fünf möglichen Punkten bewertet.[6] Social Media stehen auch bei den Werbeausgaben ganz weit vorn im Kommunikations-Mix. Werbung in sozialen Netzwerken soll laut IBM-Studie »Leading through Connections«, *https://www.box.com/shared/be0952c5bd5c1ad53eda*, in den nächsten drei bis fünf Jahren um 256 % steigen, während die Ausgaben in der klassischen Werbung um 61 % zurückgehen werden.

---

[6] EHI und Statista, »E-Commerce-Markt Deutschland 2012«, »http://www.ehi.org/presse/pressemitteilungen/detailanzeige/article/dynamik-des-onlinehandels-ungebrochen.html.

1.2.1 Der Handel war schon immer sozial

Kommunikation und zwischenmenschliche Beziehungen haben beim Handeln schon immer eine große Rolle gespielt. Bereits in der Antike und im Mittelalter war das Geschehen auf dem Marktplatz weitaus mehr als der reine Tausch von Geld gegen Ware. Hier besuchten die Kunden ihren Händler des Vertrauens, tauschten sich mit anderen Käufern aus und nutzten somit auch stets die Möglichkeit, Rückmeldung zu erstandenen Waren zu geben, zu loben oder zu kritisieren. Genau das Gleiche passiert heute in Onlineshops mit »sozialen Funktionen« wie Bewertungen, Erfahrungsberichten, Chats, in externen Online-Foren, wo sich Kunden über Produkte austauschen, auf Produktempfehlungsplattformen wie Pinterest usw. Doch die Bewertungskultur, wie sie gang und gäbe ist, ist noch nicht lange Bestandteil des Onlinehandels. Als 1993 die ersten Onlineshops entstanden, gab es noch keine Bewertungen. Nur einige Anbieter erkannten das Potenzial für den Onlinehandel. Amazon zum Beispiel: Das Unternehmen zählt heute zu den wichtigsten Playern im E-Commerce, und das hängt unmittelbar mit der Einführung seines Bewertungssystems vor über 15 Jahren zusammen (siehe Abbildung 1.7).

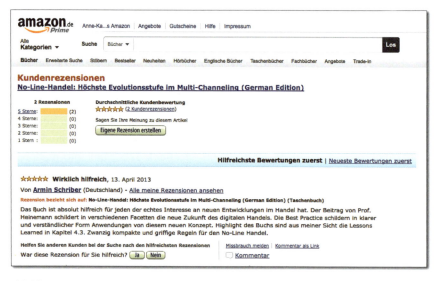

Abbildung 1.7 Amazon erkannte schon 1998 das Potenzial von Bewertungen. Quelle: http://www.amazon.de

Amazon nutzt seitdem den öffentlichen Feedback-Kanal des Internets, um Kundenmeinungen transparent zu machen und die Kommunikation der Käufer untereinander zu fördern. Damit spielt Amazon bis heute einen enormen Vorteil gegenüber dem stationären Handel aus. Und über die Bewertungen zieht Amazon viele Kunden ab, die sonst vielleicht in einem anderen Onlineshop gekauft hätten. Denn in den meisten Fällen kauft der Kunde dann dort, wo er auch die Bewertung gelesen hat. Also: Fangen Sie lieber früher als später damit an, Bewertungen zu sammeln, denn die Meinung anderer Kunden zählt und ist wichtig für andere Kunden. Nur so gewinnen Sie das Vertrauen der Kunden in Sie als Händler und in Ihr Angebot. Authentische Erfahrungsberichte geben Ihren Kunden Sicherheit und erhöhen somit merklich die Kaufabschlüsse in Onlineshops. Auch stationäre Händler können von digitalen Bewertungen profitieren. Bewertungsportale sind inzwischen für viele Endverbraucher die erste Anlaufstelle, wenn es um die Auswahl des geeigneten Händlers vor Ort geht.

1.2.2 Empfehlungen unter Shoppingfreunden

Nur ein Viertel der Deutschen vertraut klassischer Werbung. Die Bestnoten erhielten dagegen die »Empfehlung von Bekannten« und »Online-Konsumentenbewertungen«, siehe Abbildung 1.8. Deshalb ist es so wichtig, Markenbotschafter für sich zu gewinnen und ihnen digital Möglichkeiten einzuräumen, ihre Erfahrungen zu äußern. Seth Godin bringt es in seinem E-Book »Flipping the Funnel« auf die Formel:

Turn strangers into friends.
Turn friends into customers.
And then ... do the most important job:
Turn your customers into salespeople.

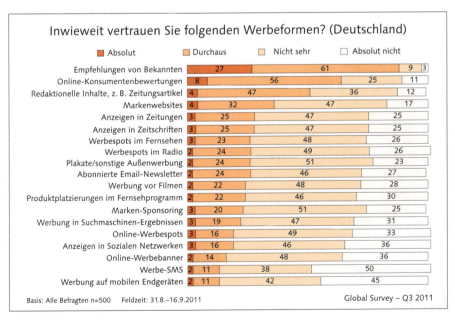

Abbildung 1.8 Die persönliche Empfehlung ist immer noch die beste Werbung.
Quelle: http://nielsen.com/de/de/insights/presseseite/2012/vertrauen-in-werbung-bestnoten-fuer-persoenliche-empfehlung-und-online-bewertungen.html

Social Commerce ist vor allem Empfehlungsmarketing unter Freunden, aber auch unter anonymen Onlineshoppern. Konsumenten stellen ihre Lieblingsprodukte online in ihrem Blog, YouTube-Channel oder Pinterest-Board zur Schau und beeinflussen damit gleichzeitig andere Kunden. Virtuelle Pinnwände mit Produktbildern wie bei »Pinterest«, Collagen mit ausgewählten Produkten wie bei »Polyvore« und »Stylefruits« (siehe Abbildung 1.9) dienen potenziellen Kunden als Inspirationsquelle, um neue Produkte zu entdecken. Nebenbei gewinnen Blogger und Promis immer mehr an Einfluss auf die Kaufentscheidung von Konsumenten. Egal ob »Miacosa« oder »BerryAvenue« – Produktempfehlungen von Promis sind bei den Konsumenten beliebt, weil sie Experten vertrauen, siehe Abschnitt 5.3, »Das Prinzip Autorität«. Den Onlineshopper begeistern die Empfehlungen seines Promi-Trendsetters, der so zum Onlineshopping-Freund und -Berater wird. Es mag für Außenstehende wie eine oberflächliche Verkäufer-Käufer-Beziehung wirken, aber für den Kunden ist der Austausch mit seinem Lieblingspromi etwas ganz Besonderes. Wie Sie die Empfehlungen unter Freunden und Onlineshoppern auslösen und wie Sie die verkaufsfördernde Wirkung von Multiplikatoren nutzen können, erfahren Sie in Abschnitt 6.2, »Die Empfehlungsstrategie«.

Abbildung 1.9 Bei Stylefruits können die Nutzer Produktcollagen hochladen und anderen Kunden ihre Lieblingsprodukte präsentieren. Quelle: http://www.stylefruits.de

> **Kunden werden zu Vermarktern**
>
> Konsumenten nutzen das Social Web, um ihre Expertise unter Beweis zu stellen. Sie stellen gern Produktcollagen zusammen, tragen aus verschiedenen Onlineshops Produkte zusammen, die sie in der Community präsentieren. Sie stellen Produktempfehlungen im Social Web dar. Viele Plattformen bieten den Produktvermarktern und Markenbotschaftern bisher nur den Anreiz der Anerkennung und Auszeichnung. Noch mehr Erfolg versprechen Plattformen, bei denen die Kunden tatsächlich (monetär) partizipieren können. Wenn Sie Kunden als Markenbotschafter involvieren wollen, müssen Sie echte Anreize dafür schaffen. Wie genau das geht und was Sie bei monetären Anreizen bedenken müssen, erfahren Sie in Abschnitt 6.3, »Die Belohnungsstrategie«.

1.2.3 Der Onlinehandel kennt seine Kunden besser

Onlineshops genießen gegenüber dem stationären Handel den entscheidenden Vorteil, dass sie weitaus mehr über ihre Kunden wissen. Durch die bestehende Kundenhistorie kennen Onlinehändler sehr genau die Konsumgewohnheiten und Produktaffinitäten ihrer Kunden. Zudem liefern die hinterlegten Kreditkartendaten des Käufers Aufschluss über die Kaufkraft des Konsumenten. Im Optimalfall melden sich Kunden mit ihrem Netzwerk-Profil im Onlineshop an. Dann können Onlinehändler den Kunden maßgeschneiderte und ganz persönliche Angebote unterbreiten. Mehr dazu erfahren Sie in Abschnitt 2.6, »Schlagen Sie dem Kunden passende Produkte vor«. Aber auch stationäre Händler können von einer digitalen Kundenbeziehung profitieren. Die Lösung bieten hier Bonusprogramme und Bezahlverfahren, die mittels mobiler Endgeräte auch am POS zum Einsatz kommen, siehe Abschnitt 4.8, »Mobile Payment«.

1.2.4 Kleinere Händler sind die Gewinner im Social Web

Häufig fragen sich kleine Händler, ob ihnen Social Media Marketing wirklich etwas bringt. Doch auch wenn Sie nicht Coca-Cola oder eine große Handelskette sind, können Sie von Social Media profitieren. Stationäre Händler irren, wenn sie glauben, Social Media hätten kein Potenzial für sie. Im Gegenteil: Unternehmen mit einer vergleichsweise geringen Anzahl echter Fans sind die eigentlichen Gewinner im Social Web. Dies ist das Resultat der Studie »The Power of Going Local« von Mainstay Salire und Hearsaysocial,[7] in der die Reichweite und die Interaktionsrate von Facebook-Seiten lokaler Unternehmen untersucht wurden. Dabei fand man heraus, dass die Inhalte von Unternehmen und stationären Händlern im Verhältnis durchschnittlich fünf Mal mehr Facebook-Nutzer erreichen als national ausgerich-

---

[7] Mainstay Salire und Hearsaysocial, »The Power of Going Local« http://info.hearsaysocial.com/rs/hearsaysocial/images/Hearsay-Corporate-to-local.pdf.

tete Facebook-Seiten. Ebenso beeindruckend sind die Ergebnisse zum »Fan-Engagement«. Bei den untersuchten Seiten der lokalen Unternehmen reagierten acht Mal mehr Fans auf Nachrichten, Bilder, Videos als bei Facebook-Seiten ohne regionalen Bezug. Die Schlussfolgerung der Studie lautet daher: Ein Fan einer lokal ausgerichteten Markenseite bei Facebook ist 40 Mal mehr wert als der Fan einer nationalen oder internationalen Facebook-Seite. Nutzen Sie also die Möglichkeit als lokales Unternehmen, sich in Facebook mit Ihren lokalen Inhalten zu positionieren.

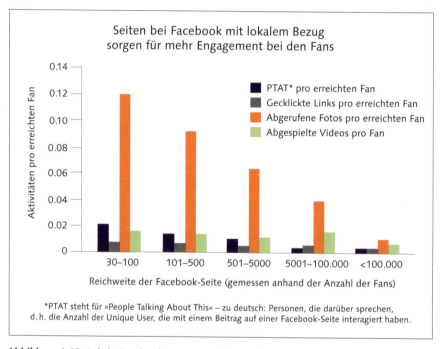

Abbildung 1.10 Lokale Facebook-Seiten erreichen mehr Fan-Engagement.
Quelle: Mainstay Salire & Hearsaysocial

1.3 Die Karten sind neu gemischt

Der Onlinehandel expandiert auf Kosten des stationären Handels und soll im Jahr 2013 um über 10 % wachsen. Bis zum Jahr 2020 sollen etwa 20 % der Handelsumsätze allein durch den Onlinehandel generiert werden. Gleichzeitig werden die Umsätze im stationären Handel weiterhin rückläufig sein.[8] Nicht nur die großen Versandhändler wie Otto oder Bon Prix, sondern auch Internet-Pure-Player wie

---

8 eWeb-Research-Center der Hochschule Niederrhein, 2011, http://www.hs-niederrhein.de/news/news-detailseite/eweb-research-center-prognostiziert-mindestens-20-prozent-online-anteil-im-handel-bis-2020-1382.

Amazon, eBay, Zalando oder Cyberport (siehe Abbildung 1.11) rücken mit ihren Onlineshops dem stationären Handel zu Leibe. Die Leidtragenden sind vor allem kleine stationäre Einzelhändler. Betroffen sind jedoch auch ganze Branchen. Besonders der Buchhandel und die Textilbranche klagen über Umsatzeinbußen. Viele der einst so treuen Kunden shoppen inzwischen bevorzugt in der bunten 24-Stunden-Onlinewelt. Aber die Diskussion Onlinehandel versus stationärer Handel ist nach wie vor kontrovers: Während der deutsche Internet-Mogul Oliver Samwer mit seiner Aussage, dass »80 % der Offline-Händler nicht überleben werden«, provoziert[9], beschwichtigen die Berater des stationären Handels: Die drohende Verwaisung der Innenstädte durch Laden- und Kaufhausschließungen bezeichnen sie als Mythos. Selbst Amazon würde gerne stationären Handel betreiben, und eBay probiert es bereits mit so genannten »Pop-up«-Stores.

Abbildung 1.11 Der Internet-Pure-Player Cyberport wurde 2013 zum nutzerfreundlichsten Onlineshop gewählt. Quelle: http://cyberport.de

Bisher hat der stationäre Handel eher verhalten auf den Onlinehandel reagiert. Beispielsweise brachte die Media-Saturn-Holding erst Mitte 2011 ihren Saturn-Onlineshop ans Netz (siehe Abbildung 1.12). Erstaunlich spät, wenn man bedenkt, dass der Onlinegigant Amazon seit Jahren zuhauf Saturn-Kunden abzieht. Dass sich Onlineshops aber auch für stationäre Händler auszahlen, zeigen die Erfolgsbeispiele

---

9 Oliver Samwer beim »e-day« von Tengelmann am 8.3.2013.

von Tchibo, Lidl und Ikea. Das jahrelange Warten und Beobachten des E-Commerce, wie es Saturn 15 Jahre lang betrieben hat, schadet jedoch stationären Händlern und ist keine Lösung für die Zukunft. Wer jetzt nicht mit Onlinehandel beginnt, hat am Ende das Nachsehen, weil andere Onlinehändler schon längst das Vertrauen der Kunden gewonnen haben. Außerdem: Ist der Onlineshopper einmal von Ihrem Onlineshop überzeugt, bleibt er Ihnen auch treu, schließlich ist Einkaufen im Internet für viele Konsumenten immer noch mit einem zumindest subjektiven Risiko in Bezug auf Zahlungsabwicklung und Lieferung behaftet.

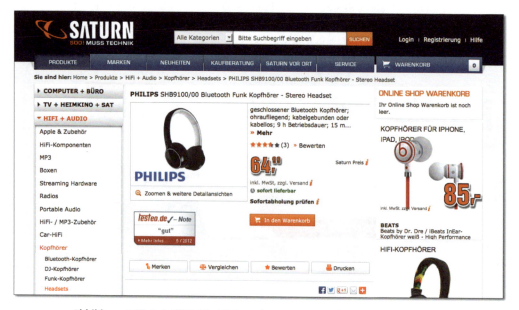

Abbildung 1.12 Seit 2011 führt Saturn einen eigenen Onlineshop www.saturn.de. Zum Vergleich: Amazon ging im Juli 1995 ans Netz.

1.3.1 Der Heimvorteil des Ladengeschäfts

Der Wachstumskurs des Onlinehandels soll nicht den Eindruck erwecken, dass Ladengeschäfte, Boutiquen und Shoppingcenter dem Untergang geweiht sind. Im Gegenteil: Der Innenstadtbummel steht bei den Konsumenten noch immer hoch im Kurs. Nach wie vor schätzen viele Kunden das persönliche Beratungsgespräch, wollen die Ware in Originalgröße sehen, fühlen, anprobieren oder möchten sich einfach nur inspirieren lassen. Waren im stationären Handel sind zudem sofort verfügbar, und die Zahlungsabwicklung direkt an der Kasse wird immer noch als sicherer empfunden als der Kaufabschluss im Internet. Doch es genügt nicht, sich darauf auszuruhen. Zudem verschenken Sie als Händler Umsatzpotenziale, wenn Sie den Onlinehandel ignorieren. Mithilfe des E-Commerce steigerten stationäre Einzelhändler allein im Zeitraum von 2011 bis 2012 ihre Umsätze um mehr als ein Drittel.

1.3.2 Jede dritte Suchanfrage hat lokalen Bezug

Die deutschen Internetnutzer lieben Google. 95 % der Nutzer nutzen diese Suchmaschine, wenn sie nach Informationen suchen. Und das sind häufig Suchanfragen nach Orten und Adressen, wie z. B. Geschäfte, Restaurants, Hotels, Ärzte usw. 82 % der deutschen Smartphone-Nutzer haben schon einmal nach lokalen Informationen gesucht, wie zum Beispiel nach einem Ladengeschäft. Die Zeiten, in denen Branchenbücher wie die »Gelben Seiten« die einzige Möglichkeit waren, um nach ortsansässigen Unternehmen zu recherchieren, sind längst passé.

Wie wichtig das Internet inzwischen bei der Recherche nach Geschäften und Adressen ist, verdeutlicht der Anteil der lokalen Suchanfragen bei Google. Der Suchmaschinengigant nahm hierzu erstmals im November 2012 bei der »Google Pinpoint« in London offiziell Stellung. Ed Parsons verkündete in seinem Vortrag, was viele Experten schon vermutet hatten: Bei Google hat bereits jede dritte Suchanfrage lokalen Bezug. Noch stärker ist die lokale Suche mit mobilen Endgeräten. Die mobile lokale Suche macht nach Schätzungen etwa 50 % aller mobilen Suchanfragen aus. Das bedeutet, etwa die Hälfte der mobilen Suchanfragen bezieht sich auf Orte, Plätze und Adressen. Und sie haben weitreichende Folgen für den stationären Handel. 80 % der Smartphone-Nutzer gehen unmittelbar nach ihrer Recherche zu einer Folgehandlung über. Sie setzen sich mit dem gesuchten Unternehmen in Verbindung, suchen ein Ladengeschäft auf oder tätigen einen Kauf vor Ort.

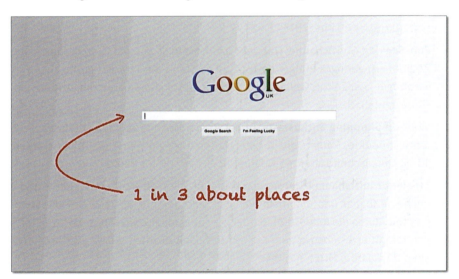

Abbildung 1.13 Jede dritte Suchanfrage bei Google hat lokalen Bezug.
Quelle: https://www.youtube.com/watch?v=ucYiMBfyNfo

1.3.3 Werden Ladengeschäfte in Zukunft verschwinden?

Die Antwort auf diese Frage lautet definitiv »Nein«. Die deutschen Konsumenten kaufen nach wie vor überwiegend stationär ein.[10] Aber es zeichnet sich auch der Trend zum Onlineshopping bzw. Multichannel-Shopping (beides: online und stationär) ab. Die Studie unterscheidet sieben verschiedene Käufertypen in Deutschland, von denen nur ein Käufertyp ausschließlich online shoppt (»Non-Urban Shopping Pragmatists«). Zwei Käufertypen nutzen sowohl den Online- als auch den stationären Handel, der Rest kauft vor allem stationär ein. Interessant ist dennoch, dass das Internet bei fast allen Käufertypen zu Recherchezwecken herangezogen wird. Die sieben Käufertypen der Studie und ihre Umsatzanteile sollen hier kurz dargestellt werden:

- **Mainstream Offline Shoppers**: preisbewusster Käufertyp, kauft hauptsächlich stationär ein, surft aber täglich im Internet (auch nach Preisen). Umsatzanteil: 23 %; Durchschnittsalter: 28,4 Jahre; HHE (Haushaltseinkommen): 2.219 €.
- **Traditional Senior Shoppers**: größtes Käufersegment, Rentner und Pensionisten, kaufen fast ausschließlich stationär, wenden dabei viel Zeit auf und wünschen sich Service und Beratung. Umsatzanteil: 27 %; Durchschnittsalter: 64,1 Jahre; HHE: 1.957 €.
- **Simplistic Shopping Minimalists**: generell nicht besonders shopping-affin, kauft nur ab und zu und dann sehr preisbewusst. Umsatzanteil: 10 %; Durchschnittsalter: 46 Jahre; HHE: 2.427 €.
- **Fun-Seeking Multichannel Natives**: Schüler und Studenten (Durchschnittsalter 24,5 Jahre), geringes Budget (HHE: 1.242 €), sind mit Internet groß geworden, verbringen viel Zeit in Onlineshops, kaufen ansonsten in Shoppingcentern ein. Umsatzanteil: 8 %.
- **Well-off Shopping Enthusiasts**: hoher Anspruch an Produkte, leisten sich auch teure Produkte, kaufen online wie stationär gleich gerne ein. Umsatzanteil: 13 %; Durchschnittsalter: 45,6 Jahre; höchstes HHE: 3.150 €.
- **Efficient Multichannel Shopppers**: kauft vor allem effizient ein; ist das Produkt online verfügbar und innerhalb weniger Tage bei ihm, spart er sich die Shoppingtour durch die Innenstadt, entdeckt er aber ein Produkt im stationären Handel, nimmt er es ebenso gerne direkt mit. Umsatzanteil: 10 %; Durchschnittsalter: 31,6 Jahre; HHE: 3.100 €.

---

10 Roland Berger Strategy Consultants, 2013, »Dem Kunden auf der Spur«, http://www.rolandberger.de/media/pdf/Roland_Berger_Dem_Kunden_auf_der_Spur_rev_20130221.pdf.

▶ **Non-Urban Shopping Pragmatists**: kaufen vornehmlich online ein, müssen ansonsten weite Wege in Kauf nehmen, um zu Einkaufsmöglichkeiten zu gelangen. Umsatzanteil von 9 %; Durchschnittsalter: 33,6 Jahre; HHE: 2.743 €.

Was fällt Ihnen bei dieser Studie auf? Die größte und umsatzstärkste Käufergruppe sind im Moment Rentner, die stationär einkaufen. Vor dem Hintergrund des demografischen Wandels ist diese Käufergruppe eine durchaus relevante Zielgruppe. Allerdings ist die nächste Generation der Rentner schon viel mehr aufgeklärt, Internet- und Handy-affiner als die jetzige. Gerade die Zielgruppe der jungen Käufer kauft schon jetzt online *und* stationär. Multichannel-Shopper, also die Konsumenten, die sowohl im stationären Handel als auch online einkaufen bzw. zwischen diesen Kanälen hin- und herwechseln, sind laut accenture/GfK-Studie insbesondere Studenten, Azubis, Singles und DINKS (DINKS steht für »Double Income No Kids«). Der stationäre Einzelhandel wird dennoch nicht verschwinden, sondern als sozialer Treffpunkt, Beratungsort und Point of Sale seine Relevanz behalten.

1.4 Mobile Commerce: Smart-Shopper erobern die Märkte

Immer mehr Konsumenten betreten gewappnet mit ihrem Smartphone die Ladengeschäfte. Das führt zu einer Markttransparenz wie noch nie zuvor. Die Kunden sind heute besser informiert als je zuvor, denn sie können mit ihren Smartphones direkt im Geschäft Preisvergleiche durchführen und Produktbewertungen durchlesen. Dafür nutzen sie zum Beispiel die »barcoo«-App auf ihrem Smartphone, scannen den Barcode des Produkts und erhalten auf einen Blick alle gewünschten Produktinformationen und Hinweise zu Anbietern und Preisen.

Das Smartphone wird von den Kunden gezielt für Recherchen im stationären Handel eingesetzt. 75 % der Smartphone-Nutzer tut das bereits. 17,4 % der Smartphone-Besitzer suchen mehrmals pro Woche Informationen zu Preisen mobil im Ladengeschäft.[11] Nicht selten suchen die Konsumenten sogar gezielt das Ladengeschäft auf, um das Produkt auszutesten, kaufen dann aber dennoch online ein, betreiben also Showrooming. Das Ladengeschäft wird zum Showroom, gekauft wird jedoch online oder gar noch gleich vor Ort mobil.

---

11 ECC Handel Köln in Zusammenarbeit mit Paypal und Shopgate, 2012, »Mobile Commerce in Deutschland – Die Rolle des Smartphones im Kaufprozess«.»http://www.ecckoeln.de/Downloads/Themen/Mobile/ECC_Handel_Mobile_Commerce_in_Deutschland_2012.pdf.

Laut KPMG-Studie »Preisportale, Couponing, soziale Netzwerke – der Einfluss aktueller Online-Trends auf das Kaufverhalten« haben etwa 46 % der Smartphone-Nutzer schon einmal ein Produkt nicht im Laden gekauft, weil sie über das Smartphone ein günstigeres gefunden haben. 77,7 % kauften es daraufhin online, entweder direkt mobil oder zu Hause, ein.

> **Über die Hälfte der Smartphone-Nutzer recherchiert Produkte am POS**
> In einer Konsumentenbefragung des Online-Auktionshauses eBay »Die Zukunft des Handels« haben bereits 60 % der Smartphone-Nutzer mithilfe eines Barcodescanners Preise im stationären Handel mit Online-Angeboten vergleichen.[12]

Showrooming ist eine echte Herausforderung für den Handel, und es stellt sich unweigerlich die Frage, was Händler tun können, wenn ihr Ladengeschäft zum Showroom »verkümmert«?

Laut eBay-Studie »Die Zukunft des Handels« müssen sie noch besser beraten. Die Verkäufer müssen noch besser vorbereitet sein und ihre Verkaufsfläche nutzen, um produktrelevante Informationen beispielsweise auf Bildschirmen anzuzeigen, noch bevor der Kunde sein Smartphone zückt. Wegschauen, Handyverbote oder gar Störsender in den Läden helfen jedenfalls nicht, denn der aufgeklärte Smartphone-Nutzer gelangt zu den gewünschten Informationen, egal ob das den Händler ärgert. Im Moment ist der Gewinner des Showrooming-Effekts vor allem der Onlinehandel, der mit dem günstigeren Preis überzeugt. Allerdings kann der Handel genau da ansetzen. Denn im Zweifelsfall entscheiden eine bessere Beratungsleistung und Serviceangebote über den Kaufabschluss. Prognosen gehen davon aus, dass in wenigen Jahren Showrooming 20 % aller Einkäufe im stationären Handel beeinflussen wird.

1.4.1 Mobile Recherchen führen zum Kaufabschluss

Wenn Kunden mit ihrem Smartphone nach Produkten recherchieren, kaufen sie diese in etwa der Hälfte der Fälle danach zuhause am heimischen PC. In 38 % der Fälle führt die mobile Produktrecherche dazu, dass die Kunden das Produkt in einem stationären Geschäft kaufen. Nur ein Viertel der Kunden kauft das Produkt direkt mit dem Smartphone. 7 % kaufen nach der Recherche das Produkt, indem sie den Onlineshop mit dem ihrem Tablet aufrufen.

---

[12] eBay, 2012, »Die Zukunft des Handels«, http://presse.ebay.de/pressrelease/3949.

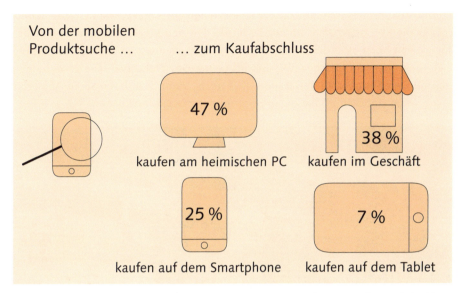

Abbildung 1.14 Kaufabschluss nach Recherche mit mobilem Endgerät. Quelle: Tradedoubler Whitepaper »Mobile Commerce & You«, http://www.tradedoubler.com/pagefiles/25098/mobilewhitepapersept2012_de.pdf.

1.4.2 Mobiles Einkaufen mit Smartphones und Tablets

Neben Showrooming wird der mobile Einkauf für immer mehr Onlineshopper zur Selbstverständlichkeit. Denn die Shoppingtour mit dem Smartphone als Pausenfüller im Wartezimmer oder das Stöbern beim Onlinehändler mit dem Tablet auf der Couch ist inzwischen für viele Tablet-Nutzer eine willkommene Alternative zum Einkauf am stationären PC. Hierbei entstehen zusätzliche Absatzwege für den elektronischen Versandhandel, und auch viele Multichannel-Händler und Markenhersteller nutzen mobile Endgeräte als zusätzlichen Verkaufskanal.

**Mit dem Smartphone im virtuellen Supermarkt einkaufen –
Best Practice Tesco Homeplus**

In Südkorea bestellen sich die Smart Shopper bereits ihre Lebensmittel von Plakaten in der U-Bahn direkt nach Hause. »Tesco Homeplus« stellt seit 2011 seinen virtuellen Supermarkt in U-Bahnstationen und mittlerweile auch Bushaltestellen zur Verfügung, siehe Abbildung 1.15. Die virtuellen Regale sind mit Fotos von den Produkten mit dazugehörigen QR-Codes ausgestattet. Über eine Smartphone-App können die Codes gescannt und das Produkt bestellt werden. Die Hälfte der deutschen Smartsurfer kennt solche Anwendungsszenarien bereits oder hat bestimmte Tools schon genutzt. 48 % der Smartphone- und Tablet-Besitzer haben laut eBay-

Studie »Zukunft des Handels« (2012) bereits einen QR-Code gescannt.[13] Die Bereitschaft, mobil einzukaufen, ist mit 59 % bei den deutschen Smartphone-Nutzern sogar recht hoch. Allerdings wünschen sich die Konsumenten dann auch, dass die Lieferung noch am gleichen Tag eintrifft (»One-Day-Delivery«). Die Erwartungen der mobilen Shopper an den Handel sind hoch. Mehr dazu lesen Sie in Abschnitt 4.4.2, »Wie stationäre Händler auf Showrooming reagieren können«.

Abbildung 1.15 Shopping im virtuellen Supermarkt von Tesco Homeplus in Südkorea

1.4.3 Onlineshopping über interaktive Bildschirme

Interaktive Touchscreens, die der Kunde mit seinem Smartphone bedienen kann, sind eine Möglichkeit, den Onlineshop in die reale Welt zu holen und damit Umsätze zu generieren. Natürlich ist der mobile Onlineshop oder eine Shopping-App, über die der Kunde mobil im Café oder im Zug shoppt, ein ähnliches Szenario, aber Touchscreens erregen einerseits Aufmerksamkeit und kommen andererseits bei den Konsumenten sehr gut an. Der Schuhhändler »Görtz« hat bereits ein »Virtual-Shoe-Fitting-System« entwickeln lassen, mit dem die Kunden über einen Bildschirm Schuhe anprobieren und mobil bestellen können. Entwickelt wurde die virtuelle Anprobe von der Agentur Kempertrautmann und erstmals im April 2012 an

---

13 eBay, Zukunft des Handels, 2012, http://presse.ebay.de/sites/ebay.de/files/zukunft_des_handels_das_buch.pdf.

Deutschlands Bahnhöfen eingesetzt. Sie soll aber auch in Zukunft zur Verkaufsförderung genutzt werden. Die virtuelle Anprobe basierte technisch auf Grundlage der Bewegungen des Nutzers. Der Kunde wählte aus dem Sortiment den Schuh aus, probierte ihn virtuell an und sah sich schließlich auf dem großen Bildschirm, wie vor einem Spiegel in der Anprobe. Eine Anbindung an Social Media ermöglichte es, Bilder von anprobierten Schuhen im persönlichen Netzwerk zu teilen. Görtz konnte damit die Aktion auch im Social Web bekannt machen und Empfehlungen für sein Schuhsortiment generieren. Wer sich für ein Modell entschieden hatte, konnte den Schuh über einen QR-Code direkt mobil bestellen.

Abbildung 1.16 Mit dem »Virtual-Shoe-Fitting-System« von Görtz können Schuhe anprobiert und mobil bestellt werden. Quelle: https://www.youtube.com/watch?v=uSn7c1uw1_A

1.4.4 Mobile Commerce auf dem Vormarsch

Mobiles Einkaufen (»Mobile Commerce« oder »M-Commerce«) ist die Zukunft. Mobile Commerce geht mit der rasanten Verbreitung mobiler Endgeräte und im Zuge dessen auch mit dem neuen Selbstbewusstsein der aufgeklärten Konsumenten einher. Von 2011 auf 2012 verdoppelten sich in Deutschland die Umsätze, die durch Mobile Commerce generiert wurden.[14] Mobil wird gern gekauft, was auch

---

14 zanox »zanox Mobile Performance Barometer 2012«, http://blog.zanox.com/de/zanox/2013/01/30/mobile-christmas-shopping-2012-verdopplung-des-m-commerce-zu-weihnachten-2012-ipad-sonntag-dominiert/.

online gern bestellt wird, z. B. Bücher, Unterhaltungselektronik, Reisen. Allerdings hängen mobile Einkaufserlebnisse unmittelbar mit Nützlichkeit und Zeitersparnissen für den Kunden zusammen. Vor allem Tablets sind die Wegbereiter für den Mobile Commerce (auch »Couch Commerce« genannt) und bieten großes Potenzial für Onlinehändler.

Warum kaufen Kunden mobil ein?

Die sofortige und ortsunabhängige Verfügbarkeit von Informationen ist der Hauptgrund, das Smartphone bei Kaufentscheidungen zu nutzen. Eine solche Situation wäre zum Beispiel: Was mögen wohl die schicken Sneakers kosten, die mein Gegenüber in der S-Bahn trägt? Immer mehr Smartphone-Nutzer gehen solchen Kaufimpulsen »on the go« sofort nach. Was den Kunden genau dazu verleitet, den Kauf auf dem Smartphone abzuschließen, haben die Betreiber des Blogs »konversionsKRAFT« in ihrer Studie «Mobile Commerce Patterns»[15] untersucht. Die Kernmotive klingen durchaus plausibel: Spontanität und Freiheit sind die treibenden Kräfte, die Smartphone-Nutzer dazu bewegen, mit dem Online-Einkauf nicht zu warten, bis sie wieder zu Hause am heimischen PC sitzen. Eine entscheidende Rolle spielt der Wunsch nach Überlegenheit, an jedem Ort und zu jeder Zeit seine Einkaufswünsche realisieren zu können. Und die Lust, etwas Neues auszuprobieren. Spaß und einfache Bedienbarkeit sollten bei der Konzeption einer Shopping-App oder bei der Optimierung des Onlineshops für mobile Endgeräte im Vordergrund stehen, denn die Frustrationstoleranz ist bei mobilen Einkäufen gering. Probleme bei der Bedienung des Shops führen somit noch schneller zu Kaufabbrüchen als in herkömmlichen Onlineshops. Um dies zu vermeiden, müssen funktionale Defizite bei der Konzeption mobiler Onlineshops von vornherein vermieden werden. Für Nutzer von Smartphones steht Effizienz und Übersichtlichkeit beim mobilen Shopping an erster Stelle. Was genau Sie hierbei beachten sollten und wie Sie Ihren mobilen Shop am besten für Nutzer von Smartphones gestalten, erfahren Sie in Abschnitt 4.6.1, »Optimieren Sie Ihren Onlineshop für mobile Endgeräte«.

Mobile-First-Strategie – Best Practice Fab.com

Das enorme Wachstum im Bereich des Mobile Shopping veranlasst einige Onlinehändler inzwischen gar dazu, ihr gesamtes Geschäftsmodell vorrangig auf den Bereich Mobile Commerce auszurichten. Einer der erfolgreichsten Vorreiter der so genannten »Mobile First«-Strategie ist derzeit das Unternehmen »Fab.com«. Das US-amerikanische Design-Einkaufsportal setzt derzeit vorrangig auf Kunden mit mobilen Endgeräten. Neben mobil optimierten Webseiten stehen den Kunden des

---

15 konversionsKRAFT, »Mobile Commerce Patterns – Bauplan für maximale Conversion«, http://www.konversionskraft.de/conversion-optimierung/whitepaper-mobile-commerce.html.

Unternehmens mobile Applikationen für Apples iPhone und iPad wie auch für Android-Geräte zur Verfügung. CEO des Onlineshops Jason Goldberg gab Anfang 2013 in einem Interview mit dem deutschen Wochenmagazin Werben & Verkaufen (W&V) bekannt, dass im Weihnachtsgeschäft 2012 an einigen Tagen über 50 % des Umsatzes mit Tablets und Smartphones erzielt wurde. Im Vorjahr seien noch maximal 15 % des Umsatzes mit mobilen Geräten erwirtschaftet worden. Die Mobile-First-Strategie des Unternehmens scheint sich auszuzahlen. Derzeit beschäftigt das gerade einmal seit zwei Jahren bestehende Unternehmen über 600 Mitarbeiter und erzielte 2012 in 26 Ländern bereits einen Gesamtumsatz von über 150 Mio. US$.

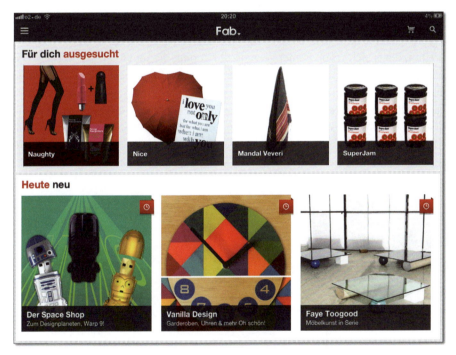

Abbildung 1.17 Die Shopping-App von Fab.com eignet sich besonders für mobiles Einkaufen vom Sofa aus.

Erfolgsstorys wie die des Unternehmens Fab sollten jedoch nicht über den Umstand hinwegtäuschen, dass sich die »Mobile First«-Strategie nur bedingt auf alternative Geschäftsmodelle übertragen lässt. Denn auch wenn Onlinehändler derzeit vorrangig ein besonders kaufkräftiges Klientel über den Absatzkanal Tablet erreichen, bedeutet dies im Umkehrschluss nicht, dass der herkömmliche Onlinehandel fortan von geringerer Bedeutung ist. Nach wie vor werden rund 80 % des Shopping-Traffics von Desktop-Nutzern generiert. In der Praxis bedeutet dies für die meisten Onlinehändler, dass sie zweigleisig fahren müssen, um eine möglichst große Zielgruppe zu erreichen. Mittel- bis langfristig werden zunehmend auch einkommensschwächere Konsumenten für den Absatzkanal Tablet von größerer Bedeutung sein. Denn spätestens seit dem Launch des iPad mini ist klar, dass es sich bei Tablet-PCs auf lange Sicht nicht weiter um ein Luxusgut handeln wird. Vielmehr ist davon auszugehen, dass Tablets in Privathaushalten den stationären PC immer öfter ganz ersetzen werden. Für den Onlinehandel ist somit klar, dass eindimensionale Konzepte inzwischen wenig zukunftsträchtig sind.

1.5 Stellen Sie Ihren Kunden in den Mittelpunkt!

Mit Social Commerce, Digitalem Marketing und Mobile Commerce können Sie den Verbraucher persönlich erreichen und ihm überall und zu jeder Zeit Angebote unterbreiten, die er sich schon immer gewünscht hat oder die sein Interesse wecken. Das bedeutet, sowohl lokal, mobil, als auch im Social Web ansprechbar zu sein und in allen Verkaufskanälen präsent zu sein, um dem Onlineshopper für sofortigen Service zur Verfügung zu stehen, ihm interessante Angebote zu unterbreiten, die ihm Freude und ein einmaliges Einkaufserlebnis bereiten. Das erfordert ein kundenzentriertes Marketing, weg von der anonymisierten Angebotsunterbreitung hin zu personalisierten Produktvorschlägen und einer kundenzentrierten Kommunikation.

Abbildung 1.18 Social Commerce, Digitales Marketing und Mobile Commerce ermöglichen Ihnen kundenzentrierten Handel. Quelle: eigene Darstellung

Alle drei Disziplinen fordern aufgeklärte Mitarbeiter, Kundenberater und Verkäufer, die sich von Sätzen wie »Ich hab das eben schon online recherchiert« nicht erschüttern lassen. Auch der sichere Umgang mit Social Media und mobilen Endgeräten gehört dazu. Nur dann kann der Mitarbeiter Argumente liefern, die den Kunden zum Kauf im eigenen Onlineshop oder im Ladengeschäft überzeugen. Das kann ein besonderer Service oder ein günstigeres Online-Angebot vom Händler selbst sein.

1.5.1 Kundenzentrierter Handel

Wie Sie Ihren Kunden in den Mittelpunkt beim Handel stellen, erfahren Sie in den folgenden Kapiteln. In Kapitel 2, »Social Commerce«, lesen Sie nach, was Social Commerce grundsätzlich bedeutet und wie es Onlinehändler, aber auch der stationäre Händler sinnvoll einsetzen können. Kapitel 3, »Nutzen Sie Digitales Marketing«, ist insbesondere für stationäre Händler interessant, die wissen möchten, wie sie durch Social Media und Google noch mehr Kunden für ihr stationäres Geschäft erreichen. Kapitel 4 »Mobile Commerce« widmet sich ausführlich der mobilen Produktrecherche, dem Trend des mobilen Einkaufens und dem des mobilen Bezahlens. Da die Produktrecherche sowohl den stationären Handel beeinflusst, siehe ROPO-Effekt Abschnitt 1.1.3, »Der ROPO-Effekt – Online recherchieren, im Handel kaufen«, als auch Auswirkungen auf den Onlinehandel hat, siehe Showrooming Abschnitt 1.1.5, »Der Laden wird zum Showroom«, ist dieses Kapitel für beide relevant. Auf welchen Prinzipien der Handel beruht und wie sich das auf den Onlinehandel, insbesondere Social Commerce und Mobile Commerce, übertragen lässt, verraten wir Ihnen in Kapitel 5, »Die Prinzipien des Handels«. In Kapitel 6, »Strategien für erfolgreichen Handel«, lesen Sie ganz konkret, wie Sie über Produkt- und Händlerbewertungen als Preisvergleichsportale das Vertrauen der Kunden gewinnen, siehe Abschnitt 6.1, »Die Bewertungsstrategie«. Sie lesen auch, wie Sie durch Empfehlungen von Freunden, Bekannten, Experten und durch individuelle Produktvorschläge neue Kunden gewinnen können und Ihre Produkte in der Zielgruppe bekannter machen, siehe auch Abschnitt 6.2, »Die Empfehlungsstrategie«. Wie Sie selbst mittels Content Marketings, spannenden Produkt- und Brand Storys die Aufmerksamkeit Ihrer Kunden erregen, erfahren Sie in Abschnitt 6.4, »Die Involvierungsstrategie«. Die Involvierungsstrategie verrät Ihnen außerdem, wie Sie Kunden in die Produktentstehung noch stärker involvieren können. Natürlich sollten alle diese Maßnahmen nur auf der Basis einer gelungenen Kundenkommunikation erfolgen. Gerade Social Media eignet sich für einen persönlichen Kundenkontakt, siehe Abschnitt 6.6, »Die Kundenbindungsstrategie«.

1.5.2 Kaufimpulse stimulieren

Mit Bewertungen und inspirativen Einstiegen, Location-based Services, Coupons und mobilen Angeboten lassen sich Kaufimpulse stimulieren und Kaufinteresse wecken. Das kann ein Online-Coupon oder ein Rabatt direkt auf dem Smartphone sein, den der Kunde beim Betreten des Ladengeschäfts erhält. Oder angenommen, Ihr Kunde vertreibt sich seine Wartezeit beim Arzt mit YouTube-Videos auf seinem Tablet und stolpert dabei über eine Anzeige, die zu einem Onlineshop führt. Oder er wird über die lokale Suche auf einen Anbieter aufmerksam, ruft ihn direkt an und steht nur wenige Minuten nach der Suche im Ladengeschäft und kauft ein Produkt. Wie genau Sie das machen, erfahren Sie in Abschnitt 6.5, »Die Kundengewinnungsstrategie«.

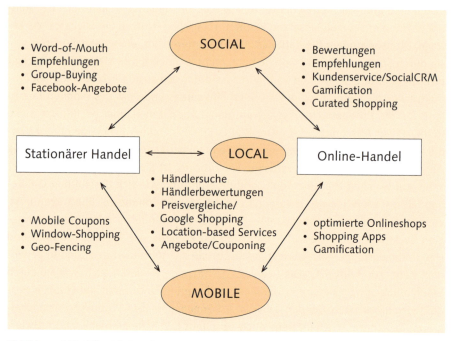

Abbildung 1.19 Wie sich Social Commerce, Digitales Marketing und Mobile Commerce jeweils auf den stationären und auf den Onlinehandel auswirken. Quelle: eigene Darstellung

2   Social Commerce

Produktbewertungen, Erfahrungsberichte und persönliche Empfehlungen beeinflussen die Kaufentscheidung der Konsumenten. Social Media wird dabei als Entscheidungshilfe genutzt. Wie sich Händler im Social Web präsentieren, Bewertungen generieren und Kunden als Markenbotschafter gewinnen können, erfahren Sie in diesem Kapitel.

Nehmen wir an, Jana möchte eine neue Spiegelreflexkamera kaufen. Von den Marken »Nikon« und »Canon« hat sie schon einmal gehört oder gelesen. Bevor sie in den nächstgelegenen Elektronikfachhandel geht, recherchiert sie online und informiert sich, welches Modell das beste Preis-Leistungs-Verhältnis bietet. In einem aktuellen Foreneintrag im Internet liest sie die Frage eines Nutzers, der vor Wochen auch schon nach einer ähnlichen Kamera gesucht und das Forum um seine unabhängige Meinung gebeten hat. Mehrere andere Forenmitglieder haben diesem Verbraucher bereits Tipps gegeben. Mit diesem Wissen geht Jana zu MediaMarkt und testet das Produkt noch einmal vor Ort bzw. lässt sich vom Fachmann beraten. Letztendlich kauft sie das Produkt mit den besten Amazon-Bewertungen dann direkt im Geschäft. Solche Konsumentenreisen, siehe Abschnitt 1.1, »Die neue Konsumentenreise«, werden durch Social Media ermöglicht. Konsumenten können sich öffentlich und jederzeit austauschen. Das beeinflusst den Onlinehandel und auch den stationären Handel massiv. Social Media werden immer häufiger zur Produktrecherche und als Entscheidungshilfe bei Shoppingtouren im Internet oder im stationären Handel herangezogen. Der stationäre Handel kann darauf mit Digitalem Marketing, siehe Kapitel 3, »Nutzen Sie Digitales Marketing!«, reagieren. Für den Onlinehandel lohnt sich die Investition in Social Commerce.

2.1   Social Media als Entscheidungshilfe für den Kunden

Soziale Netzwerke, Bewertungsplattformen und Verbraucherforen sind das Sprachrohr der Konsumenten und haben großen Einfluss auf die Kaufentscheidungen der Verbraucher. Die Konsumenten haben sich durch Social Media von ihrer passiven Verbraucherrolle emanzipiert und machen regelmäßig davon Gebrauch. Laut einer Online-Befragung von Absatzwirtschaft, MarketingIT.de und Mind Business Consultants hat jeder zweite Deutsche 2011 zumindest eine Produkt- und Markenempfehlung im Internet veröffentlicht.[1] Diese Erfahrungsberichte und Produktbewertungen nutzte bereits jeder zweite Deutsche laut Praxisleitfaden Social Commerce zu Recherchezwecken bei seinen Weihnachtseinkäufen in 2011.[2] Und eine weitere Studie kommt zu dem Ergebnis, dass sich ein Viertel der deutschen Internetnutzer in Social Media über Marken und Produkte informiert.[3] Selbst die Nutzer, die Social Media nicht aktiv nutzen oder weitestgehend ignorieren, werden davon beeinflusst. Denn auch Kunden, die Bewertungen im Onlineshop, auf Amazon und anderen Bewertungsportalen lesen, nutzen Social Media. Alle Verbraucher profitieren von den Meinungen anderer Konsumenten (so genannter »Consumer Generated Content«), die in Social Media erstellt werden. Sie stiften bei unsicheren Konsumenten Vertrauen, inspirieren neue Kunden und überzeugen so letztendlich zum Kauf.

Social Media und ihre »Prosumer«

Social Media unterscheiden sich von klassischen Medien durch ihre direkte Dialogfunktion. Zeitungen, TV-Spots und Radiobeiträge bieten zwar ebenfalls die Möglichkeit zum Dialog (z. B. in Form von Leserbriefen oder Anrufen), aber sie werden erst einmal nur »konsumiert«. Inhalte in Social Media können die Nutzer aber auch selbst »produzieren«, indem sie selbst Beiträge veröffentlichen oder kommentieren. Das Besondere an Social Media ist also, dass die Inhalte sowohl *konsumiert* als auch *produziert* werden. Die Nutzer von Social Media werden deshalb auch als »Prosumenten« bezeichnet. Allerdings sind laut der Nielsen-Regel aus dem Jahr 2006 (90-9-1-Regel) nur 1 % solch aktive Nutzer. 9 % kommentieren die Beiträge, und der Rest (90 %) konsumiert die Beiträge anderer Nutzer nur. Nielsen spricht in diesem Zusammenhang von »Lurkers« (90 %), »Commentators« (9 %) und »Creators« (1 %). Neuere Untersuchungen gehen aber von einem 70-20-10-Verhältnis aus.

2.1.1 Die neue Macht der Konsumenten

Klassische Nachrichtenangebote, Informationsportale und Werbung verlieren an Relevanz bei der Beeinflussung der Konsumenten. Laut »Social Media Effects 2012«-Studie schätzen zwei Drittel der Befragten redaktionelle Inhalte als glaubwürdig ein, und etwa die Hälfte vertraut den von Nutzern erstellten Beiträgen, genannt »Consumer Generated Content«. In der Geschichte der Werbung ist das eine völlig neue Situation. Werbung kann dem Konsumenten nicht mehr länger vorschreiben, was er kaufen soll und was nicht. In Social Media sind die Konsumen-

---

[1] Praxisleitfaden Social Commerce, 2012, »Show me the money«, http://blog.adobe-solutions.de/social-media/social-commerce-kostenloser-praxisleitfaden/
[2] Praxisleitfaden Social Commerce, 2012, »Show me the money«, http://blog.adobe-solutions.de/social-media/social-commerce-kostenloser-praxisleitfaden/
[3] Ipsos-Studie.

ten unabhängige Produkttester und Produktempfehler zugleich. Denn durch ihre Bewertungen und Empfehlungen werben sie für Produkte. Das kann zum Beispiel ein Ratschlag in einem Online-Forum sein, die Bewertung eines Unternehmens in Google, siehe Kapitel 3, »Nutzen Sie Digitales Marketing«, oder ein Blogbeitrag. Mehr dazu erfahren Sie in Abschnitt 6.1, »Die Bewertungsstrategie«, und Abschnitt 6.2, »Die Empfehlungsstrategie«.

> **Social Media sind in der Gesellschaft angekommen**
> Laut der ARD/ZDF-Onlinestudie 2013 sind derzeit fast 46 % der deutschen Internetnutzer in privaten Communitys aktiv. 89 % dieser Nutzer besitzen ein Profil in Facebook, um mit Freunden und Bekannten zu kommunizieren, sich zu informieren und die eigene Meinung kundzutun.[4]

2.1.2 Unternehmen setzen auf Social Media

Die neue Macht der Konsumenten hat auch bei Unternehmen zu einem Umdenken geführt. Inzwischen nutzen rund 70 % der deutschen Unternehmen Social Media zur Öffentlichkeitsarbeit/PR (76 %), Kundenbindung/Kundenservice (70,1 %), zu Marketing (62,3 %) und Werbung (54,5 %).[5] Social Media eignen sich also nicht nur zum Austausch mit Kunden, sondern können ebenso gezielt für den Vertrieb eingesetzt werden. Sie wundern sich? Anzeigen in Facebook, Angebote in Twitter, Rabatte über Google+ – Sie hatten doch gelesen, Social Media würden ausschließlich dem Dialog unter Freunden und Bekannten dienen? Natürlich haben Sie damit grundsätzlich Recht, aber wenn Nutzer in Social Media Fan einer Marke, eines Unternehmens oder eines Händlers werden, möchten sie über Angebote und Aktionen informiert werden. Das geht aus einer internationalen Studie der Pivot Conference hervor. Demnach erwarten und wünschen sich 83 % der Nutzer Angebote und Rabatte (»Deals and Promotions« in Abbildung 2.1), während 59 % der Marketingexperten davon ausgehen, die Fans würden sich Kundenservice (Customer Support) wünschen. Eine Studie von Fittkau & Maaß kommt ebenfalls zu dem Ergebnis, dass 38,7 % der Deutschen in Social Media Fans oder Follower einer Marke oder eines Unternehmens werden, um »etwas umsonst oder günstiger zu bekommen«, siehe Abbildung 2.2. Viele Unternehmen überrascht diese Erwartungshaltung der Kunden, da sie häufig davon ausgehen, dass die Kunden Social Media vorrangig für Serviceanfragen nutzen und um sich über Marken, Produkte und Unternehmen zu informieren. Doch die Studien sprechen eine andere Sprache.

---

4 ARD/ZDF-Onlinestudie, 2013, http://www.ard-zdf-onlinestudie.de/index.php?id=439
5 DIM Deutsches Institut für Marketing, 2012, »Social Media Marketing in Unternehmen 2012«, http://www.marketinginstitut.biz/media/studie_dim_-_social_media_marketing_in_unternehmen_2012_121121.pdf.

Darüber hinaus haben die Konsumenten durch Social Media eine Erwartungshaltung der Belohnung entwickelt: 70 % wollen für ihr Fan-Dasein und ihre Markenloyalität belohnt werden, siehe Abbildung 2.1. Dem können Betreiber von Onlineshops und Händler nur mit einer entsprechenden Belohnungsstrategie, siehe Abschnitt 6.3, »Die Belohnungsstrategie«, begegnen.

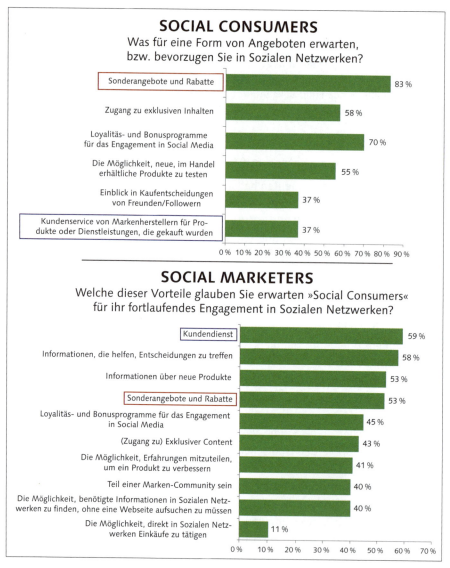

Abbildung 2.1 Was sich Markenfans von Unternehmen in Social Media wünschen: Angebote, Rabatte und Belohnungen. Quelle: http://pivotcon.com/wp-content/uploads/2013/07/TP62012.pdf

Deutsche bekennen sich in Social Media zu ihren Lieblingsmarken

Warum wird ein Nutzer Fan einer Marke? Fittkau & Maaß ermittelten, dass es den meisten Nutzern darum geht, Neuigkeiten von der Marke oder dem Unternehmen zu erfahren. Bereits an zweiter Stelle rangiert das Bedürfnis der Markenfans, sich öffentlich zu ihrer Markenvorliebe zu bekennen (siehe Abbildung 2.2). Händler und Hersteller können dieses Markencommitment nutzen, um Empfehlungen zu generieren.

Abbildung 2.2 Weshalb ein Nutzer Fan einer Marke wird. Quelle: 32. WWW-Benutzer-Analyse W3B, Frühjahr 2011, Fittkau & Maaß Consulting GmbH, http://www.fittkaumaass.de

2.2 Was versteht man unter Social Commerce?

Social Commerce ist aus zweierlei Sicht interessant für Händler. Einerseits trägt die Präsenz in sozialen Medien positiv zur Kundenbindung bei. Service- und Support-Anfragen werden über Social Media von Kunden gestellt und können direkt dort beantwortet werden (siehe dazu auch die Erklärungen über SocialCRM in Abschnitt 6.6.2, »SocialCRM«). Gleichzeitig können Aktionen in Social Media gezielt dazu genutzt werden, auf das Online- oder stationäre Angebot hinzuweisen und dadurch die Umsätze zu erhöhen. So eine Aktion kann zum Beispiel ein Coupon in Facebook sein, mit dem Sie den Kunden aktiv ins Geschäft locken. Lesen Sie mehr dazu in Kapitel 3, »Nutzen Sie Digitales Marketing«. In Kombination mit Smartphones sind mobile Coupons für den stationären Handel ebenfalls sehr wirksam, siehe Kapitel 4, »Mobile Commerce«.Onlinehändler, haben folgende Möglichkeiten, Social Commerce gewinnbringend einzusetzen:

1. **Empfehlungsmarketing in Social Media**: Kunden inspirieren und beraten sich gegenseitig in und durch Social Media. Dies hat direkte Auswirkungen auf die Umsätze im Onlineshop.
2. **Social Media Marketing**: Onlinehändler werben für ihre Produkte und Angebote in den Social Media und ziehen so mehr Kunden in ihren Onlineshop.
3. **Social Media im Onlineshop**: Produkte werden im Onlineshop bewertet und weiterempfohlen. Durch Empfehlungseffekte werden Freunde und Bekannte des Nutzers zu neuen Kunden. Plus: Mit Empfehlungssoftware können dem Kunden passende Produkte vorgeschlagen werden.

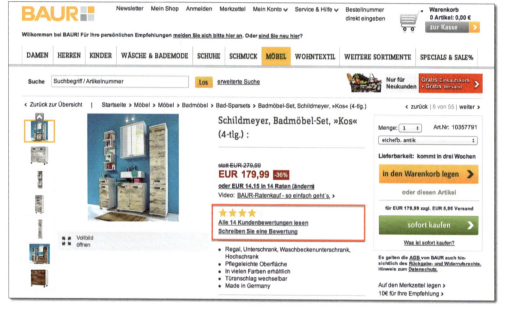

Abbildung 2.3 Bewertungen steigern das Vertrauen in den Onlineshop. Quelle: http://baur.de

Das Herzstück des Social Commerce ist Empfehlungsmarketing mithilfe von Bewertungen und Empfehlungen von Kunden (Consumer Generated Content). Sie stiften Vertrauen bei potenziellen Kunden, inspirieren und überzeugen zum Kauf. Empfehlungsmarketing sichert Ihnen Wettbewerbsvorteile und führt langfristig auch zu mehr Umsatz. Die zweite Säule des Social Commerce sind die Aktivitäten der Händler in den Social Media selbst. Onlinehändler können auf ihren Social-Media-Präsenzen vertriebsorientiertes Social Media Marketing betreiben. Mit vertriebsorientierten Kampagnen, Werbung in Social Media, Rabatten und Aktionen für Markenfans locken Sie mehr Besucher in Ihren Onlineshop und können Ihre Umsätze steigern. Die dritte Säule des Social Commerce bildet die Integration von

Social-Media-Funktionen im Onlineshop (so genannte »Social Plugins«). Dadurch werden Bewertungen und Empfehlungsfunktionen in den Onlineshop und die Artikelseiten eingebunden und erhöhen die Abverkäufe.

2.2.1 Social Commerce = E-Commerce + Social Media?

Eine oft verwendete Formel für den Social Commerce lautet: »Social Commerce = E-Commerce + Social Media«. Doch die Einbindung des »Gefällt mir«-Buttons auf Artikelseiten ist noch lange nicht das Ende der Fahnenstange. Social Commerce ermöglicht es, dem Kunden personalisierte Produkte vorzuschlagen (»Empfehlungsdienste« bzw. »Social Recommendations«), um die Kunden noch stärker an den Onlineshop zu binden und dadurch den Customer Lifetime Value zu erhöhen (»SocialCRM«), und geht bis hin zu völlig neuen Online-Einkaufsszenarien, die das gemeinsame Einkaufen unter Freunden im Internet ermöglichen, siehe Kapitel 5, »Die Prinzipien des Handels«. Allen Formen des Social Commerce ist eines gemeinsam: Social Commerce steht für das gemeinsame Shoppingerlebnis im Internet. Gemeinsam steht für den Austausch der Kunden untereinander und den Dialog der Kunden mit Händlern. Die notwendigen Voraussetzungen dafür schaffen Social Media. Sie ermöglichen es den Konsumenten, Produkte und Händler zu beurteilen, weiterzuempfehlen und damit auf Kaufentscheidungen anderer Käufer Einfluss zu nehmen. Beim Social Commerce beeinflussen sich die Konsumenten bei ihren Entscheidungsprozessen gegenseitig. Anders als bei der klassischen Kunden-Händler-Beziehung, wo häufig einem Käufer ein Händler gegenübersteht, wird der Händler beim Social Commerce mit einem Kunden konfrontiert, der von mehreren anderen Kunden(meinungen) beeinflusst wird.

2.2.2 Social Commerce ist nicht per se Facebook-Commerce

Es könnte ja so einfach sein. Wenn schon über eine Milliarde Menschen Facebook nutzt, dann können diese vielen Menschen doch auch gleich direkt dort einkaufen! Diesen Wunsch erfüllt Ihnen Facebook bzw. erfüllen Ihnen die Facebook-Nutzer (im Moment) jedoch nicht. Facebook-Shops erzielen bisher nicht die gewünschten Umsätze im Onlinehandel. Es gibt nur ein paar wenige Ausnahmen erfolgreicher Facebook-Shops, wie z. B. der Pampers Facebook-Shop von Procter & Gamble. P&G hatten 2010 für 29 Marken in Kooperation mit dem »Amazon Webstore« Facebook-Shops gelauncht. Jede Stunde gingen über 1.000 Windeln über die Facebook-Ladentheke. Doch dies sind nur Ausnahmen. Mittlerweile hat P&G den Dienst wieder eingestellt. Der Verkaufsanteil durch Facebook-Shops, selbst wenn die Facebook-Seite sehr viele Fans hat, ist verschwindend gering und liegt häufig nur bei 1 %. »Markafoni« beispielsweise, *https://www.facebook.com/markafoni*, berichtete von einem Anteil von nur 0,5 % bei über 1,2 Mio. Facebook-Fans. Dass es sich im Zweifelsfall dennoch auszahlen kann, einen Facebook-Shop zu starten, zeigt der erst kürzlich gelaunchte Facebook-Shop von »Glossybox« (siehe Abbildung 2.4). Neben dem begrenzten Abverkaufspotenzial ist Facebook vor allem ein wichtiger Kanal für die Kaufvorbereitung Ihrer Kunden, für Serviceanfragen in der Phase vor und nach dem Kauf.

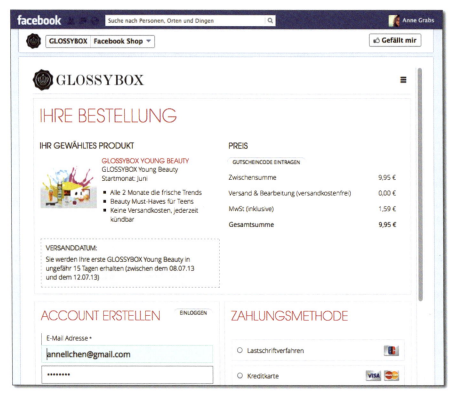

Abbildung 2.4 Der Facebook-Shop des Onlinehändlers »Glossybox«; Quelle: *http://facebook.com/GlossyBox.de*

> **Die Social-Commerce-Formel**
>
> Social Commerce ist das von Freunden, Kunden, Experten beeinflusste Shoppingerlebnis im Internet. Freunde, Kunden und Experten können Konsumenten durch Bewertungen, Erfahrungsberichte und Empfehlungen beeinflussen und so zum Kauf verleiten. Neben diesen persönlichen Empfehlungen von bestehenden Kunden können auch mithilfe einer Empfehlungssoftware Produkte im Onlineshop direkt vorgeschlagen werden. Solch eine Empfehlungssoftware berechnet Kaufprognosen auf Basis der Produktvorlieben anderer Käufer mit ähnlichen Kaufpräferenzen (»Andere Kunden kauften auch ...«).

> Wie Empfehlungssoftware für Onlineshops dabei vorgeht und welche Anbieter es gibt, wird in Abschnitt 7.5.6, »Empfehlungssysteme für Onlineshops«, erläutert. Neben diesen umfangreichen Empfehlungssystemen kann eine Kaufempfehlung aber auch durch die Verknüpfung des Facebook-Profils des Kunden mit dem Onlineshop (so genanntes »Social Login«) abgegeben werden. Basis für diese Empfehlung sind dann die im Facebook-Profil hinterlegten Interessen des Kunden (Mehr dazu siehe Abschnitt 7.7.1, »Social Login«).

2.2.3 Ziele des Social Commerce für den Onlinehandel

Warum ist es wichtig, dass Sie Social Media als Onlinehändler berücksichtigen, bzw. was bringt Ihnen Social Commerce? Mit Social Commerce bringen Sie mehr Besucher in Ihren Onlineshop, die dort länger verweilen und langfristig auch mehr einkaufen. Social Commerce zielt aber auch auf die Kundenbindung und Kunden(rück)gewinnung ab. Kunden, die bisher nur einmal in Ihrem Onlineshop bestellt haben, kaufen so erneut bei Ihnen ein. Social Commerce bedeutet, die ganze Social-Media-Palette für den Abverkauf im Onlineshop zu nutzen: Bewertungen, Erfahrungsberichte, soziale Netzwerke, Videoportale, Bildernetzwerke, Verlinkungen und Bookmarks, Blogs, Empfehlungen:

- Mehr Traffic für Ihren Onlineshop: Lassen Sie Ihren Onlineshop von Kunden weiterempfehlen und erreichen Sie damit noch mehr Besucher.
- Die Bekanntheit Ihres Onlineshops steigern: Machen Sie in Social Media auf Ihren Onlineshop aufmerksam und machen Sie ihn in den relevanten Zielgruppen noch bekannter.
- Mehr Vertrauen in Ihren Onlineshop: Mit Händlerbewertungen und Shop-Empfehlungen von Kunden, Experten und Bloggern erhöhen Sie das Vertrauen der Kunden in Ihren Onlineshop.
- Neukundengewinnung durch Empfehlungen: Ziehen Sie mehr Kunden durch Empfehlungen und Bewertungen anderer Kunden.
- Cross-Selling und Up-Selling durch Produktvorschläge »Social Recommendations«.
- Kundenbindung und Kundenservice in Social Media, »SocialCRM«.
- Optimierung Ihres Online-Sortiments: Produktbewertungen Ihrer Kunden geben auch Ihnen wertvolle Hinweise für die Gestaltung Ihres Sortiments.
- Binden Sie Kunden in die Produktentwicklung und Optimierung Ihres Onlineshops ein (»Crowdsourcing« und »Crowdtesting«).

2.2.4 Ziele des Social Commerce für den stationären Handel

Der stationäre Handel kann ebenfalls von Social Media profitieren. Aktionen mit Gutscheinen, Angeboten und Coupons in Social Media sind ein solcher Hebel und eine Möglichkeit, mehr Kunden in Ihr Geschäft zu locken. Gleichzeitig wirken sich Händlerbewertungen positiv auf den Besuch des Ladengeschäfts aus. Einige stationäre Einzelhändler nutzen sogar ausschließlich Social Media als Kommunikationsschnittstelle mit den Kunden und verzichten auf eine Website.

- Mehr Besucher für Ihr Geschäft: Bringen Sie durch gezielte Angebote, Coupons und Kampagnen in den Social Media mehr Besucher in Ihr Geschäft.
- Mehr Vertrauen in Ihr Geschäft: Erhöhen Sie mit Händlerbewertungen das Vertrauen in Ihr Geschäft, siehe Kapitel 3, »Nutzen Sie Digitales Marketing«.

2.3 Erhöhen Sie Ihre Umsätze durch Bewertungen

Verbraucher legen großen Wert auf den Austausch mit anderen Konsumenten. Das wird vor allem durch die unzähligen Online-Bewertungen deutlich, in denen Konsumenten ihre Meinung kundtun und über ihre Erfahrungen mit erstandenen Produkten berichten. Heutzutage gibt es kaum noch ein Produkt, für das sich keine Bewertung im Internet finden ließe. Bewertet werden Unterhaltungselektronik, Kleidung, Kosmetik, Bücher, Hotels und Ärzte. Selbst für Lebensmittel und Artikel, die überhaupt nicht im Internet beworben werden, finden sich Rezensenten, die gerne ihren Beitrag leisten möchten. Bewertungen von anderen Kunden sind eine Garantie für die Produktqualität und Produktbeliebtheit. Holidaycheck.de praktiziert das mit Hotelbewertungen schon seit Jahren und thematisiert diesen Verkaufsvorteil auch in seinen TV-Spots. So hieß es im TV-Spot im Februar 2013: »Wenn du vorher 300 Meinungen gelesen hast, dann bist du ziemlich sicher, zu wissen, was auf dich zukommt.« Die Testimonials stehen stellvertretend für die Online-Reisebucher, die erst einmal ausgiebig Hotelbewertungen lesen, bevor sie buchen. Hotelbewertungen geben einen Einblick hinter die Hotelkulisse aus Hochglanzfotos und erstklassiger Hotelbeschreibung.

2.3.1 Bewertungen sind Ihre Earned Media

Bewertungen werden als »Earned Media« bezeichnet, siehe Abbildung 2.5. Earned Media steht für Inhalte oder Beiträge, die Sie als Betreiber eines Onlineshops sozusagen »kostenlos« von Kunden oder Influencern erhalten haben, egal wo diese im Web veröffentlicht wurden. »Shared Media« sind geteilte Inhalte und Empfehlungen von Kunden. Dem gegenüber stehen »Paid Media« und »Promoted Media«, also bezahlte Beiträge, und »Owned Media« – eigene Inhalte. Aber Sie dürfen nicht denken, dass Earned Media tatsächlich kostenlos sind. Viele Blogger sind heute frustriert, wenn sie angeschrieben werden, doch einmal über dieses oder jenes Produkt zu berichten. Bei der Generierung von Bewertungen muss deshalb strategisch und mitunter sensibel vorgegangen werden. Wie das funktioniert, erfahren Sie in der »Bewertungsstrategie«, siehe Kapitel 6, »Strategien für erfolgreichen Handel«.

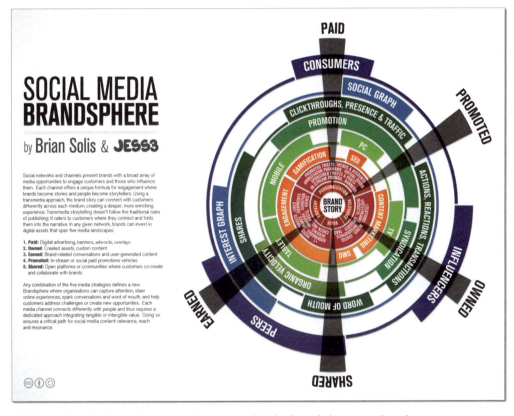

Abbildung 2.5 Die Markenkommunikation im Social Web über erhaltene, geteilte oder bezahlte Inhalte. Quelle: http://jess3.com/social-media-brandsphere

2.3.2 Ohne Bewertungen verlieren Sie potenzielle Kunden

Laut Aussage des Hightech-Verbandes BITKOM lesen inzwischen 73 % aller Onlineshopper vor einer Bestellung Bewertungen anderer Kunden, siehe *http://www.bitkom.org/74339_74331.aspx*. Sind keine Bewertungen sichtbar, suchen die potenziellen Kunden an anderer Stelle nach Bewertungen. Das Risiko ist offensichtlich: Drei Viertel Ihrer Shopbesucher verlassen möglicherweise Ihren Onlineshop, weil Sie keine Produktbewertungen anzeigen, und kaufen an anderer Stelle ein. Oder würden Sie in einem Onlineshop, der nicht alle notwendigen Informationen für die Kaufentscheidung bereithält, zum Kaufabschluss zurückkehren, nur weil Sie dort mit Ihrer Produktrecherche begonnen haben? Wohl kaum.

Bewertungen sind ein echter Wettbewerbsvorteil!
Produktbewertungen im Onlineshop werden immer wichtiger, da es für viele Verbraucher inzwischen völlig selbstverständlich ist, sich vor der Bestellung mithilfe der Meinung anderer Kunden über ein Produkt zu informieren. Erhalten Ihre Kunden nicht direkt bei Ihnen im Onlineshop die gesuchten Informationen, gehen sie zum Wettbewerber, der Produktbewertungen in seinem Onlineshop anzeigt. Onlineshops mit Bewertungen sind somit ein echter Wettbewerbsvorteil! Zudem erhöhen Bewertungen die Sichtbarkeit des Angebots in den organischen Suchergebnissen von Google. Und organische Suchergebnisse (nicht bezahlte Suchergebnisse) sind laut einer Studie der Agentur »Aufgesang« mit 64,18 % noch vor Google AdWords mit 26,14 % der wichtigste Traffic-Lieferant für Onlineshops[6]. Wie das genau geht, erfahren Sie in Abschnitt 6.1.8, »Integrieren Sie Produkt- und Shopbewertungen direkt ins Google-Suchergebnis«.

2.3.3 Bewertungen im Onlineshop erhöhen die Kaufwahrscheinlichkeit

Eine der ältesten und wirkungsvollsten Maßnahmen des Social Commerce sind Bewertungen in Onlineshops nach dem Vorbild von Amazon und eBay. Bewertungsmöglichkeiten gehören inzwischen zum Standard eines zeitgemäßen Onlineshops. Bewertungen sind neben vielen anderen Faktoren wie zum Beispiel schnelle Lieferzeiten, sichere Zahlungsabwicklung das Fundament erfolgreicher Onlineshops. Laut einer ECC-Handel-Studie steigt die Kaufwahrscheinlichkeit um 38,7 %, wenn positive Produktbewertungen im Onlineshop angezeigt werden, als wenn gar keine Bewertungen vorhanden sind.[7] Bewertungen erhöhen die Übersichtlichkeit, schaffen Vertrauen und geben dem Käufer die Sicherheit, das Richtige zu kaufen. Wie Sie konkret Bewertungen für Ihren Onlineshop bzw. Ihr Online-Angebot generieren, und wie stationäre Händler durch lokale Händlerbewertungen mehr Kunden gewinnen, lesen Sie in Abschnitt 6.1, »Die Bewertungsstrategie«.

---

6 etailment, 2012, »Studie: Jeder vierte Klick kommt via Google AdWords« http://etailment.de/thema/studien/studie-suche-adwords-webshop-428.

7 ECC-Handel, 2010, http://www.ecc-handel.de/Themenfelder/themen-detail/Positive-Kundenbewertungen-in-Online-Shops-erhöhen-die-Kaufwahrscheinlichkeit.

2.4 Mehr Traffic für Ihren Onlineshop

Abbildung 2.6 Der Musikinstrumente- und Equipmenthändler Musikhaus Thomann bindet Produktbewertungen der Kunden ein. Quelle: http://www.thomann.de

2.4 Mehr Traffic für Ihren Onlineshop

Onlinehändler setzen bei der Traffic-Generierung vermehrt auf soziale Netzwerke. Mit ihren Präsenzen auf Social-Media-Plattformen können sie über neue Produkte tagesaktuell informieren, Angebote machen und mit Anzeigen in den sozialen Netzwerken Kunden zielgruppengenau ansprechen. Social Media wirken sich somit positiv auf den Traffic der Onlineshops aus. Das Unternehmen RichRelevance hat die drei Social-Media-Plattformen Facebook, Pinterest und Twitter im Hinblick auf die Traffic-Generierung für Onlineshops untersucht und kommt zu folgendem Ergebnis: Facebook ist mit 86 % der wichtigste Traffic-Lieferant für Onlineshops, gefolgt von Pinterest mit 11 % und Twitter mit 4 %.[8]

---

8 RichRelevance, 2012, »The RichRelevance Shopping Insights™ 2012« http://www.richrelevance.com/insights/shopping-insights/social-traffic-2012/

2.4.1 Mehr Traffic durch Pinterest

Pinterest ist das Bildernetzwerk unter den sozialen Netzwerken. Dort können Nutzer über Bilder neue Produkte entdecken und diese auf ihrer Pinnwand und in den sozialen Netzwerken teilen. Das Bildernetzwerk ist besonders bei den weiblichen Internetnutzern beliebt. 80 % der Nutzer sind weiblich und zwischen 25 und 54 Jahre alt. Besonders beeindruckend ist die Verweildauer auf der Plattform. Amerikanische Pinterest-Nutzer verbringen im Durchschnitt pro Tag eine Stunde und 17 Minuten im Netzwerk von Pinterest.[9]

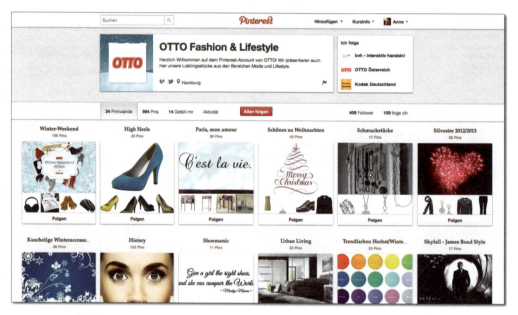

Abbildung 2.7 Versandhändler OTTO profitiert vom Bildernetzwerk Pinterest und der Bewertungsleidenschaft der Nutzer. Quelle: http://pinterest.com/ottode

Pinterest im stationären Handel einsetzen – Best Practice Nordstrom

Die amerikanische Handelskette »Nordstrom« nutzt die Wirkung von Social Proof, siehe Abschnitt 5.2, »Das Prinzip Social Proof«, und markiert direkt im Geschäft die am häufigsten gepinnten Produkte. Die Käufer können sich so anhand des Geschmacks anderer Kunden und deren Lieblingsprodukte einen Überblick über die beliebtesten Produkte verschaffen.

---

9 Futurebiz, 2013, http://www.futurebiz.de/artikel/wie-interagieren-nutzer-mit-marken-und-anderen-personen-auf-pinterest-infografik/

Abbildung 2.8 Nordstrom zeigt im Store, welche Produkte bei Pinterest beliebt sind. Quelle: instagram.com/p/aa-oLaFxB8

2.4.2 Kundengewinnung mit relevanter Werbung in Social Media

Was unternehmen Sie, um mehr Besucher in Ihren Onlineshop zu bekommen? Natürlich nutzen Sie Google AdWords und klassische Bannerwerbung. Internetwerbung hat den Vorteil, dass sie genau abgerechnet werden kann, jedoch wird der neuen Konsumentenreise, siehe Abschnitt 1.1, »Die neue Konsumentenreise«, nicht in vollem Umfang gerecht. Online-Werbung stört den Konsumenten zunehmend, und sie ist auch nicht besonders emotional. Anzeigen in Social Media werden den Bedürfnissen der Konsumenten eher gerecht, da sie passgenau und auf Grundlage der Freundes-Vorlieben und Surfverhalten geschaltet werden. Die Stärke von Anzeigen in Social Media liegt also definitiv in ihrer Genauigkeit. Aber am liebsten mögen Kunden Werbung, die sie gar nicht als solche wahrnehmen. Wie wäre es also, wenn man unterhaltsame Inhalte produziert und darin interessante Produkte verlinkt? Mit so genannten »Shoppable Video Ads« ist das schon möglich. Damit werden direkt in einem YouTube-Video Produkte zum Onlineshop verlinkt. Dieses YouTube-Feature wurde bereits vom Onlineshop »Juicy Couture« eingesetzt. Schauen Sie sich ruhig einmal das YouTube-Video »Juicy Couture Presents California Dreaming«, *https://www.youtube.com/watch?v=JBEX_uXFMn8,* an. Es ist beeindruckend, wie mit diesem kurzen Clip Produkte in eine Geschichte eingebettet und vermarktet werden. Und ganz nebenbei wird das Video auch dem allzu beliebten »Katzencontent« gerecht, siehe Abbildung 2.9. Wie Sie Anzeigen in Social Media schalten, erfahren Sie in Abschnitt 6.5.2, »Anzeigen und Coupons in Social Media«.

Abbildung 2.9 Unterhaltsames Video trifft auf Onlineshopping. Mit den Shoppable Video Ads von YouTube können Onlinehändler mehr Traffic generieren.
Quelle: https://www.youtube.com/watch?v=JBEX_uXFMn8

Neue Formen der Werbung sind aber nicht nur durch Social Ads umsetzbar, sondern auch durch hochwertige Inhalte und eine neue Art des Geschichtenerzählens in der Werbung. Viele Verbraucher sind der herkömmlichen Werbung überdrüssig und schauen weg. Sie wollen wieder zurück zu den Geschichten am Lagerfeuer, und nur Unternehmen, die solche Geschichten über ihre Produkte erzählen können, dürfen auch ausreden. Gute Werbung wird also zur Kunst – die Kunst, eine gute Geschichte zu erzählen. Wie das geht, erfahren Sie in Abschnitt 6.4.3, »Storytelling: Content Marketing braucht gute Geschichten«.

2.5 Gewinnen Sie neue Kunden durch Empfehlungen

Die persönliche Empfehlung ist nach wie vor die beste Werbeform, denn Freunden und Bekannten wird mehr vertraut als einer Werbeanzeige oder der Bewertung eines anonymen Nutzers im Web. Die Empfehlung eines Freundes ist ehrlich, Werbung nicht. Wenn also der beste Freund in Facebook explizit für ein Produkt wirbt, wird das eher das Interesse des Kunden wecken als ein Beitrag vom Hersteller oder

Händler. Doch solche dezidierten Empfehlungen gehören nicht zu den häufigsten Statusbeiträgen der Nutzer, denn kein Nutzer möchte seinen Freundeskreis oder sein soziales Netzwerk mit Produktvorschlägen strapazieren, erst recht nicht als »Spammer« dastehen. Um Empfehlungseffekte in den sozialen Netzwerken der Kunden auszulösen, braucht es häufig eine Taktik der Belohnung (»Gamification«). Denn wird der Nutzer mit extrinsischen Anreizen (Status, Geld, Produktproben) belohnt, steigt die Wahrscheinlichkeit, dass er Produkte in seinem Netzwerk empfiehlt.

> **Die persönliche Empfehlung ist nach wie vor die beste Werbung**
>
> 88 % der Befragten geben laut Nielsen-Studie vom April 2012 an, persönlichen Empfehlungen am meisten zu vertrauen.[10] Das Vertrauen in herkömmliche Werbebotschaften nimmt mehr und mehr ab. Die ungefilterte und unabhängige Kundenmeinung hingegen verspricht Verbrauchernähe, punktet mit Authentizität und schafft somit Vertrauen. Der Aspekt des Vertrauens ist im Bereich des E-Commerce von großer Bedeutung, da die Produkte weder angefasst noch ausprobiert werden können.

2.5.1 Sichern Sie sich wertvolle Empfehlungen

Jeder vierte Onliner wird von Freunden, Familie oder Kollegen auf Produkte im Web aufmerksam gemacht, die er später kauft (lt. BITKOM, 2013, *http://www.bitkom.org/74339_74331.aspx*). Das ist erstaunlich viel, wenn man bedenkt, dass soziale Netzwerke wie Facebook und Twitter im eigentlichen Sinne keine Shopping-Portale sind. Umso wichtiger ist es, die Onlineshopper zu motivieren, ihre gekauften Produkte in den sozialen Netzwerken zu teilen. Der Designhändler »Fab« motiviert seine Kunden mittels Belohnungen, Produkte zu empfehlen. Kunden von Fab.com, die ihren Einkauf bei Facebook mitteilen, werden von dem Onlinehändler mit »Credits« belohnt, die sie bei ihrem nächsten Einkauf einlösen können (siehe Abbildung 2.10). Mehr über den Gamificaton-Ansatz erfahren Sie in Abschnitt 6.3, »Die Belohnungsstrategie«.

> **Mit Empfehlungen in Facebook gewinnen Sie neue Kunden**
>
> 70 % der Facebook-Nutzer lernen laut der Studie »Social Commerce IQ: Retail« von 8thBridge, *http://www.8thbridge.com/socialcommerceiq*, ein Produkt lieber über einen Facebook-Freund kennen als über eine Facebook-Seite. Daher lohnt es sich, in die Generierung von Empfehlungen über Status-Updates in dem persönlichen Profil des Nutzers zu investieren. Lesen Sie dazu mehr in der Empfehlungsstrategie, siehe Kapitel 6, »Strategien für erfolgreichen Handel«.

---

10 Nielsen, 2012, http://nielsen.com/de/de/insights/presseseite/2012/vertrauen-in-werbung-bestnoten-fuer-persoenliche-empfehlung-und-online-bewertungen.html.

Abbildung 2.10 Bei Fab.com werden die Empfehlungen der Kunden mit Credits belohnt.

2.5.2 Machen Sie Kunden zu Verkäufern

Empfehlungen können in unterschiedlichster Form von Kunden in Social Media veröffentlicht werden: Als Rezension in einem Blog, als Erfahrungsbericht in einem Forum oder auch als Video-Statement in YouTube beeinflussen sie die Kaufentscheidung Ihrer Kunden. Diese »Influencer« sind Personen, die andere Käufer bei ihrer Kaufentscheidung beeinflussen. Das können die Betreiberin eines YouTube-Channels sein, Stars und Promis, die durch ihre Bekanntheit ohnehin schon eine hohe Reichweite haben, aber auch ein aktiver Teilnehmer in einem Online-Forum, der mit seiner Expertise andere Kunden berät. Allerdings erhalten Sie solche Empfehlungen nicht einfach so. Sie müssen ein intensives Beziehungsmanagement mit diesen Meinungsführern und Influencern betreiben. Wie man Kunden überzeugt, Bewertungen abzugeben, und die Beziehungsarbeit zu Influencern erfolgreich gestaltet, erfahren Sie in Abschnitt 6.2.9, »Influencer Relations«.

Social Media punkten nicht nur mit ihrer permanenten Verfügbarkeit von Bewertungen und Empfehlungen, sondern werden zudem gerne als Inspirationsquelle für Neuanschaffungen gebraucht. Das liegt auch an der Entwicklung der Social Media zu einer stärker visuellen Darstellung. Da wäre zum einen das Bildernetzwerk Pinterest, welches streng genommen ein Linkverzeichnis von Onlineshops ist. Jedoch ist der entscheidende Unterschied zu einem reinen Linkverzeichnis der, dass nicht Texte und Keywords, sondern Bilder die Grundlage für die Darstellung der Links bilden. Das spricht vor allem die weiblichen Nutzer an, die sich eine stärker visuelle

Ansprache in Online-Communitys und Onlineshops wünschen. Mittlerweile hält diese visuelle Darstellung auch Einzug in Foren und Frage-Antwort-Portalen. Bei »Buyosphere«, siehe Abbildung 2.11, können Kunden eine vage Idee ihres Kaufwunschs eingeben, z. B. »Anne sucht nach einem Mantel Typ A-Linie in den Farben camel, dunkelrot, bordeaux, grau«. Anschließend können andere Community-Mitglieder Produkte vorschlagen. Die Nutzer geben sich gegenseitig Tipps und Hilfe, das richtige Produkt zu finden. Im Grunde genommen handelt es sich um ein Forum mit Bildern und Produktlinks.

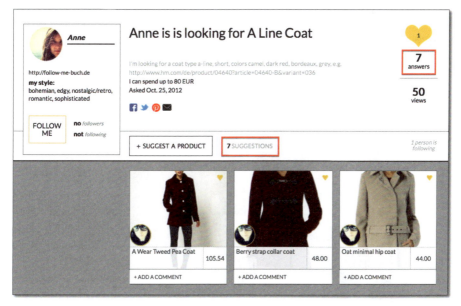

Abbildung 2.11 Bei Buyosphere geben sich die Shopper gegenseitig Tipps und verlinken Bilder von passenden Produkten aus Onlineshops.

Kunden werden zu Multiplikatoren – Polyvore, Stylefruits & Co.

Eine andere Möglichkeit, Empfehlungen durch Bilder zu generieren, sind Produktcollagen, die von Nutzern angelegt werden. Von dieser visuellen Vorauswahl durch die Nutzer profitiert im Moment sehr stark der Onlinehandel für Mode mit diversen Ablegern wie »Polyvore«, *http://www.polyvore.com*, oder »Stylefruits«, *http://www.stylefruits.de*. Auch der Onlinehandel für Möbel und Inneneinrichtung hat diese Form des »Curated Shopping« bereits für sich erkannt, wie das Beispiel von »Fabrooms«, *http://www.fabrooms.de,* in Abbildung 2.12 zeigt. Inspiration für Modecollagen bieten häufig die Styles von Celebritys, die in Online-Magazinen veröffentlicht werden. Die Kuratoren sind meist weiblich und sehr onlineshoppingaffin. Das Ziel der Nutzer ist es, so schnell und so ansprechend wie möglich, die Kleidungsstücke in Onlineshops zu finden und zusammenzutragen. Interessant ist es auch, an dieser Stelle zu erwähnen, dass die Nutzerinnen nicht immer ein monetärer Anreiz motiviert. Das Geschäftsmodell bei Polyvore ist ein »Affiliate«-System, das die Nutzer an den Umsätzen nicht teilhaben lässt. Die Produkte in den Collagen sind mit den Produktbildern der Onlinehändler verlinkt. Gelangt ein Besucher über solch eine Collage zum Onlineshop, erhält nur Polyvore eine entsprechende Provision. Was also motiviert die Nutzer, ihre Zeit in die Erstellung solcher Collagen zu investieren? Einerseits bereitet es vielen Kuratoren Freude, ihre kreative Ader auszuleben, indem sie die virtuellen Outfits erstellen. Zum anderen trägt aber auch der Wunsch, die eigene Expertise in Modefragen unter Beweis zu stellen, zur Motivation der Kuratoren bei. Belohnt werden sie hierbei mit der Anerkennung der Nutzer der jeweiligen Plattform.

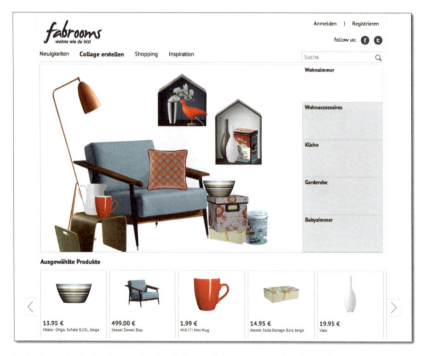

Abbildung 2.12 Authentische Produktempfehlungen werden bei Fabrooms mittels Collagen visualisiert. Quelle: http://www.fabrooms.de

Produktcollagen sind ein wichtiger Trend im Social Commerce. Entscheidend ist, ob Ihre Produkte in den Collagen verlinkt sind. Bisher profitieren zwar vor allem Onlineshops im Bereich Mode und Lifestyle von den Collagen und kuratierten Inhalten, aber in Zukunft werden Links zunehmend durch Bilder dargestellt werden. Daher gilt es einerseits, Bilder für Kuratoren bereitzustellen, und andererseits, Kuratoren zu finden, die Ihre Produkte in ihre Collagen aufnehmen. Wie Sie diese Kuratoren gewinnen, können Sie in Abschnitt 6.2, »Die Empfehlungsstrategie«, nachlesen.

2.6 Schlagen Sie dem Kunden passende Produkte vor

Das Lesen von Nutzerbewertungen ist zeitraubend, und gerade der Faktor Zeit spielt beim Einkauf eine entscheidende Rolle. Denn kaum ein Verbraucher ist gewillt, bei der Suche nach dem passenden Produkt mehr Zeit aufzuwenden als unbedingt notwendig. Amazon sowie ein Großteil der führenden Onlineshops begegnen dieser Problematik mit passenden Produktvorschlägen. Hierbei werden dem Shopbesucher individuelle Produktvorschläge unterbreitet, die seinen persönlichen Interessen und Vorlieben entsprechen und somit die Kaufwahrscheinlichkeit erhöhen.

Abbildung 2.13 Neben seinen Produktbewertungen sind die Produktempfehlungen der Erfolgsfaktor von Amazon.

2.6.1 Social Recommendations: Empfehlungen mittels Software

Der Hamburger Sneaker- und Streetwarehändler Frontlineshop bietet Kunden an, sich mittels »Facebook Connect« mit dem Onlineshop zu verbinden. Dadurch haben Shopbetreiber Zugriff auf den »Social Graph« des Facebook-Nutzers. Dieser Social Graph verrät nicht nur die soziodemografischen Daten des Nutzers, sondern auch dessen Interessen und »Gefällt mir«-Angaben. Die Auswertung dieser Daten gibt Hinweise über mögliche Konsumaffinitäten des Nutzers. Im Fachjargon werden diese Produktvorschläge »Social Recommendations«, also soziale Empfehlungen genannt. Das »Social« in Social Recommendations bezieht sich auf die Informationen und Interessen, die der Nutzer in seinem Profil hinterlegt hat. Loggt sich der Nutzer also bei Frontline mit seinem Facebook-Profil ein, können ihm passende Kleidungsstücke ganz nach seinem Geschmack vorgeschlagen werden. Zudem ist das Empfehlungssystem von Frontlineshop lernfähig und passt seine Vorschläge entsprechend dem Klickverhalten des Nutzers an. Der Deal zwischen dem Shopbetreiber und dem Kunden lautet: Kunden, die bereit sind, einen Teil ihrer Privatsphäre durch die Nutzung von Facebook aufzugeben, profitieren von individuellen Angeboten und komfortablen Zusatzservices, die durch Datenauswertungen zur

Verfügung gestellt werden können. Mehr zum Thema »Social Login« erfahren Sie in Abschnitt 7.7.1, »Social Login«.

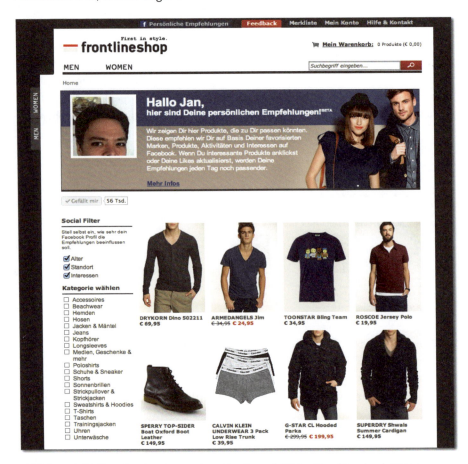

Abbildung 2.14 Frontlineshop kann seinen Kunden mit Rückgriff auf Facebook-Daten personalisierte Produktvorschläge unterbreiten. Quelle: http://www.frontlineshop.com

Neben Social Recommendations können Sie dem Kunden auch mittels Empfehlungssoftware direkt im Onlineshop passende und ähnliche Produkte vorschlagen. Branchenprimus Amazon nutzt dafür eine ausgeklügelte Recommendation-Engine. Mehr dazu erfahren Sie in Abschnitt 7.5.6, »Empfehlungssysteme für Onlineshops«.

2.7 Binden Sie Kunden an Ihren Onlineshop

Wenn Sie einen Onlineshop betreiben, dann möchten Sie, dass Ihre Kunden möglichst häufig dort bestellen. Mithilfe von Social Commerce kann das Neukundengeschäft angekurbelt werden, es können aber auch Kunden an den Shop langfristig gebunden werden (Erhöhung des »Customer Lifetime Value«) Dafür ist es wichtig, dass Sie dem Kunden immer wieder ein einmaliges Shoppingerlebnis bieten. Dabei helfen Ihnen unter anderem die Daten Ihrer Kunden, mit denen Sie passgenaue Angebote und Produkte unterbreiten können. Produktempfehlungen sind eine Möglichkeit, die Kundenbindung schon implizit im Onlineshop anzulegen. Eine andere Möglichkeit, Spontankäufer zu Stammkäufern zu machen, ist SocialCRM. Das traditionelle Kundenbindungsmanagement wird dabei um den Faktor »Social« erweitert, siehe Abschnitt 6.6.5, »Erfolgreiches SocialCRM braucht herausragenden Service«. Das geht einmal über den Kundendialog in sozialen Netzwerken und einmal über die Abfragen von Kundenwünschen direkt bei der Anmeldung im Onlineshop. Oder Sie gehen noch einen Schritt weiter und bieten ein Produkt bzw. einen Service, der den Kunden von Anfang an an Ihren Onlineshop bindet.

2.7.1 Wie man Kunden an ein Socken-Abo bindet – Best Practice Blacksocks

Schlichte schwarze Socken sind definitiv das langweiligste Fashion-Item, das man sich vorstellen kann. Und dennoch schafft es das Unternehmen »Blacksocks« aus der Schweiz schon seit 14 Jahren, Kunden an sein Socken-Abo zu binden. Blacksocks verschickt Socken-Abos an über 60.000 Kunden in 75 Ländern. Und es ist deshalb so erfolgreich, weil das Abo einen tatsächlichen Nutzen stiftet, denn in regelmäßigen Abständen werden den Kunden immer wieder die gleichen Socken bzw. Sockenpaare geschickt. Das klingt so banal, löst aber ein tatsächliches Problem. Gerade Singlemänner verzweifeln oft an dem Socken-Chaos in ihrem Wäscheschrank. Mit dem Socken-Abo können sie ihren Sockenbestand professionell pflegen und müssen sich um das »Sockenproblem« nicht mehr kümmern. Neben diesem einfachen Nutzen sind es auch technische Spielereien, mit denen Blacksocks die Vorteile des Socken-Abos glaubwürdig macht und auf diese Weise Kunden an sein Produkt bindet. Seit 2012 gibt es beispielsweise die »Smarter Socks«. Jede Socke ist mit einem RFID-Chip ausgestattet, die das Signal für den »Sock-Sorter« geben, der wiederum über die Smartphone-App gleiche Sockenpaare zusammenfügt. Doch die Smartphone-App erschöpft sich nicht im Suchen und Finden gleicher Sockenpaare, sondern erinnert den Kunden, wann neue Socken gekauft werden müssen. Ein Farbton-Messer kann ebenfalls genutzt werden, um die Sockenqualität zu überprüfen und gegebenenfalls den Sockenhaushalt aufzufrischen. Smarter Socks sind natürlich alles andere als langweilig, sondern eine einladende Spielerei und nützlich zugleich. Fehlen nur noch die Challenges unter den »Smart Sockern«, wer am schnellsten seine Socken sortiert hat. Mit der Smartphone-App konnten laut dem Geschäftsführer von Blacksocks Samy Liechti 30 % mehr Umsätze generiert werden, was auch auf das starke Medienecho zurückzuführen war. Unter anderem berichteten BILD, Huffington Post und zahlreiche Techblogs über die Blacksocks-App.

Abbildung 2.15 Wenn Sie Kunden binden wollen, müssen Sie Nutzen stiften und einen herausragenden Service bieten.

Mit Abo-Modellen wie dem von Blacksocks können Sie Kunden an Ihren Onlineshop binden. Kundenbindung ist ein wichtiger Erfolgsfaktor im E-Commerce. Daher gehen einige Start-ups den Weg, Maßnahmen der Kundenbindung direkt an den Anfang ihres Geschäftsmodells zu stellen. »Curated Shopping«, bei dem der Händler passende Produkte für den Kunden zusammenstellt und ihm zur Auswahl schickt, ist so eine Möglichkeit, den Kunden mit einer Serviceleistung zu begeistern und damit von Anfang an eine hohe Kundenbindung zu erzielen. Denn ist der Kunde einmal von der Dienstleistung überzeugt, bestellt er sie auch öfter. Gleich zwei Berliner Start-ups – »Outfittery« und »Modomoto« (siehe Abbildung 2.16) – machen diese Dienstleistung zu ihrem Geschäft. Sie stellen den vornehmlich männlichen Kunden Outfits nach dem persönlichen Geschmack zusammen, schicken ihnen die Ware, und der Kunde kann dann auswählen, was er behält. Was Sie außerdem tun können, um Kunden an Ihren Onlineshop zu binden, erfahren Sie in der Kundenbindungsstrategie, siehe Abschnitt 6.6, »Die Kundenbindungsstrategie«.

Abbildung 2.16 »Gut gekleidet ohne Shopping« – Modomoto hat erkannt, dass sich Männer beim Shopping gerne beraten lassen, und macht dieses Bedürfnis zum Geschäft.

2.7.2 Ermöglichen Sie den gemeinsamen Moment des Schenkens

Social Commerce bedeutet, sich gegenseitig zu inspirieren und gemeinsam einzukaufen. Wenn Geschenke für Freunde, Bekannte und Familienmitglieder ausgesucht werden, ist der Akt des gemeinsamen Einkaufens am größten. Ideen werden ausgetauscht, Budgets festgelegt, Geld gesammelt und Affinität untereinander hergestellt. Dieses gemeinsame Schenken findet auch im Bereich des Social Commerce und Mobile Commerce Berücksichtigung. In Onlineshops wird das so genannte »Social Gifting« meist über »Gift List«-Funktionen gelöst, die ähnlich wie Wunschlisten funktionieren. Allerdings sieht man diese Funktion bei deutschen Onlineshops noch viel zu selten. Social Gifting wird hierzulande also noch ziemlich unterschätzt, obwohl es großes Potenzial für die Kundenbindung birgt. Denn wenn Kunden über einen Onlineshop ihre kompletten Geburtstags- und Weihnachtseinkäufe bequem abwickeln können, dann verbringen sie dort auch mehr Zeit, kaufen mehr Produkte ein und geben dort ihr Geld aus. Der Onlineshop »Fancy« ermöglicht beispielsweise das Organisieren von Gruppengeschenken (siehe Abbildung 2.17).

> **Exkurs: Mit Social Login das Schenken erleichtern**
>
> Eine der nützlichsten Funktionen in Facebook ist die Geburtstagserinnerung. Wie oft hätte ich schon die Geburtstage wichtiger Menschen verpasst, wenn Facebook mich nicht daran erinnert hätte. Und weil das so nützlich ist, könnte man doch auch direkt seine Freunde via Facebook beschenken? Hierzulande existieren gleich zwei Dienste, die das Beschenken der Facebook-Freunde ermöglichen. Da wäre der schwedische Anbieter »Wrapp«, *https://www.wrapp.com/de*, der über seine mobile App Geburtstagsgutscheine für Freunde ausstellt.

Und der deutsche Rocket Internet Klon »Dropgifts«, *http://www.dropgifts.de,* der auch über den Browser funktioniert. Bei beiden Anbietern müssen sich die Nutzer mit Facebook anmelden (»Social Login«). So können die Apps auf die Geburtstage der Freunde des Nutzers zugreifen und entsprechende Geschenke und Gutscheine vorschlagen.

Abbildung 2.17 Mit der Geschenk-Funktion bei Fancy können ganz einfach gemeinsam Geschenke an Freunde verschickt werden. Quelle: *http://www.fancy.com*

2.8 Produktinnovation mit der Community

Das Feedback Ihrer Kunden ist nicht nur eine Kaufentscheidungshilfe für neue Kunden, sondern die Rückmeldungen liefern wichtige Impulse für die Sortimentsgestaltung, Produktverbesserung und für Innovationen aus der Verbraucherperspektive. Das kann also so weit gehen, dass Ihre Kunden neue Produkte vorschlagen, designen und gestalten. Bekannt geworden ist dieses gemeinsame Ideenentwickeln unter dem Stichwort »Crowdsourcing«, wie es beispielsweise Tchibo mit »Tchibo Ideas«, *http://www.tchibo-ideas.de,* umsetzt (siehe Abbildung 2.18). Dort können die Kunden Produktvorschläge einreichen, die dann von der Community oder/und unternehmensintern abgestimmt werden. Ein bisschen rudimentärer, aber genauso erfolgreich geht es der Schokoladenhersteller »Ritter Sport« an. Auf dem Ritter Sport-Blog können die Kunden Produktwünsche einreichen (siehe Abbildung 2.19). Diese Mitmach-Option wird von den Kunden gerne genutzt. Täglich gehen neue

2.8 Produktinnovation mit der Community

Vorschläge ein. Mehr über Crowdsourcing mit der Community erfahren Sie in Abschnitt 6.4.7, »Involvierung durch Crowdsourcing«.

Abbildung 2.18 Bei Tchibo Ideas werden Produkte von der Community designt und praktische Lösungen für den Alltag diskutiert. Quelle: https://www.tchibo-ideas.de

Abbildung 2.19 Im Blog von Ritter Sport schlagen Kunden regelmäßig neue Sorten vor. Quelle: http://www.ritter-sport.de

2.9 Nutzen Sie die Prinzipien des Handels

Betrachtet man die Innovationen im Bereich des E-Commerce in den letzten fünf Jahren, so fällt auf, dass neben schnellen Lieferzeiten und günstigen Preisen vor allem Social Media Einzug in den E-Commerce gehalten haben. Damit sind nicht nur Bewertungen als Vertrauen stiftende Maßnahmen, sondern auch Shopping-Communitys und Abo-Commerce gemeint. Wenn man ganz genau hinschaut, nutzen die neuen Shopping-Communitys und Start-ups die sechs Einflussfaktoren beim Einkaufen und übertragen sie sinnvoll auf den Social Commerce und Mobile Commerce Allen Betreibern dieser Social-Shopping-Plattformen ist eines gemeinsam: Sie beherrschen die sechs Prinzipien des Handels, die Sie für Ihr Business ebenfalls ausnutzen sollten. Alle Prinzipien werden in Kapitel 5, »Die Prinzipien des Handels«, ausführlich behandelt und sind daher an dieser Stelle nur kurz erklärt.

- Social Proof: Das Prinzip sozialer Bewährtheit gibt Kunden eine Orientierungshilfe und Sicherheit beim Onlineshopping, denn sie kaufen gerne das, was auch alle anderen kaufen (so genannter »Herdentrieb«).
- Autorität: Kunden verlassen sich gerne auf die Meinung anderer Kunden oder Autoritäten wie Promis, Stars und Blogger.
- Knappheit: Das Prinzip der Knappheit veranlasst die Kunden zum schnellen Handeln und begünstigt den Abverkauf.
- Affinität: Freunde und andere Sympathieträger im Netz sind die besten Influencer bei Kaufentscheiden, denn je stärker sich Kunden mit dem Gegenüber identifizieren, desto stärker ist ihr Einfluss.
- Commitment: Wer sich einmal zu einer Marke öffentlich, z.B. in Social Media, geäußert hat, der bleibt meist auch dabei.
- Reziprozität: Wer etwas geschenkt bekommt, gibt gerne etwas zurück. Das ist auch bei kleinen Produktproben, Geschenken oder Belohnungen der Fall.

3 Nutzen Sie Digitales Marketing

Der E-Commerce expandiert auf Kosten des stationären Handels. Dies ist für Sie als Händler aber noch lange kein Grund, die Schotten dicht zu machen. Google und Social Media Marketing bieten eine Reihe von Möglichkeiten, Kunden digital anzusprechen, in Ihr Geschäft zu locken und langfristig zu binden.

Trotz aller Onlineshopping-Euphorie: Käufer im stationären Handel dominieren und kaufen nach wie vor gerne in ihrem Lieblingsladen »um die Ecke« ein.[1] Kunden schätzen das persönliche Beratungsgespräch und möchten die Ware im Original sehen, fühlen, riechen, aus- und anprobieren. Waren im stationären Handel sind zudem sofort verfügbar und verleiten die Kunden zu Impulskäufen. In der Studie von Roland Berger und dem ECE betonen die Autoren, dass der stationäre Handel den Onlinehandel jedoch nicht ignorieren darf. Denn die Kunden möchten auch die Vorteile des 24-Stunden-Shoppings (Verfügbarkeit, Sortimentstiefe, Bewertungen) beim stationären Handel genießen. Für viele große Händler und Versandhändler lautet die Lösung daher eine Kombination aus stationärem Handel und Onlinehandel. Deshalb setzen viele stationäre Händler zusätzlich auf einen Onlineshop und unternehmen so Stück für Stück die Reise zum Multichannel-Händler (»Multichannel-Strategie«). Nebenbei: Beispielhaft für die Verzahnung des Offline- und Onlinehandels sind Services wie »Click & Collect«, siehe Abschnitt 3.10, »Tipp für Multichannel-Händler«. Die Multichannel-Strategie ist aber nicht das einzige Mittel für stationäre Händler, um sich gegen den virtuellen Rivalen Onlinehandel zur Wehr zu setzen. Das Internet bietet Einzelhändlern vielmehr eine ganze Reihe an Möglichkeiten, ihre Standortvorteile auszuspielen.

3.1 Gehen Sie online – Ihre Kunden sind es schon

Für viele Kunden ist das Internet die erste Anlaufstelle, wenn es darum geht, sich über Angebote zu informieren und mit Händlern in Kontakt zu treten (siehe Abbildung 3.1, Suche nach einem Obi Baumarkt in Berlin). Bedenken Sie: Ein Drittel aller Suchanfragen in Google bezieht sich auf Orte, Adressen und Geschäfte, siehe

---

1 ECE & Roland Berger Strategy Consultants, 2013, »Dem Kunden auf der Spur – Hat der stationäre Handel noch eine Chance?« http://www.ece.de/de/wirueberuns/multichannelstudie/

Abschnitt 1.3.2, »Jede dritte Suchanfrage hat lokalen Bezug«. Jedem Händler sollte daher klar sein, dass ihm zahlreiche Kunden verloren gehen, wenn er nicht im ausreichenden Maße online auffindbar und mit seinen Angeboten vertreten ist. Dies gilt in besonderem Maße auch für Händler, die sich nach wie vor ausschließlich auf den traditionellen Offline-Vertrieb konzentrieren. Grundlegende Informationen, Öffnungszeiten und Kontaktmöglichkeiten über das Warenangebot müssen im Internet zumindest auffindbar sein. Eine eigene Webpräsenz ist hierfür jedoch nicht ausreichend. Vielmehr müssen Händler zusätzliche Services im Web und in Social Media nutzen, um auf ihr Geschäft und ihr Sortiment vor Ort aufmerksam zu machen. Die gute Nachricht: Viele dieser Services sind meist kostenlos. Ziel des Digitalen Marketings ist es, die Kunden des traditionellen Handels über das Internet zu gewinnen und zu binden. Das vollständige Potenzial und die dafür zur Verfügung stehenden Tools werden jedoch von vielen stationären Händlern bei weitem noch nicht ausgeschöpft. Der Grund hierfür ist oftmals das grundlegende Hemmnis, sich in ausreichendem Maße mit der Thematik auseinanderzusetzen. Wenn Sie damit beginnen, können Sie nur gewinnen!

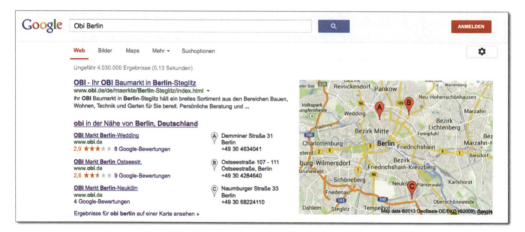

Abbildung 3.1 Kunden nutzen häufig die Suchmaschine, um einen Händler in unmittelbarer Nähe zu finden.

Die Konkurrenz ist nur einen Klick entfernt

Ein Großteil der Konsumenten informiert sich vor dem Kauf im Internet, recherchiert Produkte und sucht nach Anbietern und Händlern, siehe Abschnitt 1.1.3, »Der ROPO-Effekt – Online recherchieren, im Handel kaufen«. Bei ihren Suchen sind die Nutzer oft ungeduldig und wählen den Händler, der als Erstes auffindbar ist. Die Konkurrenz ist also immer nur einen Klick entfernt, weshalb es nicht nur sinnvoll, sondern auch dringend notwendig ist, als Händler im Netz erreichbar zu sein und Angebote in lokalen Netzwerken und Social Media zu platzieren.

3.2 Digitales Marketing für stationäre Händler

Neben der eigenen Webseite schaffen Einträge auf Bewertungsportalen für Händler und in digitalen Branchenverzeichnissen die grundlegenden Voraussetzungen dafür, dass potenzielle Kunden Ihr Geschäft wahrnehmen. In sozialen Netzwerken wie Facebook und Google+ spielt die lokale Komponente eine immer größere Rolle. Auch hier werden Geschäfte und Händler wie auf den lokalen Bewertungsplattformen bewertet und zudem auch noch mit anderen Nutzern geteilt. Ein weiterer Vorteil des Digitalen Marketings besteht für stationäre Händler in den geringen Streuverlusten bei der Schaltung von Anzeigen bei Google und Facebook. Denn im Gegensatz zu den herkömmlichen Anzeigen im Printbereich und zur Werbung auf Plakaten können Sie Ihre Kunden im Netz wesentlich zielgenauer ansprechen. Anzeigen in Social Media bieten zudem volle Kostenkontrolle und Transparenz über den Erfolg einer Kampagne. Ihre Vorteile: Sie benötigen weniger Werbebudget als für herkömmliche Werbekampagnen und erreichen mehr Nutzer, für die Ihre Botschaft wirklich relevant ist.

3.2.1 Ziele des Digitalen Marketing für stationäre Händler

Der Werkzeugkasten des Digitalen Marketings ist gut sortiert. Zur obligatorischen Grundausstattung gehören in jedem Fall die Einträge auf lokalen Bewertungsportalen und in digitalen Branchenverzeichnissen. An vorderster Front rangiert hier Google mit seinen Dienst Google+ Local. Wie im ersten Kapitel bereits erwähnt, ist Google mit seinem Marktanteil von 95 % in Deutschland unangefochtener Spitzenreiter unter den Suchmaschinen. Entsprechend bedeutend sind auch die Einträge in Googles Branchenverzeichnis. Ebenso relevant für das Ranking bei Google sind die lokalen Bewertungsportale. Am weitesten verbreitet sind hier vor allem die Plattformen »Qype« und »Yelp«.

Des Weiteren tragen die sozialen Netzwerke zu einer besseren Auffindbarkeit Ihres Geschäfts oder Ihrer Filiale im Internet bei und schaffen zugleich einen zeitgemäßen Kontaktpunkt zwischen Händler und Kunden. Wie wichtig das Engagement in Social Media für den stationären Handel ist, verdeutlicht die jüngste Entwicklung bei den sozialen Netzwerken Google+ und Facebook. Beide Unternehmen erweitern ihre sozialen Netzwerke derzeit um ein lokales Bewertungssystem, damit die Nutzer Orte, Adressen und Geschäfte bewerten können. Google hat zu diesem Zweck 2012 sein lokales Branchenverzeichnis »Google Places« in Google+ Local umbenannt und in sein soziales Netzwerk Google+ integriert (Abbildung 3.2). Und auch Facebook erlaubt seinen Nutzern inzwischen, die im System hinterlegten Orte und damit auch Geschäfte und Händler zu bewerten. Beide Netzwerke wollen damit eine bessere »soziale Suche« nach lokalen Informationen ermöglichen. Denn auch in sozialen Netzwerken werden Orte und Adressen recherchiert. Das Bahnbrechende an dieser so genannten »Social Search« ist, dass die Affinitäten der Nutzer untereinander in das Suchergebnis einfließen. Bewertungen von Freunden und Bekannten werden für den Nutzer an prominenter Stelle platziert und sorgen für Empfehlungseffekte auf einem neuen Niveau.

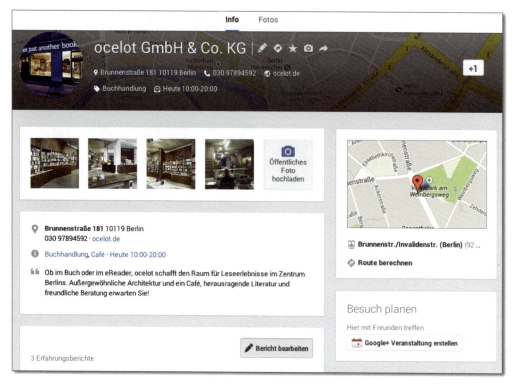

Abbildung 3.2 Google+ Local-Eintrag des Buchgeschäfts Ocelot
Quelle: https://plus.google.com/105080057817623315719/about?gl=DE

Mit Google+ Local und anderen Bewertungsplattformen holen Sie Kunden ab, die nach Ihrem Geschäft suchen oder durch die Händlersuche auf Sie stoßen. Digitales Marketing eignet sich aber auch, um Angebote an die Zielgruppe zu pushen. Möglich ist dies mit digitalen Anzeigen bei Google Adwords und mit den Social Ads bei Facebook. Eine weitere Option hierbei sind digitale Coupons, mithilfe derer Sie neue Kunden für Ihr Geschäft gewinnen. Ein gutes Beispiel hierfür sind Angebote bei »Facebook Offers«. Und auch digitale Rabattmarken auf dem Smartphone, das so genannte mobile Couponing, sind eine weitere Möglichkeit der gezielten Angebotsunterbreitung, die bei den Nutzern auf eine immer größere Akzeptanz stößt. Zusammengefasst eignet sich Digitales Marketing für den stationären Handel, um

- mithilfe von Google+ Local und Einträgen auf lokalen Bewertungsplattformen in den Suchmaschinen gefunden zu werden und mit den auf den Plattformen vorhandenen Händlerbewertungen neue Kunden zu gewinnen,
- das eigene stationäre Sortiment online auffindbar und vergleichbar zu machen,
- Kunden mit Angeboten und Anzeigen in Suchmaschinen, in sozialen Netzwerken und über Apps direkt in Ihr Geschäft zu lotsen,
- Kunden mithilfe eines individuellen und schnellen Supports über Social Media an sich binden,
- mit dem Multichannel-Ansatz Ihr stationäres Klientel auch über alternative Absatzwege an sich zu binden.

3.3 Händlersuche: Adieu Gelbe Seiten, Hallo Google!

Google hat einen hohen Stellenwert bei der Händlersuche im Internet. Die Zeiten, in denen Verbraucher das gedruckte Branchenverzeichnis aufgeschlagen haben, sind endgültig vorbei. Konsumenten recherchieren heute Unternehmen und Adressen zuallererst zu Hause am PC oder mobil. Darüber hinaus reicht die Auffindbarkeit im Netz allein heute nicht mehr aus. Online-Bewertungen von Händlern entscheiden, ob ein Händler überhaupt wahrgenommen wird, und sind für viele Konsumenten ein wichtiges Entscheidungskriterium bei der Auswahl des stationären Händlers. Eine gute Auffindbarkeit bei Google, kombiniert mit positiven Kundenmeinungen auf lokalen Bewertungsplattformen und digitalen Angeboten, ist daher eine richtige Strategie, um mehr Kunden in Ihr stationäres Geschäft zu führen.

3.3.1 Restaurants, Shops, Hotels – Wonach wird gesucht?

Laut der »Local Consumer Review Survey« von Search Engine Land werden am häufigsten Restaurants lokal gesucht, gefolgt von Ladengeschäften allgemein, Hotels und Bekleidungsgeschäften[2], siehe Abbildung 3.3. Der stationäre Handel gehört somit neben Freizeitangeboten zu den am meisten nachgefragten Branchen bei der lokalen Suche. Im Vergleich zu 2010 sind die für 2012 ermittelten Werte im Bereich des stationären Handels fast alle gestiegen. Hieraus lässt sich auf die eindeutige Tendenz schließen, dass Verbraucher das Netz zunehmend auch für die Händlersuche gebrauchen, um ihren Einkauf vor Ort vorzubereiten.

---

2 Search Engine Land, »Local Consumer Review Survey 2012 – Part 2«, http://searchengineland.com/local-consumer-review-survey-2012-part-2-120321.

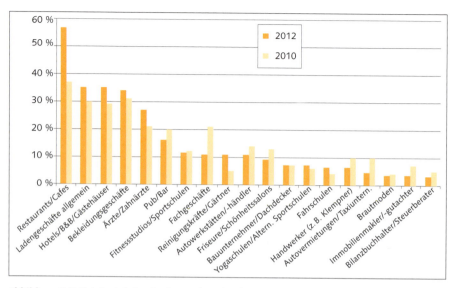

Abbildung 3.3 Bei der lokalen Suche wird am häufigsten nach Gastronomie, Shops und Hotels gesucht. Quelle: Search Engine Land

3.3.2 Die Bedeutung der lokalen Suche von unterwegs

Natürlich kommt der lokalen Suche »on the go« mit dem Samrtphone eine enorme Bedeutung zu. Denn gerade, wenn Konsumenten unterwegs sind, suchen sie nach lokalen Informationen. »Pizzeria Kreuzberg«, »Brillen München« (siehe Abbildung 3.4), »Postbank in Köln-Ehrenfeld« sind typische Suchanfragen von unterwegs. Für viele Smartphone-Nutzer ist die lokale Händlersuche mit dem Mobiltelefon inzwischen somit eine unverzichtbare Navigationshilfe bei ihrer Shoppingtour durch die Innenstadt. Experten gehen davon aus, dass derzeit der Anteil der mobilen lokalen Suchanfragen mit 40 % bis 50 % nochmals deutlich höher ist als zu Hause am Rechner.

> **82 % der deutschen Smartsurfer suchen nach lokalen Informationen**
>
> Die lokale Suche nach Orten, Adressen und Plätzen ist eine der häufigsten Nutzungsarten des Smartphones. Das interaktive und kostenlose Tool von Google »Our Mobile Planet« (siehe Abbildung 3.5), ermittelte im März 2013, dass 88 % der deutschen Smartphone-Nutzer schon einmal nach lokalen Informationen gesucht haben. 15 % tun dies täglich, 28 % wöchentlich und 26 % monatlich.

Besonders im Zusammenhang mit der Verbreitung von Smartphones spielt das digitale Marketing für den stationären Handel also eine immer größere Rolle. Informationen über Händler werden immer häufiger da abgerufen, wo sie gebraucht werden, nämlich unterwegs. Einen entscheidenden Beitrag leisten hierbei zunehmend die so genannten »Location-based Services« (LBS), mit deren Hilfe (potenzielle) Kunden gemäß ihrem aktuellen Aufenthaltsort adressiert werden. Mehr hierzu erfahren Sie in Abschnitt 4.2.1, »Kaufvorbereitung mit mobilen Endgeräten«, und in der Kundengewinnungsstrategie in Abschnitt 6.5.4, »Kundengewinnung mit ortbezogenen Diensten und Angeboten (LBS)«.

Abbildung 3.4 Die mobile lokale Suche in Google, hier am Beispiel für die Suche nach »Brillen München«

Abbildung 3.5 Das Smartphone wird häufig für die Suche nach Orten, Adressen und Unternehmen eingesetzt. Quelle: http://www.thinkwithgoogle.com/mobileplanet/de

3.3.3 Die mobile lokale Suche führt direkt ins Ladengeschäft

Wer mobil nach lokalen Informationen sucht, tut dies aus einem ganz konkreten Anlass. Dementsprechend hoch ist der Anteil der Smartphone-Nutzer, die nach der mobilen Recherche auf Grund der gefundenen Informationen auch aktiv werden. Laut Googles Onlinetool »Our mobile Planet« (für Deutschland) besuchen 40 % der Smartphone-Nutzer direkt nach der lokalen Suche bei Google ein Geschäft auf.

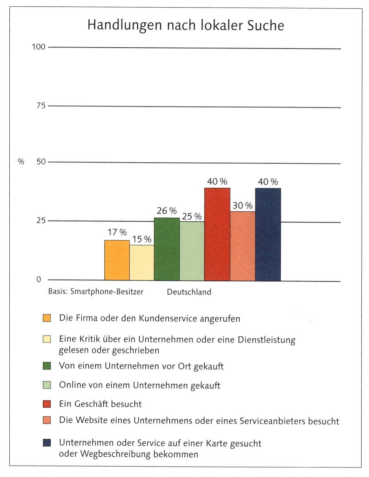

Abbildung 3.6 Die lokale Suche mit dem Smartphone führt direkt ins Ladengeschäft. Quelle: http://www.thinkwithgoogle.com/mobileplanet/de

30 % der Nutzer haben die Unternehmenswebseite besucht und etwas über ein Viertel der Nutzer haben nach der Suche sogar bei einem Unternehmen vor Ort oder online gekauft. Auch die Nutzung der Wegbeschreibung in Google Maps spielt bei der lokalen Suche mit dem Smartphone eine entscheidende Rolle. Google

Maps werden von 40 % der Nutzer verwendet, um Orte zu finden. Was bedeutet das für Sie? Nur wenn Sie Ihre Kontaktdaten, Telefonnummer, Öffnungszeiten und die Anfahrtsbeschreibung immer auf dem neuesten Stand halten, können Sie Ihre Auffindbarkeit bei Google als Gewinn verbuchen. Zudem ist die eigene Website bei weitem nicht ausreichend, um bei Google gefunden zu werden. So sollten Sie auf einen Eintrag in Googles digitalem Branchenverzeichnis »Google+ Local« auf keinen Fall verzichten. Das Ranking bei Google wird zudem von einer ganzen Reihe von Faktoren beeinflusst, die Sie stets im Auge haben sollten. Wie dies genau funktioniert, und was genau Sie unternehmen können, um bei Google immer möglichst »on the top« zu sein, erfahren Sie in Abschnitt 6.1.8, »Integrieren Sie Produkt- und Shopbewertungen direkt ins Google-Suchergebnis«.

3.4 Nutzen Sie Google+ Local – Der Allrounder für stationäre Händler

Der Suchmaschinengigant Google arbeitet beständig an der Optimierung und Erweiterung seines Kernprodukts »Suche«. Besonders wichtig für den stationären Handel ist, wie bereits erwähnt, Googles lokales Branchenverzeichnis »Google+ Local«. Denn der Eintrag hier erfüllt gleich mehrere Funktionen, die für die Auffindbarkeit bei der lokalen Suche entscheidend sind. 2012 hat Google sein damaliges Branchenverzeichnis »Google Places« in »Google+ Local« umbenannt. Gleichzeitig wurden auch alle Einträge des Branchenverzeichnisses Bestandteil von Googles sozialem Netzwerk Google+. Bei Google+ Local können die Nutzer einen Ort, ein Geschäft, Dienstleister jetzt auch bewerten. Angemeldete Nutzer bei Google+ können zudem über die Funktion »Meine Kreise« einsehen, ob Freunde bereits Orte bei Google+ Local bewertet haben, die dem aktuellen Suchanliegen entsprechen. Das Zusammenspiel von lokaler Suche und sozialem Netzwerk ist somit nahezu perfekt. Google+ Local ist damit Branchenverzeichnis, Kartendienst und soziales Netzwerk in einem und für stationäre Händler ein unerlässliches Werkzeug!

3.4.1 Wie funktioniert Google+ Local?

Googelt der Nutzer z.B. nach »Fahrradgeschäft«, lokalisiert Google den Nutzer auch ohne weitere Ortsangabe anhand der IP-Adresse. Auf Grund dieser Information wird der Aufenthaltsort des Nutzers lokalisiert, und er bekommt zusätzlich zu den üblichen organischen Treffern auch spezielle lokale Local-Suchergebnisse aus Googles Branchenverzeichnis Google+ Local. Zu erkennen sind diese Treffer am stecknadelförmigen Marker und der Adresse und der Telefonnummer neben den Suchergebnissen. Abbildung 3.7 zeigt die lokalen Treffer, die Google für eine Suche nach »Fahrrad« am Standort in Berlin ausgibt. Unter dem Link zu der Unternehmensseite ist zudem die durchschnittliche Bewertung des Ortes der Google-User einzusehen. Liegen Google noch keine Bewertungen für den Händler vor, erscheint an dieser Stelle ein Link zum verknüpften Eintrag bei Google+ Local. Mehr zum Bewertungssystem bei Google+ Local erfahren Sie in Abschnitt 3.6.1, »Kundengewinnung durch Bewertung lokaler Geschäfte bei Google«.

Abbildung 3.7 Lokale Suchergebnisse in Google bei der Suche nach »Fahrradgeschäft« am Standort Berlin

Bewegt der Nutzer den Mauszeiger auf eines der lokalen Suchergebnisse, erscheinen im rechten Teil des Browsers weitere Informationen zum Ort bei Google. Neben der Adresse, der Telefonnummer und der durchschnittlichen Google-Bewertung werden hier auch die Öffnungszeiten des Geschäfts, ein Bild von der Google+ Local-Seite, ein Kartenausschnitt von Google Maps und ein Button für Googles Routenplaner angezeigt. Ebenso vorhanden ist ein Link zu den Bewertungen der einzelnen Google-Nutzer und ein Button, den Ihre Kunden nutzen können, um zum Formular zu gelangen, wo sie einen Erfahrungsbericht schreiben können. Ebenso von großem Nutzen ist, dass neben den hauseigenen Bewertungen aus dem Google-Universum hier oft auch Links zu den Bewertungen auf externen lokalen Bewertungsportalen wie z.B. Qype, Yelp oder meinestadt.de zu finden sind.

Abbildung 3.8 Detailansicht von Unternehmenseinträgen und Geschäften bei Google

Mit einem Klick auf den Marker neben dem lokalen Suchergebnis gelangt der User direkt auf Googles hauseigenes Kartensystem Maps, wo der Standpunkt des gesuchten Geschäftes markiert ist. Und von hier aus ist dann auch der Weg zu Googles sozialem Netzwerk nicht mehr weit. Denn sowohl der Klick auf den Button »Mehr Infos« als auch auf den Button »Berichte« oberhalb der Markierung auf der Karte führen direkt zum Unternehmenseintrag bei Google+ Local (siehe Abbildung 3.9).

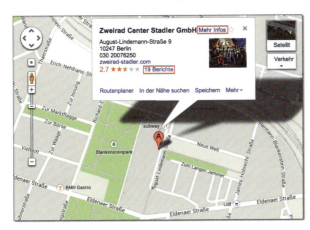

Abbildung 3.9 Markierung des Google Places bei Google Maps mit Marker und Verlinkung zu Google+ Local

Neben den Informationen, die der Nutzer bereits in den lokalen Suchergebnissen über den Google Place erhalten hat, verfügen der Eintrag bei Google+ Local wie auch die »normalen« Google-+-Seiten ohne »Local-Funktion« über den allseits bekannten +1-Button, mit dem der Nutzer das Geschäft »liken« (+1) und es mit seinen Freunden in Googles sozialem Netzwerk teilen kann. Der wesentliche Unterschied zu den üblichen Google-+-Seiten besteht jedoch in den lokalen Komponenten: Nutzer der Seite können hier Bewertungen und Erfahrungsberichte über Orte lesen und schreiben (mehr zu dem Bewertungssystem von Google+ Local erfahren Sie unter 3.6.1, »Kundengewinnung durch Bewertung lokaler Geschäfte bei Google«)«. Ebenso ist es hier möglich, die Route zum Geschäft berechnen zu lassen und sich direkt über Google+ Local mit seinen Google+-Freunden vor Ort zu verabreden (»Google+-Veranstaltung erstellen«).

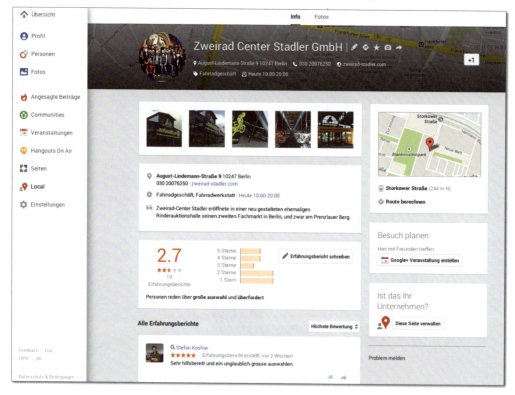

Abbildung 3.10 Der Klick auf den Marker in Google Maps führt den Nutzer direkt zum Eintrag der Seite von Google+ Local

Zusammenfassend lässt sich sagen, dass mit der Einführung von Google+ Local der Eintrag in Googles digitales Branchenverzeichnis für lokale Händler wichtiger geworden ist als je zuvor. Mithilfe von Google+ Local können die Orte bei Google nun auch mit Bildern versehen werden. Dies sorgt für eine wesentlich bessere Sichtbarkeit in den lokalen Suchergebnissen. Die Verzahnung mit Google Maps sorgt zudem dafür, dass auch bei Googles prominentem Kartendienst alle Informationen ersichtlich sind, die bei Google+ Local hinterlegt worden sind. Ein weiteres Novum, das aus der Zusammenlegung der beiden Dienste hervorgeht, ist die soziale Komponente. Denn fortan können Google+-Nutzer auch sehen, ob und wie Orte von Freunden und Bekannten bewertet worden sind. Dies hat bei der Auswahl lokaler Händler vor Ort oft wesentlich mehr Einfluss als die Berichterstattung unbekannter und somit weitestgehend anonymer Nutzer.

> **Google+ Local ist das digitale Aushängeschild für Ihr Ladengeschäft**
> Beim Rollout von Google+ Local wurden alle bestehenden Einträge aus dem Branchenverzeichnis Google Places zu Google+ exportiert. So verfügen inzwischen alle lokalen Unternehmen, die vor 2012 Google Places genutzt haben, über einen Eintrag bei Google+ Local. Vielen stationären Händlern ist ihre Präsenz bei Google+ Local jedoch überhaupt nicht bewusst. Die Inhalte bei Google+ Local spielen aber bei der lokalen Suche und einer zeitgemäßen Präsentation des Unternehmens eine entscheidende Rolle! Zwar wurden alle Angaben zum Ort (Adresse, Öffnungszeiten und Kontaktdaten) des einstigen Eintrages bei Google Places eins zu eins von Google+ Local übernommen. Die zusätzlichen Optionen (Bilder, Interaktion mit dem Kunden), die Google+ Local bietet, werden bisher jedoch noch von vielen Stationärhändlern ignoriert. Händler hingegen, welche die vorhandenen Funktionen bereits nutzen, haben einen echten Wettbewerbsvorteil! Besonderes Potenzial bieten hierbei die verifizierten Unternehmensseiten bei Google+ Local. Wie Sie solch eine Seite anlegen und wie Sie einen bestehenden Eintrag bei Google+ Local um weitere Funktionen ergänzen, erfahren Sie in Abschnitt 7.4.2, »Google+ Local Unternehmensseite anlegen und verwalten«.

3.5 Machen Sie Ihr Sortiment auffindbar

Womit beginnt in den meisten Fällen eine Konsumentenreise? Richtig, mit einer Produktrecherche in Google. Während es bisher in erster Line Onlinehändler waren, die ihre Angebote mit Anzeigen bei Google platzierten, machen inzwischen auch immer mehr stationäre Händler von dieser Möglichkeit Gebrauch. Neben dem althergebrachten Anzeigenformat Google Adwords ist es derzeit vor allem das »Warensuchsystem« Google Shopping, welches das Interesse des stationären Handels auf sich zieht. Denn hier können selbst Händler ohne eigenen Onlineshop ihr Angebot Produkt-Verfügbarkeiten eintragen und ihr Angebot präsentieren. Stationäre Händler können dadurch in unmittelbaren Wettbewerb mit dem Onlinehandel treten. Bei der Google Suche nach einem iPad beispielsweise (siehe Abbildung 3.11) erscheinen die stationären Angebote unmittelbar neben dem Angebot der Onlinehändler.

3 Nutzen Sie Digitales Marketing

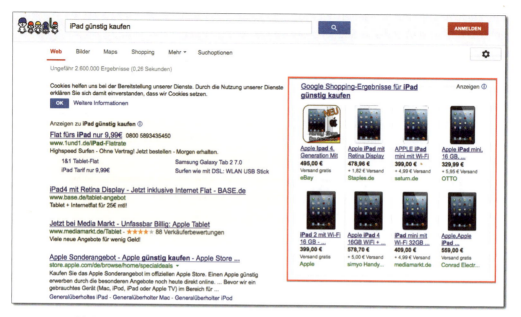

Abbildung 3.11 Google Shopping-Ergebnisse für den Suchbegriff »iPad günstig kaufen« mit Treffern für Onlineshops und lokale Händler.

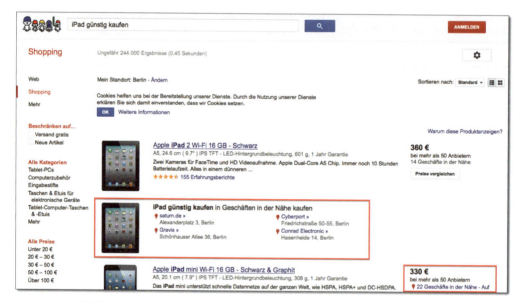

Abbildung 3.12 Detailansicht der Suchergebnisse bei Google Shopping mit Verweis auf stationäre Händler

In der Detailansicht der Suchergebnisse von Google Shopping erkennt der Nutzer, welche Angebote bei Google auch in stationären Geschäften in seinem Umfeld verfügbar sind (siehe Abbildung 3.12). In unserem Beispiel erfährt der Nutzer, dass das gesuchte iPad ab 330 € bei 22 Geschäften in der Nähe erhältlich ist. Klickt er auf den Link »22 Geschäfte in der Nähe«, gelangt er zu einem Kartenausschnitt bei Google Maps und kann die Preise der lokalen Händler in seiner Umgebung einsehen (siehe Abbildung 3.13).

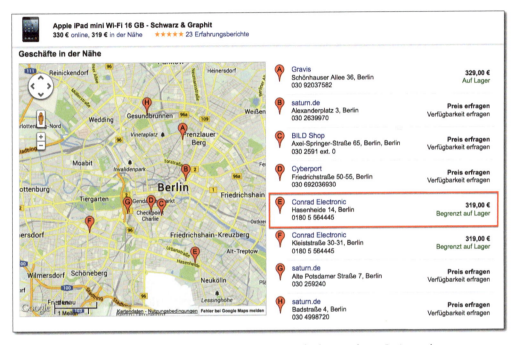

Abbildung 3.13 Im Google Maps-Kartenausschnitt listet Google die Angebote, Preise und Verfügbarkeiten stationärer Händler.

3.5.1 Tragen Sie Ihre Produkte bei Google ein

Mit den Produktanzeigen in Google (»Produkt Listing Ads«) können stationäre Händler ihr Sortiment in die Google Shopping-Ergebnisse eintragen. Gerade Konsumenten, die vorwiegend offline einkaufen, aber online recherchieren (ROPO-Effekt), klicken gerne auf diese Angebote. Noch dazu besteht bei ROPO-Recherchen, siehe Abschnitt 1.1.3, »Der ROPO-Effekt – Online recherchieren, im Handel kaufen«, in den meisten Fällen ein akuter Kaufwunsch. Der Kunde möchte einem spontanen Kaufimpuls nachgehen. Da er das Produkt sofort benötigt und die Ergebnisse bei Google Shopping ihm lokale Händler in seiner unmittelbaren Umgebung listen, sucht er daraufhin das nächstgelegene stationäre Geschäft auf. Wenn es also um sofortige Verfügbarkeit geht, und es sich um eine akute Bedarfssituation handelt, gewinnt der stationäre Handel. Weiteres über Google Shopping erfahren Sie in Abschnitt 6.5.6, »Google Shopping: Von der Produktsuche zum stationären Angebot«. Wie Sie mithilfe der Produkt Listings Ads Produktanzeigen in Google einstellen, erfahren Sie in Abschnitt 7.9.1, »Produktanzeigen in Google Shopping schalten«.

3.6 Gewinnen Sie mehr Kunden durch Online-Bewertungen

Positive Bewertungen und Erfahrungsberichte auf lokalen Bewertungsplattformen sind für Unternehmen ein äußerst wichtiges Tool bei der Pflege ihrer »Online Reputation« (der Ruf eines Unternehmens im Internet) und zur Neukundengewinnung. Potenzielle Kunden informieren sich immer häufiger auf lokalen Bewertungsplattformen wie Google+ Local, Qype oder Yelp, um sich ganz gezielt eine Meinung über ein bestimmtes Unternehmen zu bilden. Denn die Meinung der anderen Kunden zählt! Hinzu kommt, dass sowohl die Anzahl der Bewertungen bei Google+ Local als auch die Anzahl der Bewertungen externer lokaler Bewertungsplattformen wie Qype und Yelp unmittelbaren Einfluss auf das Ranking der lokalen Suchergebnisse bei Google haben. Neben dem guten Ruf für Ihr Unternehmen sind Bewertungen Ihres Geschäfts somit auch ein wichtiger Faktor für die Auffindbarkeit Ihres Geschäfts.

3.6.1 Kundengewinnung durch Bewertung lokaler Geschäfte bei Google

Die Bewertung der Orte bei Google ist für den guten Ruf Ihres Unternehmens in mehrfacher Hinsicht äußerst wichtig. Wie bereits erwähnt, sind die Services Google+ Local, Google+ und Google Maps inzwischen eng miteinander verzahnt. Somit spielen auch die Erfahrungsberichte über Orte bei Google bei allen drei Diensten eine entscheidende Rolle. Der Nutzer kann die Bewertungen der Geschäfte und Händler sowohl in den lokalen Suchergebnissen als auch in Googles sozialem Netzwerk und in Googles Kartendienst einsehen. Das gilt sowohl zu Hause am Rechner wie natürlich auch für die mobile Ansicht. Dem Nutzer wird die Bewertung von Google+ Local-Einträgen inzwischen zudem enorm einfach gemacht. Denn die Bewertung der Orte bei Google kann sowohl bei Google+ Local erstellt werden als auch direkt über den Button »Bericht schreiben« in Googles lokalen Suchergebnissen (siehe Abbildung 3.14).

3.6 Gewinnen Sie mehr Kunden durch Online-Bewertungen

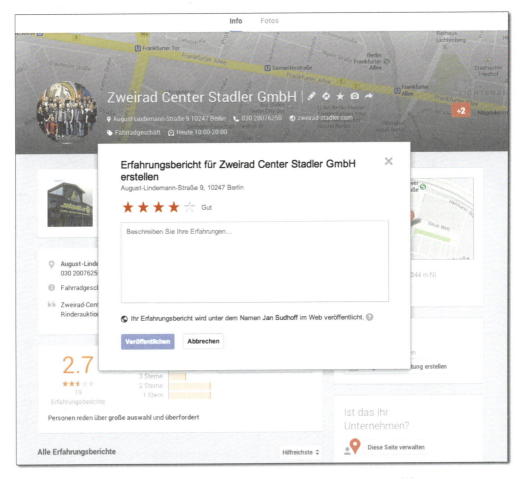

Abbildung 3.14 Ein Erfahrungsbericht für einen Ort bei Google ist mit dem One-Klick-Rating schnell erstellt.

Googles Bewertungssystem ist denkbar simpel. Nutzer, die schnell eine Bewertung schreiben wollen, nutzen das so genannte »5-Star-Rating«, bei dem die Bewertung per Mausklick durch die Vergabe von einem bis fünf Sternen erfolgt (5 Sterne = hervorragend, 4 Sterne = sehr gut, 3 Sterne = gut, 2 Sterne = ausreichend, 1 Stern = schlecht). Der zusätzliche Fließtext ist bei der Bewertung eines Ortes bei Google nicht obligatorisch. Besonders aktive Nutzer jedoch machen gerne von der Möglichkeit Gebrauch, einen Erfahrungsbericht (»Review«) zu schreiben, der noch weitaus mehr Aussagekraft hat. Ausführliche Informationen über das Bewertungssystem von Google finden Sie unter *http://support.google.com/plus/answer/1723748*. Abschnitt 6.1.9, »Händlerbewertungen: Bewertungen für den stationären Handel«.

3.6.2 Bewertungen von Geschäften auf lokalen Bewertungsplattformen

Zu den bekanntesten lokalen Bewertungsplattformen gehören in Deutschland neben Google+ Local die Portale von Qype und Yelp. Auch Qype und Yelp sind für viele Verbraucher eine wichtige Anlaufstelle, wenn es um die Suche nach einem zuverlässigen und gut sortierten Händler oder Dienstleister vor Ort geht. Als stationärer Händler sollten Sie diese Plattformen auf jeden Fall stets im Auge behalten. Denn im Gegensatz zu Google+ Local können hier die Nutzer selbst Unternehmenseinträge erstellen und Sie im Anschluss bewerten. Im Optimalfall handelt es sich hierbei um Kunden, die positive Erfahrungen mit Ihrem Geschäft gemacht haben und diese gerne mit anderen Nutzern teilen. Dennoch sollten Sie den Eintrag Ihres Unternehmens nicht unbedingt Dritten überlassen und die grundlegenden Angaben zu Adresse, Kontaktdaten und Öffnungszeiten auf jeden Fall überprüfen, wenn Ihre Kunden einen Eintrag für Sie vorgenommen haben. Schauen Sie am besten gleich nach, ob es einen Eintrag zu Ihrem Geschäft gibt! Hinzu kommt, dass die Angaben zu Ihrem Unternehmen auf allen lokalen Bewertungsplattformen konsistent sein müssen, damit Sie im lokalen Ranking von Google nicht abgestraft werden. In Abschnitt 6.1.9, »Händlerbewertungen: Bewertungen für den stationären Handel«, können Sie nachlesen, was Sie bei den so genannten »Local Citations« beachten müssen.

Übrigens: Sowohl die Aktualität als auch die Anzahl der Bewertungen auf den lokalen Bewertungsplattformen wirken sich positiv auf die Auffindbarkeit in den Suchmaschinen aus und sind somit im doppelten Sinne ein guter Kundenfänger. Welche Maßnahmen Sie ergreifen können, um möglichst viele positive Bewertungen zu erhalten, erfahren Sie in Abschnitt 6.1.10, »So kommen Sie zu mehr Online-Bewertungen für Ihr stationäres Geschäft«.

> **Lokale Bewertungsplattformen zeigen Vorteile bei mobiler Nutzung**
> Fast alle lokalen Bewertungsplattformen (Qype, Yelp) bieten inzwischen Apps zum kostenlosen Download an. Mit den Apps können die Nutzer mithilfe der Geolokalisierung ihren exakten Standort bestimmen lassen. Nach Eingabe seines Suchanliegens werden dem Kunden dann die nächstgelegenen Anlaufstellen für den Einkauf angezeigt. Neben Bewertungen anderer Nutzer können hier Informationen zu Öffnungszeiten, Ansprechpartnern und teils sogar Sonderangebote eingesehen werden. Bei der Suche nach stationären Geschäften bieten diese Apps eine komfortable Orientierungshilfe »on the go«. Mehr hierzu erfahren Sie in Abschnitt 6.5.5, »Navigieren Sie potenzielle Kunden direkt ins Ladengeschäft«.

Abbildung 3.15 Lokale Bewertungsplattform Qype; Quelle: http://www.qype.com/place/15347-Globetrotter-Ausruestung-Denart-Lechhart-GmbH-Berlin

3.7 Social Media Marketing für den stationären Handel

Besonders stationäre Einzelhändler können von einem Engagement in Social Media profitieren. Der Vorteil kleiner und mittelständischer Händler besteht im lokalen Bezug und in der engen Bindung an ihre bestehende Kundschaft. Große Handelsketten hingegen haben es meist sehr schwer, eine persönliche Beziehung zu ihren Kunden aufzubauen. Dies macht sich auch in Social Media bemerkbar, siehe Abschnitt 1.2.4, »Kleinere Händler sind die Gewinner im Social Web«. Einige Handelsketten gehen in Social Media deshalb den Weg der Dezentralisierung und erstellen einzelne Facebook-Seiten für ihre Filialen und Shops. Facebook-Nutzer können dann nicht nur Fan des Unternehmens, sondern auch der einzelnen Filiale werden, siehe Allianz Deutschland in Facebook *http://www.facebook.com/allianzdeutschland*.

In den USA setzt die Handelskette »Walmart« seit Sommer 2011 auf eine ganz ähnliche Strategie. Zusätzlich zu seinem nationalen Facebook-Auftritt, *https://www.facebook.com/walmart*, launchte der Handelsgigant tausende lokale Facebook-Seiten für die einzelnen Filialen. Über die Facebook-App »My Local Walmart« kann der Nutzer das Geschäft in seiner unmittelbaren Umgebung auswählen, Öffnungszeiten und lokale Angebote einsehen, auf Rezeptideen zugreifen, seinen Einkaufszettel gestalten und mit dem Personal vor Ort kommunizieren. Walmart schult in jeder Filiale einige seiner Angestellten in einem speziellen Social-Media-Training. Neben der Bearbeitung von Kundenanfragen vor Ort managen die Mitarbeiter die regionalen Werbe-Aktionen mit attraktiven Sonderangeboten. Teil des Konzepts ist es, den Dialog mit Kunden durch lokale Gesprächsthemen zu steigern. Dafür bietet sich beispielsweise der Ausgang des letzten Spiels des ortsansässigen Footballteams an. Solche Themen erhöhen das Fan-Engagement und tragen zu einer nachhaltigen Kundenbindung bei. Das vorhandene Beispiel belegt: Das Regionale ist in Social Media ein enormer Wettbewerbsvorteil, den Sie als Händler nur ausspielen müssen.

Abbildung 3.16 Startseite der Facebook-App »My Local Walmart« der Filiale in Kodiak (Alaska); Quelle: http://www.facebook.com/walmart/app_216359575057664

3.7.1 Facebook Marketing für den stationären Handel

Beim Social Media Marketing kommt Facebook allein schon aufgrund seiner hohen Nutzerzahlen (25 Mio. Nutzer in Deutschland) die größte Bedeutung für die Kundenansprache zu. Dies gilt sowohl für global aufgestellte Marken als auch für Händler mit einer regionalen Zielkundschaft. Letztere profitieren im Zuckerbergschen Netzwerk besonders von der »Orte-Funktion«, die auf allen Facebook-Seiten eingerichtet wird, die in der Hauptkategorie »Lokale Unternehmen« erstellt werden. Voraussetzung hierfür ist die Angabe einer vollständigen Adresse. Ebenso angegeben werden können eine Telefonnummer und die Öffnungszeiten. Wurden vom Seitenbetreiber alle Angaben vollständig eingetragen, ist bei Aufruf der Seite im linken Bereich unterhalb des Profilbildes die Kategorie des Ortes, die Postanschrift und eine Telefonnummer zu sehen. Ist das Geschäft gerade geöffnet, erkennt das der Nutzer an einem grünen Punkt neben den Öffnungszeiten (siehe Abbildung 3.17).

Abbildung 3.17 Beispiel einer Facebook-Seite mit Places-Funktion; Quelle: https://www.facebook.com/AngermaierTrachten

Durch Klicken des Karten-Tabs gelangt der Nutzer in den Infobereich des Facebook-Ortes. Im Kartenausschnitt des Suchmaschinenanbieters Bing ist das Unternehmen mit einem Stecknadel-Symbol markiert. Neben der Postanschrift und den

Öffnungszeiten können im Infobereich zusätzliche Informationen wie Anfahrt, Parkmöglichkeiten und Unternehmenshistorie eingesehen werden. Grundsätzlich sollten Sie hier mit Informationen nicht sparen. Je mehr Ihre (potenziellen) Kunden über Sie erfahren können, umso höher ist die Wahrscheinlichkeit, dass der Facebook-Nutzer das Ladengeschäft aufsucht. Wichtig ist selbstverständlich auch, dass alle Informationen auf dem aktuellen Stand sind.

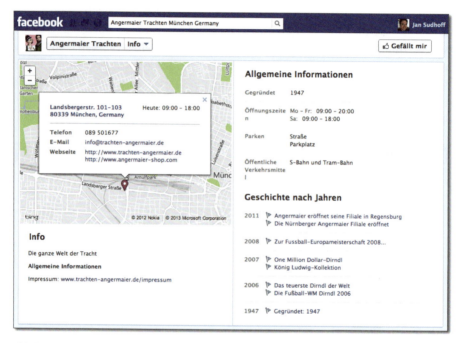

Abbildung 3.18 Infobereich einer Facebook-Seite mit Places-Funktion

3.7.2 Empfehlungen mit Check-Ins

Check-Ins sind inzwischen Bestandteil fast aller gängigen sozialen Netzwerke, die auch als App verfügbar sind (Facebook-App, Qype-App, Foursquare-App). Vorreiter des Check-In-Prinzips ist das soziale Netzwerk »Foursquare«. Das Funktionsprinzip ist immer das gleiche: Jedes Smartphone hat einen GPS-Empfänger integriert, mit dem die Standortdaten des Nutzers ermittelt werden. Diese Daten werden über die App an das soziale Netzwerk übertragen, wo ein Datenbankabgleich der Standortdaten stattfindet. Ist in der Datenbank ein Ort vorhanden, kann der Nutzer des sozialen Netzwerks hier »einchecken«. Check-Ins gehören zu den so genannten »Location-based Services« (kurz »LBS«) und dienen dazu, anderen Nutzern den eigenen aktuellen Aufenthaltsort mitzuteilen und diesen somit (zumindest indirekt) zu empfehlen. Erfolgt bei Übermittlung der GPS-Koordinaten keine Übereinstimmung mit den in der Datenbank eingetragenen Orten, hat der Nutzer bei einigen sozialen Netzwerken (wie z. B. bei Facebook) die Möglichkeit, selbst einen Eintrag vorzunehmen und den Ort neu anzulegen. Wie Sie Location-based Services zur Kundengewinnung und Kundenbindung einsetzen können, erfahren Sie in Abschnitt 6.3.5, »Gamification im stationären Handel – Mobile Gamification«, und Abschnitt 6.5.4, »Kundengewinnung mit ortbezogenen Diensten und Angeboten (LBS)«.

Abbildung 3.19 Facebook Check-In in der Timeline eines Nutzers

Als Inhaber eines stationären Geschäfts können Sie von solchen Check-Ins wirklich profitieren. Denn diese verbessern die Auffindbarkeit Ihres Geschäfts bei Facebook, und es ist ein klares Bekenntnis Ihrer Kunden zu Ihrem Unternehmen. Kunden demonstrieren mit einem Check-In, dass sie Ihr Geschäft mögen, und teilen das gerne ihren Freunden mit (siehe Abbildung 3.19). Da Empfehlungen von Freunden zu der besten Werbung überhaupt zählen, sind Check-Ins bei Facebook also eine Form von Empfehlungsmarketing, die Sie als Ladeninhaber auf jeden Fall nutzen sollten. Prüfen Sie, ob bereits ein Facebook-Ort von Ihrem Geschäft oder Filialen angelegt wurde. Es ist zwar schmeichelhaft, wenn die Nutzer bereits einen Ort in Facebook angelegt haben, weil kein Eintrag vorhanden war, dennoch sollten aber Sie als Inhaber des Geschäfts derjenige sein, der diesen Ort verwaltet. Sie können Ihr Geschäft als Facebook-Ort »claimen« und mit Ihrer vorhandenen Facebook-Seite zusammenführen. Wie das funktioniert, erfahren Sie unter *https://www.facebook.com/help/262981810477512* »Seiten beanspruchen und zusammenführen«.

Facebook »Orte in der Nähe« (Nearby)

Laut einer Umfrage des amerikanischen Marktforschungsunternehmens Comscore rangiert Facebooks Dienst »Orte in der Nähe« in der Gunst der Verbraucher bei der lokalen Suche direkt nach den Orten bei Google Maps.[3] Orte in Facebook können auch Geschäfte und Händler sein. Eine entscheidende Rolle spielen hierbei die Check-Ins. Facebooks Orte in der Nähe basiert, ebenso wie die Check-In-Funktion, auf einem Location-based Service und steht somit ausschließlich den Nutzern der Facebook-App zur Verfügung. Die Standortermittlung via GPS dient in diesem Fall dazu, dem Nutzer Facebook-Orte in der unmittelbaren Umgebung zu empfehlen (siehe Abbildung 3.20). Welche Orte Facebook seinen Nutzern vorschlägt, hängt davon ab, wie beliebt die Orte in der näheren Umgebung allgemein und bei den eigenen Facebook-Freunden sind. Zur Bewertung der Beliebtheit der Orte greift Facebook auf die Anzahl der »Gefällt mir«-Angaben der Orte, die Anzahl der Check-Ins und die Bewertung der Orte zurück. In der Detailansicht des Ortes in der App hat der Nutzer Einblick in den Kartenausschnitt und erhält Informationen wie Adresse und Öffnungszeiten. Selbstverständlich kann der Nutzer Ihre Orte-Seite hier auch direkt »liken«, bei Ihnen einchecken oder seinen Freunden bei Facebook weiterempfehlen. Der Clou hier ist jedoch der Anruf-Button. Denn Smartphone-Nutzer können Sie mithilfe dieser Funktion direkt telefonisch kontaktieren!

Abbildung 3.20 Mit Facebooks »Orte in der Nähe« werden bei Facebook hinterlegte Geschäfte und Händler empfohlen.

---

3 http://searchengineland.com/facebook-nearby-is-now-facebook-local-search-154507.

Scrollt der Besucher Ihrer Facebook-Seite weiter nach unten, sieht er die durchschnittliche Sternebewertung und die Anzahl der »Gefällt mir«-Angaben und der Check-Ins anderer Nutzer. Wie auch auf dem Startbildschirm von Facebook Nearby sind hier wieder die »Gefällt mir«-Angaben der eigenen Facebook-Freunde. Rezensionen in Fließtextform verschaffen dem Nutzer zudem eine detaillierte Einsicht in die Kundenperspektive. Wie stationäre Händler Facebook-Orte zur Kundengewinnung nutzen können, lesen Sie in Abschnitt 6.1.9, »Händlerbewertungen: Bewertungen für den stationären Handel«.

3.7.3 Bewertung von Orten bei Facebook

Seit Ende 2012 können auch die Nutzer von Facebook die im Netzwerk hinterlegten Orte mit einem 5-Star-Rating bewerten und mit einem Fließtext kommentieren. Während bei Einführung dieser Funktion Bewertungen ausschließlich Nutzer der App über die »Orte in der Nähe«-Funktion einsehen konnten, sind die Ratings der Orte inzwischen auch Bestandteil der Facebook-Seiten der Unternehmen. Facebook tritt somit in unmittelbare Konkurrenz zu Google+ Local und den lokalen Bewertungsplattformen von Qype und Yelp und macht mit diesem Schachzug sein soziales Netzwerk für das lokale Internetmarketing nochmals wesentlich attraktiver.

3.7.4 Graph Search – Empfehlungseffekte mit Facebooks »Sozialer Suche«

Anfang 2013 kündigte der Facebook-Chef Mark Zuckerberg die neue Suche in Facebook, »Graph Search«, an. Hierbei handelt es sich um eine wesentlich verbesserte Suchfunktion innerhalb des sozialen Netzwerkes. Mithilfe der Graph Search können Facebook-Nutzer nach Verbindungen zwischen Personen, Interessen, Fotos und auch Orten suchen. Graph Search unterstützt die semantische Suche in vollständig ausformulierten Sätzen. So können Facebook-User z. B. anfragen: »Wo essen meine Freunde in Aachen gerne zu Abend?« Im Falle vorhandener »Gefällt mir«-Angaben, Check-Ins und positiver Bewertungen eines Sushi-Restaurants in Aachen profitieren Sie als Inhaber somit von den direkten und indirekten Empfehlungen der Facebook-Freunde und begrüßen bei entsprechenden Anfragen mit hoher Wahrscheinlichkeit bald schon einen neuen Kunden in Ihrem Restaurant. Seit Herbst 2013 steht die Graph Search nun auch den meisten deutschen Facebook-Nutzern zumindest in englischer Sprache zur Verfügung (siehe Abbildung 3.21). Bei der Suche nach Orten verfolgt Facebooks neuer Suchalgorithmus einen ähnlichen Ansatz wie die »Social Search« bei Google, die seit Zusammenführung von Googles digitalem Branchenverzeichnis und Google+ möglich ist. Orte können von den Nutzern des Netzwerks bewertet werden. Die von Freunden abgegebenen

Bewertungen fließen in die lokale Suche des Nutzers mit ein und sorgen so für Empfehlungseffekte bei der Auswahl stationärer Händler.

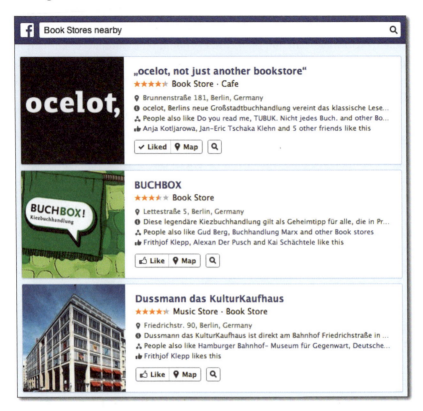

Abbildung 3.21 Suchergebnisse bei Facebooks Graph Search für den Suchbegriff »Book Stores nearby«

3.7.5 Social Ads – Kundengewinnung über Facebook-Anzeigen

Wie in Abschnitt 3.2, »Digitales Marketing für stationäre Händler«, bereits angedeutet wurde, besteht der große Vorteil bei Online-Anzeigen in den geringen Streuverlusten. Zielgruppen können regional eingegrenzt werden, und auch das »Surfverhalten« der Nutzer fließt in die Einblendung der Anzeigen mit ein. Bei Facebook kommt hinzu, dass die Schaltung der so genannten »Social Ads« nach vorab genau festgelegten Kriterien erfolgt. Entscheidend sind hier neben dem Wohnort auch das Geschlecht, das Alter, das Einkommen und die Interessen des Nutzers. Die Konsequenz hiervon ist, dass wohl nirgendwo so zielgenau geworben werden kann wie bei Facebook. Zwar können Sie auch in den Netzwerken von LinkedIn und Twitter Anzeigen schalten, jedoch ist Facebook auch im Bereich der Social Ads wieder absoluter Platzhirsch. Neben »Facebook Offers« (mehr hierzu in Abschnitt 3.8.2,

»Facebook Offers: Lokale Angebote für Fans in Facebook«) und den Anzeigen in der rechten Seitenleiste sind es vor allem die »Sponsored Posts«, die bei Facebook ihre volle Werbewirkung entfalten. Mehr hierzu erfahren Sie in Abschnitt 7.9.4, »Facebook-Anzeigen«.

3.8 Digitales Couponing: Locken Sie mit Angeboten und Rabatten

Eine weitere Möglichkeit, online auf das stationäre Warenangebot aufmerksam zu machen, ist das digitale Couponing, also die Werbung mit Angeboten und Rabatten im Internet. Neben dem finanziellen Vorteil, den die Kunden aus den digitalen Rabattmarken ziehen, spielt bei Online-Coupons auch der Informationsaspekt eine Rolle. Denn Kunden entdecken durch Coupons neue Geschäfte und Dienstleister. Aus Sicht des Händlers zielt der Vertrieb durch Coupons klar auf Kundengewinnung ab: Neue Kunden sollen durch ein vergünstigtes und/oder zeitlich begrenztes Angebot gewonnen werden. Coupons werden aber auch zur Absatzförderung und Kundenbindung eingesetzt. Einmalkunden, also Kunden, die bisher nur einmal in Ihrem Geschäft gekauft haben, können mit Coupons reaktiviert werden.

> **Deutschland ist kein Land mit ausgeprägter Rabattmarkentradition**
> In den USA nutzte bereits in den 1960er Jahren jede zweite Familie Coupons, um ihre Einkäufe preisgünstiger zu gestalten. In Deutschland hingegen waren diese bis 2001 auf Grund des Rabattgesetzes verboten. Durch die zusätzliche Verbreitung der »elektronischen Rabattmarken« nutzen in den USA derzeit über 80 % der US-Bürger Coupons. In Deutschland wird jedoch mit einer zunehmenden Akzeptanz von (digitalen) Coupons gerechnet. 2009 wurden in Deutschland erstmals über 10 Mrd. Coupons eingelöst.[4]

3.8.1 Group Buying: Neukundengewinnung mit digitalen Gruppenrabatten

Zu den bekanntesten Anbietern von Online-Coupons in Deutschland zählen die so genannten »Group Buying«-Plattformen, wie »Groupon« und »Daily Deal«. In jüngster Vergangenheit konnten sie jedoch nicht immer unbedingt mit positiven Schlagzeilen punkten. Beklagt werden von den Kunden vor allem überfüllte Restaurants. Fakt ist: Group Buying mit Groupon oder Daily Deal eignet sich sowohl für Gastronomiebetriebe und Dienstleistungsgewerbe im Beauty- und Wellnessbereich als auch für den Tourismus. Es wird häufig zur Neukundengewinnung einge-

---

[4] Prozeus, 2010, Praxisleitfaden Couponing, http://www.prozeus.de/imperia/md/content/prozeus/broschueren/prozeus-praxisleitfaden-couponing.pdf.

setzt. Die Anbieter locken mit extremen Vergünstigungen und Rabatten. Group Buying ist also ein reines Marketinginstrument zur Neukundengewinnung. Allerdings ist Vorsicht geboten, denn in einigen Fällen geht selbst dieser Plan nicht auf. Viele Käufer sind Schnäppchenjäger und greifen nur einmalig das günstige Angebot ab. Ein zeitweises Engagement auf Group-Buying-Plattformen sollten insbesondere Gastronomiebetreiber, Anbieter von Beauty- und Wellnessangeboten und Tourismusbetriebe nicht gänzlich außer Acht lassen. Es muss aber vorab sehr gut kalkuliert werden. Beachten Sie die Risiken, die für Sie im Rahmen solcher Rabatt-Aktionen bestehen. Hinzu kommt, dass Coupon-Aktionen niemals das alleinige Instrument bei der Kundengewinnung sein dürfen und sollten daher immer nur ein Bestandteil im Marketing-Mix darstellen. Weiteres erfahren Sie in der Kundengewinnungsstrategie in Abschnitt 6.5.1, »Couponing: Kundengewinnung für stationäre Händler«.

Abbildung 3.22 Typisches Angebot bei Groupon: Der Online-Kunde bietet gemeinsam mit anderen Interessenten für ein Angebot mit 50 % Rabatt.

3.8.2 Facebook Offers: Lokale Angebote für Fans in Facebook

Facebook bietet mit »Facebook Offers« stationären Händlern die Möglichkeit, ihren Fans in Facebook Angebote und Coupons zu unterbreiten. Facebook Offers funktioniert aber auch für Betreiber von Onlineshops, siehe Abschnitt 6.5.2, »Anzeigen und Coupons in Social Media«. In Abbildung 3.23 sehen Sie ein Facebook Offer von »Mobile Suite«, einem Anbieter für Gemeinschaftsbüros in Berlin, siehe http://www2.mobilesuite.de. Die Abbildung 3.23 zeigt die Ansicht, sobald der Nutzer auf »Angebot beanspruchen« klickt. Das Angebot kann er im Geschäft, also in dem Gemeinschaftsbüro einlösen.

Abbildung 3.23 Facebook Offer von mobilesuite Coworking Berlin

Facebook Offers machen den Return on Investment genau messbar

Facebook Offers sind bei Händlern sehr beliebt, weil sie es erlauben, den Return on Investment (kurz »ROI«) genau zu messen. Der Händler kann genau ermitteln, wie viele Abverkäufe er durch dieses Angebot generiert hat. Einer Case Study von Facebook zufolge, in der die Facebook-Kampagne von »ARIA Resort & Casino« ausgewertet wurde, erreichte das Luxusressort einen fünffach höheren ROI mit Facebook Offers und Facebook Ads.

Facebook Offers können selbstverständlich auch Onlinehändler einsetzen, siehe Abbildung 3.24.

Abbildung 3.24 Onlinehändler Teufel.de nutzt Facebook Offers für digitales Couponing.

> **Die nächste Generation digitaler Gutscheine: »Google Zavers«**
>
> Google Zavers könnte die nächste Generation digitaler Gutscheine werden. Damit können die Nutzer Coupons in ihrem Google-Konto speichern und per Smartphone einlösen. Für die Nutzer wäre das ein sehr hilfreicher und bequemer Dienst. Denn nichts stört die Nutzer mehr, als sich auf neuen Plattformen zu registrieren und überall persönliche Daten zu hinterlassen. Doch viele Internetnutzer haben ein Google-Konto. Und Smartphone-Besitzern mit einem Android-Betriebssystem wird Google ohnehin mehr oder weniger aufgezwungen. Wenn man dort also auch Coupons sichern und per Smartphone einlösen kann, wird dem Nutzer einiges erleichtert. Der Google-Dienst »Google Zavers« ist bisher nur in den USA verfügbar. Ob und wann er nach Deutschland kommt, ist bisher unklar.

Während die auf Group-Buying-Plattformen vertriebenen Coupons ihr primäres Ziel der Neukundengewinnung oft verfehlen und in vielen Fällen eher zu einer Kannibalisierung des eigenen Angebots führen, bieten mobile Coupons ein weitaus größeres Potenzial für den Handel. Neben der Neukundengewinnung verfolgen Mobile-Couponing-Konzepte zunehmend auch das Ziel der Kundenbindung. Die inzwischen populärste Form des Mobile Couponing ist die Verbreitung der Gutscheine mittels App. Neben hauseigenen Lösungen, die bisher eher den Ausnahmefall bilden und nur von großen Retailern mit hohem Verbreitungsgrad angeboten werden, gibt es inzwischen eine ganze Reihe von Dienstleistern, welche die Distribution der Coupons auch von kleineren stationären Händlern und Dienstleistern anbieten.

Abbildung 3.25 Google Zavers ist Googles einfacher und praktischer digitaler Couponing-Dienst für Händler und Hersteller. Quelle: http://www.google.com/get/zavers

3.8.3 Mobile Coupons

Klassische Coupons bieten dem Konsumenten zwar eine echte Zeitersparnis beim Suchen und Finden von Rabattmarken, aber gerade wenn es um das Einlösen im stationären Handel geht, wird es umständlich, und besonders sexy ist es auch nicht, mit dem Schwarz-Weiß-Ausdruck von zuhause an die Kasse zu gehen. Eine echte Erleichterung bieten hier mobile Coupons, denn sie müssen weder ausgeschnitten noch ausgedruckt werden, sondern werden mit dem Smartphone abgerufen. Das Smartphone spielt auf diese Weise noch einmal mehr seinen Vorteil als ständiger Kaufbegleiter aus und garantiert eine ständige Verfügbarkeit der Coupons. In den USA ist Mobile Couponing derzeit eines der wichtigsten Trendthemen im Bereich des lokalen Internetmarketings. Mobile Coupons stoßen in den USA bereits auf eine breite Akzeptanz bei den Konsumenten und werden von einer Vielzahl stationärer Händler eingesetzt. Auch hierzulande ziehen Anbieter mobiler Couponing-Dienste wie »Coupies«, »Vouchercloud«, aber auch Barcode-Scanner-Apps wie »Barcoo« nach und bieten die Coupons für unterwegs an. Mit der Coupies-App (siehe Abbildung 3.26) können Händler Angebote einstellen, die der Nutzer dann in seiner Umgebung angezeigt bekommt. Für die Angebotsunterbreitung arbeitet Coupies mit Qype zusammen. Wenn Sie also bereits einen Eintrag in Qype haben, können Sie mit Coupies ganz bequem mobiles Couponing betreiben. Dieses Trendthema wird ausführlich in Abschnitt 6.5.3, »Mobile Couponing: Kundengewinnung on the go«, behandelt.

Abbildung 3.26 Stationäre Händler können bei Anbietern mobiler Couponing Apps wie Coupies Aktionsware und Rabattierungen eingeben

3.9 Kaufanreize auf Preisvergleichsportalen

Was den meisten lokalen Händlern nicht bewusst ist: Auch Preisportale, wie *guenstiger.de*, *idealo.de* oder *billiger.de*, sind ein gut geeignetes Marketinginstrument für den stationären Handel. Verbraucher können mithilfe dieser Websites die Produkte von verschiedenen Onlinehändlern vergleichen und werden bei Interesse an einem bestimmten Angebot zum entsprechenden Onlineshop weitergeleitet. Inzwischen fahren immer mehr lokale Händler zweigleisig und bedienen zusätzlich zu ihrem stationären Geschäft vor Ort auch den Absatzkanal Internet. Konsumenten, die über Preisportale auf Ihr Onlineangebot aufmerksam werden, sind oft auch potenzielle Kunden für Ihr Ladengeschäft. Daher sollten Sie die Besucher Ihres Shops auf jeden Fall an prominenter Stelle Ihres Onlineauftritts auch auf Ihr stationäres Angebot aufmerksam machen. Diese Ersparnis der Versandkosten ist für Konsumenten ein Argument für die Selbstabholung. Das Preisvergleichsportal guenstiger.de wartet zudem für die lokale Produktsuche mit einem besonderen Feature auf. Kaufinteressenten können hier gezielt nach Angeboten suchen, die bei stationären Händlern in ihrer Umgebung erhältlich sind. Wie Sie Ihre Produkte bei guenstiger.de listen, erfahren Sie in Abschnitt 6.1.4, »Produktbewertungen auf Bewertungs- und Preisvergleichsportalen«. Eine genaue Übersicht aller Preisvergleichsportale und deren Vor- und Nachteile für den Onlinehandel bzw. stationären Handel entnehmen Sie Abschnitt 7.1, »Preisvergleichsportale«.

3.10 Tipp für Multichannel-Händler

Auf den ersten Blick klingt es fast ein wenig paradox, denn warum sollte ein Kunde etwas im Internet bestellen, um den georderten Artikel dann vor Ort im lokalen Ladengeschäft abzuholen? Genau dies jedoch ist ein Service, der unter der Bezeichnung »Click & Collect« derzeit von immer mehr Retailern mit Onlineshop als Alternative zum Versand nach Hause angeboten wird. Sie wundern sich? Zu verstehen ist dieser Ansatz, der die Verzahnung von Online- und Offlinehandel weiter vorantreibt, als Service für Kunden, die mit Sicherheit gewährleistet haben möchten, dass der gewünschte Artikel beim nächsten Besuch in der Filiale vor Ort auch wirklich vorrätig ist. Der Kunde hat hierbei den Vorteil, dass die Versandkosten entfallen und er nicht zu bestimmten Zeiten für die Entgegennahme der Sendung zu Hause sein muss. Neben den Onlineshops von MediaMarkt und Saturn bieten inzwischen auch das Modehaus C&A und Karstadt Click & Collect an.

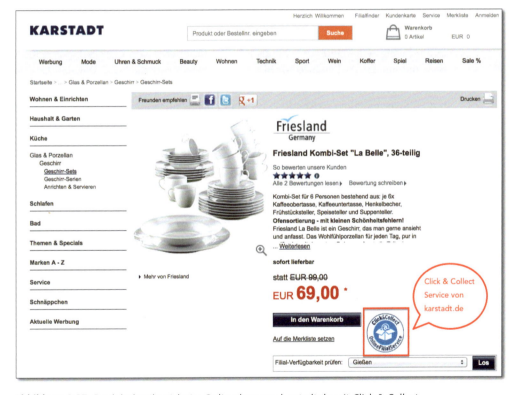

Abbildung 3.27 Produktdetailansicht im Onlineshop von karstadt.de mit Click & Collect-Option und Verfügbarkeitscheck

Click & Collect: Bei Saturn.de holt die Hälfte der Kunden die Ware bereits im Laden ab

Hat der Online-Kunde einmal ein Produkt in Ihrem Onlineshop bestellt, kann er es gar nicht erwarten, bis es endlich bei ihm ankommt. Genau an dieser Stelle ist der stationäre Händler im Vorteil gegenüber dem reinen Onlinehändler. Bei Bestellungen im Onlineshop von Saturn holen bereits 50 % der Kunden die bestellte Ware lieber im Laden selbst ab. Der Onlineshop kann somit optimal mit dem Ladengeschäft verbunden werden und dient gleichzeitig als Verlängerung in den stationären Handel, wo zusätzlich Spontankäufe generiert werden können. Viele »Multi-Channeler«, also Unternehmen, die sowohl stationär als auch im Internet verkaufen, bieten deshalb neben der Option »Click & Collect« mittlerweile auch die Möglichkeit der Online-Reservierung »Check & Reserve« an. Der Universalversender Argos aus Großbritannien, *www.argos.co.uk*, macht mit »Check & Reserve« bereits 28 % seiner Gesamtumsätze.[5]

Karstadt und MediaMarkt bieten ihren Kunden zudem die Möglichkeit, im Onlineshop in Echtzeit zu überprüfen, ob der gewünschte Artikel in der gewünschten Filiale vorhanden ist. Dies erspart den Kunden unnötige Wegstrecken und den Anruf in der Zweigstelle. Und auch Sie als Händler profitieren von Click & Collect! Kunden, die einmal im Laden sind, bieten ein hohes Cross-Selling-Potenzial. So fällt Ihrem Kunden bei Abholung des bestellten Artikels vielleicht ein, dass zum bestellten Pullover noch die passende Jeans fehlt oder er noch ein Mitbringsel für die am Abend anstehende Geburtstagsfeier benötigt.

In Verbindung mit dem Click & Collect-Modell spielt zudem auch die Überlegung der Senkung der Retourquote eine Rolle. Retouren sind insbesondere für viele Onlinehändler im Fashion-Segment ein rotes Tuch. Hier werden in vielen Fällen gleich verschiedene Größen eines Kleidungsstücks bestellt, um diese zu Hause auszuprobieren. Bei Rücksendung der nicht passenden Stücke entstehen für den Onlinehändler erhebliche Kosten. Kunden hingegen, welche die bestellte Ware abholen, haben die Möglichkeit, diese auch gleich anzuprobieren und die nicht passenden Stücke direkt vor Ort wieder zurückzugeben (return2store).

---

5 Home Retail Group, 2012 http://www.homeretailgroup.com/ar/2012/_downloads/homeretail_ar_argos_business_review.pdf.

4 Mobile Commerce

Produktrecherchen mit dem Smartphone, Shopping mit dem Tablet und in Zukunft auch mobil Bezahlen, das sind die Teilbereiche des Mobile Commerce und bieten sowohl Onlinehändlern als auch stationären Händlern Möglichkeiten, Angebote am Point of Sale zu unterbreiten.

Inzwischen besitzen weltweit mehr Menschen ein Mobiltelefon als eine Zahnbürste, und täglich werden doppelt so viele Smartphones verkauft wie Babys geboren. In Deutschland nutzen derzeit mehr Konsumenten ein Smartphone als ein herkömmliches Mobiltelefon, und auch der Absatz von Tablet-PCs (kurz »Tablets«) boomt. Während Tablets überwiegend zu Hause auf der Couch Verwendung finden und dadurch den stationären PC ersetzen, ist das Smartphone für viele Menschen der ständige Begleiter in allen Lebenslagen: im Café, in der Arbeit, an der Bushaltestelle, am Strand, im Skilift und natürlich auch in Geschäften und am Point of Sale. Beim Verlassen der Wohnung ist der Griff zum Smartphone inzwischen so selbstverständlich wie das Einstecken von Schlüsselbund und Portemonnaie. Die Beliebtheit der mobilen Alleskönner wundert nicht, denn sie punkten mit einer komfortablen und selbsterklärenden Touchscreen-Bedienung, mit kurzen Ladezeiten, und mit ihrer Hilfe können ortsunabhängig Informationen aller Art abgerufen werden. Smartphone-Nutzer sind deshalb hinsichtlich Preisen, der Qualität, Inhaltsstoffe und Herkunft von Produkten stets bestens informiert.

4.1 Mobile Endgeräte verändern das Kaufverhalten

Mobile Endgeräte verändern maßgeblich das Einkaufsverhalten der Konsumenten. Immer mehr Verbraucher nutzen ihr Smartphone, um Preise zu vergleichen, Produktdetails abzurufen und die Bewertungen anderer Käufer einzusehen. Das machen sie vor allem mithilfe von kostenlosen Barcode-Scanner-Apps auf ihrem Smartphone (siehe Abbildung 4.1). Am stärksten davon betroffen ist der stationäre Handel, der sich zunehmend auf Kunden einstellen muss, die auch vor Ort Informationen aus dem Internet zur Kaufentscheidung heranziehen. Aber mobile Endgeräte wirken sich nicht nur auf die Kaufvorbereitung aus, sondern werden auch gezielt zum Kaufabschluss eingesetzt. Daher müssen sich auch die Betreiber von Onlineshops auf die neuen mobilen Shopper (genannt »Smart Shopper«) einstellen, Shopping-Apps zur Verfügung stellen und ihre Onlineshops für mobile Endgeräte optimieren, damit der Kaufabschluss auch mit dem Smartphone problemlos erfolgen kann. Nicht zuletzt ermöglichen mobile Endgeräte zudem neue innovative Bezahlmethoden. Mithilfe so genannter »Mobile Wallets« werden vor allem Smartphones schon bald die herkömmliche Geldbörse in vielen Fällen ersetzen. Bezahlen übers Smartphone bietet vor allem stationären Händlern große Vorteile für die Kundenbindung, denn der Funktionsumfang der digitalen Brieftaschen bietet weitaus mehr als den reinen Geldtransfer.

Abbildung 4.1 Produkt scannen, Bewertungen lesen und den Preis vergleichen. Mit Barcode-Scannern auf dem Smartphone ist das kein Problem mehr.

Mobile Preisvergleiche, mobiles Einkaufen und mobiles Bezahlen bergen neue und innovative Konzepte für den stationären Handel und den Onlinehandel. Nur so können Sie den Erwartungen der Smart Shopper während ihrer Customer Journey gerecht werden. Der stationäre Handel muss aber erst einmal vorhandene Scheuklappen ablegen, um das Potenzial mobiler Technologien voll und ganz für sich auszuschöpfen. Denn stationäre Händler können das gefürchtete und oftmals gescholtene Showrooming gewinnbringend zur Kundenansprache einsetzen, siehe Abschnitt 4.4, »Nutzen Sie Showrooming«. Dazu gehören mobile Zusatzservices mit Mehrwert für den Kunden und Angebote, die den Kunden direkt am POS zum Kauf motivieren. Aber bevor mobile Coupons, siehe Abschnitt 6.5.3, »Mobile Couponing: Kundengewinnung on the go«, und Angebote je nach Standort des Konsumenten, siehe Abschnitt 6.5.4, »Kundengewinnung mit ortbezogenen Diensten und Angeboten (LBS)«, zur Kundengewinnung eingesetzt werden, müssen stationäre Händler erst einmal grundsätzlich im mobilen Web erreichbar sein. Erreichbar sein, bedeutet, eine Website zu besitzen, die auch für mobile Endgeräte optimiert ist, siehe Abschnitt 4.6.2, »Die Alternative zur teuren Optimierung: Responsive Design«, in den gängigen Bewertungsportalen wie z.B. Qype vertreten zu sein, siehe Abschnitt 6.1, »Die Bewertungsstrategie«, und in Social Media aktiv zu sein, insbesondere Google+ und Facebook, siehe Kapitel 3, »Nutzen Sie Digitales Marketing«. Und schließlich müssen stationäre Händler ihr stationäres Warenangebot ins mobile Web bringen, siehe Abschnitt 6.5.6, »Google Shopping: Von der Produktsuche zum stationären Angebot«. Stationäre Händler, die neue Strategien mit dem Einsatz mobiler Endgeräte erproben, können so neben dem allgegenwärtigen Wettbewerber Onlinehandel bestehen und ihren Standortvorteil noch stärker ausspielen. Der Onlinehandel profitiert beim Mobile Commerce von noch mehr Präsenz und Möglichkeiten, Umsätze zu generieren.

4.1.1 Mobile auf dem Vormarsch: Der Absatz mobiler Endgeräte boomt!

Mobile Endgeräte finden in Deutschland reißenden Absatz. Inzwischen nutzen über 30 Mio. Deutsche ein Smartphone, Tendenz steigend. Bei der Neuanschaffung eines Handys spielen herkömmliche Mobiltelefone kaum noch eine Rolle. Immer mehr Menschen entscheiden sich für einen »Computer im Westentaschenformat«. Laut BITKOM besitzen mittlerweile 40 % der Deutschen ein Smartphone.[1] Besonders deutlich wird der Smartphone-Dauerboom, wenn man sich das Wachstum des Smartphone-Marktes vor Augen führt: Während 2010 etwa 10 Mio. Smartphones verkauft wurden, werden bis zum Ende des Jahres 2013 bereits 26 Mio. Smartphones verkauft.[2] Und auch der Absatz von Tablet-Computern steigt rasant. Laut der ARD/ZDF-Onlinestudie verfügen 2013 bereits 19 % der deutschen Haushalte über ein iPad oder ein vergleichbares Gerät. 2012 waren es nur 8 %.[3] Das ist erstaunlich, wenn man bedenkt, dass der erste Tablet-PC, das iPad, erst 2010 auf den Markt kam. Dieser noch junge Markt der Tablet-PCs hat also hohes Potenzial. Die enorme Verbreitung leistungsfähiger Smartphones und webfähiger Tablet-Computer hat ein starkes Wachstum des mobilen Internets zur Folge. »The Mobile Internet Report« des amerikanischen Bankhauses Morgan Stanley prognostizierte bereits 2009, dass mobile Endgeräte im Jahr 2015 den stationären PC als bevorzugten Zugang zum Internet ablösen werden.[4]

---

1 BITKOM, 2013, http://www.bitkom.org/de/markt_statistik/64046_77178.aspx.
2 BITKOM, 2013, http://www.bitkom.org/de/markt_statistik/64042_77345.aspx.
3 ARD/ZDF-Onlinestudie, 2013, http://www.ard-zdf-onlinestudie.de/index.php?id=398.
4 Morgan Stanley, 2009, http://www.morganstanley.com/about/press/articles/4659e2f5-ea51-11de-aec2-33992aa82cc2.html.

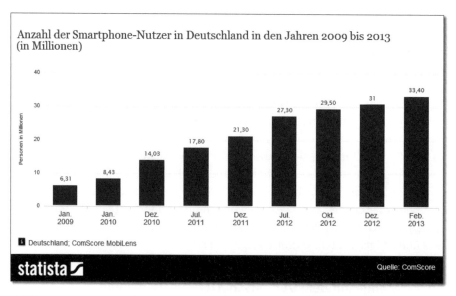

Abbildung 4.2 Der Smartphone-Boom ist ungebremst und steigt von Jahr zu Jahr. Quelle: http://de.statista.com/statistik/daten/studie/198959/umfrage/anzahl-der-smartphonenutzer-in-deutschland-seit-2010

4.1.2 Die mobilen Alleskönner vereinen viele Funktionen in einem Gerät

Die meisten gängigen Smartphones verfügen über eine integrierte Kamera, einen GPS-Empfänger und sind zudem immer häufiger mit einem NFC-Chip ausgestattet. Das alles sind wichtige Voraussetzungen für neue mobile Einkaufserlebnisse: Die integrierte Kamera schafft die technische Voraussetzung für Barcode- und QR-Code-Reader, mit denen die Verbraucher direkt Produktinformationen mit dem Smartphone abrufen können. Die integrierte Kamera ist aber auch die Grundlage für das »Augmented Reality«-Shopping. Damit kann die Kamera Produkte direkt erkennen, ohne dass der Kunde erst einen QR-Code scannen muss. Er aktiviert einfach die Kamera seines Smartphones und hält sie vor das Produkt. Die Kamera erkennt das Produkt, ein Warenkorb-Symbol erscheint, und der Kunde kann das Produkt in seinen mobilen Einkaufswagen legen. So hat es zum Beispiel das erfolgreiche Start-up »Emmas Enkel«, welches speziell den Lebensmitteleinkauf mittels Smartphone erleichtern will, auf der CeBIT 2013 präsentiert (siehe Abbildung 4.3). Mit Erfolg: Pro Messetag gab es mehr als 250 Bestellungen und Auslieferungen. Die virtuelle Shopping-Wall steht seit Ende April am »Vodafone Campus«. Mithilfe des integrierten GPS-Empfängers beziehen die Nutzer ortsbezogene Informationen während der Shoppingtour durch die Innenstadt (so genannte »Geolokalisierung«) und erhalten Angebote abhängig vom Aufenthaltsort und ihren persönlichen Interessen (so genanntes »Geofencing«). Ebenso möglich ist die Umsetzung von Services, die den Kunden beim Einkauf vor Ort unterstützen. Zudem wird dank NFC in naher Zukunft an vielen Stellen das kontaktlose Bezahlen möglich sein. Diese zusätzlichen Hardwarefeatures in Kombination mit der ortsunabhängigen Nutzung des Internets ergeben ein nahezu unerschöpfliches Potenzial für die Bereitstellung von verkaufsfördernden Services, die von vielen Kunden als äußerst hilfreich empfunden und daher auch gerne angenommen werden.

Abbildung 4.3 Mobile Shopping im virtuellen Einkaufsladen: Das »Virtual Shelf« von Emmas Enkel bei der CeBIT 2013 macht es mit Augmented Reality-Technology möglich. Quelle: Diehl&Brüser Handelskonzepte GmbH, http://www.emmas-enkel.de

4.2 Was genau ist Mobile Commerce?

Wenn Sie Mobile Commerce hören, denken Sie zuerst vielleicht an Ihren letzten Ticketkauf oder Ihre Hotelbuchung mit dem Smartphone. Allerdings ist das nur ein Teil des gesamten Mobile-Commerce-Spektrums. Denn Smartphones und Tablets werden auch vor dem Kauf zu Produktrecherche und Preisvergleichen für mobiles Einkaufen und nach dem Kauf für Produktbewertungen und Empfehlungen eingesetzt (siehe 6.2.8, »Mobile Produkt-, Shop- und Händlerempfehlungen«). Das weite Feld des Mobile Commerce beschränkt sich also nicht auf den direkten Verkauf von Waren und Dienstleistungen (auch »M-Shopping«), sondern beinhaltet auch die Kaufvorbereitung mittels Smartphone und mobiler Bezahlverfahren (kurz »M-Payment«). Die Teilbereiche des Mobile Commerce sind in Abbildung 4.4 dargestellt.

Zur Kaufvorbereitung zählen sowohl die Onlinesuche nach Informationen über Produkte und Händler als auch unterstützende Dienste beim Einkauf am Point of

Sale. Die bargeldlose Bezahlung mit mobilen Endgeräten ist ein weiterer Teilbereich des Mobile Commerce und erfolgt sowohl im Onlinehandel als auch im stationären Handel. Möglich ist dies mittels Shopping-Apps und elektronischen Brieftaschen, so genannte »Mobile Wallets«, die auf dem Smartphone oder Tablet des Kunden installiert sind. Ein anderer Ansatz ist die Erweiterung des Smartphones oder Tablets des Händlers zum Kartenlesegerät. Der Funktionsumfang von Mobile-Payment-Anwendungen geht in vielen Fällen weit über den reinen Bezahlprozess hinaus. Kunden, die Mobile Wallets besitzen, können zum Beispiel Coupons, Quittungen und Eintrittskarten auf ihrem Smartphone speichern. Die Koppelung von diesen Zusatzleistungen an den Bezahlprozess erfolgt im Sinne einer nachhaltigen Kundenbindung, siehe Abschnitt 6.5, »Die Kundenbindungsstrategie«.

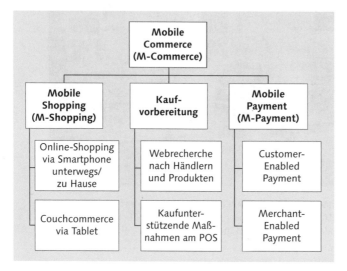

Abbildung 4.4 Die Teilbereiche des Mobile Commerce; Quelle: eigene Darstellung

---

Mobil bedeutet nicht zwangsläufig unterwegs

Mobile Endgeräte sind nicht nur unterwegs eine beliebte Alternative zum stationären PC. Der Hamburger M-Commerce-Dienstleister »MoVendor« ermittelte in einer Studie,[5] dass nur knapp über die Hälfte der mobilen Shopper mit Smartphone zum Zeitpunkt des Kaufs unterwegs sind. Noch wesentlich aufschlussreicher sind die ermittelten Werte für Tablet-PCs: Diese werden laut MoVendor fast ausschließlich im heimischen WLAN für die Shoppingtour genutzt.

Mobil bedeutet somit nicht zwangsläufig unterwegs! Im Kontext Mobile Shopping ist das entscheidende Kriterium in vielen Fällen also nicht unbedingt, wo geshoppt wird, sondern mit welchem Gerät der Nutzer einen Onlineshop aufsucht.

---

5 MoVendor, 2012, http://www.movendor.com/pressebereich/Mobile-Commerce-WLAN.pdf.

4.2.1 Kaufvorbereitung mit mobilen Endgeräten

Konsumenten nutzen Smartphones und Tablets, um ihre Einkäufe vorzubereiten. Gleichzeitig betreiben sie Showrooming direkt im Ladengeschäft, siehe Abschnitt 1.1.5, »Der Laden wird zum Showroom«. Dabei greifen die Konsumenten auf das mobile Internet, Preisvergleichsportale, Bewertungen und Social Media zurück. Laut W3B-Report 2012 »Mobile Commerce«[6] nutzt inzwischen mehr als die Hälfte der Smartphone-Nutzer (56,8 %) zumindest gelegentlich das mobile Internet, um sich über Produkte zu informieren. Jeder Vierte tut dies bereits schon regelmäßig (25,2 %). Nicht wenige Smartphone-Besitzer (49,7 %) führen mit ihrem Gerät Preisvergleiche durch, regelmäßig tun dies immerhin bereits fast 20 %. Annähernd 40 % lesen von unterwegs Bewertungen anderer Konsumenten, um diese mit in ihre Kaufentscheidungen einfließen zu lassen, 13 % sogar regelmäßig (siehe Abbildung 4.5).

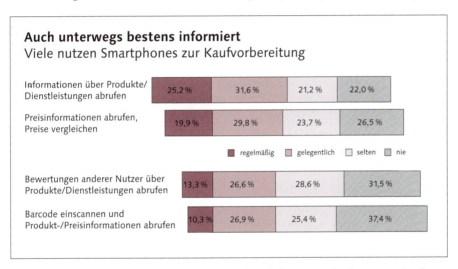

Abbildung 4.5 Viele Smartphone-Besitzer nutzen ihr Telefon zur Kaufvorbereitung. Quelle: W3B-Report »Mobile Commerce«, August 2012, Fittkau & Maaß Consulting GmbH, http://www.w3b.org

Preisvergleiche, das Lesen von Produktbewertungen und das Aufrufen eines Onlineshops mit dem Smartphone führen zwar nicht immer unmittelbar zu einem Kaufabschluss, aber sie stellen dennoch relevante Kundenkontaktpunkte für stationäre wie auch für Onlinehändler dar. Mobile Recherchen sind also häufig nur eine Zwischenstation während der Konsumentenreise, aber sie bereiten den finalen Kaufabschluss vor. Deshalb müssen die Produkte stationärer Händler mobil auffindbar und Bewertungen lokaler Geschäfte einsehbar sein, siehe Abschnitt 6.1.9, »Händlerbewertungen: Bewertungen für den stationären Handel«. Smartphones können aber

---

[6] http://www.fittkaumaass.de/reports-und-studien/mobile-web/smartphone-nutzer.

auch dazu genutzt werden, die Kundschaft mit spielerischen Anreizen und Angeboten ins Geschäft zu locken, siehe Abschnitt 6.5.5, »Navigieren Sie potenzielle Kunden direkt ins Ladengeschäft«. Für Betreiber von Onlineshops hat die Evolution des Onlineshoppers zum Smart Shopper zur Konsequenz, dass Onlineshops für mobile Endgeräte optimiert werden müssen, damit sie auch von unterwegs gut bedienbar sind. Das führt nicht immer sofort zum Kaufabschluss, aber mobile Internetauftritte von Onlineshops erfüllen auch dann ihren Zweck, wenn es nicht unmittelbar mit dem Smartphone zum Kaufabschluss kommt, denn sie inspirieren den Kunden und motivieren ihn zum Kauf am heimischen PC.

> **Sichern Sie sich Wettbewerbsvorteile**
>
> Mithilfe mobiler Services können Sie Ihre Kunden zur richtigen Zeit am richtigen Ort bedarfsgerecht ansprechen. Die Bandbreite erstreckt sich hierbei von Services am POS, mobil optimierten Onlineshops und Shopping-Apps, die Kunden den Einkauf erleichtern, über die LBS-gestützte Navigation in das Ladengeschäft bis hin zur ortsbasierten, persönlichen Angebotserstellung. Derzeit schöpfen noch vergleichsweise wenige stationäre Händler die vorhandenen Möglichkeiten des Mobile Web voll aus. Die folgenden Beispiele verdeutlichen Ihnen jedoch anschaulich, welches Potenzial in »Mobile for Retail« steckt, und werden Sie dabei inspirieren, wie Sie sich mithilfe des Mobile Web Ihren persönlichen Wettbewerbsvorteil verschaffen.

4.2.2 Mobile Shopping: Smartphone-Nutzer shoppen gerne mobil

2012 erreichte mobiles Einkaufen in Deutschland erstmals den Massenmarkt und steht nun bei allen Onlinehändlern auf der Agenda. Laut der ACTA-Studie des Instituts für Demoskopie Allensbach[7] kauften in 2012 28 % der Nutzer mobiler Endgeräte im Internet ein. Im Vergleich zum Vorjahr ist dies ein Zuwachs von 258 %! Während 2011 lediglich 1,71 Mio. Menschen in Deutschland mobil einkauften, gab es 2012 bereits 4,42 Mio. Konsumenten, die dies taten. Zwar liegt Deutschland hiermit im europaweiten Vergleich nach wie vor eher im Mittelfeld und deutlich hinter Großbritannien und Skandinavien, dennoch handelt es sich bei diesen Zahlen um eine Größe, die von Betreibern von Onlineshops fortan nicht weiter ignoriert werden darf. Im Bereich des elektronischen Handels liegt der Gesamtanteil der Umsätze, die mit mobilen Endgeräten erzielt wurden, derzeit bei 6,7 %. Somit wächst Mobile Shopping derzeit vier Mal schneller als der stationäre E-Commerce in seiner Anfangsphase![8] Als Onlinehändler sollten Sie also spätestens jetzt damit beginnen, zusätzlich zu Ihrem stationären Onlineauftritt eine Strategie für mobile Endgeräte in Angriff zu nehmen. Den Anfang macht hierbei die Optimie-

---

7 ACTA, 2012, http://www.ifd-allensbach.de/acta/bestellung/bestellung.html.
8 Holger Schmidt, http://de.slideshare.net/HolgerSchmidt/mobiles-web-und-der-handel.

rung Ihres Onlineshops für Smartphones und Tablets. In einigen Fällen ist es zudem sinnvoll, wenn Sie Ihren Kunden auch eine Shopping-App auf dem Smartphone zur Verfügung stellen. Mehr hierzu erfahren Sie ab Abschnitt 4.6, »Erzielen Sie mehr Umsätze mit mobil optimierten Onlineshops«.

Mobiler Einkauf an dritter Stelle nach Unterhaltung und Networking

Welchen Stellenwert Smartphones inzwischen beim Einkauf haben, verdeutlicht eine Studie des amerikanischen Marktforschungsunternehmens »InsightsNow«, das im Auftrag von AOL und der Marketingagentur BBDO die Motive für die Nutzung von Smartphones untersuchte.[9] Wie in Abbildung 4.6 zu erkennen, nimmt »Shopping« mit dem Smartphone bereits den dritten Platz nach »Unterhaltung« und »Netzwerken« ein. Shopping rangiert in der Gunst der Smartphone-Nutzer folglich noch vor der »Selbstorganisation«, »Aktivitätenplanung«, »Informationssuche« und »Selbstdarstellung«. Laut Studie wenden sie 12 % ihrer gesamten Smartphone-Nutzungsdauer für das Thema Shopping auf. Im monatlichen Durchschnitt sind dies immerhin 126 Minuten.

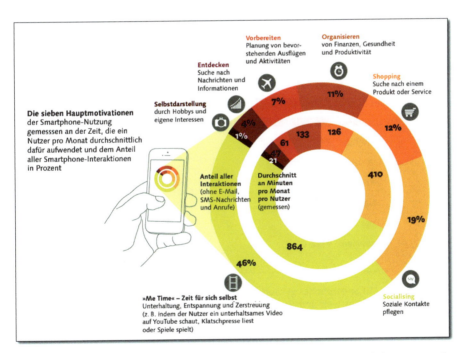

Abbildung 4.6 Shopping rangiert bei den Nutzungsmotiven der Smartsurfer auf Platz Nummer 3. Quelle: Harvard Business Review, http://hbr.org/2013/01/how-people-really-use-mobile/ar/1

---

9 http://hbr.org/2013/01/how-people-really-use-mobile/ar/1.

Was wird mit Smartphones gekauft?

Welche Einkaufsgewohnheiten die mobilen Shopper haben, veranschaulicht die Studie »Mobile Life Index« (siehe Abbildung 4.7) des Marktforschungsunternehmens Forsa, welche vom Mobilfunkanbieter Simyo in Auftrag gegeben wurde. Die Einkaufsgewohnheiten der mobilen Käufer unterscheiden sich nicht merklich von den Kunden herkömmlicher Onlineshops. Gekauft werden neben Medien vor allem technische Produkte (Computerhardware, Kameras, TV) und Kleidung. Dass die Kategorie »Medien« Spitzenreiter bei den mobilen Shoppingangeboten ist, verwundert wenig. Denn das sind neben Büchern, CDs, DVDs und Computerspielen, die über den mobilen Kanal auf dem Postweg nach Hause geordert werden, auch digitale Inhalte, die direkt auf dem mobilen Endgerät konsumiert werden. Dass die Verkäufe von Ton- und Bildträgern abnehmen, da diese Inhalte in digitaler Form auch direkt als Download bezogen werden können, ist nicht neu.

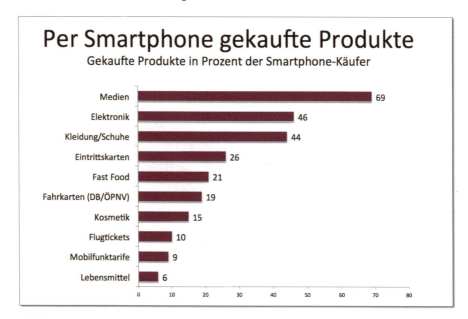

Abbildung 4.7 Mit Smartphones gekaufte Produkte; Quelle: http://de.slideshare.net/HolgerSchmidt/mobiles-web-und-der-Handel

Tablets sind überwiegend »Couchdevices«

Nutzer von Tablet-PCs kaufen ähnliche Waren wie Nutzer von Smartphones. Jedoch werden Tablets aufgrund ihrer größeren und übersichtlicheren Displays noch deutlich häufiger zum Einkaufen genutzt als der kleine Bruder Smartphone. Tablets sind für viele Konsumenten ein vollwertiger Ersatz für den heimischen PC und kommen im Gegensatz zu Smartphones fast ausschließlich in den eigenen vier Wänden zum Einsatz.

4.2 Was genau ist Mobile Commerce?

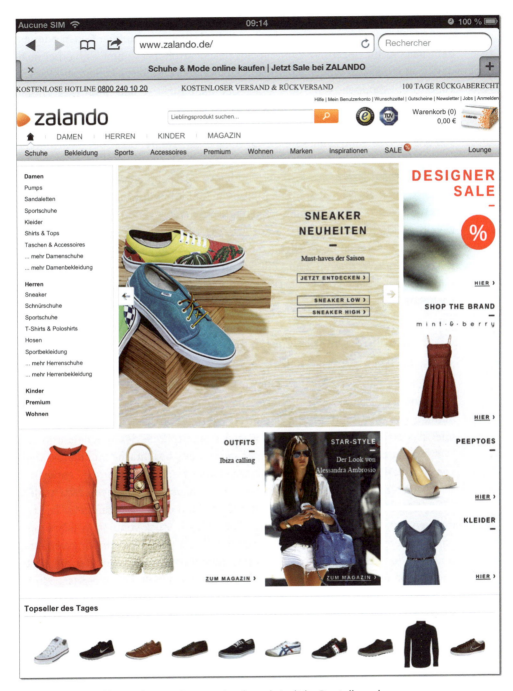

Abbildung 4.8 Tablets verlangen eine emotionale und sinnliche Darstellung des Warenangebots. Hier die Darstellung des Zalando Onlineshops auf dem iPad

Mobil bedeutet in diesem Fall, dass das Tablet im Gegensatz zum PC nicht an einen festen Platz im Haus gebunden ist. Gesurft wird somit auch auf der Couch oder auf dem Balkon. Im Gegensatz zum Einkauf per Smartphone kommt es hierbei nicht darauf an, möglichst schnell ein dringend benötigtes Produkt zu kaufen. Nutzer von Tablet-PCs shoppen viel mehr im »Genussmodus« fernab ihrer gewohnten Arbeitsumgebung. Nutzer von Tablet-PCs wünschen sich deshalb eine emotionale und sinnliche Darstellung der Produkte im Onlineshop (siehe Abbildung 4.8, Darstellung des Zalando Onlineshops auf dem iPad), während sie bei Smartphones eher Funktionalität fordern. Käufer, die mit dem Tablet auf dem Sofa shoppen, stöbern gerne und lassen sich inspirieren. Ebenso wie beim Einkauf mit dem Smartphone spielen auch beim Shopping mit dem Tablet Impulskäufe eine große Rolle. Das Tablet wird häufig parallel beim Fernsehschauen genutzt. »Second Screen« (zweiter Bildschirm) nennt sich diese Art der Mediennutzung, die laut Marktforschungsunternehmen BI Intelligence rund 85 % der Tablet-Besitzer praktizieren.[10] Der Weg vom Werbespot zum Onlineshop ist damit so kurz wie noch nie zuvor. Kaufimpulsen können die Couchshopper durch das immer griffbereite Tablet sofort nachgehen.

4.2.3 Mobile Payment: Nutzen Sie mobile Bezahlverfahren

Neben der Zahlung mit Debit- und Kreditkarten entstehen derzeit neue mobile Services für den bargeldlosen Geldtransfer. Das entscheidende Schlagwort in diesem Zusammenhang lautet »Mobile Payment«. Gemeint hiermit sind Zahlungen, die mithilfe von Smartphones und Tablet-PCs getätigt werden. Das kann einerseits über das Smartphone des Kunden oder das Smartphone des Händlers erfolgen. Während in den USA und in Großbritannien bereits beachtliche Summen mithilfe von Mobile-Payment-Lösungen im Einzelhandel transferiert werden, entwickeln sich die alternativen Bezahlmethoden in Deutschland derzeit noch etwas schleppend. Die Gründe hierfür sind vielfältig. Der Markt der Lösungsanbieter ist stark fragmentiert, zu viele Unternehmen wollen sich ein Stück von dem Milliardengeschäft sichern. Standardisierungen für systemübergreifende Abwicklungsverfahren sind noch fern, und die Konsumenten sind zunehmend verwirrt von der Angebotsvielfalt der unterschiedlichen Lösungen. Zudem mangelt es vielerorts noch an Akzeptanz. Dennoch sollten Sie das Thema Mobile Payment weder als Online- noch als Stationärhändler völlig außer Acht lassen. Wie am Beispiel des M-Shoppings gut zu erkennen ist, geschieht der Durchbruch zur Marktreife neuer Technologien oft sehr plötzlich. Neue und interessante Services setzen sich inzwischen oft wesentlich schneller durch als noch vor wenigen Jahren. Der positive Nutzen des

---

10 BI Intelligence, »The Mobile Industry: In-Deth«, http://www.businessinsider.com/bii-report-heres-why-the-second-screen-industry-is-set-to-explode-2013-4.

M-Payments ergibt sich sowohl für die Kunden- wie auch für die Händlerseite dann, wenn Loyalty- und Rabattprogramme und weitere zusätzliche Services an den Bezahlvorgang gekoppelt werden. Hierbei ergeben sich völlig neue Ansätze eines innovativen Kundenbeziehungsmanagements. Eine genaue Beschreibung mobiler Bezahlverfahren können Sie in den Abschnitten 7.10., »Mobile Bezahlverfahren im Onlinehandel«, und 7.11, »Mobile Bezahlverfahren im stationären Handel«, nachlesen.

4.3 Welche Ziele können Sie mit Mobile Commerce verfolgen?

Mobile Commerce ist sowohl für den Onlinehandel als auch für stationäre Händler ein relevantes Feld. Egal wo letztendlich gekauft wird, ob stationär oder im Onlineshop, anstehende Neuanschaffungen werden von immer mehr Konsumenten mithilfe von mobilen Endgeräten vorbereitet. Um Ihre Kunden auf den mobilen Online-Kanälen auch wirklich zu erreichen, sind Anpassungen und Erweiterungen Ihres Online-Auftritts (Onlineshop/Website) notwendig. Denn Ihre Kunden verlangen auch auf mobilen Geräten einfach zugängliche Informationen und einen intuitiven Bestellprozess. Dazu zählt auch die Anpassung des Onlineshops und der Webseite an abweichende Bildschirmgrößen und Seitenverhältnisse von Smartphones und Tablets. Ebenso berücksichtigt werden muss die alternative Steuerung über den Touchscreen. Was Sie bei der Optimierung beachten müssen, erfahren Sie in Abschnitt 4.6 »Erzielen Sie mehr Umsätze mit mobil optimierten Onlineshops«. Shopping-Apps auf dem Smartphone oder Tablet bieten Ihnen zudem die Möglichkeit, das Potenzial der integrierten Hardware (Kamera, GPS-Empfänger, NFC) auszuschöpfen. Hiermit erzeugen Sie echte Mehrwerte für Ihre Kunden, die angepasst an die jeweilige Nutzungssituation von zusätzlichen Services profitieren. Ebenso neu ist die permanente Erreichbarkeit Ihrer Kunden über den Online-Kanal. Der Mix aus der personen- und ortsbezogenen Adressierung Ihrer Kunden schafft hierbei völlig neue Möglichkeiten der maßgeschneiderten Angebotserstellung (siehe dazu Abschnitt 4.7 »Erhöhen Sie die Kundenbindung mit Shopping-Apps«). Dies und die derzeit aufkommenden Payment-Lösungen für Smartphones und Tablets sind dabei sehr hilfreich, mehr über Ihre Kunden zu erfahren und die Kunden-Händler-Beziehung zu intensivieren. Die Chancen des mobilen Bezahlens sind in Abschnitt 4.8 »Mobile Payment« erläutert.

4.3.1 Ziele für den stationären Handel

Auch stationäre Händler profitieren vom Mobile Commerce. Das kann sich mancher Händler zwar nicht vorstellen, da er sich immer nur mit dem Schreckgespenst

Showrooming konfrontiert sieht. Dabei haben mobile Endgeräte das Potenzial, Kaufentscheidungen zugunsten des stationären Handels zu entscheiden, besonders wenn es um Spontankäufe, Einkäufe unter Zeitdruck, Produkte mit hohem Service- und Beratungsanteil und um Aktionsware geht.

- Erstellen Sie Einträge auf lokalen Bewertungsplattformen und in digitalen Branchenverzeichnissen, und erhöhen Sie die Chance, auch mobil gefunden zu werden.
- Schaffen Sie mit einer mobil optimierten Website die bestmöglichen Voraussetzungen, um Ihre Kunden auch unterwegs zu erreichen.
- Integrieren Sie mobile Endgeräte mit innovativen Konzepten (QR-Codes, Instore-Media) in den Verkaufsprozess vor Ort.
- Nutzen Sie mobile Coupons zur Neukundengewinnung, Kundenbindung und für den Abverkauf von Aktionsware (Mobile Couponing).
- Gewinnen Sie Kunden durch mobile Bezahlarten und koppeln Sie Mobile Payment mit zusätzlichen Services wie Coupons, Loyalitätsprogramme, Rabatte, Quittungen.

4.3.2 Ziele für den Onlinehandel

- Steigern Sie Ihre Umsätze mit einem mobil optimierten Onlineshop.
- Bereiten Sie Kaufabschlüsse vor: Mobile Onlineshops und Shopping-Apps erfüllen ihre Funktion auch dann, wenn der Kauf erst später am heimischen PC des Kunden erfolgt.
- Kundenbindung steigern: Shopping-Apps mit Zusatzfunktionen wie Barcode-Scanner, Memofunktion, Wunschzettel erhöhen die Kundenloyalität und den Customer Lifetime Value.
- Vermeiden Sie Kaufabbrüche in Ihrem mobilen Onlineshop durch das Angebot nutzerfreundlicher Payment-Lösungen (Mobile Payment).

4.4 Nutzen Sie Showrooming

Der Showrooming-Effekt ist des Onlinehandels Freud, aber des stationären Handels Leid. Für den Onlinehandel gibt es nahezu keine bessere Möglichkeit, den günstigeren Preis auszuspielen, als bei dem konkreten Kaufinteresse. Manch stationärer Händler versucht derzeit noch, Showrooming durch Störsender im Geschäft zu unterbinden, allerdings verliert man auf diese Weise schneller Kunden, als man sie gewonnen hat. In Australien wollte ein Einzelhändler erst kürzlich Kunden, die Showrooming betrieben haben, mit einer »Browsing-Fee« in Höhe von 5 US$ abstrafen. Dass das den Kunden überhaupt nicht gefallen hat, können Sie sich vorstellen. Und außerdem gibt es gute Nachrichten für alle, die Showrooming fürchten: Der stationäre Handel ist den Preisvergleichsseiten und Barcode-Scanner-Apps nicht vollkommen ausgeliefert, denn auch stationäre Händler können mobile Endgeräte für verkaufsfördernde Maßnahmen einsetzen. Außerdem können stationäre Händler mit dem Kunden von Angesicht zu Angesicht kommunizieren und ein Einkaufserlebnis bieten, wovon der Onlinehandel nur träumen kann. Viele Händler sind jedoch irritiert, wenn der Kunde so umfassend und gut informiert ist, dass die Beratungskompetenz der gesamten Filiale in Frage gestellt wird. Selbst gut geschultes Personal ist wie vor den Kopf gestoßen, wenn der Kunde im Beratungsgespräch sein Smartphone zückt und dem Verkäufer den günstigeren Preis beim Online-Konkurrent vor Augen führt. Soll der Verkäufer den teureren Preis rechtfertigen oder doch lieber Zusatzservices anbieten? Letzteres wird aufgrund des Reziprozitätsprinzips, siehe Abschnitt 5.7, »Das Prinzip Reziprozität«, auf jeden Fall mehr Erfolg haben als eine Gesprächsführung der Rechtfertigung. Denn ob die Ladenmiete und die Fixkosten für Strom, Lagerhaltung und Personal höher als beim Betrieb eines Onlineshops sind, interessiert den Kunden herzlich wenig. Er will nur wissen, dass er gerade das richtige Produkt am richtigen Ort kauft. Einen höheren Preis kann man also nur über einmalige Produktvorteile und Händlerservices rechtfertigen. Erklären Sie Ihrem Kunden, was der Vorteil gegenüber dem des Konkurrenten ist, und bieten sie dem Kunden zusätzlich Kaufanreize wie Rabatte und Services.

4.4.1 Wie Onlinehändler von Showrooming profitieren

Apps mit Barcode-Scannern sind die Killer-Applikation des Showroomings. Das sind mobile Apps für Smartphones, die sowohl für iOS- als auch für Android-Systeme in großer Auswahl zum freien Download bereitstehen. Mit der integrierten Kamera liest die App die Strichcodes handelsüblicher Verpackungen. Nach eindeutiger Identifizierung des Produkts erfolgt ein Datenbankabgleich mit den an die App angebundenen Preisportalen, Marktplätzen oder Onlineshops. Neben der gegenwärtig in Europa erfolgreichsten Barcode-App »barcoo« zählt derzeit »RedLaser« aus dem Hause eBay (siehe Abbildung 4.9) zu den verbreitetsten Barcode-Scannern. Selbstverständlich beinhaltet auch die Shopping-App von Amazon eine solche Funktion, und auch die Apps der gängigen Preisportale von günstiger.de, billiger.de und Idealo können Strichcodes lesen. Neben dem Preisvergleich bieten einige der Barcode-Apps auch Bewertungen anderer Nutzer und weiterführende Informationen zum gescannten Produkt. Die meisten Barcode-Scanner beschränken sich beim Preisvergleich auf Onlineshops. Das Angebot der gelisteten Händler kann direkt aus der App aufgerufen und anschließend vorgemerkt oder auch direkt bestellt werden. Eine Ausnahme bildet hier die App von barcoo, denn hier haben auch Stationärhändler die Möglichkeit, auf ihr Angebot aufmerksam zu machen.

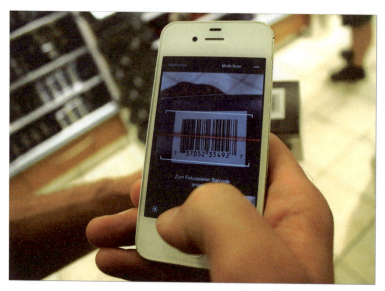

Abbildung 4.9 Showrooming mit dem Barcode-Scanner der App RedLaser von eBay

4.4.2 Wie stationäre Händler auf Showrooming reagieren können

Eine mögliche Antwort auf den Showrooming-Trend bieten so genannte Quick-Response-Codes (kurz »QR-Codes«). QR-Codes bestehen im Gegensatz zu den international genormten Handelsstrichcodes aus einer zweidimensionalen Anordnung von Quadraten (siehe Abbildung 4.10). Und die Chancen, dass Ihre Kunden QR-Codes mit ihrem Smartphone scannen, stehen gut. Laut einer Studie des Marktforschungsunternehmens Forrester Research[11] hat fast jeder dritte deutsche Smartphone-Nutzer eine App mit einer QR-Code-Funktion installiert. QR-Codes sind bisher überwiegend von Plakatwänden und aus Katalogen bekannt, wo sie dem schnellen und komfortablen Zugriff auf weiterführende Informationen im Netz via Smartphone dienen. Jedoch bieten QR-Codes auch ein großes Potenzial für den stationären Handel und sind dabei hilfreich, das Einkaufserlebnis vor Ort attraktiver zu gestalten. Gelingt es Ihnen dabei, für Ihre Kunden einen echten Nutzen zu schaffen, gerät die mobile Preisjagd mit dem Barcode-Scanner in vielen Fällen auch schnell wieder in Vergessenheit.

QR-Codes lassen sich ohne großen Aufwand lizenz- und kostenfrei erstellen. Möglich ist dies z. B. unter *http://www.qrcode-generator.de.* Hier können Sie die URL Ihres Onlineshops, Ihre Website oder die URL Ihrer Facebook-Seite angeben. Nutzer, die den Code mit ihrem Smartphone einlesen, werden dann direkt zu der hin-

---

[11] http://webprod.forrester.com/How+Extended+Packaging+Will+Redefine+Relationships+Among+Brands+Retailers+And+Customers/fulltext/-/E-RES84701

terlegten URL weitergeleitet. Beachten sollten Sie hierbei, dass der Einsatz von QR-Codes vor allem dann Sinn macht, wenn Sie dem Nutzer einen wirklichen Mehrwert bieten. Diesen schaffen Sie beispielsweise, indem Sie Ihrem Kunden Zugriff auf exklusive Informationen verschaffen. Bestens geeignet sind auch Gewinncodes und Rabattgutscheine, die Ihre Kunden via QR-Code abrufen können. Prinzipiell gilt: Machen Sie Ihre Kunden neugierig und enttäuschen Sie sie nicht mit belanglosen Inhalten. Das Ergebnis des Scanvorganges muss sich für Ihre Kunden lohnen. Doch QR-Codes können noch durchaus mehr, als auf Webseiten weiterzuleiten. Denn sie sind auch bestens geeignet für Bezahlverfahren, Reservierungsprozesse und Bestellvorgänge vor Ort am POS.

Abbildung 4.10 Scannen Sie einmal diesen QR-Code und schauen Sie, wohin er Sie führt.

QR-Codes für den stationären Handel – Best Practice »Hointer«

Ein äußerst innovatives Konzept, bei dem QR-Codes eine entscheidende Rolle beim Verkauf vor Ort spielen, verfolgt derzeit der amerikanische Jeans-Store »Hointer« in Seattle (siehe Abbildung 4.11). Zielgruppe sind shoppinggestresste Männer, die für den Einkauf ihrer Hosen so wenig Zeit wie möglich aufwenden wollen. Zu diesem Zweck werden die Kunden direkt bei Betreten des Ladens per Infotafel dazu aufgefordert, sich die Hointer-Shopping-App auf ihrem Smartphone zu installieren. Denn im Gegensatz zu herkömmlichen Boutiquen liegen die Hosen bei Hointer nicht im Regal. Um unnötiges Gewühle nach der richtigen Jeans in der passenden Größe und der gewünschten Farbe zu vermeiden, ist jedes Modell in den verschiedenen Farben auf einer Art Wäscheleine ausgestellt und mit einem QR-Code ausgestattet. Hat der Kunde eine Jeans gefunden, die er gerne anprobieren möchte, kann er den QR-Code der Jeans mit der Hointer-App einlesen. Nach Eingabe der Größe muss dann nur noch der »Try On«-Button getippt werden, und der Kunde bekommt mitgeteilt, in welcher Kabine die Jeans für ihn hinterlegt wird. Die Lieferung der Jeans erfolgt binnen kürzester Zeit automatisch über ein Ausgabefach. Passt die Jeans nicht, wird sie über das Ausgabefach wieder zurückgegeben, und der Kunde bestellt über die App eine andere Größe. Und auch der Bezahlvorgang wird beschleunigt. Statt einzelner Kassen verfügt jede Umkleide über ein Terminal, wo der Kunde seinen Einkauf direkt per Kreditkarte bezahlen kann. Gebongt, der Einkauf ist perfekt!

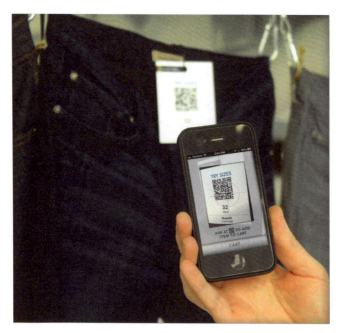

Abbildung 4.11 Mit der Hointer-App die passende Jeans in die Umkleide bestellen

Das Konzept von Hointer überzeugt in allen Belangen. Die Kunden profitieren von einem schnellen und unkomplizierten Einkaufserlebnis. Denn bei Hointer gibt es weder unübersichtliche Regale noch Ärger mit schlecht qualifiziertem Personal und auch kein Anstehen an der Kasse. Neben den zufriedenen Kunden profitiert Hointer hierbei von geringen Personalkosten und von einer effizienten Ausschöpfung der Ladenfläche.

4.4.3 Instore-Media am Point of Sale

Das Beispiel Hointer verdeutlicht, dass sich der Gebrauch mobiler Endgeräte beim Einkauf am Point of Sales keinesfalls auf das Phänomen Showrooming reduzieren lässt. Hointer löst diese Problematik sehr elegant, indem der Jeanshändler das Smartphone des Kunden in den Verkaufsprozess integriert. Eine andere Möglichkeit ist die Bereitstellung mobiler Endgeräte im Geschäft vor Ort. Besonders das iPad gehört immer öfter zum Inventar stationärer Händler. Kunden können sich so auch ohne Hilfe der Verkaufsberater umfassend informieren. Emotionale Formate wie z.B. Videos entwickeln hierbei besondere Verkaufskraft. Zudem gehen gerade kleinere Läden mit angebundenem Onlineshop dazu über mithilfe von iPads Kunden auf ihr virtuelles Angebot zugreifen zu lassen. Das begrenzte Angebot vor Ort wird so auf elegante Weise kompensiert und Kunden können Ihren Kaufabschluss gleich vor Ort tätigen.

4.5 Erzeugen Sie Kaufimpulse mit mobilen Coupons

Angesichts der steigenden Absatzzahlen von Smartphones und Tablets war es ja nur eine Frage der Zeit, bis elektronische Coupons auch die mobilen Endgeräte erreichen. Mobile Coupons bieten weitaus größeres Potenzial für den stationären Handel als die Coupons der Group-Buying-Plattformen Groupon & Co. Denn sie sind an Ort und Stelle einlösbar und können Kaufimpulse direkt am POS stimulieren. In den USA ist Mobile Couponing derzeit eines der wichtigsten Trendthemen im Bereich des lokalen Internetmarketings. Mobile Coupons stoßen dort bereits auf eine breite Akzeptanz bei den Konsumenten und werden von einer Vielzahl stationärer Händler eingesetzt. In Deutschland hingegen hatte die elektronische Rabattmarke mit gewissen Anlaufschwierigkeiten zu kämpfen. Dies ist historisch bedingt, denn Deutschland ist im Vergleich zu den USA kein Land mit einer ausgeprägten Rabattmarkentradition. Doch jetzt gibt es eine ganze Reihe von Dienstleistern, die die Distribution der Coupons auch für kleinere stationäre Händler und Dienstleister anbieten. Pionier in Sachen Mobile Couponing ist das Kölner Unternehmen »Coupies« (siehe Abbildung 4.12), welches beim Thema Mobile Couponing lange Zeit ohne nennenswerte Konkurrenz war. Dies hat sich jedoch inzwischen geändert. Denn derzeit drängen immer mehr Anbieter auf den deutschen Markt. Wie Sie mit mobilen Coupons Kunden gewinnen, erfahren Sie in Abschnitt 6.5.3, »Mobile Couponing: Kundengewinnung on the go«.

Abbildung 4.12 Mit Coupies finden Smartphone-Nutzer Gutscheine und Rabatte je nach Aufenthaltsort.

4.6 Erzielen Sie mehr Umsätze mit mobil optimierten Onlineshops

Nehmen wir einmal an, Sie sind ein spezialisierter Onlinehändler für Outdoor-Produkte und Ihr Bestseller sind Zelte. Ein potenzieller Kunde chattet gerade via »Whatsapp«-Messenger mit Freunden, um den gemeinsamen Festival-Trip zu planen. Dabei fällt Ihrem Kunden ein, dass er noch ein Zelt kaufen wollte, und bemüht kurzerhand den Safari-Browser seines iPhones mit der Suchanfrage »Zelt kaufen«. Google listet ihm daraufhin Produkte aus dem Bereich Google Shopping, siehe Abbildung 4.13.

Abbildung 4.13 Mobiles Suchergebnis für die Suchanfrage »Zelt kaufen«

Ihr Kunde klickt weiter zu den Suchergebnissen und stößt auf ein Angebot des Markenartiklers »Vaude« im Onlineshop von *http://www.campz.de*. Die Marke Vaude ist ihm bekannt, weshalb er gleich auf das Angebot klickt. Das Problem ist nur, dass dieser Onlineshop nicht für sein Smartphone optimiert ist (siehe Abbildung 4.14). Das Produkt wird ihm genauso präsentiert wie auf seinem Laptop. Um zu den wichtigen Details zu gelangen, muss er ständig die Ansicht auf seinem Smartphone vergrößern und verkleinern. Nach einigen Minuten legt er das Produkt zwar in seinen Warenkorb, aber er scheitert beim Check-out daran, seine Kontaktdaten, geschweige denn seine Kontodaten einzugeben. Onlineshops, die nicht für mobile

Endgeräte optimiert sind, stiften kein Vertrauen beim Smart Shopper, und der Einkauf bereitet einfach kein Vergnügen.

Abbildung 4.14 Die Produktdetailseite in einem Onlineshop, der nicht für Smartphones optimiert ist, wirkt unübersichtlich.

> **Jeder zweite deutsche Internet-Nutzer wünscht sich mobile Onlineshops**
>
> Laut dem W3B-Report der Unternehmensberatung Fittkau & Maaß erwartet inzwischen jeder zweite deutsche Internet-Nutzer, dass dieser Verkaufskanal auch mobil erreichbar ist.[12] 62 % der Konsumenten würden öfter mobil kaufen, wenn die Webseiten für mobile Endgeräte optimiert wären.[13] Um den Ansprüchen der Smart Shopper gerecht zu werden, ist eine Anpassung des herkömmlichen Angebots für mobile Endgeräte unumgänglich. CEO Dominic Keen von »MoPowered« brachte es Ende 2012 auf den Punkt, als er sagte, dass Unternehmen, die auf eine mobil optimierte Website verzichten, ebenso gut für einen Tag in der Woche ihren Onlineshop schließen könnten.[14]

---

12 Fittkau & Maaß Consulting GmbH, 2013, »Mobile Web-Boom nicht bei allen Websites angekommen«, http://www.w3b.org/e-commerce/mobile-web-boom-nicht-bei-allen-websites.html.

13 Tradedoubler, 2012, »Mobile Consumers & You« http://www.tradedoubler.com/pagefiles/25098/mobilewhitepapersept2012_de.pdf.

14 http://www.internetworld.de/Nachrichten/E-Commerce/Zahlen-Studien/UK-Studie-Mobile-Websites-Britische-Modehaendler-scheuen-M-Commerce-69816.html.

Aufgrund der kleinen Darstellung nicht mobil optimierter Onlineshops werden wichtige Informationen vom Kunden gar nicht wahrgenommen. Die Navigation durch den Onlineshop ist zudem unkomfortabel und die Eingabe der Kundendaten umständlich bis nahezu unmöglich. Das »Look & Feel« herkömmlicher Onlineshops muss daher angepasst werden, um den mobilen Online-Einkauf attraktiver zu gestalten.

> **Couchshopper geben mehr Geld beim mobilen Einkaufen aus**
>
> Generell lässt sich sagen, dass »Couchshopper« wesentlich mehr Zeit im Onlineshop verbringen als Kunden, die mit ihrem Smartphone einen Einkauf »on the go« erledigen. Die längere Verweildauer im Shop und der Umstand, dass es sich bei Besitzern von Tablet-PCs in der Regel um eher einkommensstarke Konsumenten handelt, hat positiven Einfluss auf die Größe des Warenkorbs. Laut Adobes Studie »2013 Digital Publishing Report: Retail Apps« schließen Nutzer von Tablets bei ihrer mobilen Shoppingtour fast doppelt so häufig einen Kauf ab, wie Konsumenten, die den Onlineshop mit dem Smartphone besuchen.[15] Wer jedoch Umsätze generieren will, darf auch die Größe seiner Zielgruppe nicht außer Acht lassen. Zwar wächst der Markt für Tablet-PCs derzeit etwas stärker als der Markt für Smartphones. Zu beachten ist hierbei jedoch, dass den rund 8 Mio. Tablet-Usern in Deutschland rund 30 Mio. Smartphone-Nutzer gegenüberstehen. Trotz des Umstandes, dass Nutzer von Tablet-PCs bei ihrer Shoppingtour nachweislich mehr Geld ausgeben als Shopper mit Smartphones, sollten Sie beim Umsetzen Ihrer mobilen Strategie die Grundgesamtheit Ihrer potenziellen Kunden nicht aus den Augen verlieren.

4.6.1 Optimieren Sie Ihren Onlineshop für mobile Endgeräte

Inzwischen haben sich bei der Gestaltung von mobilen Webshops Standards, die eine optimale Produktpräsentation gewährleisten, etabliert. Von besonderer Bedeutung sind solche Anpassungen vor allem bei Smartphones, die aufgrund des kleinen Bildschirms die Ausgangsbedingungen für den Onlineshop grundlegend verändern. Bildlich dargestellte Inhalte müssen reduziert werden und die Navigation nutzerfreundlich gestaltet werden. Wichtig ist auch eine gut bedienbare Volltextsuche. Besonderes Augenmerk liegt auf der Gestaltung der Startseite, die an die Bedürfnisse der Smart Shopper angepasst werden muss. Den Einstieg in das mobile Shoppingerlebnis sollten Sie Ihren Kunden so einfach wie möglich machen. Die Beispiele von SportScheck, Baur und Otto (siehe Abbildung 4.15) machen deutlich, wie eine Startseite aussehen muss. SportScheck reduziert auf eine Volltextsuche und die Darstellung des Sortiments in Kategorien. Baur bindet zusätzlich zur Volltextsuche und den Produktkategorien interessanten Content »Die BAUR Winterwelt« ein, und Otto setzt auf der Startseite auf die Präsentation von Angeboten. Gerade die Angebotspräsentation ist am ehesten Erfolg versprechend.

---

15 Seite 4 in PDF http://success.adobe.com/en/na/programs/products/dps/1301-28915-mobile-retail-survey.html

4.6 Erzielen Sie mehr Umsätze mit mobil optimierten Onlineshops

Mobil optimierte Onlineshops verringern Kaufabbrüche

Untersuchungen zeigen, dass ein gut aufbereiteter mobiler Onlineshop die Rate der Kaufabbrüche um rund 50 % verringern und die Verweildauer im Shop um bis zu 25 % erhöhen kann.

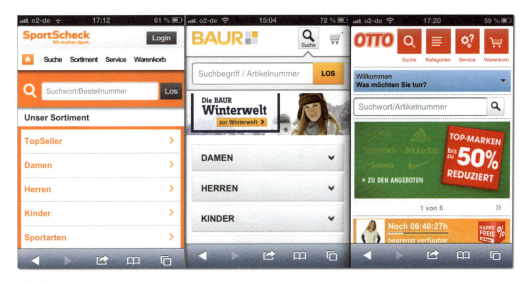

Abbildung 4.15 Startseiten der mobilen Shops von SportScheck, Baur und Otto

4.6.2 Die Alternative zur teuren Optimierung: Responsive Design

»Responsive Design« ist eine Alternative zur komplett neuen Gestaltung der mobilen Shopumgebung und eignet sich dann für Betreiber von Onlineshops, deren Kunden selten den Onlineshop mit dem Smartphone aufrufen. Responsive Design ist ein gestalterischer und technischer Ansatz für die Erstellung anpassungsfähiger Webseiten. Die benötigte Bildschirmauflösung des verwendeten Geräts wird automatisch erkannt und die Darstellung der Inhalte und die Navigationselemente werden an das entsprechende Anforderungsprofil angepasst. Damit können Sie auf die Konzeption eines zusätzlichen mobilen Onlineshops verzichten und dennoch auf Geräten mit verschiedenen Bildschirmgrößen und Betriebssystemen optisch ansprechende und funktionale Webseiten anbieten. Häufig greifen Unternehmen auf eine Responsive-Design-Lösung zurück, wenn ihr Budget die Optimierung des Onlineshops für mobile Endgeräte nicht zulässt. Denn der Vorteil von Responsive Design ist, dass Webseiten bei der Verwendung von Responsive Design nur einmal gestaltet werden müssen. Das spart Kosten bei der Entwicklung und der Wartung. Wenn Ihre Kunden bei der mobilen Nutzung Ihres Onlineshops mit den verfügbaren Elementen gut auskommen, dann kann man auf Responsive Design zurückgreifen. Das betrifft vor allem Tablets (siehe Abbildung 4.16).

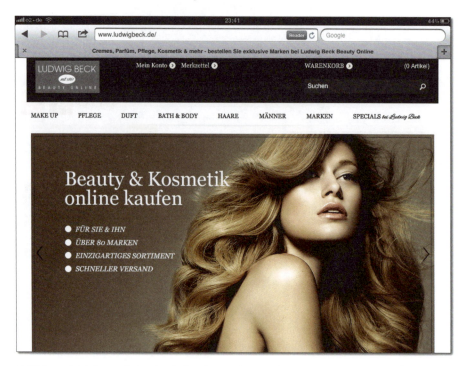

Abbildung 4.16 So erscheint der Onlineshop Ludwig Beck im Responsive Design auf dem iPad.

Bei Smartphones sind häufig noch mehr Elemente notwendig, die nur durch einen kompletten Relaunch und Optimierung für mobile Endgeräte zur Verfügung gestellt werden können. Für das bestmögliche Nutzererlebnis auf Smartphones ist ein zusätzlicher mobiler Auftritt des Onlineshops in den meisten Fällen unumgänglich. Sparen sollten Sie nur dann, wenn von vornherein feststeht, dass ein Großteil Ihrer Kunden auf den Einkauf via Smartphone verzichtet oder Ihr Budget in keinem Fall eine zusätzliche »Mobile-only«-Lösung zulässt.

4.7 Erhöhen Sie die Kundenbindung mit Shopping-Apps

Onlinehändler, die sich im Bereich des Mobile Shopping engagieren wollen, stehen oft vor der Frage, ob sie ihren Kunden das mobile Shoppingerlebnis über einen mobil optimierten Onlineshop oder über eine Shopping-App ermöglichen sollten. Prinzipiell sollten Sie bei dieser Überlegung bedenken, dass beide Optionen mit einem unterschiedlichen Ziel verfolgt werden sollten. Generell können Sie mit einem mobil optimierten Onlineshop mehr Kunden über die Google-Suche erreichen. Viele Kunden wissen gar nicht, dass es auch eine Shopping-App ihres Lieblings-Onlinehändlers gibt. Deshalb müssen Shopping-Apps auf dem Smartphone auch entsprechend beworben werden und Zusatzservices beinhalten, die die Verwendung der App interessant machen. Shopping-Apps lohnen sich insbesondere für Multichannel-Händler, die damit ihr Online- und Offline-Angebot verzahnen können. Shopping-Apps sind aber auch für Händler interessant, deren Zielgruppe besonders Smartphone-affin ist oder deren Produkte häufig mobile Einkaufsszenarien nach sich ziehen (z. B. Ticketkauf).

4.7.1 Shopping-Apps eignen sich für den Multichannel-Handel

Multichannel-Händler profitieren beim Einsatz von Shoppings-Apps von der Verknüpfung des Onlineshops zum Point of Sale. Geschäfte in der unmittelbaren Umgebung des Kunden können somit direkt in der App angezeigt werden. Viele Kunden schätzen solche Services, die den Einkauf beim Händler des Vertrauens wesentlich komfortabler gestalten. Der Multichannel-Ansatz wird hierbei so konsequent verfolgt, dass vom Kunden eine bewusste Trennung zwischen on- und offline kaum noch wahrgenommen wird (so genannter »No-Line-Commerce«). Informationen über das gewünschte Produkt sind immer und überall verfügbar und nehmen direkten Einfluss auf das Einkaufsverhalten am POS. Shopping-Apps wie die des Elektronik-Multichannelers »Conrad« (siehe Abbildung 4.17) leisten hierzu den entscheidenden Beitrag.

Abbildung 4.17 Die Smartphone-App des Multichannel-Händlers Conrad

Shopping-Apps erhöhen den Customer Lifetime Value

Kunden, die eine Shopping-App installieren, sind loyaler gegenüber dem Onlineshop und verbringen mehr Zeit im Onlineshop durch das häufige Aufrufen der App. Sie können sie außerdem mit Angeboten und »Push-Notifications« erreichen und sparen sich dadurch die Investition in wiederkehrende Besucher. Das Besondere an Push-Notifications (siehe Abbildung 4.18, Notification der ebay-App) ist, dass der Nutzer darüber entscheidet, ob er diese Werbung will oder nicht. Anders als bei sonstiger Werbung wird er davon also nicht überfrachtet und bevormundet, sondern entscheidet selbst, wann er Werbung möchte und wann nicht.

Abbildung 4.18 Die eBay Fashion App informiert Smartphone-Kunden mit Push-Notifications über Events und Sales.

4.7.2 Was eine Shopping-App bieten muss

Bevor Sie sich also mit dem Gedanken beschäftigen, ob Sie Ihren Kunden lieber einen mobil optimierten Onlineshop oder eine Shopping-App zur Verfügung stellen wollen, sollte Ihnen klar sein, dass der mobile Shop immer Vorrang hat. Die Shopping-App ist somit immer als »Add-On« zu verstehen, die Ihren mobilen Webauftritt ergänzt. Letztendlich ist es auch eine Budgetfrage, denn die Entwicklung hochwertiger Shopping-Apps ist recht kostspielig. Zwar punkten Shopping-Apps im Vergleich zu mobilen Websites mit kürzeren Ladezeiten, Offline-Verfügbarkeit und einer guten Bedienbarkeit, jedoch allein dies rechtfertigt nicht den finanziellen Mehraufwand für die Entwicklung einer App. Der Vorteil von Shopping-Apps besteht vor allem in der permanenten Präsenz auf dem mobilen Endgerät und der Möglichkeit, diesen Nutzern Angebote auf das Smartphone zu »pushen«. Einmal eingegebene Kundendaten sind zudem stets verfügbar, und die vergleichbar mühselige Eingabe von Versandadresse und Zahlungsdaten muss nicht bei jedem Bestellprozess wiederholt werden. Die Frage, die Sie sich vor der Konzeption Ihrer Shopping-App auf jeden Fall stellen sollten, ist, welchen funktionalen Mehrwert die App Ihren Kunden bietet. Es ist nicht sinnvoll, Ihren mobilen Shop einfach eins zu eins in die Shopping-App zu adaptieren. Die App sollte daher einen echten Zusatznutzen bieten, der im Sinne der Kundenbindung vom Nutzer auch erkannt und angenommen wird. Folgende funktionale und spielerische Mehrwerte können den Customer Lifetime Value erhöhen, da der Kunde immer wieder motiviert wird, die App zu nutzen:

- **Barcode-Scanner**, um den Einkauf vor Ort in der Filiale zu unterstützen. Der Kunde kann mit dem Barcode-Scanner Produkte im Geschäft scannen und mit dem Online-Angebot vergleichen.
- **Storefinder**, um den nächstgelegenen Store zu finden.
- **Angebote und Sales** direkt beim Aufrufen der App, um den Kunden zum Weiterklicken und Kauf zu motivieren. Am besten eignen sich zeitlich limitierte Angebote (Prinzip Knappheit siehe Abschnitt 5.4, »Das Prinzip Knappheit«).
- **Wunschlisten-Funktion**, damit der Kunde seine Lieblingsprodukte schnell wiederfindet.
- **Geschenklisten-Funktion**, damit der Kunde gut sortiert die Produkte aufrufen kann, die er seinen Freunden, Bekannten und Familienmitgliedern schenken möchte.
- **Shopping-Historie** und **Browsing-Historie**, damit der Kunde schnell Produkte wiederfindet, die er sich kürzlich angesehen hat.
- **Augmented Reality-Lösungen**, als spielerischer Mehrwert der App und um etwas Neues auszuprobieren (z.B. »Image Swatch« der eBay Fashion App).
- **Check-in-Funktion**, um Kunden mittels Standortlokalisierung Produkte vorzuschlagen.

Schöpfen Sie die Gerätefunktionen von Smartphones und Tablets mit Shopping-Apps voll aus

Ein großer Vorteil von Shopping-Apps gegenüber mobilen Websites besteht darin, dass die Gerätefunktionen von Smartphones und Tablets im vollen Umfang ausgeschöpft werden können. Die technische Ausstattung der mobilen Endgeräte schafft eine ganze Reihe von Möglichkeiten für den Dienst und die Interaktion mit potenziellen und bestehenden Kunden. Mithilfe der Kamera werden Barcode-Scanner, QR-Code-Reader und Augmented Reality-Funktionen (siehe Abbildung 4.19) umgesetzt. Der GPS-Empfänger ermöglicht die Geolokalisierung des Nutzers und ermöglicht somit standortbasierte Services für Ihre Kunden.

Produktbilder scannen und einkaufen – Best Practice Amazon

Ein Paradebeispiel für die gelungene Umsetzung einer Shopping-App liefert der Onlinehändler Amazon. Neben der integrierten Wunschzettel-Funktion und einem Barcode-Scanner wartet die App mit einer integrierten Bilderkennungssoftware auf. Hiermit können direkt aus der App Bilder von Gegenständen aufgenommen werden, die der User im Onlineshop kaufen möchte. Nach Übermittlung des Bildes erfolgt ein Datenbankabgleich mit dem vorhandenen Produktbestand im Onlineshop. War der Abgleich erfolgreich, erhält der Nutzer eine Benachrichtigung, um welchen Artikel es sich genau handelt, und er kann mit nur einem Fingertipp in die Detailansicht des Produktes wechseln. Dem Kunden bleibt somit die teils mühevolle Recherchearbeit nach dem begehrten Artikel erspart, und er kann das Produkt unmittelbar über die App bestellen. Tut er dies nicht, bleibt dies im »Amazon Memo« gespeichert. Dies kann zu einem späteren Zeitpunkt über den bestehenden Amazon Account an jedem beliebigen Endgerät wieder aufgerufen oder direkt auf den Wunschzettel übertragen werden.

Abbildung 4.19 Mithilfe der integrierten Bilderkennungssoftware in der Amazon App können Kunden Produkte einscannen und bestellen.

Amazon schöpft mit seiner Bilderkennungsfunktion in der hauseigenen Shopping-App das Potenzial von Smartphones in vollem Umfang aus. Der Datenbankabgleich der Fotos funktioniert nicht immer, aber in vielen Fällen bereits erstaunlich gut. Solche Entwicklungen hinterlassen selbstverständlich immensen Eindruck bei Ihren Kunden, sind aber auch mit erheblichen Kosten verbunden. Wirklich profitabel sind solche umfangreichen Applikationen somit nur für die echten Big Player der Handelswelt. Prinzipiell sollten Sie also stets bedenken, ob die Investition in eine eigene Shopping-App in Relation zu den Zielen steht. Wenn Ihr Budget nicht ausreicht, um echte funktionale Mehrwerte mit einer App zu schaffen, ist es in den meisten Fällen sinnvoller, das Geld in die Optimierung einer wirklich guten mobilen Website zu investieren. Prinzipiell jedoch gilt: Unabhängig davon, ob Ihr Kunde letztendlich mobil, am stationären Rechner oder am POS kauft, muss Ihr Online-Angebot sowohl auf dem Smartphone als auch auf Tablet-PCs problemlos dargestellt werden können. Denn dies entspricht der Erwartungshaltung des aufgeklärten Konsumenten und dem zeitgemäßen Auftritt Ihres Unternehmens, das sich gegen seine Wettbewerber behaupten muss.

Kunden mit der Shopping-App in den Store lotsen – Best Practice H&M

H&M lotst mithilfe seiner Shopping-App seine Kunden direkt in das nächstgelegene Ladengeschäft (siehe Abbildung 4.20). Kunden, die mithilfe der Smartphone-App den nächstgelegenen Store ausfindig machen, können direkt aus der App in der Filiale anrufen. Möglich ist dies mithilfe des »Click-to-Call«-Buttons, den H&M in seinen Filialfinder integriert hat. Ein typisches Szenario für einen solchen Anwendungsfall ist zum Beispiel ein lauer Frühlingsabend am Wochenende. Da es unerwartet warm ist, fehlt dem shoppinggestressten Kunden noch ein passendes Outfit für die kurz bevorstehende Abendeinladung. Da der Kunde ohnehin bereits in der Innenstadt unterwegs ist, um für den Gastgeber ein Geschenk zu besorgen, wirft er mithilfe der App einen Blick auf die neueste Kollektion seines Lieblingsmodehändlers H&M und wird fündig. Im nächsten Schritt verrät ihm die App, wo sich die nächstgelegene Filiale befindet. Um aber auch wirklich sicherzugehen, dass das gewünschte Stück vorrätig ist, ruft der Kunde vorab an und erkundigt sich. Dies spart ihm unnötige Wegstrecken, Nerven und Zeit. Ist das gewünschte Kleidungsstück unter Umständen nicht in der Filiale vorrätig, hat der Kunde zumindest die Möglichkeit, unmittelbar online zu bestellen.

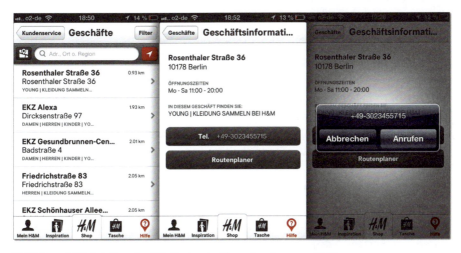

Abbildung 4.20 Intelligenter Filialfinder der Shopping-App von H&M

Kunden mit Angeboten und exklusiven Sales locken –
Best Practice »eBay Fashion App«

Die eBay Fashion App ist bei Smart Shoppern beliebt, da sie mit exklusiven Sales und Angeboten auffährt. Startet der Nutzer die App, kann er sich durch zahlreiche saisonale Angebote klicken (siehe Abbildung 4.21).

Abbildung 4.21 Die eBay Fashion App bietet ihren Nutzern exklusive Sales und Events mit starken Reduzierungen.

Zusätzlich bietet die App die spielerische Funktion »eBay Image Swatch«. Dahinter steckt eine Augmented Reality-Funktion, mit der der Nutzer ein vorhandenes Produkt fotografieren kann und eBay ihm ähnliche und passende Produkte vorschlägt. Der Service ist bei weitem nicht so genau wie bei der Bilderkennungssoftware von Amazon, aber es ist mal eine andere Art, mit neuen Produkten inspiriert zu werden. Der Kunde kann zum Beispiel sein Lieblingsprodukt scannen und bekommt dann Produkte mit ähnlichen Farben und Schnitten vorgeschlagen.

Gemeinsames Schenken mit Wunschlisten-Funktion –
Best Practice House of Fraser

Wie wichtig Social Gifting für Onlineshopper ist, hat die Handelskette »House of Fraser« aus England erkannt und integriert Geschenklisten (»Gift Lists«) auch in ihrer Shopping-App (siehe Abbildung 4.22). Damit kann der Kunde Produkte zusammenstellen und diese Auswahl an Freunde zur Diskussion weiterleiten. Einziger Kritikpunkt: House of Fraser möchte zur genauen Zuordnung der Geschenke auf sämtliche Kontakte des Kunden im Smartphone Zugriff haben. Das könnte den einen oder anderen Kunden in Deutschland eher abschrecken, diese Funktion zu nutzen. Besser wäre es, wenn der Kunde einfach den Namen der Person händisch eingeben könnte.

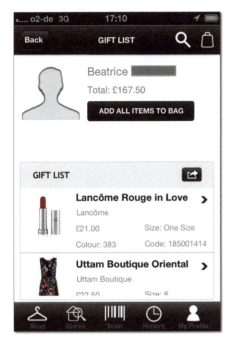

Abbildung 4.22 Die Gift-List-Funktion in der Shopping-App von House of Fraser

4.8 Mobile Payment

Smartphones und Tablet-PCs verändern nicht nur die Art, wie Konsumenten einkaufen, sondern auch die Art, wie sie bezahlen. Mobile Endgeräte schaffen die Voraussetzung für neue Bezahlmethoden, die sowohl im Bereich des E-Commerce als auch im stationären Handel zum Einsatz kommen. Mobile Payment ist derzeit eines der wichtigsten Trendthemen im Bereich des Mobile Commerce. Auf dem letzten »Mobile World Congress« in Barcelona schien es kaum ein anderes Thema als NFC- und QR-Payment zu geben. Die Meldungen zum Thema kontaktloses Bezahlen mit Mobiltelefonen überschlagen sich in den Fachmagazinen und auf den Blogs der IT-, Marketing- und Finanzwelt. Derzeit gibt es fast im wöchentlichen Turnus Meldungen über neue M-Payment-Lösungen.

Mobile Payment steht in Deutschland noch in den Startlöchern

Die Zahlen über die Nutzung mobiler Zahlungslösungen sind derzeit jedoch noch recht ernüchternd: Laut einer Studie des EHI-Retail Institute[16] erfolgen im Moment noch 57 % der Zahlungen im deutschen Einzelhandel mit Bargeld und knapp 40 % mit Kartenzahlungen. Gerade einmal 3 % fallen dann auf die alternativen Zahlungsmethoden.

4.8.1 Das Potenzial des Mobile Payment

Mobile Payment ist ein Trend, den Sie weder als stationärer Händler noch als Akteur des E-Commerce ignorieren sollten. Zwar besteht in Deutschland bisher in wenigen stationären Geschäften die Möglichkeit, mit einer Wallet-App zu bezahlen, ein Blick in die USA und in das europäische Ausland lässt jedoch erahnen, welchen Stellenwert die digitalen Brieftaschen mittelfristig auch in Deutschland haben werden. In den USA kommt »Googles Mobile Wallet« (siehe Abbildung 4.23) bereits in über 200.000 stationären Geschäften zum Einsatz. Einer der Vorreiter in Europa ist Polen, wo bereits rund 100.000 Bezahlterminals für das kontaktlose Bezahlen mit dem Mobiltelefon aufgestellt wurden. Die Türkei hat sich gar zum Ziel gesetzt, bis 2023 auf Bargeld komplett zu verzichten. Neben der Bezahlung mit der EC- und der Kreditkarte sollen Mobile Wallets einen entscheidenden Beitrag hierzu leisten. Die Vorzeichen für die Etablierung neuer bargeldloser Zahlungssysteme stehen somit gut. Und auch wenn die derzeitige Entwicklung beim Thema Mobile Payment in Deutschland bisher eher verhalten ist, wird sich dies mittelfristig mit Sicherheit ändern.

Abbildung 4.23 Das Mobile Wallet von Google; Quelle: http://www.google.com/mobile/wallet

---

16 EHI-Retail Institute, 2012, »Mehr Kartenzahlung mit mehr Mobilität«, http://www.ehi.org/presse/pressemitteilungen/detailanzeige/article/mehr-kartenzahlung-mit-mehr-mobilitaet.html.

4.8.2 Was ist Mobile Payment überhaupt?

Hinter dem Schlagwort Mobile Payment verbirgt sich ein ganzes Bündel an Maßnahmen für die bargeldlose Bezahlung mit Smartphones und Tablet-PCs. Zum Einsatz kommen diese sowohl im E-Commerce als auch im stationären Handel. Und auch wenn sich die verschiedenen Einsatzbereiche sehr voneinander unterscheiden, eines haben all diese Transaktionswege gemein: Bezahlt wird immer bargeldlos und mithilfe mobiler Endgeräte. Wer in der jüngsten Vergangenheit mit dem Thema Mobile Payment in Berührung kam, denkt hierbei wahrscheinlich als Erstes an Lösungen für die bargeldlose Bezahlung im stationären Handel. Denn kaum ein Fachmagazin oder Blog aus dem Fachbereich IT, Marketing oder Finanzen berichtet derzeit nicht über Systeme wie z.B. die »Google Mobile Wallet« oder Add-on-Systeme von »Aquare« oder »iZettle« (siehe Abbildung 4.24). Bei diesen Lösungen handelt es sich aber nur um einen Teilbereich dessen, was man alles unter dem Sammelbegriff Mobile Payment zusammenfasst. Denn neben den verwendeten Bezahlmethoden im stationären Handel hat Mobile Payment auch im E-Commerce wachsende Bedeutung. Die Transaktion erfolgt hier in Onlineshops und in Shopping-Apps.

Abbildung 4.24 Mit Aufsätzen wie dem »iZettle« für Smartphones und Tablets können stationäre Händler ganz einfach Kartenzahlungen ermöglichen.
Quelle: https://www.izettle.com/de

Eine Übersicht über die verschiedenen Bezahlmethoden können Sie Abbildung 4.25 entnehmen. Ausführlich werden diese in Abschnitt 7.10, »Mobile Bezahlverfahren im Onlinehandel«, und Abschnitt 7.11, »Mobile Bezahlverfahren im stationären Handel« erklärt. Dabei wird unterschieden, welches Verfahren sich für den Onlinehandel und welches sich für den stationären Handel eignet.

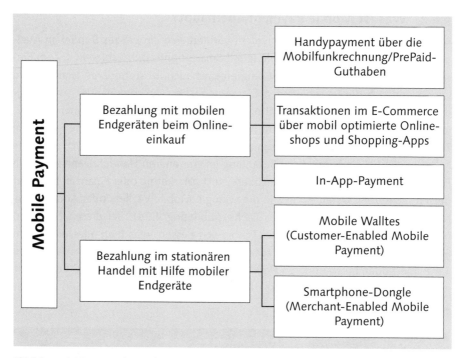

Abbildung 4.25 Arten des Mobile Payment im stationären Handel und Onlinehandel

5 Die Prinzipien des Handels

Handeln war schon immer sozial! An den urmenschlichen Sehnsüchten und Verhaltensweisen des Menschen ändern auch globalisierte Märke, die Digitalisierung und Big Data nichts. Im Gegenteil: Sie verstärken den sozialen Aspekt des Einkaufens. Denn Ihre Kunden verlassen sich gerne auf die Meinung anderer Kunden, auf das, was alle kaufen, und andere soziale Regeln, die wir in diesem Kapitel erklären.

5.1 Emotion schlägt Ratio

Menschen treffen Entscheidungen zu 95 % unterbewusst und emotional. Dazu zählen auch Kaufentscheidungen. Wenn Ihre Kunden eine Anschaffung planen, dann findet eine Kosten-Nutzen-Rechnung statt. Häufig vertrauen Ihre Kunden dabei aber ihrem Gefühl, folgen also emotionalen Faktoren. Besonders dann, wenn sie abgelenkt sind, wenn sie geistig überbelastet sind, oder wenn sie nur begrenzt Zeit haben.[1] Und das ist häufig der Fall beim Einkaufen. Durch Werbung sind die Konsumenten außerdem täglich 7.000 Werbebotschaften ausgesetzt, und deshalb klicken, zappen und schauen sie häufig weg, um den Werbebotschaften aus dem Weg zu gehen. Bei Kaufentscheidungen verlassen sie sich lieber auf ihr Bauchgefühl. Dass hinter diesem Bauchgefühl Entscheidungs- und Denkprozesse liegen, die auf emotionalen Triggern, sozialen Normen und Handlungsregeln beruhen, ist den meisten Kunden jedoch nicht bewusst.

> **Unterbewusste Kaufentscheidungen**
> Bei Kaufentscheidungen erfolgt die emotionale Bewertung im limbischen System des Gehirns (Unterbewusstsein), denn dort werden Informationen schnell verarbeitet und als »gutes« oder »schlechtes« Verhalten eingestuft. Das Besondere am limbischen System ist, dass es ein sehr alter Teil des Gehirns ist, wo Denkprozesse erst bewusst wahrgenommen werden. Man kann also sagen, dass im Unterbewusstsein Entscheidungen gefällt werden, von denen der Mensch glaubt, er hätte sie bewusst rational und wohl überlegt getroffen. Menschen sind sich häufig also gar nicht dessen bewusst, wie sehr sie ihren Emotionen folgen! Sie glauben, sie hätten rational gehandelt, obwohl sie auf ihr Bauchgefühl gehört haben. Übrigens:

---

[1] Tamar Avnet, Michel Tuan Pham und Andrew T. Stephen, »Consumers' Trust in Feelings as Information«, Universität von Chicago, www.jstor.org/discover/10.1086/664978.

> In seinem Bestseller »Schnelles Denken, langsames Denken« beschreibt Nobelpreisträger und Autor Daniel Kahneman, wie man diesem schnellen Denken und dem voreiligen Schlüsseziehen durch reflektiertes Denken entgegenwirken kann. Das ist aber anstrengender und verlangt mehr Zeit, welche den Konsumenten selten zur Verfügung steht.

5.1.1 Kaufen nach dem Bauchgefühl

Was treibt Menschen an, neue Produkte zu kaufen? Vielleicht würden Sie auf diese Frage spontan antworten: »Natürlich ein guter Preis!« Oder Sie würden das rationale Argument der Produktqualität anbringen. Unrecht haben Sie damit natürlich nicht, aber es ist nur die halbe Wahrheit, um zu erklären, was Begehrlichkeiten erzeugt und tatsächlich zum Kauf verführt. Wie schon erwähnt, wiegen emotionale Faktoren häufig weitaus mehr als rein rationale Kosten-Nutzen-Rechnungen. Der Grund hierfür ist die Masse an Informationen, mit denen Menschen beim Einkaufen konfrontiert werden. Da diese Informationen nicht alle verarbeitet werden können, nehmen die Kunden beim Einkaufen nur bestimmte Schlüsselreize wahr. Die Verarbeitung dieser gefilterten Informationen erfolgt unter anderem mithilfe psychologischer Handlungsregeln, die den Kunden helfen, sich schnell und richtig zu entscheiden. In der Psychologie spricht man in diesem Fall von »Heuristiken«. Diese Handlungsregeln werden als Einflussfaktoren beim Einkaufen in diesem Kapitel erklärt. Sie gehen auf Robert Cialdinis Buch mit dem Titel »Influence: The Psychology of Persuasion« zurück und erklären, was Ihre Kunden bei Kaufentscheidungen beeinflusst.

Grundsätzlich kann man zwischen vier Arten von Kaufentscheidungen unterscheiden: extensive, limitierte, habitualisierte und impulsive Kaufentscheidungen. Nur ein Drittel aller Käufe ist geplant, d.h. »extensiv«, ansonsten wird eher spontan gekauft. Das ist ein Vorteil für Händler. Sie können den Kunden mit Angeboten und Markengeschichten (»Brand Storys«) in Social Media und im Mobile Web für das Produkt begeistern.

- **Extensive Kaufentscheidungen**: Extensive Kaufentscheidungen sind bewusste Kaufentscheidungen, für die Kunden viel Zeit investieren, viele Informationen einholen, Vergleiche anstellen und Bewertungen lesen, z.B. beim Abschluss einer Versicherung, eines Abos, einem Auto- oder Hauskauf (so genannte »High-Involvement«-Produkte). Extensive Kaufentscheidungen können auch bei Produkten mit einem niedrigeren Preis auftreten (so genannte »Low-Involvement«-Produkte): Für einen Laien sind die Unterschiede von Lautsprechern kaum hörbar, für einen Musiker gibt es jedoch gravierende Unterschiede, die er vorab genau untersucht. Bei extensiven Kaufentscheidungen tritt besonders stark der ROPO- und Showrooming-Effekt auf, und Kunden profitieren bei ihren Online-Recherchen von einer nahezu vollständigen Markttransparenz.

- **Limitierte Kaufentscheidungen**: Limitierte Kaufentscheidungen zeichnen sich dadurch aus, dass der Kunde ein »Relevant Set« an Marken kennt und nur noch Qualität und Preis zur Kaufentscheidung vergleicht. Er investiert weitaus weniger Zeit als bei extensiven Kaufentscheidungen.

- **Habitualisierte Kaufentscheidungen**: Habitualisierte Kaufentscheidungen sind eigentlich gar keine richtigen Kaufentscheidungen, sondern Gewohnheitskäufe, bei denen der Kunde seinen Produkterfahrungen folgt. Er kauft also das Produkt, das er schon immer gekauft hat und mit dem er gute Erfahrungen gemacht hat. Dies ist vor allem bei Produkten des täglichen Bedarfs (z.B. Einkauf von Lebensmitteln) mit hoher Kauffrequenz der Fall.

- **Impulsive Kaufentscheidungen**: Impulsive Kaufentscheidungen werden spontan und unüberlegt getroffen. Bei Impulskäufen lassen sich die Konsumenten stark von ihren Gefühlen leiten und springen auf emotional aufgeladene Produkte an oder werden von einem günstigen Angebot beeinflusst. Impulsive Käufe führen dazu, dass Menschen Sachen kaufen, die sie eigentlich nicht gebraucht hätten, sondern ausschließlich für den kurzfristigen Lustgewinn und zur Stimmungsregulation gekauft haben. Bei impulsiven Kaufentscheidungen können mobile Angebote und auch Social-Commerce-Plattformen verkaufsfördernd eingesetzt werden.

5.1.2 Die sechs Prinzipien kurz erklärt

Cialdini beschreibt in seinem Buch »Influence« klassische Verkaufstechniken im stationären Handel. Auch im Onlinehandel, beim Social- und Mobile Commerce können diese Verkaufstechniken eingesetzt werden. Hierbei werden zum Beispiel soziale Normen aus dem realen Leben eins zu eins in die digitale Handelswelt übertragen.

Veranschaulichen lässt sich dies gut am Beispiel der Gruppenzugehörigkeit: Diese war früher überlebensnotwendig, und das Bestreben hiernach ist deshalb auch heute noch tief in dem Unterbewusstsein der Menschen verankert. Übertragen auf das Einkaufsverhalten Ihrer Kunden bedeutet das eine Orientierung an dem, was andere kaufen (siehe Abschnitt 5.2, »Das Prinzip Social Proof«). Niemand geht gerne in ein leeres Restaurant, da es den Anschein erweckt, es habe sich nicht »sozial bewährt«. Die Menschen folgen also häufig der Meinung anderer Menschen. Der Einfluss anderer Personen ist umso größer, je mehr sich Ihr Kunde mit der Person oder einer Gruppe, die das Produkt empfiehlt, verbunden fühlt und identifiziert.

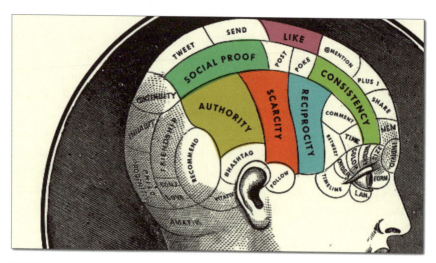

Abbildung 5.1 Die sechs Prinzipien erklären die tiefliegenden psychologischen Trigger beim Einkaufen. Quelle: Tabjuice

Beim Kauf von Lifestyle-Produkten orientiert sich Ihr Kunde nicht immer zwangsläufig an dem Geschmack der breiten Masse, sondern wesentlich mehr Einfluss üben der Freundeskreis und andere Sympathieträger aus, siehe Abschnitt 5.5, »Das Prinzip Affinität«. Meinungsführer, egal ob Prominente, Schauspieler, Politiker, üben einen starken Einfluss auf das Konsumverhalten aus. Denn Menschen verlassen sich häufig auf die Meinung von Autoritäten (siehe Abschnitt 5.3, »Das Prinzip Autorität«).

Menschen ist es zudem wichtig, ein gutes Bild von sich selbst abzugeben. Trotz der inzwischen weitläufig verbreiteten Meinung, es dominiere im Bewusstsein vieler Menschen das Leitbild einer »Gratiskultur«, bleibt niemand jemandem gerne etwas schuldig. Wer etwas kostenlos bekommt, fühlt sich dazu verpflichtet, etwas zurückzugeben. In der Welt des Handels führt das dazu, dass eine Vergünstigung oder ein Gratisangebot die Kaufwahrscheinlichkeit erhöht oder zumindest sich in einer anderen Form bedankt wird (siehe Abschnitt 5.7 »Das Prinzip Reziprozität«). Doch bei all den Bestrebungen, Teil einer Gruppe zu sein und von dieser anerkannt zu werden, möchte der Mensch gleichzeitig – und dies gerade in der heutigen Zeit – frei sein und Dinge tun und kaufen, die seine Individualität unterstreichen. Allzu plumpe Verkaufsoffensiven, die diese Freiheit beschränken oder allzu offensichtlich mit dem Geschmack der breiten Masse argumentieren, sind daher oft wenig erfolgversprechend. Spürt ein Kunde, dass er zum Kauf »überredet« wird, überzeugt ihn das wenig. Im Zweifelsfall wendet er sich gar ab und kauft nichts. Der Drang nach Freiheit kann jedoch auch ein ganz entscheidendes Kaufmotiv sein. Eine zentrale Rolle spielt der Aspekt der Freiheit, wenn es um seltene Güter geht. Zielführend aus der Sicht des Verkäufers ist in diesem Fall die Strategie der künstlichen Verknappung. Denn durch den Kauf des limitierten Produktes erobert sich Ihr Kunde seine Wahlfreiheit zurück, die er aufgrund der Limitierung als enorme Einschränkung empfindet (siehe Abschnitt 5.4 »Das Prinzip Knappheit«).

5.2 Das Prinzip Social Proof

Die Konsumenten sind bisweilen ziemlich überfordert mit der täglichen Reizüberflutung durch Werbung und Kommunikation via SMS, E-Mails und Facebook. Das Angebot eines Onlinehändlers kann für den überforderten Verbraucher schon zu viel sein. Noch dazu erreichen den Verbraucher Angebote durch Empfehlungen von Freunden und Bekannten handverlesen und machen viele Angebote obsolet, weil sich der Kunde ohnehin lieber auf die Tipps seiner Freunde verlässt. Freunde und Bekannte fungieren als »sozialer Filter« bei der Produktauswahl und Inspiration. Der Konsument wählt aus den Produkten immer nur das Angebot aus, welches viele Nutzer positiv bewertet und seine Freunde geliked haben. Daher kommt auch die Bezeichnung »Social Proof« für »sozial bewährt«. Mithilfe von Social Proof zeigen Sie anderen potenziellen Kunden also, was auch anderen Kunden gefällt und was positiv bewertet wurde. Dabei gilt nicht selten »Viel hilft viel«. Je mehr Sterne ein Produkt erhält, je mehr Bewertungen es erhalten hat, desto wahrscheinlicher ist, dass es auch gekauft wird. Social Proof eignet sich sowohl für Onlinehändler, die durch Bewertungen Social Proof anzeigen können, als auch für stationäre Händler, die zum Beispiel die Anzahl der Produkt-Likes anzeigen könnten.

5.2.1 Wie funktioniert Social Proof?

Angenommen, eine Person steht in einer Fußgängerzone in einem Bärenkostüm und bietet sich an, Sie zu umarmen: »Free Hugs for All!« Am Anfang schauen alle nur den Bären an und wundern sich. Doch dann traut sich eine Person und umarmt den Bären, und dann eine weitere Person, und irgendwann tun es alle. Doch was steckt psychologisch dahinter? Menschen orientieren sich in unsicheren Situationen, in denen sie nicht wissen, wie sie reagieren sollen, am Verhalten anderer Personen. Es gibt ihnen die Sicherheit, das »Richtige« zu tun. Wenn bei vielen Personen das gleiche Verhalten beobachtet werden kann, wird dieses Verhalten als gut, richtig und angemessen eingestuft und imitiert. Das Prinzip sozialer Bewährtheit kann man am häufigsten beobachten, sobald etwas zunächst Eigenwilliges zum Massenphänomen wird. Sehr interessant ist in diesem Zusammenhang folgende Regel, die das Phänomen der sozialen Bewährtheit noch berechenbarer macht: Die Wahrscheinlichkeit, dass ein Verhalten nachgeahmt wird, steigt um 80 %, wenn zu Beginn nicht eine Person alleine, sondern vier Personen an der Aktion beteiligt sind.

> **Welche Verkaufstaktik hinter langen Schlangen vor Geschäften steckt**
>
> Auch lange Schlangen vor Clubs oder Apple-Fans, die ganze Nächte vor einem Store verbringen, um das neueste Gadget zu kaufen (siehe Abbildung 5.2), sind Situationen, die anzeigen, was sich sozial bewährt hat, denn sie signalisieren: »Was alle tun, ist gut!« Für die meisten Shopper stellt Social Proof eine willkommene Orientierungshilfe dar.
>
> Social Proof hilft den Kunden dabei, wesentliche von unwesentlichen Angeboten zu trennen, und ist daher in vielen Fällen eine echte Stütze bei der Kaufentscheidung. Ihre Kunden orientieren sich häufig an der anonymen Masse anderer Käufer (was natürlich keiner Ihrer Kunden zugeben würde, da es die eigene Individualität untergraben würde).

Abbildung 5.2 Lange Schlangen vor den »Technik-Kathedralen«, wie bei der Eröffnung des ersten Apple-Stores in London 2004, erzeugen Social Proof.

5.2.2 Zeigen Sie, was andere Kunden gerade kaufen

Häufig fehlt Ihren Kunden die Zeit, die Qualität Ihrer Produkte eingehend zu prüfen. In dem Moment ziehen sie höchstwahrscheinlich den Indikator Social Proof heran und orientieren sich an dem, was sich allgemein bewährt hat und also genau das ist, was alle kaufen. Labels und Siegel wie »Bestseller«, Ranglisten wie »Beliebtestes Produkt« oder »das meist verkaufte Produkt«, Bewertungen, Likes und Sterne, verleiten zum Kauf, weil sie soziale Bewährtheit signalisieren. Neben dem

Faktor Zeit wird Ihr Kunde in vielen Fällen vom Umfang Ihres Warenangebots erschlagen werden. In einem großflächigen Supermarkt ist die Anzahl der verfügbaren Artikel innerhalb der letzten zehn Jahre um 130 % gestiegen! Reizüberflutung ist beim Betreten großer Shoppping Malls geradezu vorprogrammiert. Auch Onlineshops sind häufig so breit gefächert, dass der Konsument große Mühe hat, das richtige Angebot für sich zu finden. Bei einem Überangebot an Waren kommt dieser bei seiner Produktrecherche somit oft vom Hundertsten ins Tausendste. Im schlimmsten Fall hat das zur Folge, dass der Kunde letztendlich gar nichts kauft, weil ihn die Produktvielfalt bei der Auswahl des passenden Produkts schlichtweg überfordert. Hier kann der Onlinehandel einen erheblichen Vorteil gegenüber dem stationären Handel ausspielen. Denn Onlinehändler können beliebte, häufig bewertete oder am meisten geklickte Produkte kategorisieren und dadurch den Filter Social Proof ganz leicht zur Verfügung stellen. Die Integration von Bewertungsmöglichkeiten in die Shopumgebung ist im Bereich des E-Commerce somit das optimale Tool, um den Hebel Social Proof absatzfördernd einzusetzen. Amazon folgt ebenfalls dem Prinzip des Social Proof. Wenn Amazon schreibt, »Personen, die dieses Produkt gekauft haben, kauften auch...«, werden auch aus der Masse heraus Empfehlungen ausgesprochen, die zu neuen Käufen anregen können.

Reizüberflutung führt zu »choice under conflict«
Je mehr gleiche und ähnliche Produkte Sie anbieten, desto schwieriger wird es für den Kunden, Produkte zu vergleichen. Das hat im schlimmsten Fall zur Folge, dass der Kunde am Ende gar nichts kauft. In der Wirtschaftspsychologie nennt man dieses Phänomen »choice under conflict«. Der Käufer befindet sich in einem Entscheidungskonflikt, da er die Produktauswahl und Angebote kaum voneinander unterscheiden kann. Heißt das jetzt, Sie sollen Ihr Sortiment drastisch kürzen? Natürlich stehen hinter Ihrem Warensortiment immer auch strategische Überlegungen, und Sie können freilich nicht einfach Produkte entfernen. Wenn Sie nicht anders können, haben Sie immer noch die Möglichkeit, das Mittel der künstlichen Verknappung, siehe Abschnitt 5.4, »Das Prinzip Knappheit«, einzusetzen, um »choice under conflict« zu vermeiden.

Bieten Sie Social Proof im Onlineshop – Best Practice Gilt

Ein Onlineshop, der das Prinzip »Social Proof« aufgreift und umsetzt, ist »Gilt«. Unter *http://live.gilt.com* werden in Echtzeit Produkte angezeigt, die andere Kunden gerade kaufen. Auf diese Weise wird angezeigt, welche Produkte beliebt sind. Potenzielle Kunden können sich damit absichern, das richtige Produkt zu kaufen, und sie gelangen schneller zu einer Entscheidung. Auf der Website *www.gilt.com* wird die Anwendung über den Reiter »What's hot?« beworben. Sobald man die Anwendung startet, werden nacheinander Produkte geladen, die gerade gekauft werden oder die von anderen Usern auf Facebook geliked oder auf Pinterest und Twitter geteilt wurden. Zusätzlich nutzt Gilt das Prinzip der Knappheit und zeigt an, wie viele Produkte noch verfügbar sind (siehe Abschnitt 5.4, »Das Prinzip Knappheit«).

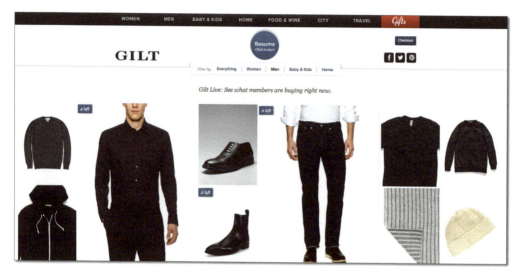

Abbildung 5.3 GILT zeigt eben getätigte Einkäufe anderer Kunden. Quelle: live.gilt.com

Die gesamte Gilt Groupe ist online sehr erfolgreich. Laut dem Online-Magazin Internet Retailer, welches regelmäßig die Top-500-Liste der Onlinehändler herausgibt, belegt die Gilt Groupe mit über 500 Mio. US$ Umsatz in Online-Sales Platz 49 des Top-500-Rankings in 2012, siehe *http://www.internetretailer.com/top500/profiles/Gilt-Groupe*, und das, obwohl das Unternehmen erst seit fünf Jahren besteht.

Social Proof in Echtzeit – Best Practice Fab.com

Fab beherrscht die Regeln des Social Commerce. Der Onlineshop für Designerprodukte greift nicht nur das Prinzip des Social Proof auf, sondern auch das Prinzip der Knappheit und das Prinzip der Reziprozität. Unter *http://eu.fab.com/feed* werden Produkte in Echtzeit gelistet, die gerade geliked, »geherzt«, favorisiert oder gekauft wurden. Während GILT also kürzlich gekaufte Produkte anzeigt, weitet Fab den Social Proof auch auf Empfehlungen im Social Web aus.

Der Onlinehandel ist aufgrund seiner vorliegenden Daten und Social-Media-Integration geradezu dafür prädestiniert, den Faktor Social Proof absatzfördernd zu nutzen. Aber Achtung, Datenschutz! Natürlich braucht es vorher das Einverständnis der Käufer, diese Daten anzuzeigen. Beispielsweise zeigt Fab bei gekauften Produkten nicht den Namen des Käufers an, sondern bezeichnet den Käufer als »Ein Fab-Mitglied«.

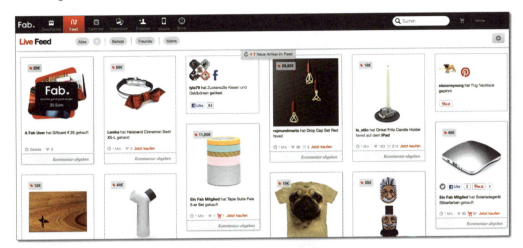

Abbildung 5.4 Fab nutzt das Prinzip sozialer Bewährtheit und zeigt die Anzahl der Produktkäufe und Empfehlungen an. Quelle: http://eu.fab.com/feed

5.2.3 Social Proof im stationären Handel

Welche Möglichkeiten hat der stationäre Handel, von dem Prinzip Social Proof zu profitieren? Bestseller und beliebte Produkte auf Flat-Screens? Eine Twitter-Wall mit Tweets von gekauften Produkten? Technisch ist dies durchaus möglich, klingt jedoch noch etwas nach Zukunftsmusik. Jedoch bestehen auch für den stationären Handel wesentlich mehr Optionen, sich in der digitalen Welt zu positionieren, als manch lokalem Händler derzeit noch bewusst ist. Der Faktor Social Proof spielt hierbei eine nicht zu unterschätzende Rolle. Als Inhaber eines Ladengeschäfts haben Sie neben der Google-Händlerbewertung, siehe Abschnitt 6.1, »Die Bewertungsstrategie«, die Möglichkeit, Produkte in der Produktsuche der Suchmaschine gezielt einzupflegen und bewerten zu lassen. Ebenso zahlt sich das Engagement auf Preisvergleichsportalen und auf lokalen Bewertungsplattformen aus und stellt für den stationären Handel eine gute Möglichkeit dar, von der digitalen Mundpropaganda zu profitieren.

Dem Showrooming-Effekt zuvorkommen – Best Practice C&A

C&A in Brasilien hat es gewagt, den Social Proof in Form von Facebook-Likes in seine Ladengeschäfte zu bringen. C&A Brasil veröffentlichte für die Kampagne »C&A Fashion Like« die neue Kollektion auf Facebook und wies gleichzeitig die Facebook-Likes, die jedes Kleidungsstück der Kollektion erhielt, auf mit Displays bestückten Kleiderbügeln aus. So konnten sich unentschlossene Kunden in Echtzeit rückversichern, ob sie mit der Wahl ihres Kleidungsstücks richtig lagen. Die Kampagne war laut der verantwortlichen Agentur DM9DDB ein voller Erfolg: Die Facebook-Seite *http://facebook.com/ceabrasil* generierte im Kampagnenzeitraum 1.000 neue Fans pro Stunde und 6.200 Facebook-Meinungen in den ersten Stunden der Kampagne. 1.700 Beiträge wurden auf Blogs, News-Sites und Webseiten veröffentlicht, und insgesamt betrug die Reichweite 8,8 Mio. Menschen. Der wirtschaftliche Erfolg der Kampagne spiegelt sich in den Verkaufszahlen wider: Teile der Kollektion waren bereits am ersten Tag der Kampagne ausverkauft.

Abbildung 5.5 Facebook-Likes als Indikatoren für beliebte Produkte;
Quelle: https://www.youtube.com/watch?v=TyWQrmiRoLE

5.3 Das Prinzip Autorität

Der Erfolg von Buchtiteln wie »*What would Google do?*«, »*Was würde Apple tun?*« oder gar »*Was wir von Steve Jobs lernen können*« verrät, dass es eine Tendenz gibt, sich an erfolgreichen Personen und Experten zu orientieren. Menschen vertrauen Autoritäten. Wie stark Autoritäten wirken können, hat schon Stanley Milgram in seinem bekannten »Milgram-Experiment« 1961 gezeigt, wo er den Autoritätsgehorsam von Menschen untersuchte. Natürlich gibt niemand öffentlich zu, dass er sich an Autoritäten orientiert oder gar obrigkeitshörig ist, denn niemand möchte seine Individualität öffentlich leugnen. Wenn aber jeder so unglaublich individuell ist, warum setzen sich dann bestimmte Trends immer wieder durch? Welche Rolle Autoritäten bei Kaufentscheidungen spielen und wie Händler das nutzen können, soll im Folgenden gezeigt werden.

5.3.1 Autoritäten bei Kaufentscheidungen

Natürlich geht es bei Kaufentscheidungen nicht um Gehorsam. Aber es gibt eine Reihe von Autoritäten – Verkäufer, Experten, Vorbilder, Stereotypen, Stars und Celebritys, Role Models, Freundeskreis, Familie – die Kaufentscheidungen enorm beeinflussen. Diese »Influencer« sind natürlich je nach Einkaufssituation immer wieder andere und verschieden. Für Produkte aus dem Modebereich spielen andere Influencer eine Rolle, als bei Elektronikprodukten. Bei Letzteren kann ein renommierter Blogger oder Fachexperte meinungsbildend sein. In Kapitel 6, »Strategien für erfolgreichen Handel«, erfahren Sie, wie genau man Influencer definiert, wie Sie sie gewinnen und Influencer Relations betreiben (siehe Abschnitt 6.2.9, »Influencer Relations«).

5.3.2 Mit Autorität verkaufen

Um erfolgreich mit Autorität zu verkaufen, gibt es mehrere Möglichkeiten. Erst einmal können Sie sich selbst Autorität verschaffen. Scheuen Sie sich nicht davor, Ihre Expertise mittels Content Marketing zu demonstrieren, siehe Abschnitt 6.4.1, »Involvierung mittels Content Marketing«). Dabei können Sie Ihre Website, soziale Netzwerke oder einen eigenen Blog einsetzen. Das ist keine inszenierte Selbstdarstellung, sondern etwas, was sich Ihre Kunden wünschen. Denn Ihre Kunden möchten stets an Orten – egal ob online oder offline – einkaufen, die ihrem Lifestyle entsprechen oder einem Lifestyle, dem sie nacheifern. Und genau das können Sie durch Ihre Autorität bzw. Expertise steuern. Zeigen Sie anhand von Qualitätssiegeln, Expertenmeinungen, unabhängigen Kundenstimmen, Testimonials, Fallbeispielen, dass Ihre Stammkunden Ihnen vertrauen. Im besten Fall sind das Informationen mit einem echten Mehrwert, die einen »Aha-Effekt« bei anderen Kunden, in dem Sinne »Ach, das wusste ich noch gar nicht, dass man mit Weinkisten auch Regale bauen kann«, hervorrufen. Das lässt Sie kompetent und vertrauenswürdig bei Ihren potenziellen Kunden erscheinen.

5.3.3 Wie der stationäre Handel Autoritäten einsetzen kann

Sie fragen sich jetzt, wie Autorität beispielsweise beim Handel mit Lebensmitteln funktioniert, und was oder wer Sie beim Kauf einer bestimmten Käsesorte verführt? Auch dabei wird häufig zu dem Trick, mit Autorität zu verkaufen, gegriffen. Allerdings handelt es sich dabei weniger um Influencer, sondern es sind Autoritäten in Form von Institutionen oder Organisationen. Denn die Produkte im Lebensmitteleinzelhandel werden mit Aufklebern wie »Testsieger« oder »Stiftung Warentest Urteil: sehr gut« versehen, um dem Käufer die Entscheidung durch eine unabhängige dritte Meinung eines Experten zu erleichtern. Dass die Ergebnisse häufig ein paar Jahre zurückliegen, überliest der Käufer häufig. Neben diesen Wertesiegeln werden auch in der klassischen Werbung Autoritäten eingesetzt. Der Mineralölkonzern und Tankstellenbetreiber TOTAL wirbt derzeit mit »Sieger tanken TOTAL« und zeigt Formel 1-Fahrer Sebastian Vettel im Red Bull-Wagen. Kosmetikprodukte werden mit dem Slogan »the make-up of make-up artists« versehen, damit bereits im Slogan anklingt, dass das Produkt auch bei den Branchenexperten beliebt ist und von den Profis benutzt wird. Automatisch greift der Kunde zu einem Produkt, das von einem Experten empfohlen wird, denn Autorität stiftet Vertrauen und gibt ihm die Gewissheit, das Richtige zu kaufen.

5.3.4 Wie der Onlinehandel gezielt Autoritäten einsetzt

Celebritys sind immer nützlich, um Produkte zu vermarkten. Ihr Einfluss und die damit verbundene Werbewirksamkeit verdeutlichen unter anderem die hohen Summen, die Fußballspieler, Models, Schauspielerinnen für Werbespots erhalten. Einige Stars und Celebritys nutzen mittlerweile ihren Status gar, um eigene Produktserien oder Markenartikel in Onlineshops zu vermarkten. »Celebrity Curation« oder »Curated Shopping« heißt ein Trend aus den USA, der jetzt auch in Deutschland einige Start-ups hervorgebracht hat. Die Celebritys wählen Produkte aus, die sie selbst nutzen und schätzen, und präsentieren diese. Jeder Star steht stellvertretend für ein bestimmtes Genre: Der Starkoch weiß über die besten Haushaltsgeräte Bescheid, die Schauspielerin ist gleichzeitig Beauty-Expertin, das Model eine Fashion-Spezialistin.

Wenn Stars ihre Lieblingsprodukte empfehlen – Best Practice Beachmint

Genau nach diesem Prinzip funktioniert das Shoppingportal Beachmint. Auf der Plattform *http://www.beachmint.com* stellen Stars und Promis, wie die Schauspielerinnen Mary-Kate Olsen und Ashley Olsen, Rachel Bilson, Entertainer Justin Timberlake, Produkte in ihren eigenen Channels »Stylemint«, »Shoemint«, »Homemint« vor und nutzen hierbei die verkaufsfördernde Wirkung ihres Prominentenstatus, siehe Abbildung 5.6.

Curated Shopping in Deutschland – Best Practice BerryAvenue

Auch in Deutschland gibt es bereits Start-ups, die auf den Trend »Curated Shopping« oder »Promi-Shopping« aufsetzen. Neben »miacosa«, *http://www.miacosa.de*, und »Blissany«, *http://www.blissany.com*, ist »BerryAvenue«, *http://www.berryavenue.de*, eines, welches bekannte Stars und Promis um sich schart. Starköche, Fitness-Trainer, Make-up Artists, Moderatoren, Modeblogger, Journalisten usw., sie alle präsentieren ihre Produkte (siehe Abbildung 5.7).

5.3 Das Prinzip Autorität

Abbildung 5.6 Celebrity Curation bei Beachmint – Stars stellen ihre Lieblingsprodukte vor. Quelle: http://www.beachmint.com

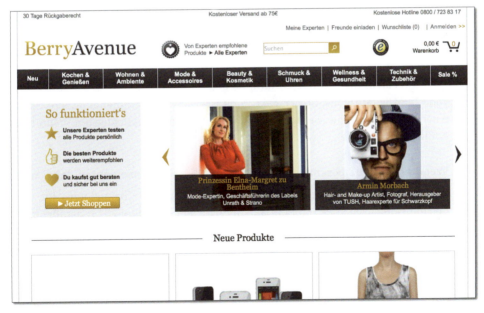

Abbildung 5.7 Bei BerryAvenue präsentieren Promis wie Armin Mobach ihre Lieblingsprodukte. Quelle: http://www.berryavenue.de

155

5.3.5 Auch Ihre Kunden sind Autoritäten

Um von dem Prinzip Autorität zu profitieren, müssen Sie nicht zwangsläufig mit Celebritys kooperieren, denn es gibt auch zahlreiche Multiplikatoren unter Ihren bestehenden Kunden. Selbst ein »Otto Normalverbraucher« kann eine Autorität im Kontext von Produkten erlangen. Angenommen jemand geht gerne in seiner Freizeit Angeln. Sein Hobby macht ihn gleichzeitig zum Experten, wenn es um das Angeln geht. Seine Erfahrungen teilt er nicht nur im Freundes- und Bekanntenkreis (Word-of-Mouth), sondern er bloggt darüber auch regelmäßig. Das macht ihn zu einem authentischen Angel-Experten und wichtigen Influencer für Händler mit Angelzubehör sowohl für den Offline- als auch für den Online-Handel. Wie Sie solche Experten für sich gewinnen, erfahren Sie in Abschnitt 6.2.1, »Mündliche Empfehlungen: Word-of-Mouth-Marketing«, und Abschnitt 6.2.9, »Influencer Relations«.

5.3.6 Gewinnen Sie Ihre Kunden für Produktempfehlungen

Produktempfehlungen können selbstverständlich auch offline, also im direkten Gespräch erfolgen. Dann spricht man von Mundpropaganda oder »Word-of-Mouth«. Bei Empfehlungen, die im Social Web, auf Facebook und Pinterest, in Blogs und auf YouTube ausgesprochen werden, sprechen wir demnach von »digitaler Mundpropaganda« durch »digitale Influencer«. Der Unterschied zwischen diesen beiden Formen ist, dass sich digitale Mundpropaganda im Web steuern und mithilfe von Social-Media-Monitoring-Tools messen lässt, während Sie Gespräche außerhalb des Netzes nur durch qualitative Befragungen messen können. Hierfür können Sie mit Anbietern zusammenarbeiten, die Word-of-Mouth-Marketing anbieten. Allerdings wird die persönliche Empfehlung aus dem Bekanntenkreis nach wie vor als die vertrauenswürdigste eingestuft (laut Social-Media-Studie »Beyond the Digital Hype«, 2012). Fakt somit ist: Die Weiterempfehlungsbereitschaft einer Marke ist offline wie online Gold wert und eine der wichtigsten Währungen erfolgreichen Handels.

Wenn sich »EbruZa« schminkt, schauen ihr 160.000 Konsumenten dabei zu

Wenn »EbruZa« ein neues Beauty-Video in ihren YouTube-Channel hochlädt, werden mit einem Mal über 160.000 YouTube-Nutzer (Stand Juni 2013) darüber informiert (siehe Abbildung 5.8). Nach fünf Jahren (sie startete im Juni 2008) kann die erfolgreiche Video-Bloggerin (auch »Vlogger«) auf diese beachtliche Anzahl von Abonnenten und über 40 Mio. Aufrufe (Stand Juni 2013) zurückblicken. Übrigens: Der erfolgreichste Vlogger in YouTube heißt »Gronkh« mit über 1,5 Mio. Abonnenten und über 680 Mio. Aufrufen. Das Besondere an den YouTube-Channels: Sie profitieren von ihrem Archiv bzw. der Beliebtheit von Videos, die sie schon vor Jahren hochgeladen haben. Deshalb müssen auch Unternehmen in YouTube investieren. Mehr dazu lesen Sie in Abschnitt 6.4.5, »Content Marketing mit Videos«.

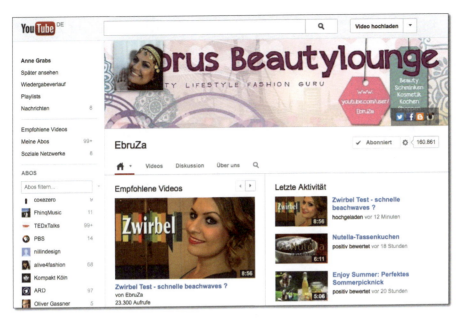

Abbildung 5.8 EbruZa veröffentlicht regelmäßig Beauty-Videos auf YouTube und beeinflusst dadurch die Einkaufsgewohnheiten ihrer Zuschauer. Quelle: https://www.youtube.com/ebruza

Viel entscheidender als die Anzahl ihrer Abonnenten ist jedoch, dass ihre Erfahrungen mit den darin vorgestellten Produkten meinungsbildend sind. Die Nutzer fragen ganz genau nach den vorgestellten Produkten und wenn Ebru sagt »Das ist der beste Eyeliner, den ich bisher benutzt habe«, können Sie sicher sein, dass sich die Zuschauerinnen bei ihrem nächsten Einkauf auf Ebrus Tipp verlassen. Ebrus Meinung ist im Dickicht der Produktunübersichtlichkeit ein willkommener Filter für Kunden. Ebru ist nicht die einzige, die Beauty-Tutorials auf YouTube stellt.

Auch Vloggerinnen wie »alive4fashion«, *https://www.youtube.com/alive4fashion*, oder »CitaMaass«, *http://www.youtube.com/citamaass,* und etliche andere folgen EbruZas Mission und versorgen regelmäßig ihre Fans mit Videos. Unterhalb der Grenze von 30.000 Abonnenten verdienen die YouTuber bzw. Vlogger (Video-Blogger) kein oder kaum Geld mit ihren Videos. Dennoch gibt es unzählige Nachahmerinnen bzw. eine Community von selbsternannten Beauty-Expertinnen, die dem Prinzip der YouTube-Profis folgen. Sie eignen sich nicht unbedingt, um Reichweite aufzubauen, aber für das ein oder andere Nischenprodukt können sie womöglich doch identifiziert werden. Gerade YouTuber im Anfangsstadium freuen sich über Aufmerksamkeit von Unternehmen. Und das gilt nicht nur für den Beautybereich. Auch Smartphones und technische Geräte, Hard- und Software, Filme und Musik, Bücher, Autos und Motorräder und andere Lieblingsprodukte von Verbrauchern werden in Videos vorgestellt und rezensiert.

Abbildung 5.9 160.000 Konsumenten folgenden Beauty-Tipps von EbruZa.
Quelle: https://www.youtube.com/watch?v=geVN-EuycDg

Natürlich hat auch YouTube das Potenzial dieser Influencer bereits erkannt. Wer eine gewisse Anzahl an Abonnenten zu Video-Views aufweisen kann, partizipiert an den Werbeeinnahmen der Video-Ads vor, während und nach dem Video und bekommt einen Branded YouTube-Channel mit weiteren Funktionen zur Verfügung gestellt, für die Unternehmen mit wenigen Klicks extra bezahlen müssen.

> **»Was du kaufst, bestimmen die anderen«**
>
> So lautet der Untertitel von Martin Lindstroms Buch »Brandwashed«, in dem er anhand eines Experiments zeigt, wie sehr sich der Freundes- und Bekanntenkreis – unbewusst oder bewusst, aber definitiv sehr subtil – auf das Kaufverhalten auswirkt. Lindstrom inszenierte die perfekte, gut situierte Familie im kalifornischen Laguna Beach und beobachtete vier Wochen lang unter Mithilfe von 35 Kameras und 25 Mikrofonen das Verhalten der »Morgensons«. Ganz beiläufig empfahlen diese ihren Gästen ihre Lieblingsprodukte, zeigten Neuanschaffungen und legten ihnen den Kauf von bestimmten Produkten nahe. Das Ganze natürlich wohl dosiert und im Kontext der Freundschaft. Das Ergebnis: Im Schnitt kauften die Freunde drei der angepriesenen Produkte.

Empfehlungen von Konsument zu Konsument – Best Practice Polyvore

Nachdem die Modebranche in den letzten Jahren von Fashion-Bloggern komplett umgekrempelt wurde, sind es jetzt die Endverbraucher, die ihr Know-how und ihre Kompetenz nutzen, um andere Käufer zu beraten. Anbieter wie »Polyvore«, *www.polyvore.com*, Fancy, *http://www.thefancy.com*, oder hierzulande »Stylefruits« reagieren folglich genau richtig auf den Empfehlungstrend unter Konsumenten. Bei Polyvore stellen Fashion-Liebhaberinnen Collagen von Outfits zusammen. Die Besonderheit dieser Collagen ist, dass sie gleichzeitig eine bestimmte Stimmung und Emotionalität transportieren. Das Produkt wird immer in einen Rahmen mit passenden Landschaftsaufnahmen, Zitaten, Bildern von Models etc. gesetzt. Außerdem ist jedes einzelne Produktbild mit dem Onlineshop verlinkt und leitet so den Betrachter der Collage direkt zum Produkt (siehe Abbildung 5.10).

Solche Outfit-Zusammenstellungen sind besser bekannt aus Modezeitschriften. Sie werden im Grunde also einfach auf die Onlinewelt übertragen. Allerdings werden sie nicht von Modejournalisten oder Stylisten zusammengestellt, sondern von ganz normalen Nutzerinnen, die ein Faible für Fashion haben. Den Nutzern geht es bei dieser Zusammenstellung verschiedener Outfits vor allem darum, den eigenen Modegeschmack unter Beweis zu stellen. Die hier ausgesprochenen Empfehlungen bieten vielen Fashion-Victims eine willkommene Inspiration auf ihrer Shoppingtour. Polyvore & Co betreiben somit Empfehlungsmarketing par excellence, finanziert durch Affiliate-Marketing in Form von Bildern. Die Bilder der einzelnen Produkte sind mit den Shops verlinkt und leiten die Kunden in den entsprechenden Store!

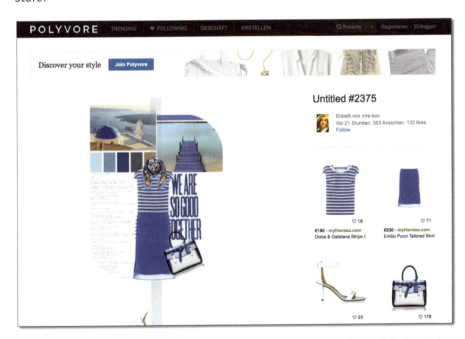

Abbildung 5.10 Mit Polyvore können die Nutzer Outfits zusammenstellen und direkt mit den Onlineshops verlinken. Quelle: http://www.polyvore.com

> **Belohnen Sie Multiplikatoren!**
> Wenn Sie einen Onlineshop nach dem Prinzip von Polyvore & Co aufbauen, sollten Sie darauf achten, Ihre Multiplikatoren in irgendeiner Form zu belohnen. Amazon führt beispielsweise ein Ranking seiner »Top Rezensenten« und »Hall of Fame-Rezensenten«, siehe *http://www.amazon.de/review/top-reviewers*. Andere arbeiten über ein Affiliate, damit besonders aktive Multiplikatoren an den Umsätzen, die sie generieren, beteiligt werden können. Wie Sie Multiplikatoren gezielt belohnen, erfahren Sie in Abschnitt 6.3, »Die Belohnungsstrategie«.

5.4 Das Prinzip Knappheit

Von Oscar Wilde stammt der berühmte Satz: »Versuchungen sollte man nachgeben. Wer weiß, ob sie wiederkommen.« Bei Produkten ist es häufig so, dass sie erst dann zur Versuchung werden, wenn sie knapp sind. Zum einen wird Seltenes wertvoller beurteilt. Dies ist auch der Grund, warum in der Kunstszene so unglaublich hohe Preise erzielt werden können. Denn bei einem Kunstwerk gibt es keine Produktalternativen, und möglicherweise kommt nie wieder ein solches Bild oder jene Skulptur zustande. Der subjektive Wert eines Produktes steigt, sobald es limitiert, knapp oder nur zeitlich begrenzt verfügbar ist (siehe Abbildung 5.11). Zweitens löst Knappheit so genanntes »Reaktanzverhalten« aus. Der Kunde empfindet die Einschränkung der Produktverfügbarkeit als Einschränkung seiner Handlungsfreiheit und versucht diese durch den Kauf wiederherzustellen. Umgangssprachlich formuliert, denkt sich der Kunde in diesem Moment: »Jetzt erst recht!«

Abbildung 5.11 Der subjektive Wert eines Produktes steigt, wenn es knapp oder limitiert ist. Quelle: eigene Darstellung

Auch wenn es heute Waren im Überfluss gibt, sind Situationen, in denen Produkte knapp oder vermeintlich knapp sind, nicht selten. Denken Sie zum Beispiel an saisonale Produkte, an limitierte Auflagen oder an exklusive Produkte, die nur einem bestimmten Käuferkreis zur Verfügung stehen. Knappheit und die hiermit verbundene Exklusivität stellen für viele Konsumenten einen besonderen Kaufanreiz dar, da solche Angebote in vielen Fällen als einmalige Gelegenheit wahrgenommen werden. Auch Sonderangebote und Rabatte fallen in diese Kategorie. Knapp ist in diesem Fall die Zeitspanne, in der ein Produkt zu einem besonders günstigen Preis gekauft werden kann. Die Ersparnis bei rabattierten Produkten steht immer in Relation zum Gesamtpreis des Produktes. Ein Rabatt von 50 € bei einem Produkt, welches ursprünglich 100 € gekostet hat, wird vom Konsumenten somit wesentlich positiver wahrgenommen als die Reduzierung des Preises von 1.000 auf 950 €. Deshalb greifen Händler häufig zu dem altbewährten Trick, den Preis als Rabatt im Vergleich zur »Unverbindlichen Preisempfehlung« des Herstellers zu verkaufen. Dies geschieht, obwohl die augenscheinliche Vergünstigung dem gängigen Verkaufspreis des Artikels bei anderen Händlern entspricht (siehe Abbildung 5.12). Allerdings helfen auch solche Tricks in Zeiten von Social Media und beinahe absoluter Preistransparenz nicht weiter. Ein Preischeck mit dem Smartphone genügt, um herauszufinden, dass die Nähmaschine in Abbildung 5.12 online günstiger zu haben ist.

Abbildung 5.12 Lidl wirbt mit einem Rabatt von über 50 % gegenüber der unverbindlichen Preisempfehlung des Herstellers. Quelle: http://www.lidl.de

Solche und ähnliche Tricks werden im Zuge der stetig zunehmenden Preistransparenz mittelfristig jedoch nicht mehr funktionieren. Denn auch der Erfolg von Preisvergleichsportalen ist auf die Beliebtheit des »Volkssports« Schnäppchenjagd zurückzuführen, dem viele Shopper gerne frönen. Von dieser digitalen Preistransparenz war lange Zeit vorrangig der Onlinehandel betroffen. Auf Grund der weiten Verbreitung von Smartphones jedoch muss sich inzwischen ebenso der stationäre Handel immer öfter den neuen Bedingungen dieser »Preistransparenz« stellen. Die Konsequenz hiervon ist, dass Händler zukünftig zu anderen Methoden greifen müssen, um den Trigger Knappheit und Exklusivität dennoch nutzen zu können.

> **»Selling-the-top-of-the-line« beim Onlinehandel**
> Haben Sie sich schon einmal gefragt, warum Verkäufer immer zuerst das teurere Produkt anbieten? Das liegt nicht per se an den höheren Margen, sondern dahinter steckt das Ziel, Sie zum Kauf des günstigeren Produktes zu bewegen. Denn Sie sind froh, sobald der Verkäufer das günstigere Produkt anpreist, und atmen innerlich auf. Kaufentscheidend ist letztendlich, dass auf Grund der »Ersparnis« Ihre mentale Buchführung ein Plus aufweist. Beim E-Commerce können Pure Player dieses Prinzip durch verschiedene Größen oder Produkte mit unterschiedlichen Services darstellen. Es lohnt sich daher auch online, teure Produkte im Sortiment zu haben, damit Ihre Kunden ihre Einkäufe leichter legitimieren können (»Ich habe ja das Billigste gekauft«).

5.4.1 Nutzen Sie die absatzfördernde Wirkung der künstlichen Verknappung

Neben dem klassischen Couponing sollten Sie als Händler zukünftig vermehrt auf zusätzliche Taktiken setzen, die Ihrem Kundenkreis das Gefühl von Exklusivität vermitteln. Eine äußerst wirkungsvolle Methode stellen Produkte in limitierter Auflage (»Limited Edition«) dar. Die künstliche Verknappung kann sowohl durch eine begrenzte und vorab festgelegte Stückzahl des Produkts erfolgen als auch durch einen begrenzten Angebotszeitraum. Ebenso sehr absatzfördernd wirken Angebote, die exklusiv an einen ausgewählten Kundenkreis erfolgen. Kunden, die solche Angebote erhalten, fühlen sich oft geschmeichelt, einer besonderen Gruppe von Personen anzugehören, die Zugang zu diesem Produkt haben. Solche Personenkreise können ausschließlich aus Stammkunden bestehen oder aber auch aus den »besonders treuen« Kunden. Neben dem Verknappungseffekt wirkt hierbei ebenso der Belohnungseffekt. Mehr dazu erfahren Sie in Abschnitt 6.3, »Die Belohnungsstrategie«.

Als besonders erfolgversprechend haben sich inzwischen so genannte »Pre-Launches« erwiesen, bei denen bereits vor dem offiziellen Marktstart einer begrenzten Anzahl von Kunden das Produkt einer beliebten Marke oder eines Herstellers angeboten wird. Neben der absatzfördernden Wirkung haben solche Aktionen zudem den Vorteil, dass sie sich positiv auf die Loyalität dieses Kundenkreises auswirken. Gerade im Zeitalter von Social Media und sozialen Netzwerken haben solche Aktionen oft auch eine positive Mundpropaganda zur Folge und wecken im Optimalfall bei anderen Konsumenten den Wunsch, das Produkt möglichst zeitnah nach dem offiziellen Launch erstehen zu wollen. Die Angst, etwas Seltenes zu verpassen, ist bei dieser Art von Produkten weitaus höher als bei üblichen Rabatten oder Sonderangeboten.

5.4.2 Wie Betreiber von Onlineshops das Prinzip der Knappheit nutzen

Einige Onlineshops haben bereits erkannt, dass sich Zeitlimitierungen positiv auf den Check-out auswirken. Sie kennen das Problem vielleicht: Viele Kunden surfen in Ihrem Onlineshop, legen Produkte in den Warenkorb und steigen dann dennoch kurz vor dem Kaufabschluss wieder aus. Zeitlimitierungen wirken dem entgegen. Noch stärker ist dieser Effekt, wenn das Produkt stark reduziert ist. Dass das Zeitlimit bei den Nutzern gerne angenommen wird, ist letztlich eBay zu verdanken, die das Auktionsprinzip flächendeckend eingeführt haben, siehe Abbildung 5.13.

Abbildung 5.13 »3,2,1 – meins« – eBay machte innerhalb kürzester Zeit Auktionen zum neuen Einkaufsprinzip im Onlinehandel. Quelle: http://www.ebay.de

Digitale Warenversteigerungen sind bei den Onlineshoppern beliebt. Dem Online-Auktionshaus ist es zu verdanken, dass sich die Kunden an die Einschränkung der Warenverfügbarkeit gewöhnt haben. Zwar gibt es im stationären Handel auch Kollektionen, die nur eine Saison verfügbar sind, aber die Waren nur noch auf wenige Stunden oder Tage zu beschränken, ist eher selten.

Best Practice Westwing

Keine Branche eignet sich so sehr, Produkte nach dem Prinzip der Knappheit zu vermarkten, wie der Design- und Kunstmarkt. Der eLiving-Trend macht vor, dass es heute kein Einzelphänomen mehr ist, wenn teure Designerprodukte, siehe Monoqi, *https://monoqi.com/de/store*, Westwing, *http://www.westwing.de*, und selbst Kunstwerke, siehe *http://auctionata.com*, online bestellt werden. Designermöbel und Kunstwerke sind per se knappe Produkte. Häufig sind es Unikate oder limitierte Auflagen. Zusätzlich nutzen die Onlinehändler ein Zeitlimit, um die Kunden zum Kaufabschluss zu motivieren (siehe Abbildung 5.14).

Abbildung 5.14 Ausgewählte, limitierte Designermöbel sind bei Westwing nur für kurze Zeit verfügbar. Quelle: https://www.westwing.de

Angebote für ausgewählte Konsumenten und treue Kunden

Knappheit verspricht immer auch einen sozialen Nutzen für den Käufer. Wer ein knappes Gut ergattert hat, erhält Anerkennung in der Community. Noch stärker ist der soziale Nutzen, wenn der Kunde zu einer Gruppe von ausgewählten Konsumenten gehört, die ausschließlich auf das Angebot zugreifen können, wie zum Beispiel als Fan eines Onlineshops in Facebook. Häufig ziehen solche Aktionen enorme Mundpropaganda nach sich, weil der Kunde stolz darauf ist, einem exklusiven Kreis anzugehören. Dieses Zugehörigkeitsgefühl kann durch die Einladung zu einem Event noch weiter gesteigert werden. Bringen Sie Ihre Stammkunden zum Launch einer neuen Produktserie zusammen. Feiern Sie zusammen mit ausgewählten Multiplikatoren Ihren Firmenerfolg. Stellen Sie Facebook-Fans ein limitiertes Produkt zur Verfügung. »ASOS« überrascht seine Fans regelmäßig mit exklusiven Angeboten, siehe Abbildung 5.15.

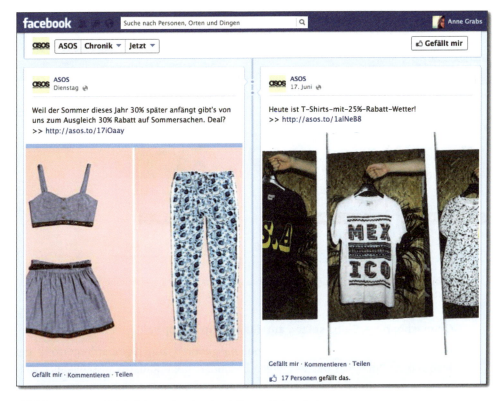

Abbildung 5.15 ASOS belohnt seine Facebook-Fans mit Angeboten.
Quelle: https://www.facebook.com/ASOS.Deutschland

> **Facebook-Fans wünschen sich Angebote**
>
> Sie glauben, die Facebook-Fans stören solche Angebote? Im Gegenteil: Die meisten Fans wünschen sich das sogar. Laut der Digital-Brand-Studie von Razorfish (2009), http://feed.razorfish.com, gaben 36,9 % der Nutzer an, Fan einer Marke auf Facebook zu sein, um exklusive Angebote zu erhalten.

Gutscheine zeitlich limitieren – Best Practice Douglas

Wer bei Douglas etwas kauft, erhält anschließend die Option, einen Gutschein von einer anderen Kooperationsplattform zu erhalten. Allerdings muss dieser Gutschein innerhalb von 10 Minuten »abgeholt« werden (siehe Abbildung 5.16). Sobald sich der Kunde für einen Gutschein entschieden hat, wird er sofort auf den Onlineshop geleitet. Das vermeintliche Zeitlimit hat zur Folge, dass der Käufer unter Zugzwang gerät, etwas zu kaufen, da der Eindruck entsteht, der Gutschein sei nur wenige Minuten und nicht längerfristig einlösbar. Im besten Fall bestellt der Kunden dann direkt, um ja nicht den Rabatt zu verpassen.

Abbildung 5.16 Zeitlich limitierte Angebote im After-Sales-Prozess erhöhen die Bestellwahrscheinlichkeit.

Onlineshopping-Clubs setzen auf das Prinzip Knappheit

Angebote, Sonderrabatte und Couponing gehören zum Standardrepertoire der Preispolitik. Doch was passiert, wenn besonders hohe Rabatte ausschließlich Mitgliedern eingeräumt werden? Ein Comeback von Shopping-Clubs konnte man sich vor einigen Jahren nach den Pleiten von Bertelsmann-Aboclubs kaum vorstellen. Doch gerade Onlineshopping-Clubs konnten in den letzten fünf Jahren zahlreiche Mitglieder gewinnen: Vente Privee, *http://de.vente-privee.com*, Rue La La, *http://www.ruelala.com*, Brands4Friends, *http://www.brands4friends.de*, Limango, *http://www.limango.de,* und nicht zu vergessen Amazon Buy Vip, siehe Abbildung 5.17, verdeutlichen, dass sich die digitalen Schnäppchenjäger gerne in geschlossenen Shopping-Communitys organisieren, um exklusive Angebote zu nutzen. Dies gilt besonders dann, wenn die Markenartikel und Luxusgüter stets 50 bis 70 % reduziert sind. Das Prinzip ist auf allen Plattformen das gleiche: Ware der Vorjahressaison, Überproduktionen werden drastisch reduziert und nur knapp über dem Einkaufspreis angeboten, um zumindest die Einkaufskosten wieder einzuspielen. Viele Händler nutzen den Vertriebsweg über Shopping-Clubs nach dem Handel und Outlet-Centern.

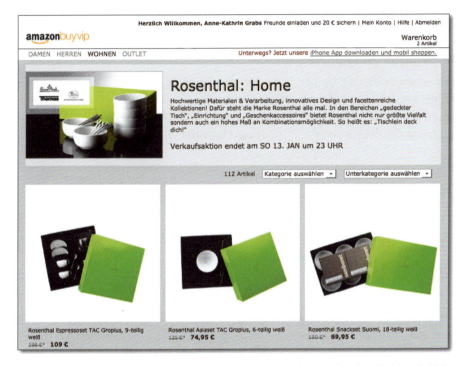

Abbildung 5.17 Amazon hat Buy VIP 2010 übernommen und verkauft neben Fashion-Artikeln mittlerweile auch teure Markenartikel aus dem Bereich Living & Design. Quelle: http://de.buyvip.com

Keine Angst vor Kannibalisierung

Wenn Sie Markenartikler im Bereich Fashion, Beauty oder Living sind, dann haben Sie diesen Trend wahrscheinlich ohnehin schon verfolgt oder sollten spätestens jetzt mit diesen Onlinehändlern in Kontakt treten, um diesen Vertriebskanal gewinnbringend für sich zu nutzen. Oder haben Sie Sorge, mit diesem Distributionskanal Ihren stationären Vertrieb zu kannibalisieren? Sie glauben, dass in Zukunft kein Kunde mehr Ihre teuren Produkte im Handel kaufen wird, sondern nur noch auf Angebote in seinem Shopping-Club wartet? Während des eBay-Hypes spekulierte man ebenfalls, der Konsument würde sein Geld nur noch im Rahmen von Auktionen im Netz investieren. Dass dem jedoch nicht so ist, wissen wir inzwischen heute besser. Shopping-Clubs lösen Kaufimpulse nur durch den enorm reduzierten Preis aus. Bei seinen Shoppingtouren möchte der Konsument jedoch auch inspiriert werden und nicht immer nur die alte Saison zu günstigen Preisen kaufen.

Was können Onlinehändler, die nicht im Lifestyle-Segment tätig sind, dennoch von der Renaissance der Shopping-Clubs lernen? Sie können ihren bestehenden Onlineshop nutzen und ihn um den Faktor »Exklusivität« erhöhen. Bieten Sie Restposten und Überproduktionen zu stark reduzierten Preisen in einem begrenzten Zeitraum (3 Tage oder eine Woche) an.

Best Practice vente-privee.com

Seit seiner Gründung im Jahr 2001 hat der Shopping-Club »Vente Privee« (siehe Abbildung 5.18) 16 Millionen Mitglieder gewinnen können. Der Erfolg des Shopping-Clubs zeigt sich auch an den Umsatzzahlen. Waren es 2002 nur 530.000 €, verzeichnete der Primus unter den Shopping-Clubs 2011 über eine Milliarde € Umsatz.

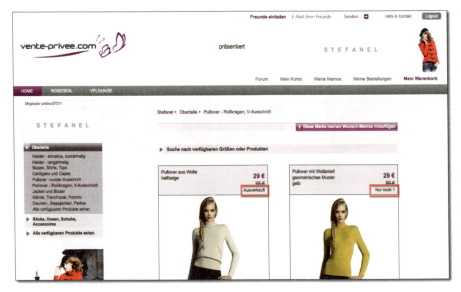

Abbildung 5.18 Innerhalb weniger Stunden sind stark reduzierte Markenartikel von Stefanel auf vente-privee.com ausverkauft.

5.4.3 Die Zeit tickt auch beim Couponing

Groupon, *https://www.groupon.de*, und Daily Deal, *http://dailydeal.de*, bieten ebenfalls starke Rabatte an. Die Verknappung der angebotenen Waren ist hier bedingt durch einen beschränkten Angebotszeitraum, in dem sich eine Mindestanzahl von Käufern finden muss, damit das Angebot zustande kommt. Im Gegensatz zu den Shopping-Clubs geht es hier in der Regel nicht um den Verkauf von Markenartikeln, sondern um Angebote aus der Gastronomie und Dienstleistungen im Wellness- und Freizeitbereich. Für die Anbieter ist Group Buying eine Möglichkeit, nicht ausgeschöpfte Kapazitäten auszulasten, aber vor allem, um neue Kunden durch ein exklusives Angebot auf sich aufmerksam zu machen. Allerdings sind beide Plattformen bei ihren Partnern in letzter Zeit aufgrund unklarer Vertragsbedingungen in Verruf geraten. In nicht seltenen Fällen wurde zudem darüber berichtet, dass von den Plattformbetreibern weitaus mehr Deals vermittelt wurden, als vorab vereinbart wurde. Die Folge hiervon sind unter anderem gnadenlos überfüllte Lokale beim Sonntagsbrunch und ein hieraus resultierendes Minusgeschäft für die Vertragspartner. Und auch die Kunden haben schnell gemerkt, dass die enormen Rabatte oftmals einen Haken haben. So fühlen diese sich auf Grund der teils widrigen Umstände, unter denen das Angebot wahrgenommen wird, oftmals als Kunden zweiter Klasse. Ob dies den erhofften Effekt der Kundenneugewinnung nach sich zieht, ist daher eher fraglich. Wie erfolgreich das Geschäftsmodell des Group-Buying mittel- bis langfristig sein wird und ob dies auch in Zukunft noch fester Bestandteil der Online-Schnäppchenjagd sein wird, ist daher abzuwarten.

5.4.4 Knappheit bei Shopping-Apps

Shopping-Apps, die das Online-Angebot unterwegs verfügbar machen, aber gleichzeitig auch mit Zusatzservices (Storefinder, Barcode-Scanner) punkten, schaffen mit exklusiven Angeboten Anreize, die App zu nutzen und sich durch das Warenangebot zu klicken. Am besten ist es, wenn Sie in der mobilen Shopping-App Angebote zur Verfügung stellen, die es im Onlineshop nicht gibt (siehe beispielsweise die App von »House of Fraser« Abbildung 5.19). Nur so bietet die App einen exklusiven Mehrwert für den Smartphone-Nutzer.

Abbildung 5.19 Beim Aufrufen der mobilen Shopping-App von House of Fraser wird der Kunde direkt mit Angeboten gelockt.

5.5 Das Prinzip Affinität

»Gleich und Gleich gesellt sich gern« lautet ein alter Spruch, der ausdrückt, dass Menschen mit gleichen Interessen gut zusammenpassen. Menschen suchen automatisch nach Gemeinsamkeiten, da dies auch gleichzeitig Gruppenzugehörigkeit und Identifikation bedeutet. Das sind Personen, die anderen Menschen ähnlich sind, sei es in Bezug auf das Alter, die Kleidung, politische Einstellungen, die Heimat einer Person, sogar das gleiche Sternzeichen, Geburtstag oder der gleiche Tabakkonsum können Affinitäten hervorrufen. Affinität führt dazu, dass diesen Menschen eher vertraut wird und sie dadurch auch einen stärkeren Einfluss auf Kaufentscheidungen haben. Und wo sind solche Überschneidungen generell am stärksten? Natürlich im Freundeskreis.

5.5.1 Menschen mögen, was auch dem Freundeskreis gefällt

Sie haben bestimmt schon einmal die Erfahrung gemacht, dass Sie einer Produktempfehlung Ihres Freundes gefolgt sind. Oder nehmen wir an, Ihr Freund arbeitet für einen Autohersteller. Er ist von Kindheit an Fan dieser Marke (siehe »Advocates« in Abschnitt 6.2.9, »Influencer Relations«). Er ist sozusagen mit dieser Marke »sozialisiert« worden. Und irgendwann passiert es dann, dass Sie ein Auto dieser Marke kaufen möchten. Ihr Freund hat Sie dazu jedoch nicht überredet, sondern Sie sind von sich aus auf ihn zugegangen und haben Ihren Kaufwunsch geäußert. Woran liegt das? Das liegt daran, dass wir Menschen mögen, die uns mögen, und damit auch deren Lieblingsprodukte. Das klingt sehr banal, liegt jedoch an dem eingangs erwähnten Wunsch nach Gruppenzugehörigkeit und Anerkennung in der Gemeinschaft. Außerdem vertrauen Menschen eher Freunden als Verkäufern.

> **Wie der stationäre Handel Affinität als Verkaufsstrategie einsetzt**
> Verkäufer und Verkäuferinnen passen sich dem Stil ihrer Kunden an, um Affinität zu erzeugen. Sie tragen ähnliche Kleider, und sie werden auch speziell für den Vertrieb aufgrund von Ähnlichkeiten ausgewählt. Eine geschickte Gesprächsführung des Verkäufers zeichnet sich dadurch aus, dass er Übereinstimmungen wie Hobbys und Wohnort sucht und dadurch Ähnlichkeiten aufzeigt. Eine weitere Taktik ist, sich als Verkäufer bescheiden oder sogar negativ darzustellen (»Understatement«), oder der Verkäufer gibt persönliche Informationen über sich preis, die dem Kunden suggerieren, er sei ein vertrauensvoller und ehrlicher Mensch.

5.5.2 Shopping unter Freunden ermöglichen

Die besten Verkaufssituationen sind die, wo Sie keinen Verkäufer brauchen, sondern sich Freunde zum Shoppen verabreden und gegenseitig beraten. Noch stärker ist der Effekt, wenn mehrere Freunde zusammen shoppen und die Freundin die Rolle der Verkäuferin einnimmt.

Onlineshops setzen auf Kaufpartys – Best Practice Stella & Dot

Verkaufspartys unter Freunden lohnen sich, und eine Plattform, die dies erkannt hat und seit 2004 im großen Stil umsetzt, ist der Schmuckanbieter »Stella & Dot«. Hinter deren Geschäftsmodell steckt die Idee, Onlineshopping mit Schmuck-Partys und Social Media zu verknüpfen. Bei den Schmuck-Partys, so genannte »Trunk Shows«, geben sich die Freunde gegenseitig Feedback und zelebrieren das gemeinsame Event. Einen besseren sozialen Verstärker als das positive Feedback von Freunden kann es für den Verkauf von Produkten gar nicht geben. Anschließend können die Gäste die Produkte über den Onlineshop der Stylistin bestellen. Und das lohnt sich für die Gastgeberin (siehe Abbildung 5.20), ihre Freunde und für die Stylistin, die Provision für ihren Umsatz erhält.

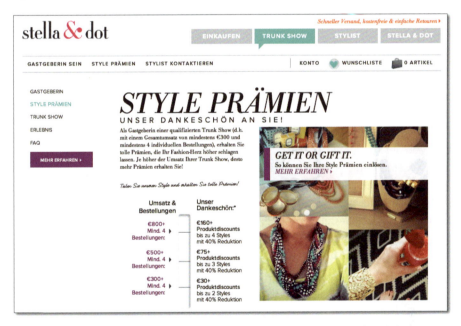

Abbildung 5.20 Bei Stella & Dot gilt: Je mehr Umsatz, desto mehr Geschenke erhält die Gastgeberin bzw. ihr Freundeskreis.

Die Beraterin kann entweder als »Hobby-Stylistin« oder direkt Vollzeit mit einem entsprechenden Starter-Kit in das Vertriebsmodell von Stella & Dot einsteigen. Nebenbei erhält sie einen individualisierten Onlineshop mit eigener URL und Trainings, darunter auch, wie sie Social Media für ihr Schmuck-Business einsetzen kann. Ganz bewusst wird hier nicht von einer »Verkäuferin« gesprochen. Der Begriff

Stylistin dient als Tarnung, damit die Teilnehmerinnen nicht von vornherein das Gefühl haben, sie seien auf einer Verkaufsveranstaltung. Die Stylistinnen verstehen sich als Fashion-Beraterinnen, nicht als Verkäuferinnen, auch wenn sie genau das sind. Übrigens gibt es auch männliche Berater, allerdings sind über 80 % tatsächlich Stylistinnen. Der bisherige Erfolg von Stella & Dot, welches bereits erfolgreich in Großbritannien und Deutschland gelauncht wurde, basiert auf der Verknüpfung von Onlineshop, Social Media und direktem Kundenkontakt.

> **Nutzen Sie den »Endowment«-Effekt aus!**
> Bei den Schmuck-Partys trägt ein weiterer Effekt zum Kauf von Produkten bei. Denn in dem Moment, wo die Gäste den Schmuck in der Hand halten, anlegen und anprobieren, gelangt er automatisch in ihren eigenen Besitz. Und Dingen, die in unseren Besitz gelangen, messen wir einen höheren Wert bei. Der gleiche Effekt tritt bei Anproben ein. Ein Produkt, das jemand, wenn auch nur kurzfristig, bereits getragen hat, »gehört« ihm mehr oder weniger. Deswegen fällt es vielen Käufern schwer, sich nach einem ausführlichen Verkaufsgespräch oder einer Anprobe gegen das Produkt zu entscheiden.

Gemeinsames Shopping und der Einsatz mobiler Endgeräte

Und in Zukunft wird das Mobile Web eine entscheidende Rolle bei diesem Erfolg spielen. Denn wie das Magazin Internet Retailer, *http://www.internetretailer.com/mobile/2013/01/04/retailers-expect-traffic-soar-using-mobile-optimized-sites*, im Januar 2013 berichtete, bringen die Party-Gäste immer häufiger ihr Tablet zur Schmuck-Party mit. Von dem gesamten Traffic auf *http://www.stelladot.com* kommt 30 % von mobilen Endgeräten und 80 % dieses mobilen Traffics stammt von Tablets. Stella & Dot hat deshalb seine Onlineshops für mobile Endgeräte optimiert. Kunden können noch einfacher auf die gesamte Produktauswahl zugreifen und, noch viel wichtiger, die Wartezeit bis zum Bestellprozess verkürzen und direkt während der Party bestellen.

> **Schmuck-Partys erzeugen Gruppenzwang**
> Wer von Ihnen schon einmal eine Tupperparty oder eine andere Veranstaltung mitgemacht hat, der wird wissen, dass es ziemlich schwer ist, sich dem Kauf eines Produktes zu entziehen. Der Gruppenzwang ist unglaublich hoch. Man möchte am Ende der Veranstaltung nicht als Einzige ohne eine Bestellung dastehen. In der Psychologie nennt man diesen Effekt den »Normativen Druck«. Demnach sind Personen stets bestrebt, kein Außenseiter in einer Gruppe zu sein. Aus diesem Grund nehmen Menschen häufig die vorherrschende Meinung einer Gruppe an. Um nicht zu polarisieren, verschweigen Gruppenmitglieder mitunter ihre wahre Meinung. Dieser Konformitätsdruck ist in der Massenkommunikation auch als »Theorie der Schweigespirale« bekannt. Aus Angst vor Isolation äußern sich Menschen häufig gemäß der vorherrschenden Mehrheitsmeinung und »verschweigen« sozusagen ihre wahre Meinung.

5.6 Das Prinzip Commitment

Sie kennen diese Situation, wenn Sie in der Fußgängerzone von einer jungen Studentin angesprochen werden, ob Sie ganz kurz eine Frage beantworten könnten. »Eine Antwort kostet ja nichts«, denken Sie sich. Die Studentin fragt Sie nach Ihrer Meinung zu Tierversuchen und bittet Sie, eine Petition gegen Tierversuche zu unterzeichnen. Natürlich sind Sie dagegen, auch wenn Sie kein Vegetarier sind. In dem Moment, wo Sie die Petition unterschreiben, haben Sie sich innerlich verpflichtet, gegen Tierversuche zu sein. Sie haben sich sozusagen »committet«. Die Studentin bittet Sie danach, für den Tierschutzverein zehn Euro zu spenden oder Freunde für Spenden zu gewinnen. Die Wahrscheinlichkeit, dass Sie dieser Bitte nachkommen, ist drei Mal so hoch, wenn Sie sich vorher committet haben, also wenn Sie direkt nach einer Spende gefragt worden wären.

> **»Foot-in-the-door«-Technik**
>
> Diese Gesprächstechnik ist auch besser bekannt als »Foot-in-the-door«-Technik. In einer klassischen Studie aus dem Jahr 1966 zeigten Freedman und Fraser in einem Experiment, dass Menschen eher bereit sind, einer großen Bitte zuzustimmen, wenn sie vorher einer kleineren Bitte zugestimmt haben. Dafür wurden Testpersonen telefonisch befragt, ob sie damit einverstanden wären, wenn ein Vertreter einer Hungerhilfsorganisation vorbeikommen würde, um Plätzchen zu verkaufen. 18 % der Befragten sagten zu. Fragte man vorher jedoch nach dem Wohlbefinden (Offene Frage: »Wie geht es Ihnen heute Abend?«), stimmten 32 % zu. Wurde jedoch suggestiv gefragt: »Ich hoffe, es geht Ihnen heute Abend gut?«, stimmten nur noch 15 % dem Hausbesuch zu. Der Grund dafür ist, dass die offene Frage ein aktives Commitment des Befragten einfordert, nämlich »Ja, mir geht es gut«. Und wem es gutgeht, der kann auch jemandem anderen etwas geben. Die Suggestivfrage erfordert dieses Commitment nicht, weil sie die Antwort in Form einer passiven Zustimmung schon vorgibt.

5.6.1 Warum Menschen sich committen

Commitment ist möglich, weil Menschen bestrebt sind, zu dem, was sie sagen oder tun, auch zu stehen. Sich zu committen, bedeutet, sich zu bekennen oder sich zu verpflichten. Kein Erwachsener ändert spontan seine Meinung, es sei denn, er befürchtet den Ausschluss aus einer Gruppe (Konformitätsdruck). Commitment wird daher häufig auch als Streben nach Konsistenz bezeichnet. Der Effekt kann neben der Theorie der Selbstbestimmung durch die Theorie der kognitiven Dissonanz erklärt werden. Kognitive Dissonanzen, wenn Gedanken, Gefühle, Entscheidungen miteinander unvereinbar scheinen. Der Mensch löst diese innere Spannung auf, indem er den Sachverhalt umdeutet und sein Fehlverhalten relativiert oder aufgrund des Kontextes rechtfertigt, z.B. »Ich konnte nicht anders, ich wurde ja überredet«.

5.6.2 Erzeugen Sie Commitment

Gewinnspiele finden häufig Anwendung, um etwa neue Fans und Follower im Social Web oder neue Kundendaten zu gewinnen (siehe Abschnitt 6.6, »Die Kundenbindungsstrategie«). Häufig sind diese Gewinnspiele jedoch herausgeworfenes Geld, vor allem, wenn es um die Erreichung kurzfristiger Ziele geht. Denn viele Gewinnspiele versäumen es, das Commitment des Kunden einzuholen (siehe das Gewinnspiel von Weleda auf Facebook, Abbildung 5.21, wo nur nach den Daten des Kunden gefragt wird). Dabei ist das gar nicht so kompliziert. Es genügt, wenn Sie vor der Teilnahme am Gewinnspiel den Kunden nach seiner Meinung zu Ihrem Produkt oder Unternehmen fragen: »Was gefällt Ihnen an dem Produkt besonders gut?«, »Welche Erfahrung haben Sie mit dem Produkt bisher gemacht?«, »Was war Ihr erster Eindruck beim Benutzen des Produkts?« usw. Da die Fragen mit einem extrinsischen Anreiz, einem Gewinn oder Geld, verknüpft ist, werden die Teilnehmer häufig positiv antworten, um damit ihre Gewinnchancen zu verbessern. Oder aber sie antworten positiv aufgrund »sozialer Erwünschtheit« (so genannter »Hawthorne-Effekt«). So kann ein positives Markenimage erzeugt werden, welches bestehen bleibt, auch wenn der Teilnehmer nicht gewinnt.

Abbildung 5.21 Weleda versäumt bei seinem Gewinnspiel, das Commitment der Kunden einzuholen.

**Ermöglichen Sie die Auseinandersetzung mit Ihrem Unternehmen –
Best Practice alverde**

Für die Teilnahme am Gewinnspiel von »alverde Naturkosmetik« mussten die Fans eine Frage zur bestehenden Facebook-Seite beantworten und sich somit aktiv mit alverde auseinandersetzen, aktiv durch die Chronik der Facebook-Seite scrollen und den ersten Eintrag von alverde suchen.

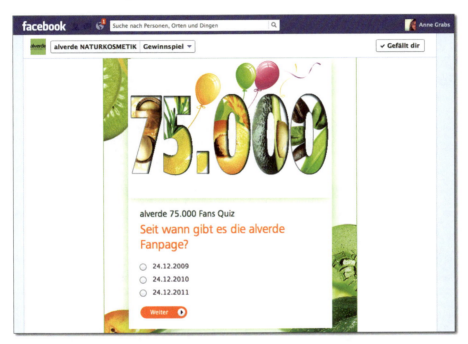

Abbildung 5.22 alverde fordert seine Fans in dem Gewinnspiel dazu auf, sich mit der Facebook-Seite auseinanderzusetzen, und erzeugt so Commitment.

5.6.3 Wie Sie bei Produkttestern Commitment erzeugen

Kunden sind gerne Produkttester, vor allem, wenn sie die Produkte kostenlos nutzen und nachher behalten dürfen. Dies haben die FMCG-Anbieter bereits erkannt und nutzen ihre Social-Media-Präsenzen, um neue Produkttester zu gewinnen. Für seine neue Produktreihe »Heinz Baked Beanz« suchte der Konzern in Deutschland Produkttester und fand sie über Facebook, siehe Abbildung 5.23. Um als Produkttester aufgenommen zu werden, mussten die Kandidaten der Jury mitteilen, warum sie sich als Produkttester eignen, und vor allem, warum sie unbedingt das neue Produkt ausprobieren wollten. Sie können sicher sein, dass motivierte Bewerber geschrieben haben, was sie an Heinz-Produkten lieben, auch um ihre Gewinnchancen zu erhöhen, vielleicht aber auch, weil sie wirklich Heinz-Fans sind. Diese Hürde diente nicht dazu, es dem Bewerber besonders schwer zu machen, sondern ausschließlich, um Commitment zu erzeugen, was der Marke gelungen ist. Durch die Auseinandersetzung mit den positiven Aspekten der Marke bzw. des Produktes verstärkte sich gleichzeitig das positive Markenimage. Das führt dazu, dass mit einer hohen Wahrscheinlichkeit beim nächsten Einkauf Heinz-Produkte im Warenkorb dieser Tester landen.

Abbildung 5.23 Produkttester müssen sich bewerben und der Jury mitteilen, was so besonders an den Heinz Baked Beanz ist.

Ist ein Like ein Commitment?

Reicht es, wenn Kunden Ihre Marke auf Facebook liken, um Commitment zu erzeugen, oder ist das doch nur ein flüchtiger Klick unter vielen anderen Beliebtheitsbekundungen? Die Antwort lautet: Es kommt darauf an. Manche Kunden möchten damit tatsächlich signalisieren, dass sie an Informationen des Unternehmens dauerhaft interessiert sind, andere klicken nur auf »Gefällt mir«, weil der beste Freund dies ebenfalls bereits getan hat. Ein Kommentar ist definitiv ein Commitment. Äußert sich der Nutzer positiv, verstärkt dies sein positives Markenimage. Genauso ist es jedoch auch umgekehrt bei einem negativen Kommentar.

5.7 Das Prinzip Reziprozität

Reziprozität oder die »Regel der Gegenseitigkeit« ist eine soziale Norm, nach der Menschen ungern Schulden bei jemandem haben, bzw. das Gefühl, jemandem etwas schuldig zu sein, vermeiden, indem sie schnell etwas zurückgeben. Das ist sogar dann der Fall, wenn Sie um diesen Gefallen gar nicht gebeten haben. Diese Norm kann man bei Wochen- oder Weihnachtsmärkten sehr gut beobachten, wenn die Händler ihre Waren anbieten und Sie dazu einladen, »doch einmal zu probieren«. Solche »Kostproben« lösen Reziprozität aus, denn in den meisten Fällen schmeckt Ihnen das Stück Mango oder Käse ausgezeichnet, und Sie fühlen sich verpflichtet, etwas zu kaufen.

5.7.1 Geben und Nehmen

Stellen Sie sich vor, Sie gehen mit Ihrem Freund etwas essen. Als die Rechnung kommt, stellen Sie fest, dass Sie vergessen haben, vorher noch einmal zur Bank zu gehen. Sie fragen den Kellner, ob Sie auch mit Karte zahlen könnten, doch leider geht das in diesem Restaurant nicht. Sofort wendet Ihr Freund ein, dass er das Essen zusammen bezahlt und Sie ihn einfach beim nächsten Mal einladen. Sie sind einerseits froh, die Situation im Restaurant gelöst zu haben, fühlen sich aber gleichzeitig unwohl, weil Sie nun Ihrem Freund etwas schuldig sind. Als Sie das nächste Mal Ihren Freund sehen, geben Sie ihm 30 €, 10 € mehr als Ihr eigentlicher Anteil an der Gesamtsumme des Essens betrug, zurück. In der Regel werden Sie sich bei Gefälligkeiten mit einer höheren Summe oder einem größeren Gefallen bedanken. Häufig führt die Reziprozitätsnorm dazu, dass die Höhe der Entschädigung größer ist als der ursprüngliche Wert des Gefallens, sei es in Form von Geld, einem Sachwert oder einem ideellen Wert (wenn Ihnen jemand aus der Patsche hilft, werden Sie jede Gelegenheit nutzen, sich erkenntlich zu zeigen).

> **Eine Hand wäscht die andere**
> Um das Spannungsverhältnis zwischen Geben und Nehmen aufzulösen, wenden die Menschen eine Strategie an, die bekannt ist als »Tit for tat« oder »Wie du mir, so ich dir«. Häufig wird jedoch mit der Strategie »Tit for tat plus one« reagiert.

5.7.2 Wie die Reziprozitätsnorm beim Onlinehandel eingesetzt wird

Im B2B-Commerce ist es nach wie vor gang und gäbe, sich Produktproben schicken zu lassen. Im B2C-Bereich wird das allenfalls durch Probefahrten beim Autokauf oder Produktproben im Lebensmitteleinzelhandel am POS genutzt. Warenproben, in welcher Form auch immer, haben den psychologischen Effekt, dass sie beim

Kunden Reziprozität auslösen, obwohl dieser glaubt, er würde sich von der Produktqualität überzeugen. Doch wie kann diese Taktik im E-Commerce Anwendung finden?

Unternehmen, die in Vorleistung gehen, erzeugen Reziprozität – Best Practice Outfittery

Wie erfolgreich sich Produkte verkaufen, wenn man sie dem Kunden vorher präsentiert, zeigt das Start-up »Outfittery« (siehe Abbildung 5.24). Deren Kunden sind Männer, die keine Lust auf Shopping haben, sondern lieber aus einer individuellen Zusammenstellung passender Freizeitmode das Passende auswählen. Der Kunde muss für den Beratungsservice nichts zahlen, sondern nur zu Beginn seinen Kleidungsstil mit der Beraterin absprechen, und erhält anschließend eine personalisierte Auswahl an Outfits nach Hause geschickt. Kleidung, die ihm gefällt, kauft er, den Rest schickt er zurück. Outfittery verlangt für den Service, den Versand und Rückversand kein Geld, sondern verdient an den Verkaufsmargen. Das Unternehmen spart sich jedoch die teure Miete für ein Geschäft in guter Lage und kann diese Ersparnis durch persönliche Beratung weitergeben.

Abbildung 5.24 Outfittery stellt individuelle Outfits für Herren zusammen, verschickt sie und lässt den Kunden das passende Outfit auswählen.

Aufgrund der Reziprozitätsnorm wird der Kunde in den meisten Fällen zumindest ein Kleidungsstück behalten. Manch einem wird sogar der Rückversand aufgrund des Zeitaspekts zu mühsam sein. Laut einem Interview auf Deutsche Start-ups im Oktober 2012, *http://www.deutsche-startups.de/2012/10/24/outfittery-erste-*

bilanz, verkaufte Outfittery innerhalb der ersten sechs Monate etwa 500 Outfit-Boxen pro Monat zu einem durchschnittlichen Bestellwert von 300 €. Die Kunden wünschten sich eine neue Box meistens im Zwei-Monats-Turnus.

Neben der Reziprozitätsnorm wirkt bei Outfittery auch der Endowment-Effekt, siehe Hinweiskasten in Abschnitt 5.5.2, »Shopping unter Freunden ermöglichen«. Hat der Kunde die Outfits einmal anprobiert, gehen sie in seinen Besitz über, und es fällt ihm schwer, sich davon wieder zu trennen.

5.7.3 Reziprozität beim Abo-Commerce

Nicht nur Shopping-Clubs erleben derzeit eine Renaissance, auch Abo-Modelle werden bei den Onlineshoppern immer beliebter. Abos im Onlinehandel? Das konnten sich viele Unternehmer nach dem Wegbrechen klassischer Abo-Modelle (siehe Bertelsmann) kaum vorstellen. Doch Abo-Modelle werden im Onlinehandel neu aufgelegt. Das zeigen die Beispiele Blacksocks, *http://www.blacksocks.com*, siehe Abschnitt 2.7.1, »Wie man Kunden an ein Socken-Abo bindet – Best Practice Blacksocks«, oder Glossybox, *https://www.glossybox.de*, ein Beauty-Abo, bei dem monatlich eine Beautybox verschickt wird, siehe Abbildung 5.25.

Abbildung 5.25 Für 15 € pro Monat erhalten Beauty-Liebhaberinnen ihre Glossybox.

> **»That's not all«-Technik im Onlineshop**
>
> Wenn Ihnen ein Verkäufer, noch bevor Sie überhaupt an eine Vergünstigung gedacht haben, sondern einfach nur überlegen, ob sich das Produkt wirklich für Sie lohnt, einen Rabatt anbietet, dann nutzt er die Technik »That's not all« und legt noch spontan etwas zu dem Angebot dazu. Die Technik funktioniert aufgrund der Reziprozitätsnorm. Sie fühlen sich aufgrund der kostenlosen Dreingabe verpflichtet, das Produkt zu kaufen, weil Sie das Gefühl haben, der Verkäufer würde sich so stark für Sie einsetzen. Wie kann diese Technik auf den Onlinehandel übertragen werden? Wenn Sie heute auf www.sheinside.com einen Mantel kaufen, bietet Ihnen die Plattform 3 % Rabatt, wenn Sie das Produkt auf Facebook empfehlen (siehe Abbildung 5.26).

Abbildung 5.26 Der Onlineshop sheinside.com belohnt seine Käuferinnen mit Preisvergünstigungen, wenn sie das Produkt in Facebook weiterempfehlen.

5.7.4 Durch Reziprozität Empfehlungen auslösen

Die Reziprozitätsnorm können Sie auch im stationären Handel einsetzen, um Empfehlungen auszulösen. Genau das hat Kellogg's mit seinem »Tweet Shop« in London umgesetzt (siehe Abbildung 5.27). Die Kunden erhielten eine kostenlose Probe von Kellogg's Produkten und mussten dafür mit einem Tweet, also einer Nachricht in Twitter, »bezahlen«. Das Medienecho zu dieser Aktion war enorm hoch. Der erste Laden, in dem alle Produkte kostenlos waren, hatte eröffnet. Doch dahinter steckt nicht die Idee, Produkte nur zu verschenken, um ein bisschen Aufmerksamkeit zu erzeugen, sondern die Idee, die Kunden zu Markenbotschaftern zu machen.

Abbildung 5.27 In Kellogg's Tweet Shop konnte man im Herbst 2012 Produkte mit einem Tweet bezahlen.

5.7.5 Fazit: Die Tupperparty® als Mikrokosmos aller Prinzipien

Bei einer Tupperparty® kommen alle Prinzipien des Handels zum Einsatz (siehe Abbildung 5.28). Durch die Gastgeberin, die ihre Freunde zur Party einlädt, ist ein hohes Maß an Affinität der Konsumenten untereinander gegeben, und sie ist gleichzeitig eine Autoritätsperson. Durch die Einladung zur Party entsteht gleichzeitig Reziprozität bei den Gästen. Auch das Willkommensgeschenk verpflichtet die Gäste mental zum Kauf der Produkte. Direkt zu Beginn der Party werden die Teilnehmerinnen dazu aufgefordert, von ihren Produkterfahrungen mit den zuletzt gekauften Produkten zu berichten. Das erzeugt enormes Commitment und Social Proof für Teilnehmerinnen, die zum ersten Mal bei einer Tupperparty sind. Die offizielle Verkäuferin von Tupperware punktet ebenfalls mit Sympathie und Affinität, aber auch mit Knappheit, indem sie spezielle Vergünstigungen und Rabatte ankündigt, wenn sich noch mehr Käuferinnen für ein Produkt finden. Das Ganze findet unter dem Vorwand einer »Party« statt, damit nicht der Eindruck eines Kaufzwangs entsteht, denn sonst würden die Freunde gar nicht zu der Party kommen. Durch die geschickte Inszenierung kauft am Ende doch jeder Gast etwas, da der soziale Druck in der Gruppe unglaublich hoch ist.

Abbildung 5.28 Die Tupperparty® ist der wichtigste Vertriebskanal von Tupperware® seit 1948.

6 Strategien für erfolgreichen Handel

Wie müsste ein perfekter Onlineshop aussehen, um Kunden zu gewinnen und an den Shop zu binden? Wie macht man Kunden zu Stammkunden? Wie erreicht man einflussreiche Multiplikatoren für Produktempfehlungen? Und wie können stationäre Händler neue Kunden über Social Media und Mobile Commerce gewinnen? All das erfahren Sie in den sechs Strategien für erfolgreichen Handel.

Sie haben in Kapitel 5, »Die Prinzipien des Handels«, erfahren, welche Faktoren den Kunden beim Einkauf beeinflussen und wie sich diese Faktoren auf den Social und Mobile Commerce übertragen lassen. Die folgenden sechs Strategien für erfolgreichen Handel fußen auf den Prinzipien, die Sie in Tabelle 6.1 sehen. Wie diese Prinzipien und Strategien sich optisch in einem Onlineshop darstellen lassen, zeigt die Abbildung 6.1.

Prinzip / Strategie	Social Proof	Autorität	Knappheit	Affinität	Commitment	Reziprozität
Bewertungsstrategie	✓	✓				
Empfehlungsstrategie		✓		✓	✓	
Belohnungsstrategie			✓			✓
Involvierungsstrategie					✓	
Kundengewinnungsstrategie	✓		✓			✓
Kundenbindungsstrategie					✓	

Tabelle 6.1 Aus sechs Prinzipien werden sechs Strategien für erfolgreichen Handel.

▶ Die **Bewertungsstrategie**: In der Bewertungsstrategie erfahren Onlinehändler und stationäre Händler, wie sie Bewertungen nutzen können, um das Vertrauen der Kunden zu gewinnen. Das trägt einerseits positiv zur Neukundengewinnung bei, wirkt sich aber gleichzeitig auch positiv auf den Abverkauf von Produkten bei bestehenden Kunden aus. Bewertungen wirken nach dem Prinzip des Social Proof. Je mehr Kunden das Produkt positiv bewertet haben, umso mehr hat es sich »sozial bewährt«. Welche Bewertungen sich für Ihren Onlineshop eignen, wie Sie zu Bewertungen kommen und was Sie bei negativen Kommentaren beachten müssen, erfahren Sie in Abschnitt 6.1, »Die Bewertungsstrategie«. Stationäre Händler erfahren in diesem Abschnitt ebenfalls, wie sie mit lokalen Bewertungen neue Kunden gewinnen können, siehe Abschnitt 6.1.9, »Händlerbewertungen: Bewertungen für den stationären Handel«.

- Die **Empfehlungsstrategie**: Die Empfehlungsstrategie verrät Ihnen, wie Sie dezidierte Empfehlungen unter Freunden stimulieren und wie Sie Influencer für Empfehlungen gewinnen. Die Empfehlungsstrategie fußt also insbesondere auf dem Prinzip der Affinität. Denn die Empfehlung des besten Freundes hat mehr Gewicht als die Empfehlung einer fremden Person. Wenn Influencer und einflussreiche Multiplikatoren wie Stars und Promis Produkte empfehlen, ist das Autoritäts-Prinzip aktiv. Und schließlich lässt sich mit Empfehlungen auch Commitment erzeugen, denn wer ein Produkt empfiehlt, commitet sich auch dazu.

- Die **Belohnungsstrategie**: Die Belohnungsstrategie ist die Fortsetzung der Bewertungs- und Empfehlungsstrategie und beschreibt, wie Sie mittels Belohnungen Bewertungen und Empfehlungen generieren. Sie beschreibt aber auch, wie Sie die Kundenbindung mit Belohnungen erhöhen. Belohnungen funktionieren nach dem Geben-und-Nehmen-Prinzip. Besonders erfolgsversprechend sind Belohnungen, die nur für eine bestimmte Zeit verfügbar sind und die sich der Kunde schnell abholen muss.

- Die **Involvierungsstrategie**: Die Involvierungsstrategie verrät Ihnen, wie Sie Kunden mit hochwertigen Inhalten und durch Teilhabe gewinnen und an sich binden. Content Marketing, Storytelling und Crowdsourcing sind die Schlagwörter dieses Abschnitts. Alle diese Maßnahmen zielen darauf ab, Commitment für Ihre Marke, Ihr Produkt oder Ihren Shop zu erzeugen.

- Die **Kundengewinnungsstrategie**: Die Kundengewinnungsstrategie richtet sich vor allem an stationäre Händler und erklärt ihnen, wie sie neue Kunden gewinnen.

- Die **Kundenbindungsstrategie**: In der Kundenbindungsstrategie erfahren Onlinehändler, wie sie Kunden mit passgenauen Produkten und einem herausragenden Service an ihren Shop binden.

6 Strategien für erfolgreichen Handel

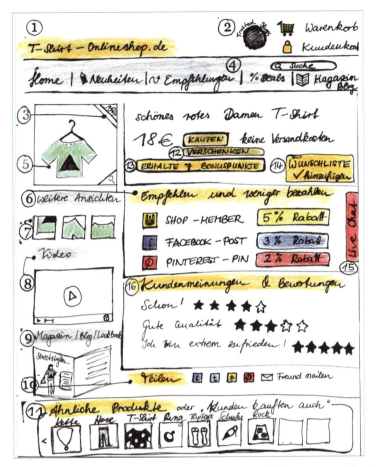

Abbildung 6.1 Wie müsste der perfekte Onlineshop aufgebaut sein? Quelle: eigene Darstellung

Legende

1. Wählen Sie einen einprägsamen Domainnamen und ermöglichen Sie die Anmeldung im Onlineshop mit Social Login, siehe Abschnitt 7.7.1, »Social Login«.

2. Nutzen Sie Gütesiegel wie zum Beispiel »Trusted Shops«,, die eine sichere Bezahlung garantieren. Mehr darüber erfahren Sie in den Abschnitten 6.1.2, »Bewertungen und Gütesiegel bieten Sicherheit« und 6.1.7, »Shopbewertungen von Onlineshops«.

3. Nutzen Sie den Effekt der künstlichen Verknappung, indem Sie den Preis reduzieren.

4. Empfehlen Sie Produkte auf Basis von Social Recommendations. Mehr dazu siehe Abschnitt 6.6.4, »Kundenbindung durch personalisierte Angebote«.

❺ Achten Sie auf hochauflösende Produktfotos.

❻ Belohnen Sie Empfehlungen in Social Media mit einem Preisnachlass auf das Produkt. Erfahren Sie mehr darüber in Abschnitt 6.2.4, »Produkt- und Shopempfehlungen in Social Media«.

❼ Stellen Sie weitere Produktansichten (Vorder-, Rückseite, Details, 3D) zur Verfügung.

❽ Integrieren Sie Produktvideos und Tutorials. Lesen Sie weiter in Abschnitt 6.4.5, »Content Marketing mit Videos«.

❾ Erzählen Sie mit visuellem Storytelling spannende Produktgeschichten. Wie das geht, erfahren Sie in Abschnitt 6.4.3, »Storytelling: Content Marketing braucht gute Geschichten«.

❿ Integrieren Sie Social Plugins zum Weiterempfehlen der Produkte.

⓫ Schlagen Sie dem Kunden mittels Empfehlungssystem ähnliche oder passende Produkte vor. Lesen Sie mehr dazu in Abschnitt 6.6.4, »Kundenbindung durch personalisierte Angebote«.

⓬ Bieten Sie das Produkt auch als Geschenkkauf an.

⓭ Binden Sie Kunden mittels Bonusprogramm. Lesen Sie mehr über Kundenbindung mittels Belohnung in Abschnitt 6.3, »Die Belohnungsstrategie«.

⓮ Integrieren Sie Wunschlisten.

⓯ Ermöglichen Sie Kundenberatung in Echtzeit mittels Live-Chat-Funktion. Mehr über Service in Echtzeit erfahren Sie in Abschnitt 6.6.5, »Erfolgreiches SocialCRM braucht herausragenden Service«.

⓰ Zeigen Sie Bewertungen und lassen Sie Ihre Produkte bewerten, siehe Abschnitt 6.1, »Die Bewertungsstrategie«.

6.1 Die Bewertungsstrategie

»Da schau ich doch erst mal, wie dieser Fernseher im Internet bewertet wurde«, oder: »Mal sehen, welcher Buchhändler in meinem Kiez bei Yelp gut abschneidet.« Für die meisten Konsumenten ist der Check von Produktbewertungen vor der Online-Bestellung inzwischen obligatorisch. Das ist nachvollziehbar, denn niemand kauft gerne die Katze im Sack. Bewertungen sind das wichtigste Instrument für Händler und Onlinehändler, wenn es um das Stiften von Vertrauen bei Konsumenten geht. Das Entscheidende ist die Sogwirkung des »Social Proof« (siehe Abschnitt 5.2, »Das Prinzip Social Proof«). Die soziale Bewährtheit eines Produkts oder Händlers lässt sich durch eine hohe Anzahl positiver Erfahrungsberichte extrem gut abbilden. Und gleichzeitig wird mit jeder Bewertung auch das Produkt oder der Händler beworben. Um die Werbewirkung von Bewertungen auszunutzen, setzen einige Onlinehändler inzwischen auf ein Shopsystem mit Bewertungen oder auf externe Anbieter wie zum Beispiel »eKomi«. Während die meisten Onlinehändler inzwischen verstanden haben, dass sich die Konversationsraten in Onlineshops durch positive Kundenbewertungen deutlich steigern lassen, erwachen die meisten lokalen Händler erst allmählich aus ihrem Dornröschenschlaf und beginnen zu verstehen, wie wichtig auch für den stationären Handel eine gute Online-Reputation ist.

6.1.1 Bewertungen stiften Vertrauen

Da Produkte in Onlineshops nicht angefasst und ausprobiert werden können, verschaffen sich die Onlineshopper mithilfe von Bewertungen ein genaueres Bild von dem Produkt. Eine gut beschriebene Bewertung macht die fehlende Haptik beim Online-Einkauf in vielen Fällen wieder wett (siehe Abbildung 6.2).

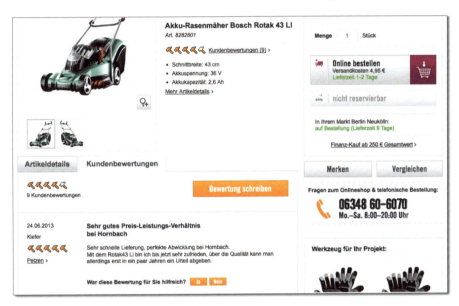

Abbildung 6.2 Hornbach nutzt den Werbeeffekt von Bewertungen mit einem eigenen Bewertungssystem im Onlineshop. Quelle: http://hornbach.de

Außerdem vertrauen Konsumenten eher den Bewertungen anonymer Käufer als dem Verkäufer, selbst wenn er sich große Mühe gibt. Wieso genießen aber Bewertungen einen höheren Vertrauensvorschuss, wo doch 30 % der Bewertungen gefälscht sind? Der Grund dafür ist, dass Bewertungen nicht mit dem Ziel geschrieben werden, mehr Umsätze zu generieren (auch wenn ihr Nebeneffekt ist, dass sie wie Werbung wirken). Kunden, die ehrlich bewerten, schreiben ganz authentisch ihre Meinung, mit dem Ziel, anderen zu helfen, das Richtige zu kaufen, oder um zu zeigen, dass sie Experten auf einem bestimmten Gebiet sind. Das Vertrauen in eine überzeugend verfasste Produktbewertung oder einen Erfahrungsbericht ist somit immer größer als in die Meinung des Verkäufers oder in Werbung.

> **Ohne Bewertungen geht es nicht!**
> 80 % der Onlineshopper verlassen sich auf die Produktbewertung anderer Kunden.[1] Der Grund dafür ist die fehlende Haptik im Onlineshop. Allerdings haben sich Produktbewertungen mittlerweile so sehr etabliert, dass auch im stationären Handel danach gesucht wird. Wie stationäre Händler damit umgehen können, wurde bereits in Abschnitt 4.4, »Nutzen Sie Showrooming«, erläutert.

Neben der Vertrauen stiftenden Funktion wirken sich Bewertungen positiv auf das Ranking in Google aus. Bewertungen haben positive SEO-Effekte, denn mit jeder neuen Bewertung ein und desselben Produkts wird der Eintrag im Onlineshop aktualisiert. Und Aktualisierung ist ein wichtiger Google-Ranking-Faktor. Mehr zur Wirkung von hochwertigem Content auf das Suchergebnis lesen Sie in Abschnitt 6.4.4, »Content Marketing mit Blogs«.

Bewertungen schützen auch davor, dass Online-Kunden zur Konkurrenz gehen. Denn sind im Onlineshop keine Produktbewertungen vorhanden, ist dies für viele Konsumenten Anlass genug, sich auf den Seiten von Mitbewerbern oder auf Bewertungsplattformen schlau zu machen. Um bei dem Beispiel des Rasenmähers der Marke Bosch in Abbildung 6.2 zu bleiben: Den könnten Kunden beispielsweise auch im Onlineshop von Quelle, *http://www.quelle.de*, kaufen. Allerdings sind dort keine Bewertungen vorhanden. Was macht also der Kunde, wenn er zum ersten Mal im Onlineshop von Quelle landet? Er googelt beispielsweise nach »Akku-Rasenmäher Bosch Rotak 43 LI Bewertung« und gelangt zum Onlineshop von Hornbach, Amazon, Testberichten von Idealo.de und Testberichte.de. Mal ganz ehrlich, glauben Sie, der Kunde kehrt dann noch einmal zur Quelle zurück? Sicherlich nicht. Mit einer hohen Wahrscheinlichkeit bestellt der Kunde direkt in dem Onlineshop, wo er die Bewertung gelesen hat.

6.1.2 Bewertungen und Gütesiegel bieten Sicherheit

Neben der Produktbewertung ist auch die generelle Bewertung des Onlineshops (Shopbewertungen) für viele Konsumenten ein entscheidendes Vertrauenskriterium bei der Onlineshop-Auswahl. Auch Gütesiegel, wie zum Beispiel »Trusted Shops«, erhöhen das Gefühl von Sicherheit bei den Onlineshoppern. Das gilt insbesondere für unbekannte und kleine Onlineshops, wo der Kunde noch nichts

---

1 Initiative D21 &bvh, 2012, »Vertrauen beim Online-Einkauf«, http://www.initiatived21.de/wp-content/uploads/2012/09/Vertrauen-beim-Online-Einkauf.pdf.

bestellt hat (bekannte große Onlinehändler können darauf verzichten). Laut der Studie »Vertrauen beim Online-Einkauf« der Initiative D21 und bvh, siehe *http://www.initiatived21.de/publikationen*, vertrauen 63 % der Online-shopper eher einem Onlineshop mit Gütesiegel als einem, der kein Gütesiegel führt.

Händlerbewertungen von stationären Händlern, Geschäften und Filialen auf Qype oder Google+ Local überzeugen unsichere Kunden ebenfalls, das Geschäft aufzusuchen. Nicht zuletzt liefern Bewertungen auch wertvolle Anhaltspunkte für die Verbesserung des Produktsortiments. Das gilt insbesondere für Onlinehändler. Stationäre Händler können aus Bewertungen mitunter Verbesserungen in Bezug auf den Kundenservice ableiten. Eine Übersicht mit Anbietern von Gütesiegeln für Onlineshops erhalten Sie in Abschnitt 7.3.2, »Gütesiegel für Onlineshops«.

6.1.3 Produktbewertungen in Onlineshops

Die Bewertungssysteme von Onlineshops, Marktplätzen, Bewertungsdienstleistern und (lokalen) Bewertungsplattformen sind sich oft sehr ähnlich und basieren fast alle auf dem gleichen Prinzip. Die Grundlage für fast jedes Bewertungssystem bildet eine Bewertung durch Punktevergabe. Die meisten Bewertungssysteme sind aber eine Mischform aus Punkten und Texten. Im Onlineshop von Bonprix können die Kunden »frei von der Leber weg« berichten, sei es über Produkte, Onlinehändler oder lokale Shops vor Ort (siehe Abbildung 6.3). Der Verfasser einer Bewertung kann hier also alles äußern, was ihn bewegt: Lob, Kritik, Verbesserungsvorschläge, Tipps im Umgang mit dem neu erworbenen Produkt oder auch einfach nur die persönliche Meinung über den Händler.

Abbildung 6.3 Sterne- und Textbewertungen im Onlineshop von Bonprix; Quelle: http://www.bonprix.de

Bewertungen in Fließtextform

Bei ganz konkreten Anschaffungen bieten ausführlichere Bewertungen in Fließtextform eine tatsächliche Entscheidungshilfe und stiften weitaus mehr Vertrauen als reine 5-Star-Ratings. Letztere eignen sich, um schnell Bewertungen zu generieren und Social Proof in Form einer Gesamtnote herzustellen. Allerdings ist es für Sie als Shopbetreiber schwerer, Textbewertungen zu erhalten, denn der Kunde muss dafür mehr Zeit investieren, die er gerade beim Onlineshopping bzw. Surfen meistens nicht hat. Dennoch gibt es Kunden, die gerne ausführliche Bewertungen schreiben, und andere, die lieber nur auf Sternchen klicken. Um jedem Kunden sein gewünschtes Bewertungstool zu bieten, nutzen Shopbetreiber häufig eine Mischform aus Sterne-Bewertung und Text-Bewertung. Die Text-Bewertung erlaubt den Kunden, ohne vorgegebene Bewertungsmaßstäbe ihre persönlichen Erfahrungen zu schildern. Beschrieben werden hierbei oft ganz alltägliche Situationen im Umgang mit dem Produkt oder einfach die Erfahrung mit einem Händler.

Text-Bewertungen punkten durch Authentizität und Storytelling

Der entscheidende Vorteil von Text-Bewertungen ist, dass sie eine Geschichte erzählen, die es potenziellen Kunden erlaubt, sich in die Situation des Kunden hineinzuversetzen. Am besten wirken daher Bewertungen, die in »Ich-Form« nach dem Schema »Ich hatte ein Problem, und dieses Produkt hat mir geholfen, es zu lösen«. In Abbildung 6.4 sehen Sie zum Beispiel die Bewertung einer Kundin, die im Onlineshop »windeln.de«, *http://www.windeln.de*, eine Lernzahnbürste für ihr Kind bestellt hat. Ihre Bewertung beginnt sie mit der Schilderung des Problems bzw. der Herausforderung, einem Kleinkind das Zähneputzen beizubringen. Sie schreibt: »Es ist gar nicht so einfach, das Richtige zu finden, um die Kleinsten an das Zähneputzen zu gewöhnen. Irgendwo hatte ich gelesen, dass man schon ab dem ersten Zähnchen mit dem Zähneputzen beginnen soll. Doch wie stellt man das am besten an?« Anschließend erklärt sie, wie ihr genau dieses Produkt dabei geholfen hat, das Problem zu lösen. Interessant an der Bewertung ist auch, dass eine weitere Kundin später kommentiert: »Ich geb Anna hier recht, ging mir auch so!« Bewertungen benötigen daher Storytelling, damit sie einen hohen Wiedererkennungswert aufweisen (mehr dazu siehe Abschnitt 6.4.3, »Storytelling: Content Marketing braucht gute Geschichten«).

> **Bewertungen in Fließtextform erhöhen das Google-Ranking**
>
> Ein ganz entscheidender Vorteil von Bewertungen in Textform gegenüber 5-Star-Ratings ist ihr Effekt auf das Google-Ranking. Bewertungen erhöhen die Auffindbarkeit in Google und das Ranking des Onlineshops in Google. Während Google lange Zeit vor allem Seiten mit möglichst vielen Backlinks mit einem guten Ranking belohnte, spielt bei den organischen Suchergebnissen (»Search Engine Result Pages«, kurz: »SERPs«) die Qualität und die Semantik der Inhalte eine ganz entscheidende Rolle.

Sind die Inhalte einzigartig und aktuell, steigt die Chance auf einen Platz in den obersten Rängen. Consumer Generated Content wie Bewertungen bieten genau diese zwei Faktoren: Aktualität und Einzigartigkeit. Bewertungen führen dazu, dass die Produktdetailseite aktualisiert wird und Google die Seite in seinem Index aktualisiert. Gerade bei Onlineshops mit einem relativ statischen Sortiment werden Produktdetailseiten nicht besonders oft aktualisiert, denn die Artikel-Beschreibungen werden in der Regel nur einmal in das Shopsystem eingepflegt und unterscheiden sich oft auch nicht wesentlich von den Produktbeschreibungen Ihrer Mitbewerber. Befinden sich jedoch auch Produktbewertungen Ihrer Kunden auf der Produktdetailseite, entstehen in regelmäßigen Abständen neue und vor allem einzigartige Inhalte, die von Google neu gelesen und im Ranking berücksichtigt werden. Hinzu kommt, dass die Bewertungen der Kunden meist Redewendungen und Keywords enthalten, nach denen potenzielle Kunden bei Google recherchieren. Das Gleiche gilt übrigens auch für die Bewertung von Onlineshops und lokalen Geschäften auf den Bewertungsplattformen.

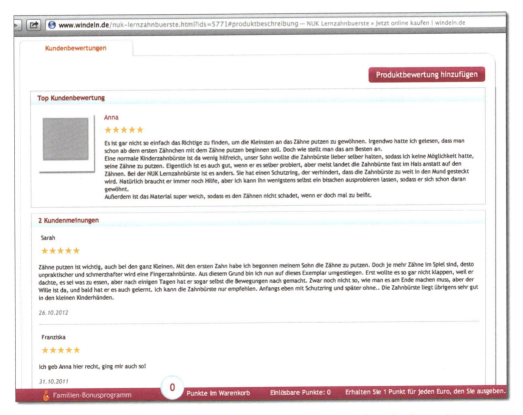

Abbildung 6.4 Bewertungen wirken verkaufsfördernd, wenn sie authentisch geschrieben sind und sich andere Kunden mit der Geschichte des Kunden identifizieren können.
Quelle: http://www.windeln.de

6.1.4 Produktbewertungen auf Bewertungs- und Preisvergleichsportalen

Neben dem Onlineshop des Vertrauens sind Bewertungs- und Preisportale wie »ciao!« (siehe Abbildung 6.5 und Abbildung 6.6) für viele Konsumenten eine beliebte Anlaufstelle, wenn es um die gezielte Auswahl von Produkten geht. Das Geschäftsmodell dieser Portale ist recht simpel: Onlinehändler, die hier ihre Produkte listen, bezahlen an den Betreiber der Plattform für jeden Klick, der den Nutzer auf den angebundenen Onlineshop weiterleitet, den vereinbarten Klick-Preis (»Cost per Click« = CPC). Im Gegenzug dazu wird das Angebot Ihres Onlineshops gelistet und potenzielle Käufer können sich mithilfe der auf Plattform vorhandenen Produktbewertungen ein umfassendes Bild von den in Ihrem Shop erhältlichen Waren machen. Im Übrigen können auf Preisvergleichsportalen auch die Onlineshops selbst bewertet werden. Eine vollständige Übersicht über alle gängigen Bewertungs- und Preisvergleichsportale finden Sie in Abschnitt 7.1, »Preisvergleichsportale«.

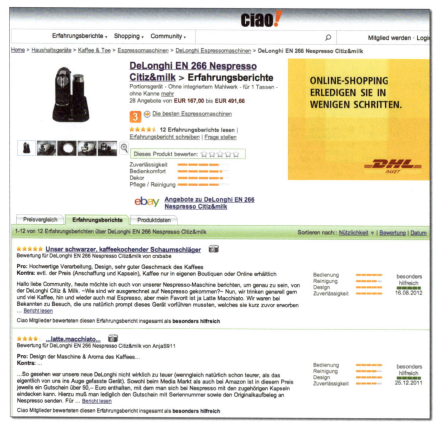

Abbildung 6.5 Produktbewertungen auf dem Bewertungsportal ciao!; Quelle: http://www.ciao.de

6.1 Die Bewertungsstrategie

Abbildung 6.6 Preisvergleich auf dem Bewertungsportal ciao!

6.1.5 Wie kommen Sie zu Bewertungen?

Die Integration eines eigenen Bewertungssystems im Onlineshop ist der erste wichtige Schritt einer erfolgreichen Bewertungsstrategie. Allerdings hilft Ihnen das beste Bewertungssystem nichts, wenn es Ihre Kunden nicht nutzen. Erinnern Sie sich an die 70-20-10-Nielsen-Regel in Kapitel 1, »Der Handel im Wandel«? Demnach produzieren nur 10 % der Nutzer eigene Inhalte. Darunter fallen auch Bewertungen. Ein Produkt im Onlineshop mit wenigen oder gar keinen Bewertungen erweckt aufgrund dessen den Eindruck, es handele sich bei dem Produkt um einen Ladenhüter. Der Grund dafür ist wieder einmal Social Proof. Der gleiche Effekt wie bei leeren Restaurants, wo sich niemand hineinsetzen möchte, gilt auch für Onlineshops ohne Bewertungen, wo niemand kaufen möchte. Die Faustformel also lautet: Viel Bewertungen helfen viel! Daher ist es wichtig, Kunden zu motivieren, Bewertungen zu schreiben. Und wie macht man das? Indem man sie daran erinnert und dafür belohnt. Im Folgenden hierzu einige hilfreiche Tipps.

Gestalten Sie den Bewertungsprozess so einfach wie möglich

Um die grundlegenden Voraussetzungen für das Sammeln einer repräsentativen Anzahl an Produktbewertungen zu schaffen, lautet die goldene Regel: Gestalten Sie den Bewertungsprozess so einfach wie möglich! Kunden, die gerne ein Produkt in Ihrem Onlineshop bewerten möchten, sollten auf keinen Fall lange danach suchen müssen, wo dies möglich ist. Platzieren Sie das Bewertungsformular an prominenter Stelle auf der Produktdetailseite, wie es beispielsweise der Onlineshop »Schwab« in Abbildung 6.7 macht. Zusätzlich sollten Ihre Kunden die Möglichkeit haben, ohne Umwege in der Bestellhistorie ihres Kundenkontos zum Bewertungsformular zu gelangen.

6 Strategien für erfolgreichen Handel

Abbildung 6.7 Bewertungen und Bewertungsformuluar sind im Onlineshop von Schwab ohne langes Suchen sichtbar. Quelle: http://www.schwab.de

Helfen Sie Ihren Rezensenten beim Verfassen der Bewertungen

Leisten Sie Ihren Kunden beim Verfassen des Fließtextes ausreichend Hilfestellung. Geben Sie Ihren Nutzern hilfreiche Hinweise, welche Aspekte sie in der Bewertung berücksichtigen sollen und was beim Verfassen der Bewertung möglichst vermieden werden sollte, siehe die Anleitung des Onlineshops von »Conrad« in Abbildung 6.8.

Erinnern Sie Ihre Kunden daran, bei Ihnen gekaufte Produkte zu bewerten

Eine gängige und gut funktionierende Methode für das Einwerben von Produktbewertungen sind After-Sales-Mails (siehe Abbildung 6.9). Diese werden einige Zeit nach dem Einkauf verschickt, um Kunden, die etwas im Onlineshop gekauft haben, darum zu bitten, ihre Erfahrungen mit dem erstandenen Produkt zu teilen. Ein günstiger Zeitpunkt für die Versendung von After-Sales-Mails ist etwa zwei Wochen nach dem Versand der Ware. Der Kunde hat somit ausreichend Zeit, erste Erfahrungen mit dem Produkt zu sammeln, und der Einkauf liegt auch noch nicht so weit zurück, dass er schon wieder vergessen wurde. Die Versendung von After-Sales-Mails erfolgt in der Regel automatisiert über das Shop- oder über ein CRM-System.

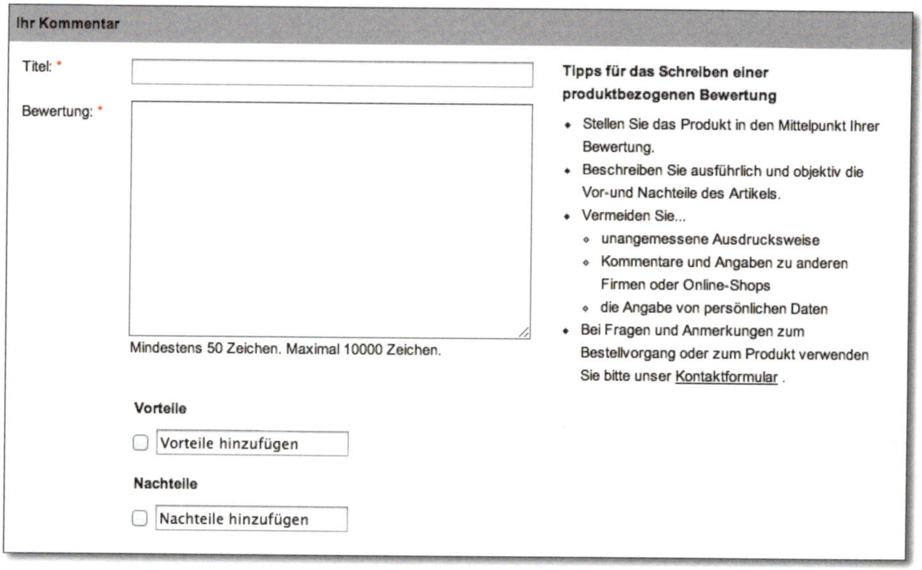

Abbildung 6.8 Anleitung für das Freitextfeld im Bewertungsformular von Conrad; Quelle: conrad.de

Abbildung 6.9 After-Sales-Mail vom Esprit Onlineshop

Belohnen Sie Kunden, die Ihre Produkte bewerten

Viele Kunden sind nur mäßig motiviert, wenn es darum geht, Produktbewertungen zu schreiben. Dies ist durchaus verständlich, denn einen wirklichen Nutzen haben Ihre Kunden nicht davon, wenn sie Zeit und Mühe für das Schreiben einer Produkt-Rezension aufwenden. Doch wie heißt es so schön, »kleine Geschenke erhalten die Freundschaft«, und kleine Geschenke sind auch oft ein Anreiz dafür, Produkte zu bewerten (siehe Abschnitt 5.7, »Das Prinzip Reziprozität«). Der Elektronikhändler Conrad bedankt sich beispielsweise bei den Verfassern einer Bewertung mit einem monatlich stattfindenden Gewinnspiel. Noch etwas offensiver geht der Onlineshop Fahrrad.de vor. Hier erhalten die Kunden, die eine Produktbewertung schreiben, eine Bewertungsprämie von 5 €, die ihnen bei ihrem nächsten Einkauf gutgeschrieben wird (siehe Abbildung 6.10).

Abbildung 6.10 Der Onlinehändler Fahrrad.de belohnt seine Kunden, die ein Produkt bewerten, mit 5 € Bewertungsprämie. Quelle: http://www.fahrrad.de

Die Belohnung für das Schreiben einer Bewertung muss jedoch nicht per se ein materieller Anreiz sein. Amazon zum Beispiel belohnt seine Top-Rezensenten mit Ruhm und Ehre in seiner »Hall of Fame«. Mehr dazu, wie Sie Kunden mit Belohnungen motivieren, erfahren Sie in Abschnitt 6.3, »Die Belohnungsstrategie«.

Nutzen Sie soziale Netzwerke, um Produktbewertungen Ihrer Kunden zu erhalten

Auch soziale Netzwerke wie Facebook und Twitter sind bestens dafür geeignet, Produktbewertungen bei Ihren Kunden und Fans einzuwerben. Wie das am besten funktioniert, zeigt uns das Preis- und Bewertungsportal billiger.de, das in regelmäßigen Abständen Bewertungsaktionen durchführt, bei denen gut verfasste Produktbewertungen prämiert werden (siehe Abbildung 6.11). Neben der Kommunikation auf der eigenen Plattform nutzt billiger.de seine Fan-Page bei Facebook, um auf seine Bewertungsaktionen aufmerksam zu machen.

Abbildung 6.11 billiger.de nutzt Facebook, um seine Fans auf Bewertungsaktionen aufmerksam zu machen.

6.1.6 Wie Sie die Qualität von Bewertungen erhöhen

Selbstverständlich spielt auch die Qualität der Bewertungen eine wichtige Rolle. Denn was bringt es Ihren Kunden, wenn sie feststellen, dass zwar hunderte Käufer Ihre Produkte bewertet haben, sie aber auch stundenlang nach dem Erfahrungsbericht suchen müssen, der am hilfreichsten ist? Und wie lässt sich dieses Problem am besten lösen, wenn Sie doch das Ziel verfolgen, möglichst viele Bewertungen zu generieren? Die Lösung lautet hier »Bewertungen von Bewertungen«. Klingt kompliziert? Ist es aber nicht! Immer mehr Onlineshops mit einer großen Anzahl von Produktbewertungen gehen dazu über, ihre Kunden bewerten zu lassen, ob die Produkt-Rezension eines Kunden hilfreich ist. So z.B. im Onlineshop von »Bergfreunde«, http://www.bergfreunde.de (siehe Abbildung 6.12). Hier bekommen die Nutzer mit nur einem Mausklick die hilfreichste positive und auch die hilfreichste negative Bewertung angezeigt und können sich somit schnell und umfassend über das Für und Wider eines Produktes informieren.

6 Strategien für erfolgreichen Handel

Abbildung 6.12 Bewertungen von Bewertungen helfen Ihren Kunden, sich schneller und besser über Ihre Produkte zu informieren. Quelle: http://www.bergfreunde.de

> **Qualität vs. Quantität bei Produktbewertungen**
>
> Produkte, die in Ihrem Onlineshop kaum oder gar nicht bewertet werden, erwecken schnell den Eindruck, sie seien ein Ladenhüter. Damit Ihr Bewertungssystem nicht zur »Geisterstadt« verkommt, besteht besonders kurz nach dessen Implementierung die oberste Priorität darin, möglichst viele Produktbewertungen zu sammeln! Sobald Sie über einen gewissen Grundstock an Produktbewertungen verfügen, können Sie dann überlegen, welche Strategie Sie wählen, um die Qualität der Produktbewertungen zu erhöhen. Möglich ist beispielsweise, nur bei Ihnen im Shop registrierte Kunden bewerten zu lassen. Einige Onlinehändler, wie zum Beispiel Musikhaus Thomann, gehen hier sogar noch ein Stück weiter und schalten die Bewertungsfunktion erst dann frei, wenn ein Kunde das Produkt auch wirklich im Shop erworben hat.

6.1.7 Shopbewertungen von Onlineshops

Bei der Gewinnung neuer Kunden spielt auch die Bewertung von Onlineshops eine immer größere Rolle. Das ist verständlich, denn Online-Kunden haben den Händler nicht direkt vor Augen und suchen nach Anhaltspunkten, um die Seriosität des Shops zu beurteilen. Neben Gütesiegeln bieten hierfür die Shopbewertungen anderer Kunden die besten Anhaltspunkte. Hat ein Käufer z. B. die Wahl zwischen zwei Shops, die beide das gesuchte Produkt im Sortiment haben, und der eine Shop wurde positiv bewertet und der andere überhaupt nicht; für welchen Onlineshop wird der Käufer sich wohl entscheiden? Verbraucher erkundigen sich vor ihrem Kauf eingehend immer öfter über Ihren Shop und beurteilen dessen Seriosität und Kundenfreundlichkeit anhand der Bewertungen anderer Käufer. Kommen hier mehrdimensionale Bewertungssysteme zum Einsatz, sind die allgemeine Zuverlässigkeit des Onlineshops, die Gestaltung der Website, die Lieferbedingungen, die Qualität der Ware und Erfahrungen mit dem Kundenservice gängige Bewertungskriterien. In vielen Fällen werden Shopbewertungen aber auch einfach nur anhand von eindimensionalen Ratings durchgeführt, denn auch hier gilt wieder: Je größer die Anzahl der positiven Bewertungen ist, umso höher ist die Wahrscheinlichkeit, dass sich neue Kunden für eine Bestellung in Ihrem Shop entscheiden.

eKomi, Trusted Shops & Co – Bewertungsdienstleister für Shopbewertungen

Für die meisten Käufer ist es wichtig, dass sie bereits auf der Startseite des Onlineshops erkennen, dass es sich um einen seriösen Anbieter handelt. Dies gilt besonders für Neukunden, die noch keine Erfahrung mit dem Shop gesammelt haben. Versprechen von Seiten des Shopbetreibers allein reichen hier jedoch nicht aus, mehr Vertrauen stiftet hier eine neutrale dritte Instanz, die für die Vertrauenswürdigkeit des Shops bürgt. Möglich ist dies mithilfe von Partnerunternehmen wie z. B. »eKomi« und »Trusted Shops«, die im Auftrag von Onlineshops Shopbewertungen von Kunden sammeln, prüfen und veröffentlichen. Der Onlineshop mabito nutzt gleich beide Bewertungsdienstleister für seinen Onlineshop, siehe Abbildung 6.13. Gewährleistet wird somit, dass alle vorhandenen Shopbewertungen »echt« sind und der Shopbetreiber nicht mit Kundenmeinungen wirbt, die gegebenenfalls aus der eigenen Feder stammen.

Abbildung 6.13 Der Onlineshop mabito mit Bewertungswidget und Gütesiegeln von eKomi und Trusted Shops; Quelle: http://www.mabito.com

Bewertungsdienstleister stellen ihren Kunden meist ein »Widget« zur Verfügung, welches an prominenter Stelle auf der Startseite des Onlineshops eingebunden werden kann (siehe eKomi-Widget in Abbildung 6.13). Hier erkennen die Besucher des Onlineshops auf den ersten Blick den Durchschnittswert aller vom Bewertungsdienstleister gesammelten Shopbewertungen. Zudem bietet das Widget auch noch Platz für die aktuellste Shopbewertung in Fließtextform. Mit einem Klick auf das Widget gelangt der Nutzer dann auf die Seite des Bewertungsdienstleisters, wo alle abgegebenen Kundenmeinungen im Detail eingesehen werden können.

Das Prinzip, nach dem Bewertungsdienstleister die Shopbewertungen bei ihren Kunden einwerben, ist fast immer das gleiche: Nach Tätigung eines Kaufs wird der Käufer gebeten, anhand standardisierter Parameter eine Bewertung für Ihren Onlineshop abzugeben. Die Shopbewertungen werden im Anschluss redaktionell geprüft und anschließend zur Veröffentlichung freigegeben. Fällt nach Meinung des Shopbetreibers eine Bewertung zu Unrecht schlecht aus, nehmen die Bewertungsdienstleister Kontakt mit dem Kunden auf und versuchen zu schlichten. Zur Auswahl stehen Ihnen hier unterschiedliche Pakete, wobei die Preise je nach Anbieter und Leistungsumfang variieren. Während das Unternehmen Trusted Shops, *http://www.trustedshops.de*, mit seinem Gütesiegel zusätzlich auch noch einen Käuferschutz anbietet, konzentriert sich eKomi voll und ganz auf das Sammeln der Kundenmeinungen. Zusätzlich bietet eKomi ein System für Produktbewertungen an, das Sie in Ihren Onlineshop integrieren können. Neben eKomi und Trusted Shops gibt es noch eine ganze Reihe anderer Anbieter, die sich bei Bedarf um Ihre Shopbewertungen kümmern. Seien Sie jedoch vorsichtig bei Bewertungsdienstleistern, die ihre Leistung unentgeltlich anbieten! Bei solchen Anbietern sollten Sie in jedem Fall die Vertragsbedingungen genau prüfen und darauf achten, was genau mit den Kundendaten, auf die Sie Ihrem Partner Zugriff gewähren, geschieht! Eine vollständige Liste mit allen gängigen Anbietern für Onlineshop-Bewertungen finden Sie in Abschnitt 7.3, »Shopbewertungen (Onlinehandel)«.

> **Bewertungsdienstleister lohnen sich besonders für kleinere Onlineshops!**
> Wenn Ihr Onlineshop bisher keine oder kaum Shopbewertungen auf Preis- und Bewertungsportalen erhalten hat, sollten Sie auf den Service eines Bewertungsdienstleisters auf keinen Fall verzichten! Dies gilt besonders dann, wenn Ihr Shop im Zeitraum eines Jahres nicht mindestens 30 Bewertungen erhält, da Google ansonsten kein Seller Rating für sie erstellt!

6.1.8 Integrieren Sie Produkt- und Shopbewertungen direkt ins Google-Suchergebnis

Die enorme Bedeutung von Google im Pre-Sales-Prozess der Konsumentenreise wurde bereits in Kapitel 1 und Kapitel 3 ausführlich erklärt. Die meisten Kunden kommen eben über Google. Die Suchmaschine ist somit für viele Kunden der erste Berührungspunkt mit Ihrem Onlineshop. Viele Nutzer entdecken gerade durch die Google-Suche neue interessante Onlineshops. Für Sie als Händler ist es wichtig, diese potenziellen Käufer in einem möglichst frühen Stadium der Konsumentenreise von Ihrem Onlineshop zu überzeugen. Dabei eignen sich Bewertungen, um das Vertrauen der Kunden zu gewinnen. Eine gute Platzierung im Google-Suchergebnis, bei der die Produktbewertungen direkt angezeigt werden, triggert das Vertrauen der Kunden. Das Zauberwort, um in Googles organischer Suche mit den Bewertungssternchen zu glänzen, lautet »Rich Snippets« (auf Deutsch: »reiche Schnipsel«). Mit Rich Snippets werden Suchergebnisse aufgewertet und mit ausführlicheren Informationen versehen als bei den Standard Snippets (siehe Abbildung 6.14).

Abbildung 6.14 Organisches Suchergebnis bei Google mit Rich Snippet und Standard Snippet

Standard Snippets sind die wenigen Zeilen Text unterhalb einer URL im Google-Suchergebnis. Sie sollen dem Nutzer eine Vorstellung davon geben, welche Inhalte sich hinter dem Link verbergen. Um sich von der üblichen Präsentation von Onlineshops bei Google abzuheben, sollten Sie die Produkt- und Shopbewertungen direkt in die Suchergebnisse einbinden. Die Einbindung der Sterne ist sowohl bei den organischen Treffern (SERPs) wie auch bei Googles bezahlten Anzeigen (Google AdWords, Google Shopping) möglich. Rich Snippets gibt es sowohl für Produktbewertungen als auch für Shopbewertungen (Onlineshops).

Rich Snippets sind echte Klick-Booster

Rich Snippets sind ein relativ simples Tool mit großer Wirkung. Onlinehändler verfolgen mit Rich Snippets das Ziel, den Vertrauenseffekt von Bewertungen während der Customer Journey eine Stufe vorzuziehen. Anhand der gelben Bewertungssterne erkennen die Nutzer im Suchergebnis bereits vor dem Aufrufen Ihres Onlineshops, dass es sich bei dem vorhandenen Treffer um ein bewährtes Produkt oder um einen seriösen Onlinehändler handelt. Zudem fallen auch Suchergebnisse auf den hinteren Rängen deutlich besser ins Auge. Dies hat spürbare Auswirkungen auf den Traffic in Ihrem Onlineshop. Untersuchungen zufolge erhöht sich die »Click Through Rate« (CTR) bei Suchergebnissen mit Rich Snippets auf den ersten drei Plätzen bis zu 100 %. Noch deutlicher sind die Auswirkungen bei den schlechter platzierten Treffern. Denn hier steigt die Klickrate teilweise sogar bis um 200 %![2] Hinzu kommt, dass sich die erhöhte CTR mittelfristig auch positiv auf das Ranking des Suchergebnisses auswirkt. Die Einbindung des 5-Star-Ratings stellt somit einen Wettbewerbsvorteil dar, den Sie sich keinesfalls entgehen lassen sollten. Übrigens, Rich Snippets funktionieren nicht nur bei Google. Auch Yahoo und Microsofts Suchmaschine Bing kommen mit den angereicherten Suchergebnissen zurecht!

Wie Sie Rich Snippets ins Suchergebnis integrieren, lesen Sie in Abschnitt 7.2.3, »Rich Snippets im organischen Suchergebnis integrieren«.

6.1.9 Händlerbewertungen: Bewertungen für den stationären Handel

Bewertungen spielen für den stationären Handel inzwischen eine fast genauso entscheidende Rolle wie für den Onlinehandel. Wie bereits in Kapitel 3, »Nutzen Sie Digitales Marketing«, ausführlich dargestellt, hat das Internet das gedruckte Branchenbuch bei der Suche nach Händlern, deren Adresse und Öffnungszeiten längst abgelöst. Die Lokale Suche beschränkt sich jedoch nicht allein auf die Adressrecherche. Bei der Auswahl des Händlers ist neben der Erreichbarkeit immer öfter auch das Meinungsbild anderer Kunden dafür entscheidend, ob ein Händler überhaupt aufgesucht wird. Besonders bei extensiven Kaufentscheidungen und der Anschaffung hochpreisiger und spezieller Produkte ist es zunehmend Usus, dass sich Konsumenten vor einem Kauf über den Ruf eines Händlers im Netz informieren. Dafür greifen die Kunden auf die Kundenmeinungen auf lokalen Bewertungs-

---

2 http://www.tobias-dohmann.de/gastbeitrag-googles-rich-snippets-hintergrunde-und-chancen-fur-seo-2/

plattformen wie »Qype« (siehe Abbildung 6.15) oder »Yelp« zurück. Die sozialen Netzwerke bieten mit »Google+ Local« und »Facebook Orte« ebenfalls Bewertungen von lokalen Geschäften an. Da stationäre Händler zunehmend auf aktuelle Kundenmeinungen im Netz angewiesen sind, ist eine gezielte Generierung von Online-Bewertungen für ihr Geschäft notwendig.

Abbildung 6.15 Wer nach der Weinhandlung »NOER« sucht, landet schnell beim Qype-Eintrag, da dieser bereits von 86 Nutzern bewertet wurde. Quelle: http://www.qype.com/place/1922783-NOER-Weinhandlung-Weinbar-Weinproben-Berlin-Kreuzberg

Falls Sie noch keinen Account auf den gängigen Händlerbewertungsplattformen haben, holen Sie dies sobald wie möglich nach! Schauen Sie sich an, ob und wie Sie bewertet worden sind, und reagieren Sie gegebenenfalls auf negative Kritik (mehr hierzu in Abschnitt 6.1.11, »Der richtige Umgang mit negativen Bewertungen«). Zudem sollten Sie überprüfen, ob die vom Nutzer hinterlassenen Kontaktdaten und Öffnungszeiten korrekt und vollständig sind. Korrigieren Sie fehlerhafte Angaben und ergänzen Sie den Eintrag, falls Informationen fehlen. Eine vollständige Übersicht über die wichtigsten Bewertungsplattformen für Händler finden Sie in Abschnitt 7.4, »Bewertungsportale für den stationären Handel«.

Händlerbewertungen in Google+ Local

Der Eintrag in Google+ Local ist für stationäre Händler der erste grundlegende Schritt für den Einstieg in das Digitale Marketing. Denn Unternehmenseinträge in Google+ Local schaffen grundsätzlich die Voraussetzung für die Sichtbarkeit stationärer Händler in Google. Neben der Website erfüllt dieser Eintrag die Schaltzentrale zwischen Unternehmen und Kunden. Wenn Sie bisher noch gar keine Website besitzen, kein Problem, ein Google+ Local-Eintrag eignet sich auch für Unternehmen und Händler, die bisher noch gar keine Präsenz im Netz haben und schaffen die grundlegende Voraussetzung für die Auffindbarkeit Ihres stationären Geschäfts. Dies gilt sowohl für die organische lokale Suche als auch für Googles sehr verbreiteten Kartendienst »Maps«. Neben der grundlegenden Voraussetzung für die Auffindbarkeit in Googles lokalen Suchergebnissen öffnet ein Eintrag in Googles lokales Branchenverzeichnis zusätzlich die Tore zum sozialen Netzwerk Google+, denn Orte bei Google werden mittlerweile standardmäßig als Google+ Local-Eintrag im sozialen Netzwerk von Google angelegt.

Von Google Maps zu Google Places zu Google+ Local: Ein kurzer Abriss über Googles Weg zum sozialen lokalen Branchenverzeichnis

Seit 2009 ist es möglich, Ihr Unternehmen bei Googles Kartendienst »Google Maps« einzutragen. Kurz darauf kam dann auch schon Googles »Lokales Branchenverzeichnis«, das allerdings bald schon wieder in »Google Places« umbenannt wurde. Der aktuellste Dienst von Google für die Listung lokaler Unternehmen heißt »Google+ Local«. Der Grund für die abermalige Umbenennung ist die Zusammenführung von Google Places mit dem sozialen Netzwerk Google+. Der Grund hierfür ist das allgemeine Bestreben Googles, möglichst viele der hauseigenen Dienste zusammenzuführen. Vorrangiges Ziel des Suchmaschinengiganten ist die Bündelung von Nutzerdaten, jedoch können auch Sie als Händler von der engeren Verzahnung der beiden Dienste profitieren, denn hierdurch entstehen für Sie echte Mehrwerte für den stationären Handel.

Googles kostenlose Händlereinträge in Google+ Local sind aus drei Gründen entscheidend:

▶ Sie schaffen die Voraussetzung für die Auffindbarkeit in den lokalen Suchergebnissen von Google.

▶ Sie werden mit dem beliebten Kartendienst »Google Maps« verbunden.

▶ Sie erzeugen automatisch einen Eintrag bei Google+ Local.

In Abschnitt 7.4.2, »Google+ Local Unternehmensseite anlegen und verwalten«, finden Sie eine Step-by-Step-Anleitung.

Händlerbewertungen in Facebook

Bewertungsplattformen waren lange Zeit konkurrenzlos, wenn es darum ging, stationäre Händler online zu bewerten. Allerdings bieten auch soziale Netzwerke wie Google+, Facebook (siehe Abbildung 6.16) und Foursquare die Möglichkeit, Orte und damit auch Geschäfte zu bewerten. Google nimmt dabei eine Sonderstellung ein, denn Bewertungen der Google+ Local Einträge haben einen hohen Impact auf das Ranking des stationären Händlers in Google. Bewertungen von Facebook Orten und Geschäften in Foursquare haben beide kaum einen SEO-Impact und sind daher nur für Händler und Dienstleister im Bereich Gastronomie, Tourismus und Beauty relevant. Allerdings entwickelt Facebook mithilfe seiner »Graph Search« eine Suchmaske, mit der es möglich sein wird, »soziale Suchanfragen« im Netzwerk zu stellen. Solch eine Suchanfrage könnte zum Beispiel lauten: »Restaurants in Berlin, die meine Freunde besucht haben.« Im Moment ist die Facebook Graph Search allerdings nur für Händler von Lifestyle-Produkten und Dienstleistungen im Bereich Gastronomie und Tourismus, Fashion und Beauty relevant.

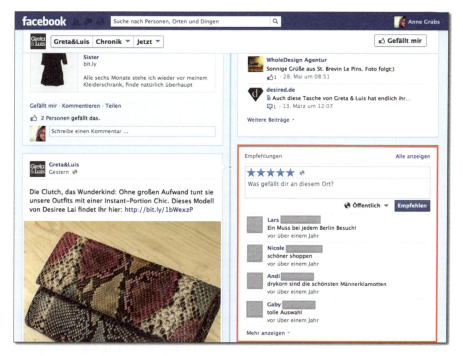

Abbildung 6.16 Stationäre Händler können über Facebook Orte ihre Geschäfte und Filialen von Facebook-Nutzern bewerten lassen. Quelle: https://www.facebook.com/gretaundluis

6.1.10 So kommen Sie zu mehr Online-Bewertungen für Ihr stationäres Geschäft

Als stationärer Händler haben Sie gegenüber der Online-Konkurrenz den entscheidenden Vorteil, dass Sie sowohl den persönlichen Kundenkontakt als auch Ihre Online-Aktivitäten dafür nutzen können, um aktiv für die Vergabe von Kundenbewertungen zu werben. Denn sowohl der direkte Kontakt im Geschäft vor Ort als auch die Aktivitäten auf Ihrer Webpräsenz oder in sozialen Netzwerken zahlen sich aus, wenn es darum geht, die Meinung Ihrer Kunden einzuholen. Im Folgenden also einige Tipps, wie es Ihnen zukünftig sowohl offline wie auch online gelingt, mehr Kunden dafür zu gewinnen, zu Ihrem guten Ruf im Netz beizutragen.

Offline-Maßnahmen

Folgende Offline-Maßnahmen in Ihrem Geschäft, in Ihrer Filiale, an Ihrem POS können Sie ergreifen, um mehr Empfehlungen zu generieren:

- **Kundenansprache am Point of Sale**: Es klingt fast schon ein wenig zu banal, um es hier zu erwähnen, dennoch wird das Gespräch mit dem Kunden direkt vor Ort viel zu selten genutzt, um aktiv für die Vergabe von Online-Bewertungen zu werben. Hierbei sollten Sie jedoch keine unnötigen Hemmungen haben. Denn die Bereitschaft vieler Kunden, ihrem Händler des Vertrauens mit einer positiven Bewertung etwas Gutes zu tun, ist viel größer, als Sie vielleicht annehmen. Verlief das Verkaufsgespräch gut, und ist der Kunde zufrieden mit seinem Einkauf, nutzen Sie die Gunst der Stunde und bitten Sie ihn doch einfach nett, Ihr Geschäft online zu bewerten. Ein gut geeigneter Zeitpunkt hierfür ist die Verabschiedung an der Kasse, kurz bevor Ihr Kunde das Geschäft verlässt. Wünschen Sie Ihm viel Spaß mit seinem neu erstandenen Produkt, und weisen Sie ihn darauf hin, dass Sie sich über eine positive Bewertung bei Qype, Google+ Local, Facebook oder einem anderen Bewertungsportal freuen würden.

- **Aufkleber und Aufsteller im Ladengeschäft**: Nicht immer ergibt sich die Situation für einen kurzen Plausch an der Kasse. Damit Sie auch genau die Kunden erreichen, die weniger Zeit für ihren Einkauf mitbringen, macht es durchaus Sinn, mit Aufklebern an der Ladentür oder einem Aufsteller an der Kasse darauf hinzuweisen, dass Sie Wert auf die Meinung Ihrer Kunden legen. Sowohl bei Qype als auch bei Foursquare können Sie Sticker anfordern, mit denen Sie Ihren Kunden signalisieren, dass Sie auf diesen Plattformen aktiv sind.

- **Visitenkarten mit Hinweisen auf Bewertungsportale und soziale Netzwerke**: Besonders Händler mit einer etwas exklusiveren Klientel verteilen zu Werbezwecken gerne Visitenkarten. Während die Vorderseite Platz für den Firmennamen und die Kontaktdaten bietet, bleibt die Rückseite von Visitenkarten jedoch oft ungenutzt. Vergeuden Sie diesen Platz nicht, sondern nutzen Sie ihn für Links von Bewertungsportalen und/oder sozialen Netzwerken, wo Ihre Kunden Sie bewerten können. Auch QR-Codes sind inzwischen immer öfter auf Visitenkarten zu finden. Steigern Sie doch einfach die Neugier Ihrer Kunden ein wenig darauf, was sich hinter den »Kontaktpixeln« verbergen mag. Im besten Fall werden Sie mit einer positiven Bewertung belohnt.

- **Hinweise auf Rechnungen und Kassenzetteln**: Rechnungen und Kassenzettel sind ein probater Werbeträger und somit auch bestens geeignet, um Ihre Kunden auf Ihr Online-Engagement auf Bewertungsplattformen aufmerksam zu machen. Ein kurzer Verweis auf das von Ihnen bevorzugte Portal und die entsprechende URL wirken oft Wunder. Kunden, die am Ende des Monats ihre Buchführung erledigen, erinnern sich im Optimalfall gerne an den Besuch Ihres Geschäfts und freuen sich über das tolle Produkt, das sie bei Ihnen erstanden haben. In vielen Fällen sitzt Ihr Kunde für die Buchführung ohnehin schon am Rechner und kommt Ihrer Aufforderung dann gleich nach. Das Gleiche gilt selbstverständlich auch für Rechnungen, die online versendet werden.

Online-Maßnahmen

▶ Binden Sie die Buttons & Icons von Bewertungsplattformen auf Ihrer Webseite ein.
▶ Nutzen Sie Widgets von Bewertungsplattformen, wie es beispielsweise Holidaycheck und Tripadvisor in der Tourismusbranche anbieten.
▶ Zeigen Sie gute Bewertungen auf Ihrer Webseite.
▶ Werben Sie für Bewertungen auf lokalen Bewertungsplattformen und in sozialen Netzwerken.

6.1.11 Der richtige Umgang mit negativen Bewertungen

»Was machen wir, wenn wir schlecht bewertet werden?« Wenn die Frage im Raum steht, ob Bewertungen generell genutzt werden sollen, ist die Sorge um negative Bewertungen ein oft gehörtes Argument. Immer noch überwiegt bei solchen Entscheidungen die Angst vor negativem Feedback. Alle Vorteile, die Online-Bewertungen mit sich bringen, geraten dann schnell wieder in Vergessenheit. Inhaber von lokalen Geschäften hingegen müssen sich die Frage »Bewertungen, ja oder nein?« gar nicht erst stellen. Denn Bewertungsplattformen bieten immer Raum für Kundenmeinungen, ganz unabhängig davon, ob Sie ein aktives Bewertungsmanagement betreiben oder nicht. Am Ende entscheidet der Kunde selbst, ob er Sie bewertet oder nicht. Aber auch hier ist die »Vogel-Strauß-Methode« wenig ratsam. Denn nichts ist für den Ruf Ihres Unternehmens schädlicher, als auf schlechte Bewertungen gar nicht oder in unangemessener Weise zu reagieren. Wer jedoch sachlich und vor allem zeitnah Stellung bezieht, kann selbst vom negativen Feedback seiner Kunden profitieren: Kritische Kundenstimmen sind nicht immer unberechtigt und liefern oft konstruktive Anhaltspunkte, die Ihnen dabei helfen, Ihr Sortiment oder Ihren Kundenservice zu verbessern. Hinzu kommt, dass Kunden, deren Beschwerde zufriedenstellend beantwortet wurde, sich ernst genommen fühlen und in vielen Fällen zu treuen Stammkunden werden. Generell sind Ihre Kunden immer nur dann motiviert, eine Bewertung von sich aus zu schreiben, wenn sie eine besonders gute oder eben eine besonders schlechte Erfahrung gemacht haben. Hinzu kommt die generelle Mentalität vieler Konsumenten, erst einmal den »Haken« an der Sache zu suchen, und dass guter Service scheinbar ein blinder Fleck in der Customer Journey ist. Auch das ist ein Grund dafür, warum ein paar wenige negative neben vielen positiven Bewertungen das Bild zu einem Produkt rund und authentisch machen. Ein zu »gelecktes« Bild von einem Service oder einem Produkt ist nicht authentisch. Sie brauchen also nicht in Panik zu geraten, wenn sich jemand einmal negativ über Sie bzw. Ihr Produkt äußert. Löschen Sie auf keinen Fall negative Bewertungen. Das führt im schlimmsten Fall zu einem ungewollten Shitstorm auf einer anderen Plattform, die Sie noch schlechter kontrollieren können, als wenn die Kunden auf Ihrer Plattform/Onlineshop/Social-Media-Präsenz toben.

6.1.12 Was tun, wenn's brennt?

Was tun Sie bei einem negativen Kommentar? Auf jeden Fall nicht in Panik verfallen. Wichtig ist ja im Zweifelsfall eine schnelle Reaktion. Schnelligkeit können Sie nur durch regelmäßiges Monitoring sicherstellen. Beobachten Sie die Bewertungsplattformen daher regelmäßig und checken Sie Ihre Einträge nach Kommentaren und Bewertungen. Bei einem negativen Kommentar sollten Sie wie folgt vorgehen:

1. Ruhe bewahren. Geraten Sie bei einem negativen Kommentar nicht in Panik. Eine überstürzte Antwort, mit der Sie sich bis aufs Messer verteidigen, nährt am Ende nur den Problemherd und löst nicht den Konflikt. Besprechen Sie den Fall auch kurz mit Kollegen und Mitarbeitern. Mitunter sind dort schon ähnliche Fälle aufgetaucht und eine richtige Antwort bereits erprobt.

2. Nachdem Sie durchgeatmet haben, schreiben Sie eine sachliche Darstellung des Falles und korrigieren Sie, wenn es sich um ein Missverständnis handelt. Bei einem wirklich kritischen Kommentar (z. B. Unfall, Krankheit) ist eine Entschuldigung angebracht. Sichern Sie dem Kunden zu, dass Sie sich unmittelbar und persönlich darum kümmern. Bedenken Sie auch eine entsprechende Wiedergutmachung.

3. Versetzen Sie sich in die Lage des Kunden und helfen Sie ihm. Warum hat er diesen Kommentar verfasst? Womit ist er unzufrieden, und was können Sie für ihn tun? Ist er unzufrieden mit dem Service bzw. dem Produkt? Schreiben Sie ihm über die Nachrichtenfunktion der Bewertungsplattformen (Qype und Yelp bieten das, Facebook ebenfalls). Dann bitten Sie ihn, sich per Mail oder telefonisch an Sie zu wenden, und schreiben Sie ihm, das ihm gerne persönlich weitergeholfen wird.

4. Will der Kunde einfach nur Dampf ablassen, vergleicht er Sie mit der Konkurrenz und verwendet dabei Schimpfwörter ohne Ende? Beziehen Sie Stellung! Legen Sie sachlich dar, was andere an Ihrer Dienstleistung oder Ihren Services schätzen und weisen Sie ihn in die Schranken. Kommunikation unter der Gürtellinie muss kein Unternehmen hinnehmen! Verweisen Sie ihn auch auf die Community-Richtlinien oder den Verhaltenskodex der Plattformen (bei Qype beispielsweise unter *http://www.qype.com/kodex* erreichbar).

6.1.13 Finger weg von gefälschten Bewertungen!

Zugegeben, der Gedanke, mit selbstverfassten Bewertungen dem Ruf des eigenen Onlineshops oder des Ladengeschäfts unter die Arme zu greifen, oder auch bestimmte Artikel im eigenen Onlineshop zu pushen, ist verlockend. Jedoch sollten Sie es hierbei auf jeden Fall bei diesem Gedanken belassen, denn die Manipulation von Produkt- und Shopbewertungen kann böse nach hinten losgehen! Die Erfahrung aus der Vergangenheit zeigt dies ganz deutlich. Zu den prominentesten Beispielen zählt der misslungene Versuch des einstigen Geschäftsführers des Unternehmens Neofonie, das 2010 versuchte, mit seinem »WeTab« einen Angriff auf Apples iPad zu starten. Das Gerät war beim Marktstart im Vergleich mit dem Tablet mit dem Apfel technisch deutlich unterlegen. Das war dem Hersteller des WeTabs scheinbar durchaus bewusst, jedoch schreckte er nicht davor zurück, Fake-Bewertungen zu verfassen (siehe Abbildung 6.17). Möglicherweise ergriff man die Flucht nach vorn, um einen Verkaufs-Flopp zu verhindern. Unter dem Synonym »Peter Glaser« lobte der damalige Geschäftsführer Helmut Hoffer von Ankershoffen das offensichtlich noch unausgereifte WeTab in einer Produktbewertung bei Amazon über den grünen Klee. Was daraufhin passierte, hatte jedoch schwerwiegende Folgen. Die Deckidentität des Geschäftsführers flog auf, was seinen baldigen Rücktritt zur Folge hatte. Der Imageschaden, den das Unternehmen Neofonie davontrug, war enorm. Oder haben Sie in letzter Zeit etwa noch einmal etwas vom WeTab gehört?

Abbildung 6.17 Die gefälschte Produktbewertung für das WeTab bei Amazon sorgte für Furore.

Sie mögen jetzt vielleicht denken: »Naja, dumm gelaufen, aber wir können das besser. Wir beauftragen einfach eine professionelle Agentur!« Gewiss, einige Händler haben an der Stelle überhaupt keine Skrupel, denn weder Bewertungen in Onlineshops noch Einträge auf Bewertungsplattformen sind frei von Fakes. Von dieser Praxis ist jedoch in jedem Fall abzuraten, denn in den meisten Fällen rächen sich solche Fake-Bewertungen. Wachsame Betreiber von Bewertungsportalen erkennen schnell, wenn es bei der Erstellung einer Bewertung nicht mit rechten Dingen zugeht. Anhaltspunkte hierfür liefern z.B. IP-Adressen von einschlägigen Dienstleistern oder Sprachmuster, die darauf schließen lassen, dass es sich nicht um einen überzeugten Kunden handelt. Ebenso auffällig sind einseitig positive Bewertungen von Nutzern, die erst seit kurzem Mitglied einer Bewertungsplattform sind und die bisher noch keine weiteren Rezensionen verfasst haben. Gefälschten Bewertungstexten fehlt es in vielen Fällen an Authentizität und somit an Glaubwürdigkeit. Im besten Fall klingt eine solche Bewertung für den wachsamen Leser einfach nicht überzeugend. Im schlimmsten Fall hingegen sind Bewertungen mit unlauteren Absichten Zündstoff für heiße Diskussionen, die Ihrem Unternehmen nachhaltig schaden! Die lokale Bewertungsplattform Yelp wehrt sich inzwischen systematisch gegen fragwürdige und offensichtlich gefälschte Bewertungen. Unglaubwürdige Bewertungen werden hier mit Hilfe eines Algorithmus aufgespürt und gefiltert. Noch ein Stück weiter geht der sogenannte »Consumer Alert« von Yelp (siehe Abbildung 6.18). Dieser erscheint bei Einträgen von Unternehmen, die nachweislich mit unlauteren Mitteln positive Bewertungen bei Yelp einwerben. Der Kreativität scheint hierbei kaum eine Grenze gesetzt zu sein. Um diesem Einhalt zu gebieten, leistet Yelp oft wahre Detektivarbeit, um seine Nutzer zu schützen. Unternehmen, die mit Anzeigen für nachweislich falsche Bewertungen bei Yelp werben oder ihre Kunden mit Belohnungen und Rabatten für übertrieben positive Erfahrungsberichte locken, werden hierbei, für den Versuch die Verbraucher irrezuführen, konsequent abgestraft.

Abbildung 6.18 Bei Yelp identifiziert der »Consumer Alert« Unternehmen, die bei dem Versuch auf frischer Tat ertappt werden, für Bewertungen auf Yelp zu bezahlen und so den Verbraucher in die Irre zu führen.

Gelingt es Yelp solche Unternehmen zu identifizieren, erscheint beim Klick auf den Unternehmenseintrag für 90 Tage ein Pop-Up, dass die Nutzer von Yelp vor den entsprechenden Unternehmen warnt. Neben der manuellen Kontrolle durch Administratoren werden Algorithmen mit Filterfunktion auf Bewertungsportalen zukünftig eine immer größere Rolle spielen, wenn es darum geht, die Spreu vom Weizen zu trennen. Auch die Hotelbuchungsplattform HolidayCheck.de nutzt inzwischen Algorithmen, um gefälschte Bewertungen aufzuspüren.

6.2 Die Empfehlungsstrategie

»Ich kann dir da etwas empfehlen!« – jeder Verbraucher hat diesen Satz schon einmal ausgesprochen oder gehört. Gute Freunde und Bekannte wollen mit ihren Tipps nicht nur helfen, sondern sie drücken damit auch ihre Loyalität gegenüber dem Unternehmen, Produkten oder den Mitarbeitern des Unternehmens aus. Empfehlungen unter Gleichgesinnten haben eine Qualität, die Werbung niemals erreichen kann: Sie sind authentisch, verlässlich und vertrauenswürdig. Klassische Werbung ist deswegen zwar nicht obsolet, denn sie eignet sich nach wie vor, um anspruchsvolle und sinnstiftende Geschichten zu erzählen, aber an die Echtheit einer Empfehlung kommt Werbung niemals heran. Insofern wundert es nicht, dass Empfehlungen von Freunden und Bekannten den größten Einfluss auf die Kaufentscheidungen der Konsumenten haben (laut German Social Media Consumer Report 2012/13, siehe Abbildung 6.19).

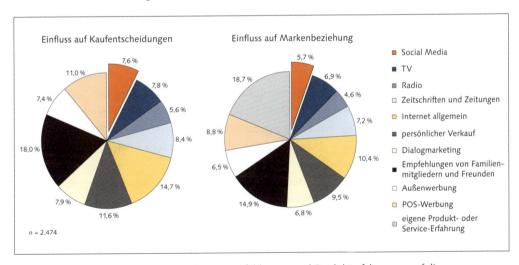

Abbildung 6.19 Welchen Einfluss Werbung, Empfehlungen und Produkterfahrungen auf die Kaufentscheidung ausüben; Quelle: German Social Media Consumer Report 2012/13[3]

---

3 Social Media Think:Lab, Marketing Center Münster & Roland Berger Strategy Consultants, 2013, http://www.socialmediathinklab.com/wp-content/uploads/2013/02/WWU_Social-Media-Consumer-Report_0213_Ansicht.pdf.

Mithilfe der Empfehlungsstrategie erfahren Sie, wie Sie Markenfans, Markenfürsprecher und Influencer gewinnen, und wie Sie sie motivieren, über Sie, Ihr Geschäft oder Ihren Onlineshop zu schreiben oder zu sprechen.

6.2.1 Mündliche Empfehlungen: Word-of-Mouth-Marketing

Mündliche Empfehlungen im Familien-, Freundes- und Bekanntenkreis (»Word-of-Mouth«) sind die effektivste Werbemaßnahme. In einer von Werbung überschwemmten und reizüberfluteten Gesellschaft ist der Rat eines Freundes für den Konsumenten Gold wert. 88 % der Deutschen vertrauen der persönlichen Empfehlung eines Freundes, siehe auch Abschnitt 1.2.2, »Empfehlungen unter Shoppingfreunden«. Damit sind Empfehlungen die wichtigste Werbung noch vor klassischer Werbung und Online-Werbung. Mündliche Empfehlungen unter Freunden, Bekannten und Familienmitgliedern sind hochwirksam, was daran liegt, dass Freunden, Familienmitgliedern und Bekannten eher vertraut wird als einem Verkäufer oder einem Unternehmen. Konsumenten können sich zudem mündliche Empfehlungen von Freunden besser merken. Die größte Weiterempfehlungsbereitschaft konnte bisher bei Kunden gemessen werden, die das Produkt kennen oder bereits besitzen. Daher beginnt jede Produktempfehlung mit einer positiven Produkterfahrung. Die Weiterempfehlungsbereitschaft eines Unternehmens (z. B.: »73 % unserer Kunden würden unseren Onlineshop weiterempfehlen«) lässt sich neben der direkten Kundenbefragung mit dem »Net Promoter Score« berechnen (NPS = Promotoren % – Kritiker %) und müsste eigentlich in jedem Geschäftsbericht, beim Betreten eines Ladengeschäfts oder beim Aufrufen eines Onlineshops an erster Stelle stehen. Denn wer weiterempfohlen wird, ist beliebt, und wer beliebt ist, bei dem wird auch gerne gekauft. Doch Unternehmen haben erst in den letzten Jahren die enorme Wirkung von Werbung durch Empfehlungen für sich erkannt und setzen jetzt massiv auf die Aktivierung von Markengesprächen (»Buzz«), insbesondere bei Produktneueinführungen. Vor dem Hintergrund der zunehmenden »Werbeerschöpfung« der Konsumenten und dem Vertrauen auf Empfehlungen ist Word-of-Mouth-Marketing mittlerweile eine notwendige Maßnahme für Unternehmen, insbesondere für Hersteller. Word-of-Mouth-Marketing eignet sich aber auch, um einen Onlineshop bei der Zielgruppe durch Empfehlungen bekannt zu machen. Das Gleiche gilt natürlich auch für stationäre Händler.

Was ist Word-of-Mouth-Marketing?

Word-of-Mouth (auch *Offline-Mundpropaganda*, kurz »WOM«) sind persönliche Empfehlungen, die mündlich weitergegeben werden. Word-of-Mouth-Marketing wird von der »WOMMA« (Word of Mouth Marketing Association) als »any business action that earns a customer recommendation« definiert, siehe *http://www.WoMmapedia.org*.

> Mit Word-of-Mouth-Marketing ist also immer das Ziel verbunden, Empfehlungen von Kunden zu generieren. Empfehlungen gibt es natürlich auch im Internet und in Form von Erfahrungsberichten, Produktempfehlungen in Foren und Frage-Antwort-Portalen sowie Empfehlungen in den Social Media. Dann spricht man jedoch von *Online-Mundpropaganda* oder auch kurz »Online-WOM«.

6.2.2 Word-of-Mouth-Marketing im Media-Mix

Kombiniert man Online-Werbung mit Word-of-Mouth, steigt der Kampagnenerfolg immens: Laut einer repräsentativen Studie der Agentur »trnd« aus dem Jahr 2011 mit 7.399 befragten Personen stieg die Wahrscheinlichkeit, dass eine Online-Anzeige geklickt wurde, um 96 %, wenn sich die befragte Person noch an eine mündliche Empfehlung eines Freundes erinnern konnte, siehe *http://company.trnd.com/de/ueber-trnd/mediamix*. Im Vergleich dazu stieg die Wahrscheinlichkeit, die Online-Anzeige anzuklicken, um 67 %, wenn sich die Person an eine Printanzeige erinnern konnte (61 % bei TV-Spot). Word-of-Mouth ist daher unbedingt auch im Media-Mix zu berücksichtigen. Auch bei der Kaufwahrscheinlichkeit wirkte sich Word-of-Mouth im Vergleich zu TV und Print am stärksten aus. 21 % der Befragten würden eher einen PC kaufen, der ihnen vorher mündlich empfohlen wurde, als wenn sie über eine Printanzeige (12 %) oder eine TV-Werbung (10 %) von dem Produkt erfahren hätten, siehe Abbildung 6.20.

6.2.3 Wie Sie Empfehlungen unter Freunden, Bekannten und Familienmitgliedern generieren

Das Ziel des Word-of-Mouth-Marketings ist, Empfehlungen offline und online zu generieren und sie als Umsatzerfolge messbar zu machen. Offline-Mundpropaganda und Online-Mundpropaganda gehen dabei häufig Hand in Hand, werden jedoch auf unterschiedlichen Wegen stimuliert. Um Offline-Mundpropaganda gezielt zu stimulieren und messbar zu machen, können Sie mit Word-of-Mouth-Marketing-Anbietern wie »trnd«, *https://www.trnd.com,* oder Agenturen wie dem Burda Community Network zusammenarbeiten. Word-of-Mouth-Marketing lohnt sich vor allem für Markenartikler und Onlineshops, die Eigenmarken führen oder auf den Markt bringen. Eine genaue Auflistung aller WOM-Anbieter, deren Zielgruppen und Potenziale lesen Sie in Abschnitt 7.5.5, »Word-of-Mouth-Marketing: Anbieter und Agenturen«. Allen Plattformen ist gemeinsam, dass ausgewählte Community-Mitglieder die Produkte testen, Berichte schreiben (Marktforschung) und ihren Freunden davon berichten (Empfehlungsmarketing). Um Tester zu werden, müssen sich die Nutzer jedoch bewerben. trnd beispielsweise fragt nach der Demografie, den Interessen und Aktivitäten, der Reichweite, dem Engagement, der

Überzeugungskraft und der Mediennutzung des Nutzers. Ist er einmal fixer Bestandteil der Community, kann er auf tolle, wechselnde Produkte zugreifen, sie testen und auswerten.

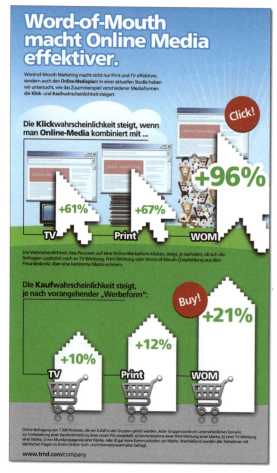

Abbildung 6.20 Wie sich Word-of-Mouth auf das Klickverhalten und die Kaufwahrscheinlichkeit der Konsumenten auswirkt. Quelle: trnd, Agentur für Word-of-Mouth-Marketing

> **Produkttests funktionieren nach dem Prinzip der Reziprozität**
>
> Produkttests triggern bei Ihren Kunden das Bedürfnis, sich für einen Gefallen zu bedanken (siehe Abschnitt 5.7, »Das Prinzip Reziprozität«). Der Kunde bedankt sich für die kostenlosen Proben oder den exklusiven Zugang mit einer Empfehlung oder kauft direkt das Produkt. Sie runzeln die Stirn, wenn Sie von Produktproben hören oder Produktverleih lesen? Sie erinnert das allenfalls an schnödes POS-Marketing? Word-of-Mouth-Marketing ist eine effektive Marketing-Disziplin.

WOM-Kampagnen, die mit Online-Media und Social Media verknüpft werden, generieren nicht nur Buzz in der relevanten Zielgruppe, sondern auch Beiträge in Blogs und sozialen Netzwerken und ein besseres Ranking in den Suchmaschinen. Je nachdem, mit welchem Anbieter Sie zusammenarbeiten, profitieren Sie von einem Blogger- und/oder Publishernetzwerk (G+J, Burda) und können Media-Pakete hinzubuchen. WOM-Kampagnen sind durchaus erfolgreich: Beispielsweise erreichte die Babymarke »Penaten« mit ihrer WOM-Kampagne (2011/12) etwa zwei Millionen Eltern und eine durchschnittliche Weiterempfehlungsbereitschaft von 97 %. Die Nachfrage nach dem Produkttest war sehr hoch. Ursprünglich wurden dafür 2.900 Mütter gesucht, beworben hatten sich um die 10.000. Am Ende testeten 2.500 Mütter zwei neue Penaten-Produkte, tauschten sich intensiv im Familien-, Freundes- und Bekanntenkreis darüber aus und schrieben über 100 Blogbeiträge.[4] Eine ausführliche Übersicht aller WOM-Anbieter und Agenturen erhalten Sie in Abschnitt 7.5.5, »Word-of-Mouth-Marketing: Anbieter und Agenturen«.

> **300 bis 700 Gespräche pro Multiplikator**
>
> Laut den »webguerillas«, einer Agentur, die auch Word-of-Mouth-Marketing anbietet, entstehen pro WOM-Kampagne 300 bis 700 Gespräche pro Multiplikator.[5] Das Schneeballprinzip funktioniert bei mündlichen Gesprächen besonders gut. Der Multiplikator erzählt zunächst seinen engen Freunden und Bekannten von dem Buch, und diese wiederrum berichten ihren Freunden davon usw.

6.2.4 Produkt- und Shopempfehlungen in Social Media

»Wer kennt einen guten Friseur in Köln?«, »Ich verreise nächstes Wochenende nach Kopenhagen. Habt ihr Tipps für mich?«, »Kann mir jemand einen günstigen Stromanbieter empfehlen?« Empfehlungen und Tipps sind wichtiger Gesprächsstoff in Social Media. In Verbraucherforen werden im Minutentakt Einträge kommentiert und Empfehlungen hinterlassen. Dabei ist die konkrete Anfrage eines Nutzers oder die Bitte um einen Tipp meist der Auslöser für eine direkte und persönliche Empfehlung in Netzwerken und Communitys. Freunde und Bekannte oder anonyme Nutzer fühlen sich dann aufgefordert, weiterzuhelfen und ihre Expertise weiterzugeben. Das ist auch der markante Unterschied zu Bewertungen. Bewertungen schreiben zufriedene oder unzufriedene Kunden von sich aus an ein unbekanntes, meist anonymes Publikum. Empfehlungen richten sich jedoch dezidiert an eine Per-

---

4 NetMoms, 2011/12, http://www.netmoms.de/produkte-testen/produkttestpartner/penaten/penaten-bad-shampoo-kopf-bis-fuss-und-intensiv-lotion-begeistern-die-testerinnen.

5 webguerillas.com, http://webguerillas.com/usp/empfehlungsmarketing-wom-word-of-mouth-marketing-agentur/

son. Ob als Tipp in einem Forum, als Produktlink in Facebook, als Tweet an einen Twitter-Nutzer, sie haben einen ähnlichen Effekt wie mündliche Empfehlungen. Sie werden als besonders vertrauenswürdige Information eingestuft, und sie führen bei einem tatsächlichen Bedarf beim Kunden schnell zu einem Kaufentschluss.

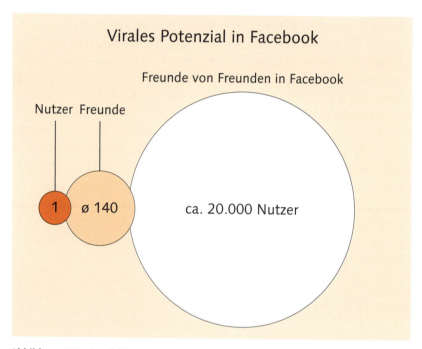

Abbildung 6.21 Empfehlungspotenzial in Facebook; eigene Darstellung. Ein Facebook-Nutzer hat durchschnittlich 140 Facebook-Freunde (Quelle: http://allfacebook.de/zahlen_fakten/ infografik-facebook-2013-nutzerzahlen-fakten). Eine Verbreitung unter 20.000 Nutzern gilt unter der Annahme, dass alle 140 Freunde in Facebook den Beitrag sehen, er von allen geteilt wird und alle weiteren durchschnittlichen 140 Freunde der Freunde den Beitrag sehen.

Grundsätzlich hat jedes Posting in Facebook ein Empfehlungspotenzial von durchschnittlich 140 Facebook-Freunden (siehe Abbildung 6.21). Doch nicht jedes Posting in Facebook wird auch von diesen durchschnittlichen 140 Facebook-Freunden gesehen. Viele Beiträge verpuffen im Nachrichtenstrom. Der Grund dafür ist der so genannte »Facebook Edgerank«, der die Beiträge nach der Affinität der Nutzer untereinander, nach der Art des Inhalts (Foto, Video, Umfrage) und nach der Beitragsfrequenz des Nutzers filtert. Das Gleiche gilt im Übrigen auch für Facebook-Seiten von Unternehmen. Auf Empfehlungen der Nutzer in Facebook zu setzen, ist also keine geeignete Strategie. Auch nicht Gewinnspiele in Facebook, die das Teilen von Inhalten als Teilnahmebedingung voraussetzen. Das ist laut den Facebook Guidelines ohnehin nicht erlaubt. Man muss sich also intelligente Empfehlungsmechanismen einfallen lassen, die vor allem Gamification-Ansätze berücksichtigen. Als Belohnung in Social Media eignen sich der Zugang zu Angeboten, Deals, aber auch zu exklusiven Informationen und Inhalten. Die Unternehmensberatung Oracle bietet beispielsweise auf ihrer Facebook-Seite »Oracle Customer Experience« ein Whitepaper zum Download. Dafür müssen die Nutzer jedoch den Link in Facebook teilen, siehe »Unlock the Download« in Abbildung 6.22. Wie Sie Kunden belohnen, damit sie über Sie sprechen, erfahren Sie in Abschnitt 6.3, »Die Belohnungsstrategie«.

Abbildung 6.22 Um Empfehlungen in Social Media zu generieren, müssen Anreize geschaffen werden. Quelle: http://www.facebook.com/OracleCustomerExperience

Die Nutzer holen Feedback bei ihren Freunden ein

Neben dem Auslösen von Empfehlungen werden in Social Media natürlich auch Produkte diskutiert, wird der Freundes- und Bekanntenkreis um Feedback zu geplanten Produktkäufen gebeten (siehe Abbildung 6.23). Das hilft den Kunden, schneller zu einer Entscheidung zu gelangen, und gilt als verlässliches und ehrliches Feedback. Manche dieser Gespräche passieren öffentlich, d.h. sind für Sie als Händler einsehbar (mittels Social Media Monitoring in Twitter, Google+, öffentlicher Foren). Viele dieser Gespräche finden jedoch in der »Privatsphäre« der Nutzer statt, wo sich Händler nicht einmischen können (und auch nicht sollten).

Anders ist es bei den öffentlichen Social Media, die Sie als Händler mithilfe von Social Media Monitoring Tools überwachen und wo Sie entsprechend reagieren können (siehe Abschnitt 6.6.2, »SocialCRM«). Dazu zählen auch öffentliche Foren und Frage-Antwort-Portale.

Abbildung 6.23 Freunde und Bekannte übernehmen hin und wieder die Funktion des Einkaufsberaters in Facebook.

Abbildung 6.24 Das Vertrauen anonymer Konsumenten untereinander ist groß. Hier fragt ein anonymer Nutzer in einem öffentlichen Forum nach dem Hersteller einer Lampe.
Quelle: http://de.answers.yahoo.com

Proaktive Produktempfehlungen von Nutzern

Schaut man sich das Nutzerverhalten im Hinblick auf proaktive Produkt- und Shopempfehlungen an (und vernachlässigt man einmal die Bewertungen und Empfehlungen auf Amazon und Qype), sieht die Welt der Empfehlungen schon etwas anders aus. Denn auch wenn sich die Nutzer gerne Tipps und Ratschläge geben, bedeutet das nicht, dass sie von sich aus permanent ihre Lieblingsshops in sozialen Netzwerken teilen. Eine Ausnahme bilden Fashionportale wie Pinterest, Stylight, edelight, wo Produkt- und Shopempfehlungen außerordentlich gewünscht sind.

Abbildung 6.25 Dezidierte Produkt- und Shopempfehlungen sind in Facebook eher selten, werden aber dennoch gerne von der Community angenommen.

In sozialen Netzwerken hingegen, speziell in Communitys wie Facebook, sind dezidierte Shop- und Produktempfehlungen, wie in Abbildung 6.25, eher die Ausnahme. Das liegt daran, dass die Nutzer in Facebook vor allem Selbstdarstellung und Kontaktpflege betreiben und unterhalten werden wollen und nicht permanent und kostenlos Produkte empfehlen. Empfehlungen in sozialen Netzwerken sind ein heikles Thema, denn mit dezidierten Produktempfehlungen in den Social Media geht auch immer die Gefahr für den Nutzer einher, sein Ansehen im Netzwerk zu verlieren. Wer ständig Produkte postet, erweckt bei seinen Freunden allenfalls den Eindruck, er habe Langeweile oder er werde dafür bezahlt. Beides ist schlecht für die Reputation, sowohl für den Nutzer als auch für das beworbene Produkt. Hinzu kommt, dass die Bereitschaft, Produkte über das Internet an Freunde zu empfehlen (Online-Mundpropaganda) weitaus geringer ist, als eine persönliche Empfehlung im direkten Gespräch auszusprechen (Offline-Mundpropaganda[6]). Aber es gibt einen Ausweg aus dem Dilemma Verlust von Online-Reputation vs. Loyalitätsbekundung. Um Empfehlungen zu generieren, können Sie mit Involvierung und Belohnung arbeiten. Entweder der Nutzer wird für seine Empfehlung belohnt – durch Ansehen, Status oder einen günstigeren Preis/Rabatt/Gutschein (siehe Abschnitt 6.3.4, »Empfehlungen in Social Media belohnen«), oder er ist von dem Produkt, dem Shop oder einer Geschichte über das Produkt so begeistert, dass er Sie gerne weiterempfiehlt. Wie Sie als Händler spannende Geschichten erzählen, die zum Weitererzählen motivieren, erfahren Sie in Abschnitt 6.4.3, »Storytelling: Content Marketing braucht gute Geschichten«.

Empfehlungen in Verbraucherforen und Frage-Antwort-Portalen

Wenn das Stichwort Social Media fällt, denken die meisten Menschen an Facebook, Twitter & YouTube. Dabei sind Foren und Frage-Antwort-Portale der Urtyp der Social Media. Der einzige Unterschied zu den heutigen sozialen Netzwerken ist, dass die Nutzer dort meist anonym bzw. nur unter ihrem Benutzernamen kommunizieren. Dennoch werden in Foren Spezialthemen diskutiert und finden Markengespräche und Kaufberatungen statt, die sich auf die Kaufentscheidungen der Kunden auswirken.

Ähnliche Hilfestellungen wie in Foren gibt es auf Frage-Antwort-Portalen. Zu den beliebtesten Frage-Antwort-Portalen in Deutschland zählen »Yahoo! Clever«, *http://de.answers.yahoo.com*, »Kurze Frage«, *http://www.kurzefrage.de*, »COSMiQ«, *http://cosmiq.de*, »gutefrage.net«, *http://www.gutefrage.net*, »wer-weiss-was«, *http://www.wer-weiss-was.de*, »hiogi«, *http://www.hiogi.de* und »helpster.de«, *http://www.helpster.de*. Auch bei Frage-Antwort-Portalen ist bemerkenswert, wie schnell die Nutzer antworten. Im Durchschnitt dauert es zwölf Minuten bis zur ersten Antwort. Das ist bemerkenswert, denn die Nutzer werden maximal mit einer Erwähnung in der »Hall of Fame« des Portals belohnt. Auch in Frage-Antwort-Portalen werden konkrete Produktempfehlungen erfragt und weitergegeben.

---

6   trnd, 2011, Mundpropaganda Monitor 02, http://company.trnd.com/de/downloads/trnd_WoM_monitor_02.pdf.

In jedem Fall sollten Sie als Shopbetreiber (egal ob Filiale oder Onlineshop) dies durch Social Media Monitoring im Auge behalten und ggf. auf konkrete Anfragen der Nutzer reagieren.

> **Best Practice: LG Electronics – Kundenbetreuung von der Community**
>
> Unternehmen haben natürlich auch die Möglichkeit, ein eigenes Forum aufzusetzen, damit Verbraucher ihre Fragen direkt in der »hauseigenen« Community stellen können. So können Kundengespräche direkt katalysiert werden. Im Forum von LG Electronics (Abbildung 6.26), http://forum.lg.de, werden 70 % der Serviceanfragen von den Community-Mitgliedern und Bloggern innerhalb des Forums beantwortet. »Dabei reichen 47 Blogpostings aus, um Probleme von 30.000 Kunden zu beantworten«, so Gerrit Heinemann, Professor an der Hochschule Niederrhein und Leiter des eWeb Research Centers, im Interview im Weave Magazine 05/2012, siehe http://shop.page-online.de/weave/einzelhefte/weave-05-2012#.UZ4Dz4JvZuE.

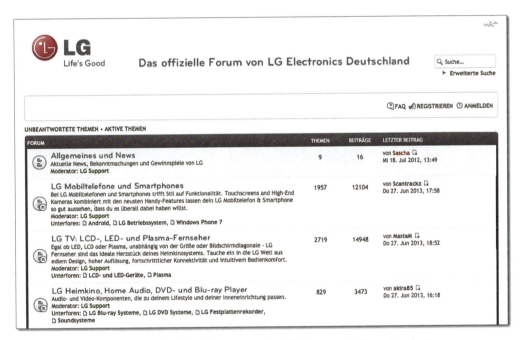

Abbildung 6.26 Wer viele Kunden hat, bekommt auch viele Fragen gestellt, und am besten werden sie im hauseigenen Forum beantwortet wie bei LG. Quelle: http://forum.lg.de

6.2.5 Visuelle Empfehlungsplattformen Pinterest, Polyvore & Co

Stellen Sie sich vor, Stefanie (29) arbeitet Vollzeit in einer Kanzlei in Köln. Nach einem anstrengenden Arbeitstag ist sie früher gerne ab und an in die Schildergasse gegangen, um sich bei H&M, Zara und Galeria Kaufhof mit einem Bummel zu belohnen. Heute geht sie direkt nach Hause und ruft am Abend die Portale »Pinterest«, »Stylight« (siehe Abbildung 6.27), »edelight« etc. auf und lässt sich von den Beiträgen anderer Nutzer inspirieren. So gelangt sie zu neuen Outfits und Trends und kann sie direkt im Onlineshop bestellen. Sie spart sich doppelt Zeit, denn die Community ist angesichts der Tipps der anderen Nutzerinnen Modemagazin und Shoppingberatung zugleich. Visuelle Empfehlungen sind Produkt- und Shopempfehlungen mithilfe von Bildern. Man könnte es auch auf eine »bebilderte Linksammlung« verkürzen, aber damit würde man dem starken Community-Charakter dieser visuellen Empfehlungsplattformen nicht gerecht. Die wohl bekannteste und gleichzeitig jüngste visuelle Inspirationsquelle unter Social Shoppern ist derzeit »Pinterest«. Social Shopping-Communitys mit visuellen Empfehlungen sind ein dominierender Trend im Social Commerce und erfreuen sich vor allem bei der weiblichen Nutzerschaft größter Beliebtheit. Anstelle eines mündlichen Tipps oder eines Kommentars in einem Forum werden ausschließlich Produktbilder empfohlen. Diese Produktbilder führen jedoch direkt in den Onlineshop des Anbieters und deshalb sind diese Communitys mittlerweile ein wichtiger Traffic-Lieferant und Umsatzverstärker für Onlineshops.

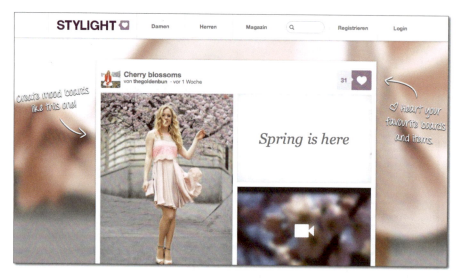

Abbildung 6.27 Bei Stylight »herzen« die Nutzer ihre Lieblingsmode in der Community. Quelle: http://www.stylight.de

Bei visuellen Empfehlungsplattformen bestimmen die Nutzer selbst, welche Produkte und Styles (vor allem im Bereich Mode, Lifestyle, Design) angesagt sind, und empfehlen sie weiter. Sie kreieren mithilfe von Produktbildern aus Onlineshops oder eigenen Bildern digitale Collagen, Pinnwände und Boards, die sie mit der Community teilen, bewerten und in sozialen Netzwerken verbreiten. Der Pionier unter diesen neuen Social-Commerce-Plattformen ist »Polyvore«, *http://www.polyvore.com*, aus den USA. In Deutschland hat »Stylefruits«, *http://www.stylefruits.de*, das Konzept adaptiert und damit bereits einen achtstelligen Umsatz generiert.

Bei »edelight«, *http://www.edelight.de*, teilt die Community ebenfalls Produktlinks. Die Nutzer sichern sich mit jedem Link »Karma-Punkte« und eine Provision (Teilhabe am Affiliate). Betreiber von Onlineshops, die Mode- und Lifestyle-Produkte verkaufen, können diese Plattformen nicht länger ignorieren. Die Plattformen selbst sind im Grunde visualisierte Produktlinks. Das mag banal klingen, verhilft aber vielen kleinen und großen Onlineshops zu mehr Aufmerksamkeit, Traffic und Umsatz. Denn mit Fotos von Mode, Accessoires, Schuhen, Möbeln lassen sich Collagen, Pinnwände und Boards zusammenstellen, die anderen Nutzern als Inspiration dienen. Was die Plattformen voneinander unterscheidet, ist die Einnahmenbeteiligung ihrer Mitglieder. Nutzer, die sich bei Pinterest engagieren, gehen bisher leer aus, während bei edelight und Stylight die Nutzer pro Klick und/oder pro Kaufabschluss im jeweiligen Onlineshop vergütet werden. Die unterschiedlichen Provisionen können die Nutzer unter *http://www.edelight.de/partner* einsehen. Die Plattformen selbst finanzieren sich durch die unterschiedlichen Provisionen der Onlineshops (so genanntes »Affiliate-Marketing«).

6.2.6 Empfehlungen via Pinterest

Die noch junge Plattform (Launch Mai 2011) hat es innerhalb kürzester Zeit geschafft, 25 Mio. Mitglieder zu gewinnen, die monatlich 10 Mio. Unique Visits generieren.[7] Innerhalb weniger Monate sind die Nutzerzahlen um 2.700 % gewachsen. Es lohnt sich also, einen genaueren Blick auf das Bilder-Netzwerk zu werfen, das für viele Onlinehändler ein so wichtiger Traffic-Lieferant geworden ist. In Deutschland profitieren folgende Onlineshops am stärksten von den Pins in Pinterest[8]:

1. Apple *http://www.apple.com/de*
2. H&M *http://www.hm.com/de*
3. Zalando *http://www.zalando.de*
4. Tchibo *http://www.tchibo.de*
5. Amazon *https://www.amazon.de*
6. Thomann *http://www.thomann.de*
7. C&A *http://www.c-and-a.com/de/de/shop/start.html*

---

7 Reuters, »Why retailers are pinning hopes on Pinterest«, 2013, http://www.reuters.com/article/2013/02/27/net-us-consumer-retail-pinterest-idUSBRE91Q19920130227.
8 Searchmetrics, 2012,
http://www.searchmetrics.com/de/searchmetrics/presse/searchmetrics-pinterest-webshops/

8. Otto *http://www.otto.de*
9. Weltbild *http://www.weltbild.de*
10. Baur *http://www.baur.de*

Abbildung 6.28 Zalando profitiert von seiner Pinterest-Präsenz und den Pins der Nutzer. Quelle: http://pinterest.com/zalandode

Besonders interessant ist die Nutzerdemografie bei Pinterest: 68,2 % der Nutzer sind weiblich, 31,8 % männlich. 27,4 % sind zwischen 24 und 35 Jahren alt, gefolgt von den 35 bis 44Jährigen (22,1 %). Gerade einmal 4,1 % sind zwischen 12 und 17 Jahre alt. Das mag auch daran liegen, dass 50 % der Nutzer Kinder haben. Pinterest-Nutzer verfügen über ein hohes Einkommen. 28,1 % verfügen über ein Jahreseinkommen von 100.000 US$. Pinterest hat zudem einen hohen Suchtfaktor (»Stickiness-Faktor«). Durchschnittlich verbringt ein Nutzer 15,8 Minuten auf der Seite.[9] Wer einmal damit anfängt, kommt so schnell nicht von dem Bilder-Netzwerk los. Und das, obwohl es keine Provisionen für die geteilten Produkte und auch keine Anerkennungen in Form von »Badges« oder »Karma« wie bei edelight gibt. Pinterest wurde bereits von über 30 Anbietern kopiert. »Pinspire« ist wohl der bekannteste Pinterest-Clone. Auch immer mehr Onlineshops adaptieren den Look von Pinterest, wie z.B. der neue Onlineshop der H&M-Marke »& other stories« *http://www.stories.com* (siehe Abbildung 6.29) oder die kürzlich an den Start gegangene internationale Social-Commerce-Plattform »ezebee«, *http://www.ezebee.com/de*. Selbst das neue Design der Google+ Community kommt in mehreren Spalten nach dem Vorbild Pinterest daher.

---

9 Alle Statistiken zu Pinterest sind dieser Infografik entlehnt, t3n, 2012, http://t3n.de/news/pinterest-pinterest-infografik-374180/

Abbildung 6.29 Viele Onlineshops im Bereich Lifestyle und Mode orientieren sich am Pinterest-Design. Quelle: http://www.stories.com

6.2.7 Empfehlungen für Onlineshops

Die Beliebtheit von Pinterest zeigt, dass es nicht nur das Bedürfnis gibt, Mode zusammenzustellen, sondern auch Möbel und Design und anderes. Immer mehr Onlineshops für Einrichtungsgegenstände drängen auf den Markt, und damit steigt auch das Potenzial zur Verlinkung und visuellen Empfehlung. Aber nicht nur im Bereich Design machen sich visuelle Empfehlungen bezahlt. Denkbar sind ebenfalls Beauty-Collagen, in denen Pflege- und Schminkprodukte verlinkt werden (Polyvore setzt das bereits um), Rezept-Collagen, in denen Lebensmittel verlinkt werden, was natürlich Onlineshops für Lebensmittel voraussetzt (»HelloFresh« und »Lebensmittel.de« zum Beispiel), oder Heimwerker-Collagen, in denen die Produkte einer Bauanleitung mit den Onlineshops von Obi und Bauhaus verlinkt werden. Damit würde das Thema Heimwerken mit praktischen Anleitungen und authentischen Tipps auf eine visuell ansprechende Weise dargestellt werden. Durch visuelle Empfehlungen entsteht auch immer neuer Consumer Generated Content, der sich positiv auf den Traffic der Onlineshops und natürlich die Online-Verkäufe auswirkt. Dafür müssen Sie aber nicht das nächste Pinterest oder Polyvore starten. Vielmehr geht es darum, erprobte Verkaufsansätze für den eigenen Onlineshop auszunutzen. Das gilt insbesondere für Betreiber eines Onlineshops im Bereich Mode & Lifestyle. Sicher ist, dass die visuelle Darstellung auch in Zukunft den Onlinehandel beschäftigen wird. Eine wichtige Maßnahme ist daher das Content Marketing mittels Bildern, Videos, Podcasts, Whitepapers, Tutorials, Online-Magazinen, E-Books usw., siehe Abschnitt 6.4.1, »Involvierung mittels Content Marketing«.

6.2.8 Mobile Produkt-, Shop- und Händlerempfehlungen

Dass Shopping auch auf mobilen Endgeräten funktionieren kann, haben Sie in Kapitel 4, »Mobile Commerce« gelesen. Das Smartphone wird zum wichtigsten Kundenkontaktpunkt während der Konsumentenreise, vor allem wenn es um Produktvergleiche und -empfehlungen geht. Empfehlungsplattformen wie Pinterest und Polyvore funktionieren auch auf mobilen Devices und inspirieren Kunden unterwegs. Davon profitieren vor allem Onlineshops, aber es gibt auch für den stationären Handel interessante Szenarien für visuelle Empfehlungen, die gerade erst im Kommen sind.

Instagram – visuelle Empfehlungen on the go

Mobile Bildercommunitys wie »Instagram« und »Vine« sind die perfekte Inspirationsquelle und gleichzeitig Empfehlungsnetzwerk. Noch dazu sind es aktive Communitys, weshalb die Nutzer immer wieder zurückkehren. Bei mobilen Bildernetzwerken dokumentieren die Nutzer ihren Alltag und verschönern die Bilder mit Retro-Filtern. Zwischen den Café-, Metro- und Landschaftsaufnahmen tauchen dabei immer wieder auch Fotos von Produkten auf. Häufig fotografieren die Nutzer neu erworbene Produkte und Outfits. Andere Nutzer fragen dann, wo sie die Produkte gekauft oder online bestellt haben (siehe Abbildung 6.30).

Abbildung 6.30 Fashion-Liebhaberin @tifmys postet regelmäßig ihre Outfits und gibt Hinweise, wo sie ihre Lieblingsstücke gekauft hat.

Neben diesen Empfehlungen durch Influencer können Unternehmen auch selbst in Instagram aktiv werden, wie zum Beispiel das junge Berliner Schmucklabel »vonhey«. Gründerin Alexa von Heyden nutzt die Bildercommunity, um Fotos von ihren Produkten zu posten. Dabei stellt sie neue Produkte vor, gibt Einblicke in die Produktion und neue Schmuck-Ideen. Die österreichische Bio-Marke »Ja!natürlich«, http://instagram.com/ja_natuerlich, hingegen unterhält ihre Follower mit Landschaftsaufnahmen, Blumenbeeten, Rezepten und Selbstgekochtem. Instagram lohnt sich besonders für lokale Händler, da sie damit das Einkaufserlebnis von Nutzern und Produkte aus dem Store in der Community verbreiten können. Es lohnt sich aber auch aufgrund seiner tiefen Integration zu Facebook. Seitdem Facebook Instagram im Mai 2012 für 1 Mrd. US$ gekauft hat, werden die Instagram Bilder direkt bei Facebook veröffentlicht (so genanntes »Instant Sharing«), es sei denn, der Nutzer hat dies ausgeschlossen. So verbreiten sich die Bilder in Instagram auch automatisch in Facebook, ohne dass der Nutzer sie extra noch einmal posten muss. Da Instagram ein Service von Facebook ist, werden diese Sharings auch vergleichsweise häufiger angezeigt als andere automatisch geteilte Inhalte. Diese werden aufgrund des Facebook »Edgerank«, der bewertet, wie beliebt und relevant ein Inhalt ist, häufig gar nicht angezeigt.

Abbildung 6.31 Die Bio-Marke »Ja!natürlich« begeistert ihre Mobile Community in Instagram mit unterhaltsamen Inhalten.

Das Store-Erlebnis visualisieren – Best Practice Views

Mit der mobilen App »Views« können lokale Händler in Berlin Bilder ihrer Waren und Produkte hochladen, die die Community dann mobil abrufen kann. Der Nutzer sieht den Preis und wo er das Produkt kaufen kann. Außerdem können die Nutzer angeben, ob sie das Produkt kaufen würden, indem sie auf »Want« klicken (analog zu den Likes auf Facebook siehe Abbildung 6.32). So erfahren die Händler zusätzlich, welche ihrer Produkte besonders beliebt sind. Bisher steht diese App nur kleinen Boutiquen und Designer-Läden in Berlin zur Verfügung, aber sie bietet auf jeden Fall das Potenzial für andere Produktsparten. Interessant ist auch, dass die erste Version der App nach dem Konzept des »Consumer Generated Content« aufgebaut war. Kunden, die gerade einen Laden besuchten, sollten Produktbilder hochladen. Allerdings war die Qualität der Inhalte (Bilder, Preise) so schlecht, weshalb man sich für die Strategie, über die Händler selbst zu gehen, entschied. David, einer der Gründer von Views, meint, dass der stationäre Handel gegenüber dem Onlinehandel immer noch einen entscheidenden Vorteil hat: das Store-Erlebnis. Über die App kann dieses Erlebnis auf das Smartphone der Nutzer gebracht werden und sie motivieren, das Geschäft wieder aufzusuchen.

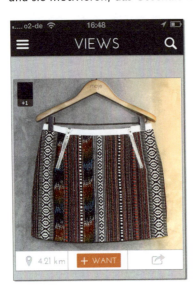

Abbildung 6.32 Views bringt die Produkte des stationären Handels auf die mobilen Devices der Kunden. Quelle: http://www.viewsland.com

Visuelle Empfehlungen via YouTube

Lustige Videos von Katzen (»Cat Content«), Wellensittichen und Babys sind zwar die bestimmenden Kategorien in YouTube, aber viele nutzen die Videoplattform mittlerweile als Quelle für Entspannungsübungen, Bastelanleitungen, Schminktipps, Hotelinfos und selbstverständlich auch für Produktempfehlungen. Die Nutzer erstellen beispielsweise so genannte »Haul«-Videos und stellen ihre kürzlich gekauften Produkte und Schnäppchen vor. Wofür steht die Bezeichnung »Haul«? »Haul« ist aus dem Englischen und steht für »Fang« oder »Ausbeute«. In Haul-Videos werden also kürzlich gemachte Schnäppchen insbesondere im Bereich Fashion vorgestellt. Das tun sowohl Frauen als auch Männer (siehe Abbildung 6.33). Für Betreiber von Onlineshops und stationären Geschäften ist YouTube eine sehr wichtige Empfehlungsplattform, und Sie müssen herausfinden, ob Ihre Produkte in YouTube empfohlen werden und um welche Influencer, d. h. Nutzer mit einer hohen Reichweite und einer hohen Relevanz (»Wenn die Empfehlung von Nutzer X stammt, hat sie mehr Reichweite und mehr Wirkung als von Nutzer Y«), es sich handelt. Wie Sie das angehen, erfahren Sie im folgenden Abschnitt 6.2.9, »Influencer Relations«. Shopbetreiber können YouTube aber nicht nur für Empfehlungsmarketing, sondern auch dafür nutzen, eigene Inhalte in der Community zu verbreiten, siehe Abschnitt 6.4.5, »Content Marketing mit Videos«.

Abbildung 6.33 YouTube-Nutzer stellen in Haul-Videos ihre Shopping-Ausbeute vor und machen damit kostenlos Werbung für Händler und Onlinehändler. Quelle: https://www.youtube.com/watch?v=zoQMFTIJP1U

6.2.9 Influencer Relations

Influencer ist dem englischen Wort »influence« (Deutsch: »Einfluss«) entlehnt. Influencer sind also Personen, die andere Personen aufgrund ihrer Reichweite, ihres Status oder ihrer Berühmtheit beeinflussen. Am besten kann man den Effekt von Influencern bei Lifestyle-Produkten beobachten. Erst wenn Stars, Promis, Musiker und eben Menschen mit einem hohen Einfluss bestimmte Sachen tragen, werden sie zum Trend. Diesen Prozess kann man auch bei Innovationen, vor allem technischen Innovationen, beobachten. Zur Verbreitung und Alltagsintegration von technischen Innovationen tragen in den unterschiedlichen Stadien unterschiedliche Gruppen bei (so genannte »Diffusionstheorie«). Zuerst probieren, testen oder kaufen die »Innovatoren« die neuen Produkte oder Technologien. Danach folgen die »early adopters« (frühzeitigen Anwender), danach die »early majority« (frühe Mehrheit), danach die »late majority« (späte Mehrheit) und schließlich die Nachzügler (»late adopters«). Influencer werden jedoch nicht kurzfristig für Kampagnen gebucht.

> **Influencers – Menschen, die anders denken und andere beeinflussen**
>
> Einen sehr guten Einblick über den Einfluss von Influencern liefert das Video mit dem gleichnamigen Titel »Influencers« http://vimeo.com/16430345 (siehe Abbildung 6.34). In dem kurzweiligen Video erfahren Sie, welchen Einfluss Kreative, Künstler, Blogger, Sportler auf Trends haben, und wie sie es schaffen, einen Trend, der noch nicht im Mainstream angekommen ist, in das Bewusstsein der Menschen zu rücken und dabei Märkte zu verändern. Influencer sind Markenbotschafter. Das können Celebritys sein oder aber Menschen, die sehr stark vernetzt sind und dadurch Einfluss haben, oder Personen, die beruflich sehr angesehen sind (Professoren, Wissenschaftler, Manager) und dadurch eine Meinungshoheit besitzen.
>
>
>
> **Abbildung 6.34** »Influencers« veranschaulicht, wie sich Trends durch Influencer verbreiten. Quelle http://vimeo.com/16430345

Was erreichen Sie mit Influencer Relations?

Der folgende Abschnitt konzentriert sich auf die Influencer Relations mit digitalen Influencern mit Fokus auf Advocates, Citizens und Bloggern. Es handelt sich dabei um Menschen mit einer hohen Reichweite und Relevanz im Netzwerk, daher auch häufig digitale »Meinungsführer« genannt. Wie Sie offline Menschen mit Einfluss erreichen, wurde bereits in Abschnitt 6.2.1, »Mündliche Empfehlungen: Word-of-Mouth-Marketing« erklärt. Celebritys werden an dieser Stelle ausgespart, weil sie für kurzfristige Werbemaßnahmen als Testimonial professionell gewonnen werden und dafür weitaus höhere Budgets notwendig sind als bei der Gewinnung digitaler Influencer. Digitale Influencer werden langfristig durch Influencer Relations (Identifizieren, Anerkennen und Belohnen, Involvieren) gewonnen. Mit Influencer Relations werden Maßnahmen ergriffen, um mit Influencern in Kontakt zu treten und um eine langfristige Zusammenarbeit zu etablieren. Sowohl der stationäre Handel kann mit Influencern seine Aufmerksamkeit erhöhen und Empfehlungsmarketing betreiben als auch der Onlinehandel. Fakt ist: Damit Influencer über Sie sprechen oder schreiben, müssen Sie ihnen etwas bieten: Status, Anerkennung, Reputation oder monetäre Anreize.

6.2.10 Die fünf Typen von Influencern

Influencer gibt es sowohl offline als auch online. Die WOMMA definiert in ihrem aktuellen »Influencer Guidebook 2013« fünf Arten von Key Influencern:[10]

1. **Advocates**: Markenfans, die gerne über ihre Lieblingsmarke (z. B. Minicooper-Fan) sprechen und sich sehr markenloyal verhalten. Freunde und Bekannte wissen, dass sie Fan dieser Marke sind, und wenden sich bei konkreten Fragen zum Produkt direkt an sie.

2. **Ambassadors**: Unternehmens- oder Markenbotschafter. Das können Mitarbeiter aber auch Blogger sein.

3. **Citizen influencers**: Personen, die offline und/oder online sehr vernetzt sind, einen großen Freundeskreis haben und in Social Media sehr aktiv sind. Ihr Einfluss tritt jedoch eher in Kohorten auf, z. B. mehrere Personen berichten über einen neuen Trend gleichzeitig in Facebook. Der Unterschied zu den Advocates ist, dass Citizens nicht per se Fan einer Marke sind, sondern aufgrund ihrer starken Vernetzung einen enormen Einfluss haben.

4. **Professionals/Occupational influencers**: Personen, die ihren Einfluss durch ihre Karriere erreicht haben, zum Beispiel Steve Jobs oder Sheryl Sandberg.

5. **Celebrity influencers**: Promis, Stars, Musiker, Schauspieler, die Aufmerksamkeit für die Marke (»Brand Awareness«) online und offline erzeugen.

Dass sich Celebrities sehr gut eignen, um Produkte online zu vermarkten, zeigen die vielen neuen Onlineshops, die auf Promi-Shopping und Curated Shopping setzen (siehe Kapitel 2, »Social Commerce«). Dank ihres Ansehens und ihrer Autorität (Kunden vertrauen den Tipps von Stars und Promis) können sie Produkte leichter

---

10 WOMMA, 2013, http://www.womma.org/blog/2013/04/meet-wommas-new-influencer-guidebook-2013.

verkaufen. Influencer können also sowohl Stars und Celebritys (Justin Timberlake, Rihanna), bekannte UnternehmerInnen (Sheryl Sandberg, Steve Jobs), Blogger mit einer hohen Reichweite oder digitale Markenfans (z. B. Audi-Fan) sein oder einfach nur Bürger mit einer hohen Vernetzung und sozialen Reichweite. Digitale Influencer sind Markenbotschafter im Internet und können die Meinung oder das Verhalten anderer Personen verändern. Deshalb sind Influencer bzw. Influencer Relations wichtig für die Vermarktung von Produkten. Sie eignen sich aber auch zur Bekanntmachung von Onlineshops.

Blogger beeinflussen den Handel

Sowohl für Produkte aus der Unterhaltungselektronik als auch im Tourismus sind Blogger Relations schon seit langem eine wichtige Maßnahme für erfolgreiches Empfehlungsmarketing. Gerade bei Smartphones und mobilen Devices ist der Einfluss von Blogs sehr hoch. Zahlreiche Blogs wie *http://www.androidnext.de*, *http://www.androidpit.de*, *http://www.iphone-ticker.de*, *http://www.mobilegeeks.com*, *http://www.mobiflip.de* (siehe Abbildung 6.35) veröffentlichen regelmäßig Beiträge über neue Produkte aus dem Bereich.

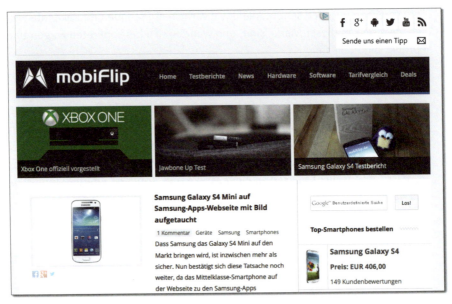

Abbildung 6.35 Blogs bieten nicht nur einen umfassenden Überblick, sondern wirken sich auch vertrauensbildend auf die Produkte aus. Quelle: http://www.mobiflip.de

Alle diese Blogs haben eine enorm hohe Reichweite und beeinflussen die Meinung der Konsumenten, die die unabhängigen Meinungen und Testberichte der Blogger schätzen.

Onlineshops setzen auf Influencer

Der Onlineshop *http://www.miacosa.de* setzt mittlerweile voll und ganz auf Empfehlungen durch Influencer und bindet neben Promis vor allem YouTube-Stars ein. Beispielsweise präsentiert im YouTube-Channel von miacosa, *http://www.youtube.com/miacosaDE*, (siehe Abbildung 6.36) der YouTube-Star »Wohnprinz« Wohnideen und Deko- und Einrichtungs-Tipps. Miacosa profitiert von der Reichweite des Influencers, dessen YouTube-Channel, siehe *https://www.youtube.com/Wohnprinz*, bereits 38.984 Nutzer abonniert haben.

Abbildung 6.36 Der Onlineshop miacosa setzt auf Influencer und lässt Youtube-Stars und Promis Produkte empfehlen. Quelle: http://www.youtube.com/miacosaDE

Um Influencer als Markenbotschafter zu gewinnen, müssen sie zunächst identifiziert, anschließend persönlich kontaktiert, wertgeschätzt und überzeugt werden, über Sie bzw. Ihren Onlineshop und die Produkte zu schreiben. Influencer Relations müssen genauso gepflegt werden wie Investor Relations oder Public Relations mit Journalisten.

6.2.11 Wer sind Ihre digitalen Influencer?

Was zeichnet einen digitalen Influencer aus? Ab wann übt ein Nutzer Einfluss auf einen anderen Nutzer aus? Der Altimeter Report »The Rise of Digitale Influence« gibt diesbezüglich Auskunft.[11] Laut Altimeter ist das Soziale Kapital der Person ein ganz entscheidender Faktor für Influence. Soziales Kapital ist der Katalysator für

---

11 Altimeter, 2012, »The Rise of Digital Influence«, http://de.slideshare.net/Altimeter/the-rise-of-digital-influence.

den Einfluss des Nutzers. Soziales Kapital bezieht sich auf die Beziehungen zwischen Personen und das Netzwerkpotenzial im Freundes- und Bekanntenkreis. Soziales Kapital in Bezug auf Digital Influence kann man anhand von drei Säulen festmachen: Reichweite, Relevanz und Resonanz, wobei Reichweite und Relevanz die Resonanz beeinflussen (siehe Abbildung 6.37). Reichweite ist also nicht das einzige wichtige Merkmal von Influence. Gemeinsam mit der Relevanz, die durch das Vertrauen in die Person, die allgemeine Autorität der Person und die Themenaffinität (Häufigkeit der Beiträge über ein bestimmtes Thema) beeinflusst wird, bilden sie die Grundlage für Resonanz im Netzwerk, und nur dann kommen tatsächlich messbare Effekte in großen Communitys und Spezial-Interest-Communitys zustande. So werden »Nobodys« zu »Somebodys« in Social Media. Wie Sie diese unterschiedlichen Typen von Influencern identifizieren und ansprechen, erfahren Sie in Abschnitt 7.5.2, »Influencer rechechieren und identifizieren«.

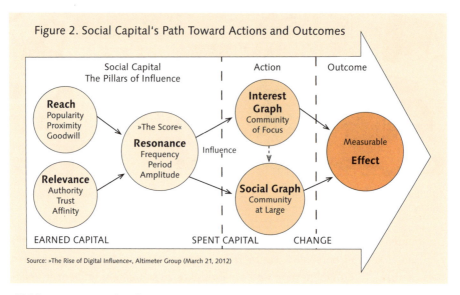

Abbildung 6.37 Digitale Influencer erzeugen durch Reichweite und Relevanz Resonanz im sozialen Netzwerk. Quelle: Brian Solis, Altimeter

6.2.12 Influencer gewinnen: Schaffen Sie eine Win-win-Situation!

Bei den Influencer Relations müssen Sie berücksichtigen, dass die meisten Blogger laut TechnoratiMedia ihr Blog nebenberuflich betreiben und folglich sehr viel Zeit in ihrer Freizeit dafür investieren. Daher sind viele Blogger von Anfragen, ob sie nicht einmal kostenlos über dieses Produkt oder jenen Shop schreiben könnten, zunehmend genervt. Anfragen an Blogger sollten immer eine Win-win-Situation für beide Seiten darstellen. Übrigens gehören zu den Bloggern auch Video-Blogger auf YouTube, die mit ihren Inhalten und YouTube-Channels eine enorme Reichweite aufbauen konnten. Einige der professionellen YouTube-Channels generieren schon mehr Abrufe als so mancher klassische TV-Sender. Doch es sind nur wenige Channels, die wirklich Geld mit ihren Inhalten verdienen. Einer davon ist der YouTube-Channel von Sascha Pallenberg und Nicole Scott, die seit 2007 den YouTube-Channel *http://www.youtube.com/user/minipcpro* betreiben. Dort versorgen sie über 67.000 Abonnenten mit den neuesten News zum Thema Netbooks, Tablets und Smartphones. Die Videos generieren ca. 2 Mio. Views pro Monat. Angefangen hat Sascha, wie er selbst sagt, mit Wackelkamerabildern, also nur semiprofessionellem Content. Heute ist solcher Content für professionelle Accounts nicht mehr möglich. Unternehmen müssen Premium-Contents für YouTube produzieren, denn die Möglichkeiten werden selbst für Laien immer besser, und immer mehr Nutzer gehen auf YouTube und veröffentlichen dort ihre selbst produzierten Videos.

Digitale Influencer ansprechen und motivieren

Hat man erst einmal die relevanten Influencer identifiziert, kommt die eigentliche Herausforderung, sie richtig anzusprechen und zu motivieren, über Sie zu schreiben. Noch kniffliger wird es, wenn Sie Citizens oder Advocates darum bitten, sie mögen doch ihr nächstes Facebook-Posting Ihrem Onlineshop widmen. Stellen Sie sich einmal vor, Sie hätten morgen eine E-Mail oder einen Brief in Ihrem privaten Postfach, worin Sie gebeten würden, für einen Onlineshop oder einen Store Werbung zu machen. Würden Sie das einfach so machen? Was wäre, wenn in dem Brief ein Gutschein enthalten wäre, den Sie erst mit Ihrer Empfehlung aktivieren könnten? Und was würde passieren, wenn das Unternehmen sich in der E-Mail für Ihr Engagement auf Facebook bedanken und Sie zu einem exklusiven Firmenevent einladen würde? Dann wären Sie definitiv gewillter, Werbung zu machen, als wenn Sie dafür nichts bekämen. Erfolgreich ist also eher eine Ansprache, die eine persönliche Beziehung zu dem Influencer herstellt und ihn für sein Engagement belohnt. Die Belohnung muss nicht immer ein materieller Wert sein. Es kann auch der exklusive Zugang zu einer Information oder einem Event sein. H&M beispielsweise hat zu der Eröffnung seines neuen Stores »& other stories« am Kurfürstendamm in Berlin zahlreiche Blogger exklusiv zu seinem Pre-Opening eingeladen, damit sie als Erstes einen Einblick in den Store und die Produktauswahl erhalten. Pre-Openings sind aber nicht nur bei der deutschen Fashionindustrie beliebt, sondern werden auch zur Saisoneröffnung des Wintersports in Österreich zelebriert. Pre-Openings sind sowohl für den stationären Handel geeignet als auch für den Onlinehandel denkbar. Beim Lauch/Relaunch einer neuen Website, eines Onlineshops oder einer mobilen App ist das Konzept der »Beta-Tests« bekannt, bei dem Nutzer eingeladen werden, den Shop zu testen und Feedback zur Nutzerfreundlichkeit und Nutzerführung zu geben. Das Start-up »Stylemarks« hat beispielsweise im Mai 2013 seine Facebook-Fans aufgefordert, die iPhone-App zu testen (siehe Abbildung 6.38).

Abbildung 6.38 Das Start-up Stylemarks lässt seine mobile App exklusiv von seinen Facebook-Fans testen.

Egal ob Blogger oder Beta-Tester, diese Influencer müssen ebenso behandelt werden wie wichtige Journalisten und relevante Anspruchsgruppen Ihres Unternehmens, jedoch ohne dass Sie dabei zu Pressemitteilungen greifen und zu trockenen Firmenpräsentationen einladen. Solche Events sind als Happenings mit besonderem Mehrwert konzipiert, die dem Besucher einen einmaligen Unterhaltungswert verschaffen und es deshalb auch wert sind, darüber zu schreiben. Wie Sie Influencer außerdem belohnen können, damit über Sie geschrieben wird, erfahren Sie in Abschnitt 6.3, »Belohnungsstrategie«.

6.2.13 Produktempfehlungen in Onlineshops

Empfehlungen sind dann am wirkungsvollsten, wenn sie von Freunden und Bekannten ausgesprochen werden oder wenn sie von digitalen Influencern kommen. Wie Sie diese Meinungsführer erreichen, wissen Sie jetzt. Allerdings können Sie selbst auch Produktempfehlungen direkt im Onlineshop unterbreiten. Das geht mithilfe einer Empfehlungstechnologie, mit der ganz nach dem Vorbild von Amazon ähnliche Produkte oder »Kunden kauften auch« vorgeschlagen werden können. Im Onlineshop von Deichmann, *http://www.deichmann.com*, werden auf diese Weise Produkte empfohlen und das Cross-Selling innerhalb des Onlineshops erhöht (siehe

Abbildung 6.39). Kunden werden auf diese Weise inspiriert und müssen sich nicht mühsam durch das Angebot klicken. Eine Übersicht der Anbieter von Empfehlungssystemen erhalten Sie in Abschnitt 7.5.6, »Empfehlungssysteme für Onlineshops«.

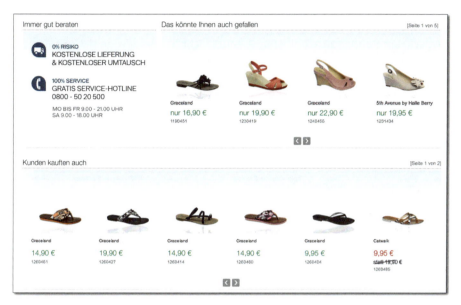

Abbildung 6.39 Produktempfehlungen im Onlineshop von Deichmann; Quelle: http://www.deichmann.com

6.3 Die Belohnungsstrategie

Thilo, 43, ist Geschäftsführer einer Hamburger Software-Firma und fliegt mehrmals in der Woche zu Kundenterminen nach München und Frankfurt wie auch ins Ausland. Am liebsten fliegt er mit Lufthansa. Nicht nur, weil er den Service der Lufthansa sehr zu schätzen weiß, sondern auch, weil er am Vielfliegerprogramm der Lufthansa teilnimmt und das schon seit über zehn Jahren. Das »Miles & More«-Programm der Lufthansa belohnt ihn mit Extraflügen, Zugang zu Lounges, Vergünstigungen bei Hotel- und Mietwagenbuchungen und Sonderangeboten aus dem Bereich Mode und Lifestyle. Kurzum: Thilo wird dafür belohnt, dass er mit Lufthansa fliegt. Vielfliegerprogramme bestehen schon seit den 80er Jahren, seitdem 1981 »American Airlines« erstmals damit startete. 2006 betrug die Anzahl der Mitglieder, die bei Vielfliegerprogrammen registriert waren, 180 Millionen Menschen. Kaum eine große Fluglinie verzichtet auf Vielfliegerprogramme, sondern setzt sie gezielt zur Kundengewinnung und Kundenbindung (»Lock-in-Effekt«) ein. Denn die Airlines erhalten durch ihre Bonusprogramme auch relevante Kundendaten, die sie zur Kundenbindung einsetzen können (mehr dazu siehe Abschnitt 6.6, »Die

Kundenbindungsstrategie«). Doch was bei Fluggesellschaften schon längst Bestandteil der Geschäftsstrategie ist, ist bei vielen anderen Händlern und Herstellern noch gar nicht angekommen. Belohnungsprogramme haben jedoch großes Potenzial, nicht nur in Bezug auf die Kundenbindung, sondern auch im Hinblick auf die Verkaufsförderung. Braucht es also künftig immer ein Bonusprogramm à la Payback, um Kunden zu akquirieren? Genügt nicht das Produkt an sich? Kaufen die Kunden nur noch dann ein, wenn sie mit Punkten, kostenlosen Zusatzprodukten und Gutscheinen gelockt werden?

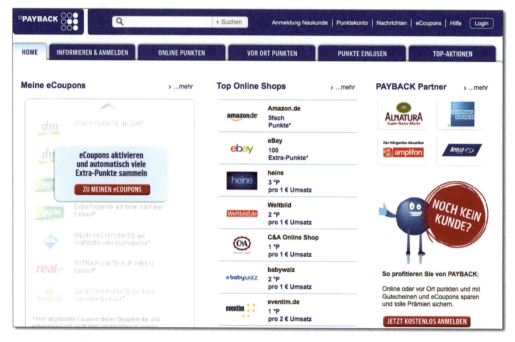

Abbildung 6.40 Mit dem Bonuspgramm von Payback erhalten die Kunden Vergünstigungen im Online- und Offline-Hande.; Quelle: http://www.payback.de

Tatsächlich haben die heutigen Konsumenten eine Erwartungshaltung der Belohnung entwickelt. Warum? Einerseits realisieren immer mehr Kunden, dass sie Macht haben (nicht zuletzt durch Social Media) und die Unternehmen etwas dafür tun müssen, um sie zu überzeugen. Andererseits sind Belohnungen im Leben generell wichtig für den Menschen. Menschen möchten sich selbst belohnen und belohnt werden. Manchen geht es dabei um Geld, manche trachten nach Status und wollen berühmt sein, und wieder andere wollen darin bestätigt werden, dass sie attraktiv und schön sind. Nicht umsonst sind TV-Shows wie »Wer wird Millionär?« oder »Germany's next Topmodel« so erfolgreich. Belohnungen sind also nicht ausschließlich monetäre Anreize, sondern viel häufiger sind Belohnungen psychologischer Natur. Im Übrigen sind auch bei Vielfliegerprogrammen sozialer Status und Selbstdarstellung die psychologischen Treiber und nicht die Vergünstigung an sich. Es geht den Kunden darum, zeigen zu können, dass sie überhaupt am Vielfliegerprogramm teilnehmen. Für Unternehmen bedeutet das, dass sie Konsumenten nicht nur mit Vergünstigungen und Produkten belohnen können, sondern auch mit immateriellen Anreizen wie Status, Anerkennung, Zugang zu bestimmten Informationen usw.

6.3.1 Verschenken Sie keine Belohnungen

Wenn Sie mit Belohnungen arbeiten wollen, müssen Sie darauf achten, dass sich der Kunde die Belohnung »verdient«. Das ist vielversprechender, als den Kunden einfach nur für seinen Kauf zu belohnen. Menschen wissen Dinge mehr zu schätzen, für die sie etwas getan haben. Das Gefühl, auf einer Bergspitze zu stehen, ist nur deshalb so intensiv, weil der Aufstieg anstrengend war. Genauso ist es auch bei Belohnungen. Wenn sie »kostenlos« sind, werden sie weniger geschätzt, als wenn der Kunde dafür etwas tun musste. Aus diesem Grund müssen die Konsumenten bei Bonusprogrammen erst einmal Punkte sammeln, die sie später einlösen können. Andere Spielmechaniken sehen vor, dass Abzeichen (»Badges«) erst dann vergeben werden, wenn Kunden etwas mehrmals dafür getan haben (z. B. mehrere Produkte bewertet, Freunde-werben-Freunde). Vielfliegerprogramme und Bonusprogramme à la Payback sind jedoch ein Teil der Belohnungsstrategie. Kunden können vor allem im Spiel oder durch spieltypische Elemente (Abzeichen, Ranglisten etc.) belohnt werden. Noch dazu macht Spielen Spaß, und Spaß ist mittlerweile der entscheidende Faktor im Wettbewerb um die Aufmerksamkeit der Kunden. Spielerische Marketingmaßnahmen eignen sich zur Kundenbindung, zur Verkaufsförderung und für das Markenbranding. Die daraus entstandene Marketingdisziplin nennt sich »Game-based Marketing«, die nachfolgend kurz erklärt werden soll. Anschließend werden Beispiele aufgezeigt, wie Belohnung und Spiel (»Gamification«) auch im Onlinehandel erfolgreich eingesetzt werden können, und warum Belohnungen für erfolgreiches Empfehlungsmarketing unentbehrlich sind.

6.3.2 Game-based Marketing

Wie wäre es, wenn der Kunde spielerisch an ein neues Produkt herangeführt werden würde oder wenn ihm Spielmechaniken im Kaufprozess begegnen würden? Einerseits hätte er mehr Einflussnahme, er könnte schrittweise belohnt werden, und letztlich würde es ihm auch noch Spaß machen! Mit Game-based Marketing sind jedoch keine schnöden Gewinnspiele gemeint. Gewinnspiele motivieren nur durch ihren extrinsischen Anreiz (Geld, Produkt, Ersparnis), sie erreichen aber niemals den Werbeeffekt wie spielerische Kampagnen oder Werbespiele (»Advergames«). Sie wirken auf den Konsumenten unterhaltsam, nützlich und sinnstiftend zugleich. Ein Beispiel dafür ist das bekannte Werbespiel »Moorhuhn« aus dem Jahr 1999, welches im Auftrag von Johnny Walker produziert wurde. Personen, die zur kurzweiligen Unterhaltung virtuelle Moorhühner am Arbeitsplatz oder an ihren heimischen PCs jagten, empfanden die Marke nachher als jünger und trendiger. Neben Markenbranding können stationäre und Onlinehändler und Hersteller mit Game-based Marketing und Gamification folgende Ziele verfolgen: das Engagement der Kunden und die Kundenbindung erhöhen (z.B. Verweildauer im Geschäft/Onlineshop, wiederkehrende Nutzer auf Website/Blog/Onlineshop). Hersteller und Markenartikler können mit Game-based Marketing die Markenbekanntheit und die Markenloyalität steigern.

Wichtige spieltypische Elemente

Was den Spieler im Spiel motiviert, ist nicht nur die Aussicht auf Erfolg oder das Ziel, auf das er hinarbeitet. Spieltypische Elemente und Spielmechaniken motivieren ihn stückweise und erhöhen das Erlebnis im Spiel.

- **Status**: Der stets sichtbare Status der Spieler (Scorings, Punkte oder Währungen) erhöht den Wettbewerb untereinander. So können sich die Spieler immer untereinander vergleichen.
- **Ranglisten**: Die Ranglisten geben Auskunft darüber, welcher Spieler gerade der Beste ist. Ranglisten sollten immer einsehbar sein. Häufig werden auch Abzeichen und Pokale vergeben.
- **Aufgaben** (so genannte »Quests«): Die Aufgaben sind stufenweise konzipiert. Sobald eine Aufgabe gelöst wurde, beginnt die nächste oder das nächste Level.
- **Transparenz** über den Spielerfolg und Teilerfolge: Über Scorings können die Nutzer in Echtzeit ihren Spielerfolg einsehen.
- **Bewältigung**: Die Ziele müssen erreichbar sein, die Erfolgschancen absehbar sein, damit der Spieler zuversichtlich ist. Nur bei einem ausgeglichenen Verhältnis von Herausforderung und Fähigkeiten kann der Spieler in einen Flow-Zustand kommen, wo er ganz im Spiel aufgeht.
- **Zusammenarbeit**: Viele Spiele sind so konzipiert, dass einer allein nicht reicht, sondern nur die Community bzw. eine Gruppe zusammen das Ziel erreichen kann. Das stärkt den Teamgeist.
- **Bedeutung**: Ein sehr wichtiges Element des Spiels ist die Bedeutung des Spiels. Worum geht es in dem Spiel auf der Meta-Ebene? Überraschung, Sinnstiftung, Freude?

Es müssen nicht per se alle spieltypischen Elemente in einer Kampagne Berücksichtigung finden. Manchmal sind es auch nur zwei oder drei, die die Kampagne erweitern. Und es muss auch nicht immer Gamification um jeden Preis sein. Manche Kampagne kommt einfach besser ohne Gamification aus. Denn es ist wichtig, dass die Spielmechaniken den Kunden nicht erschlagen, sondern einen Mehrwert bieten.

6.3.3 Gamification im Onlinehandel

Gamification wird bereits im Onlinehandel praktiziert. Häufig werden damit Loyality- und Bonusprogramme umgesetzt. Gerade bei Onlineshops hat sich bewährt, dass Punkte in einer eigenen virtuellen Währung vergeben werden. Diese Währung signalisiert, dass sich der Kunde durch sein aktives Handeln etwas »verdient« hat. Die gesammelten Punkte können nachher wieder gegen Produkte eingetauscht werden. Diese Bonusprogramme erhöhen die Loyalität des Kunden gegenüber dem Onlineshop. Ähnlich wie bei den Vielfliegerprogrammen wird der Kunde auf diese Weise immer wieder motiviert, bei diesem Anbieter einzukaufen. Abgesehen von Bonusprogrammen, die entweder den Kauf eines Produktes, die Bewertung oder Empfehlung belohnen, können Sie mit Gamification das Einkaufserlebnis im Onlineshop spielerisch aufladen.

Laut Roland Schäfer, Partner bei saphiron management & technology consultants, *http://www.saphiron.de*, kann Gamification für drei Einsatzbereiche in Onlineshops genutzt werden. Er unterscheidet zwischen Punkten, Auszeichnungen & Levels und Status:

Punkte vergeben für	Auszeichnungen & Levels	Status
Einloggen alle 24h	Medaillen, Pokale, Badges für erbrachte Leistungen	exklusive Vorteile und Privilegien, VIP
verbrachte Zeit im Onlineshop	Ranglisten	exklusiver Zugang zu neuen Produkten und Produktinnovationen
Anklicken von Artikelseiten/Produktseiten	–	Bevorzugungen, z.B. bei Kundenservice und Serviceleistungen (Versandkosten, Zahlungsziel)
Ausfüllen von Umfragen	–	–
verfasste Bewertungen & Testberichte	–	–
Empfehlungen	–	–
Produktkäufe	–	–

Tabelle 6.2 Quelle: http://de.slideshare.net/rolandschaefer/gamification-im-ecommerce-2012

Loyaltyprogramm mit eigener Währung – Best Practice Glossybox

Das Start-up »Glossybox«, ein Onlineshop für Beauty-Abos mit starker Social-Media-Anbindung, nutzt für sein Bonusprogramm eine eigene virtuelle Währung – die so genannten »Glossydots« (siehe Abbildung 6.41). Kunden können auf der Plattform Glossydots sammeln, indem sie Produkte bewerten oder Freunde einladen.

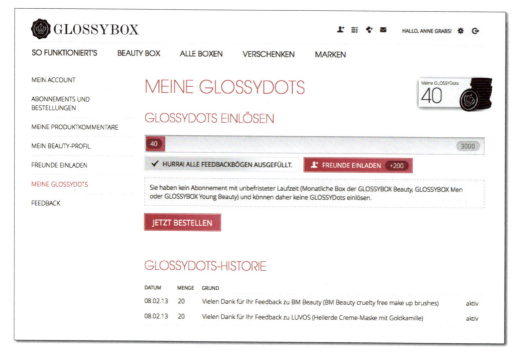

Abbildung 6.41 Glossybox belohnt seine Kunden mit Glossydots und stimuliert so weitere Käufe. Quelle: https://www.glossybox.de

Glossybox nutzt sein Bonusprogramm nicht nur, um Kunden zu belohnen, sondern generiert damit gleichzeitig Bewertungen und Empfehlungen. Noch dazu ist das Bonusprogramm exklusiv. Nur die Kunden, die ein Beauty-Abo mit unbefristeter Laufzeit bestellen, können Glossydots sammeln.

Empfehlungsmarketing durch Bonusprogramm – Best Practice Flaconi

Die Online-Parfümerie »Flaconi« (siehe Abbildung 6.42), ein Unternehmen der Parfümerie Thiemann, die mehrere Filialen in Sachsen betreibt, verzichtet zwar auf eine eigene Währung, belohnt ihre Kunden aber dennoch mit Punkten. Flaconi verknüpft dabei Bonusprogramm mit Empfehlungsmarketing. Kunden, die Ihre

Freunde zu Flaconi einladen, erhalten 500 Punkte, wenn deren Freunde auch tatsächlich etwas bestellen. Diese Punkte können anschließend gegen Produkte eingelöst oder zur Vergünstigung von Produkten genutzt werden. Auch den Kauf von Produkten belohnt Flaconi mit 10 Punkten pro Euro.

Abbildung 6.42 Das Bonusprogramm der Online-Parfümerie Flaconi.
Quelle: http://www.flaconi.de

6.3.4 Empfehlungen in Social Media belohnen

Wie lautet das Erfolgsrezept der sozialen Netzwerke? Sie schaffen immer wieder neue Anreize, die der Nutzer als Belohnung empfindet. Um das Empfehlungspotenzial in Social Media auszuschöpfen, müssen Kunden für Empfehlungen belohnt werden. Denn wie bereits eingangs beschrieben, posten die Nutzer nur bei außergewöhnlichen Anlässen Produkte. Das kann ein herausragender Service oder eine spannende Story sein. Ansonsten kann man die Nutzer jedoch auch mit Vergünstigungen und Rabatten motivieren, Produkte in Social Media zu teilen. Der Online-Dienst »aklamio« hat das bereits professionalisiert. Auf der Website finden die Kunden jede Menge Gutschein-Angebote und Prämien, die sie sich mit einem Facebook-Post, einem Tweet oder per E-Mail-Empfehlung abholen können (siehe Abbildung 6.43).

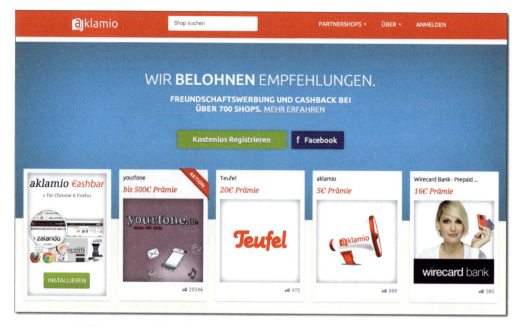

Abbildung 6.43 aklamio belohnt Empfehlungen im digitalen Freundes- und Bekanntenkreis. Quelle: http://www.aklamio.com

Freunde-werben-Freunde-Belohnungen in Social Media

Der Onlineshop für Designerprodukte »Monoqi«, *https://monoqi.com/de*, setzt ebenfalls Empfehlungsmarketing durch Belohnungen. Monoqi fordert in seinem Belohnungsprogramm seine Kunden dazu auf, Facebook-Freunde auf die Plattform einzuladen. Als Dankeschön gibt es vielversprechende Designerprodukte (siehe Abbildung 6.44).

Allerdings ist es mit dieser Einladung nicht getan. Die Facebook-Freunde müssen sich auf der Plattform anmelden. So stellt Monoqi sicher, dass sie über die Belohnung auch tatsächlich neue Kunden gewonnen haben. Kritik muss man an dieser Art von Belohnung dennoch üben: Viele Nutzer schrecken vor der hohen Anzahl der zu generierenden Empfehlungen und Leads zurück, weil sie befürchten, bei ihren Facebook-Freunden in Verruf zu geraten. Da der Kunde die Belohnung auch nicht direkt erhält, sondern warten muss, bis sich alle seine Freunde bei Monoqi angemeldet haben, geht die Kosten-Nutzen-Rechnung für den Kunden nicht auf. Besser ist es, den Kunden direkt für seine Empfehlung zu belohnen, beispielsweise mit einem günstigeren Preis oder einer Ersparnis der Versandkosten.

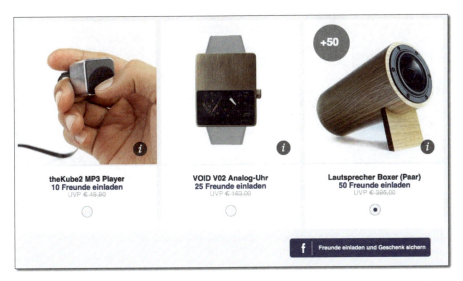

Abbildung 6.44 Monoqi belohnt Kunden, die bereit sind, über Facebook neue Kunden für Monoqi zu werben. Quelle: https://monoqi.com/de/store/monoqishop/dashboard

Preisgestaltung und Belohnung durch Gamification – Best Practice sneakpeeq

Der Onlineshop »sneakpeeq«, *http://www.sneakpeeq.com*, stellt seinen Kunden ein Punkte-Konto, so genannte »peeqs« zur Verfügung, mit denen sie Produktpreise beeinflussen können. Gleichzeitig basiert der Onlineshop ausschließlich auf Belohnungsmechanismen. Die Philosophie hinter der Plattform lautet: Je mehr der Kunde kauft, teilt, favorisiert und »peeqed«, desto mehr Vergünstigungen erhält er. Bereits nach der Anmeldung erhält der Kunde ein Willkommensgeschenk und einen Rabatt über 10 US$ für ein beliebiges Produkt. Diese »Badges« (»Abzeichen«) werden in seinem Benutzerkonto gespeichert (siehe Abbildung 6.45). Der Nutzer kann weitere Rabatte durch sein Verhalten auf der Plattform auslösen, indem er Produkte liked und teilt. Wieder einmal trumpft hier der Onlinehandel gegenüber dem stationären Handel durch Anonymität auf. Der Kunde kann mehr oder weniger anonym durch sein Klicken den Preis verändern. Übertragen auf den stationären Handel würde das bedeuten, der Kunde müsste den Verkäufer bei jedem Produkt um einen Rabatt fragen, und das macht kaum ein Kunde, weil er sich dann schämen würde. Kunden vermeiden es im stationären Handel oft, nach einem Rabatt zu fragen, weil sie nicht den Eindruck erwecken möchten, dass sie mittellos oder gar »arm« sind, erst recht nicht unter Beobachtung in der Öffentlichkeit. Auf der Plattform sneakpeeq muss der Nutzer den Rabatt jedoch nicht »aushandeln«, sondern wird für sein Handeln belohnt und muss sich damit keiner unangenehmen Verhandlungssituation aussetzen. Teilt er fünf Produkte auf Facebook, erhält er direkt eine Dreingabe des Shopbetreibers.

Abbildung 6.45 Bei sneakpeeq wird der Nutzer sofort belohnt.

Doch sneakpeeq weiß nicht nur, wie man Belohnungssysteme sinnvoll einsetzt, sondern stattet den Nutzer mit so genannten »peeqs« aus, die er einsetzen kann, um den Preis eines Produktes auszuhandeln. Täglich stehen dem Nutzer 40 peeqs zur Verfügung, die er einsetzen kann, um den Preis zu reduzieren. Der Kunde schaltet den Preis mittels peeq frei, und es erscheint der vergünstigte Preis. Sneakpeeq belohnt seine Kunden also noch bevor sie überhaupt bestellt haben. Das Ganze ist als »Rückwärtsauktion« konzipiert, bei der die Community gemeinsam auf ein Produkt bietet, und sich somit der Preis reduziert. Und auch für das »peeqing« an sich wird der Nutzer belohnt. Nach fünf »peeqs« erhält er erneut einen Rabatt. Übrigens setzt die Plattform auch gezielt das Prinzip der Knappheit ein, denn die Gutscheine und Rabatte sind häufig nur für einen Tag oder drei Tage verfügbar. Das Besondere an sneekpeeq ist, dass sich durch das Zutun des Kunden das Commitment gegenüber dem Produkt erhöht. Zusätzlich triggert der reduzierte Preis das Prinzip der Knappheit (siehe Abschnitt 5.4, »Das Prinzip Knappheit«).

6.3.5 Gamification im stationären Handel – Mobile Gamification

Auch stationäre Händler können Gamification einsetzen. Dafür eignen sich besonders mobile Endgeräte. Sie schaffen eine Brücke zwischen dem Ladengeschäft und dem Kunden. Dadurch können Sie Kunden durch Angebote und Belohnungen motivieren, Ihr Geschäft aufzusuchen oder etwas darin zu kaufen.

Einkäufe im stationären Handel belohnen – Best Practice Shopkick

Shopkick (siehe Abbildung 6.46) ist eine mobile App, die in stationären Geschäften in den USA, z.B. Macy's, Best Buy, ToysRus, verfügbar ist. Sie verfolgt das Ziel der Kundenbindung auf spielerische Art. Mit der Shopkick-App können sich Kunden unterschiedliche Belohnungen (Kopfhörer, Tasche, Cappuccino) abholen. Dafür muss der Kunde Punkte, so genannte »Kicks«, sammeln. Nicht nur seine konkreten Einkäufe, sondern auch das Betreten des Ladengeschäfts wird mit Punkten belohnt. Selbst das Betrachten von digitalen »Lookbooks« und das Scannen von Produkten wird mit Kicks belohnt. Die App ist bisher nur in Amerika verfügbar, allerdings sind auch auf dem deutschen Markt schon ähnliche Konzepte – wie zum Beispiel die Shopping-App »NuBON« -, die mobiles Bezahlen und Couponing vereinen, vorhanden (siehe Abschnitt 6.5.3, »Mobile Couponing: Kundengewinnung on the go«). Der Kunde kann mit der Shopkick-App außerdem Produktbewertungen anderer Kunden einsehen, sobald er das Regal mit dem entsprechenden Artikel passiert. Weitere Informationen, Funktionsweise und Einsatzfelder über die App werden im YouTube-Kanal des Unternehmens, *https://www.youtube.com/allaboutshopkick*, ausführlich erklärt.

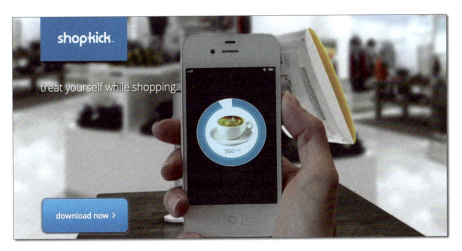

Abbildung 6.46 Shopkick belohnt Kunden im gesamten Einkaufsprozess.
Quelle: http://www.shopkick.com

Stammkunden belohnen mit Foursquare

Location-Based Services wie »Foursquare« bieten die Möglichkeit, Stammkunden zu belohnen. Das Prinzip ist dabei folgendes: Der Kunde »checkt« in einem Ladengeschäft mittels Foursquare-App ein und kann sich damit Belohnungen des Ladenbesitzers abholen. Diese vergibt der Ladenbesitzer aber nicht einfach so, sondern nach bestimmten Voraussetzungen. Dafür muss er sein Geschäft bei Foursquare als »Venue« eintragen und hat Zugriff auf das Belohnungssystem und kann dort Art und Umfang der Belohnungen eintragen. Es gibt das »Check-In Special«, das »Mayor Special« und das »Loyalty Special«. Mit dem Check-In Special wird jeder Kunde belohnt, der an einem Ort eincheckt. Meistens sind das Sonderangebote oder

Rabatte. Das »Mayor Special« erhält nur der Nutzer, der »Mayor«, der also sozusagen der Bürgermeister des Ortes ist. Mayor wird derjenige, der in den vergangenen 60 Tagen an einem Ort am häufigsten eingecheckt hat. Mit dem Mayor Special können Ladenbesitzer ihre Stammkunden belohnen. Allerdings nur diejenigen, die Foursquare nutzen. Mayor zu werden ist im Übrigen neben Auszeichnungen (»Badges«), die die Nutzer für Check-Ins erhalten, eine Form des Wettbewerbs untereinander. Es soll die Nutzer motivieren, immer wieder an Orten einzuchecken.

Abbildung 6.47 Foursquare-Gewinnspiel der Drogerie Rossmann

Noch eine Stufe weiter geht das »Loyalty Special«, bei dem Kunden belohnt werden, die in einem bestimmten Zeitraum mehrmals an einem Ort eingecheckt haben. Das Loyalty Special zielt, wie der Name schon sagt, auf besonders loyale Kunden ab. Die Drogeriekette »Rossmann« führte beim »4sqDay« ein besonderes Gewinnspiel über Foursquare durch. Kunden, die in einer Filiale eincheckten und diesen Check-In über Twitter teilten, nahmen damit an der Verlosung eines Produktpakets von Rossmann teil (siehe Abbildung 6.47). Mit Foursquare lassen sich also auch Empfehlungen in anderen sozialen Netzwerken auslösen. Foursquare bietet Schnittstellen zu Facebook und Twitter. Neben solchen Gewinnspielen bietet Foursquare seinen Nutzern auch die Möglichkeit, ihre Kreditkarte bei Foursquare zu registrieren und damit direkt Specials und Rabatte der Ladenbesitzer abzugreifen. American Express stellt dies seinen Kunden über »Amex Sync + Foursquare« beispielsweise zur Verfügung. Kunden bekommen so Specials auf ihrer synchronisierten Kreditkarte gutschrieben und erhalten Rabatte, wenn sie einkaufen, siehe *https://sync.americanexpress.com/foursquare/Index*. Im Grunde sind Check-In-Belohnungen nichts anderes als digitale Stempelkarten, kombiniert mit spielerischen Anreizen (Gamification). Foursquare eignet sich vor allem für Läden in urbanen Ballungsräumen. Dort wird Foursquare vergleichsweise häufig genutzt.

Mobiles Sammelheft – Anbieter 10stamps

Lose Treuepunkte an der Kasse, Stempelkarten im Café – wenn es um das Sammeln und Einlösen von Treuepunkten geht, ist das zumindest in Deutschland oftmals eher ein umständlicher, bisweilen sogar peinlicher Moment. Das ändert sich mit der mobilen App »10stamps«, *http://www.10stamps.de*. Mit der App können Kunden bequem Treuepunkte per Smartphone sammeln. Der Kunde muss dafür nach dem Kauf einen QR-Code scannen und erhält nach dem zehnten Stempel einen Bonus. 10stamps wird vor allem in der Gastronomie von Café- und Restaurant-Betreibern, aber auch im Tourismus von Hostel-Betreibern genutzt, um treue Kunden zu belohnen.

Mit dem Smartphone einen Rabatt erspielen – Anbieter Wynsh

Mit der App »Wynsh« können sich Konsumenten im stationären Handel einen Rabatt erspielen. Dazu müssen sie im Laden von dem Produkt ein Foto machen, hochladen, und erhalten im Geschäft einen Rabatt.

6.4 Die Involvierungsstrategie

Unternehmen buhlen um die Aufmerksamkeit der Kunden. Im Zeitalter der zunehmenden Digitalisierung wird das immer schwieriger, denn die Kunden sind immer mehr abgelenkt. Ständig erreichbar und permanent in Online-Kanälen und mobilen Channels. Stationäre Händler und Onlinehändler müssen Kunden deshalb stärker involvieren. Wie das funktioniert, zeigt die Involvierungsstrategie.

6.4.1 Involvierung mittels Content Marketing

Content Marketing ist derzeit ein Marketing-Schlagwort und wird »wie eine Sau durchs Dorf getrieben«. Unzählige Beiträge wurden in den letzten Wochen und Monaten dazu veröffentlicht, wie man mit hochwertigem Content relevante Kunden erreicht, sie aktiviert und involviert. Doch was genau sind hochwertige Inhalte? Und was war an den bisherigen Inhalten – Artikel, Videos, Bilder – nun gerade nicht relevant und hochwertig? Der Unterschied von den bisherigen Inhalten zu den neuen, hochwertigen und attraktiven Inhalten besteht darin, wie sie erzählt werden (»Storytelling«, exklusiver Content), dass sie passgenau adressiert werden (Zielgruppenauswahl und Genauigkeit mittels »Targeting« siehe Abschnitt 6.5.2, »Anzeigen und Coupons in Social Media«) und wie sie verbreitet werden.

> **Was ist Content Marketing?**
> Laut dem Content Marketing Institut ist Content Marketing eine Marketingtechnik, bei der relevante und hochwertige Inhalte erstellt und verbreitet werden, um an eine klar definierte Zielgruppe zu adressieren, zu gewinnen und zu unterhalten, was sich letztendlich positiv auf den Umsatz auswirken soll. Wikipedia definiert Content Marketing als »Marketing-Technik, die mit informierenden, beratenden und unterhaltenden Inhalten durch Profile individualisierte Personen anspricht, um sie vom eigenen Unternehmen und seinem Leistungsangebot zu überzeugen und sie als Kunden zu gewinnen oder zu halten«. Mit Content Marketing sind also immer die Ziele verbunden, neue Kunden zu gewinnen und bestehende Kunden zu halten.

Content Marketing sind keine vorgefertigten Werbebotschaften, sondern Inhalte, die dem tatsächlichen Informationsbedürfnis und dem Dialoganspruch der Kunden gerecht werden. Unternehmen schreiben nicht mehr einfach nur suchmaschinenoptimierte Texte in das Internet hinein, nur um Content für Google zu produzieren, sondern überlegen sich genau, was den Kunden wirklich interessiert, welche Informationsreise er unternimmt, bis er ein Produkt kauft, und welche Fragen er dabei stellt und wie man diese Fragen in attraktive Inhalte umformuliert, um einen Mehrwert für den Kunden zu schaffen. Einen Mehrwert, der auch dazu führt, dass diese Inhalte in Social Media geteilt und diskutiert werden, was sich auch positiv auf das Ranking und Empfehlungen auswirkt.

6.4.2 Onlineshops stellen auf Content Marketing um

Wie weitreichend eine solche Content-Strategie gehen kann, zeigt das Beispiel von »Schwarzkopf«, die ihre gesamte Website auf Content Marketing umgestellt haben. Auf der Website *http://www.schwarzkopf.de* werden keine Schwarzkopf-Produkte (»Schauma«, »Glisskur«) vorgestellt, sondern werden die Fragen und Informationsbedürfnisse der Kunden aufgegriffen und in interessanten Anleitungen, Tipps, Tutorials und Videos dargestellt. Nur durch den »Produktberater« (siehe Abbildung 6.48, unten rechts im Bild) gelangen die Nutzer auf die Unterseiten *http://www.schauma.schwarzkopf.de* und zu den Produkten. Der Aufhänger der Website sind also die Customer Journey, die Produktrecherchen, die einem Kauf vorausgehen, oder die Produkterfahrung, die nach dem Kauf folgt. Schwarzkopf liefert genau dafür den relevanten Content in ansprechender Qualität. Content Marketing ist niemals eine kurzfristige Kampagne, sondern eine langfristige Zielsetzung und eine Unternehmensstrategie.

6.4 Die Involvierungsstrategie

Abbildung 6.48 Schwarzkopf setzt auf Content Marketing und damit vom Push- zum Pull-Marketing. Quelle: http://www.schwarzkopf.de

Content Marketing für Onlinehändler

Angenommen, Sie führen einen Onlineshop für Drucker (B2C). Es gibt hunderte Onlineshops, die Drucker verkaufen, aber es gibt keinen Onlineshop, der über die Erfahrungsberichte der Verbraucher, Tutorials für Installation und Patronenwechsel, praktische Handbücher zum Thema Fotobearbeitung und Fotoprints usw. seine Produkte verkauft. Der große Unterschied von klassischem Marketing zu Content Marketing ist, dass das Produkt über Frage- und Problemstellungen, die während der Customer Journey auftauchen, verkauft wird. Fragen, Probleme, Einsatz- und Anwendungsmöglichkeiten ersetzen sozusagen die reine Produktpräsentation.

Coca-Cola-Content 2020 – Content-Strategie basierend auf Consumer Generated Content

Vorreiter in Sachen Content-Strategie ist Coca-Cola. Der Konzern hat erst vor kurzem seine neue Content-Strategie «Coca-Cola-Content 2020» vorgestellt (siehe YouTube-Videos *http://bit.ly/nJK2IV* und *http://bit.ly/n9oq2j*, bei der die Erfahrungen und außergewöhnlichen Geschichten der Coca-Cola-Kunden (Consumer Generated Content) in das Content Marketing eingebunden werden. Damit ist das Ziel verbunden, sich noch stärker als Lifestyle-Getränk zu positionieren und sich einen »überproportionalen Anteil an der Popkultur« zu sichern.

> Klar, ein Lifestyle-Getränk braucht Lifestyle-Geschichten, und die sollen die Nutzer selbst liefern. Allerdings sollen diese Inhalte nicht schrullig oder unprofessionell wirken. 70 % des Coca-Cola-Contents sind jedoch so genannte »Brot-und-Butter«-Inhalte ohne große Sinnstiftung, mit niedrigem Informationsgehalt und nur semiprofessionell produziert. 20 % sind anspruchsvollere Inhalte, von denen man ausgehen kann, dass sie bei den Konsumenten gut ankommen. 10 % entfallen auf außergewöhnliche Inhalte, die mitunter sehr aufwendig produziert, aber mit Risiko behaftet sind, da unklar ist, ob sie bei der Zielgruppe fruchten. Diese 10 % sind jedoch die zukünftigen 70 % des Coca-Cola-Contents. Coca-Cola muss deshalb immer wieder in kreative Inhalte investieren und diese verbreiten und damit der Masse zeigen, wie Konversationen und kreative Inhalte über die Marke aussehen können. CocaCola löst diese Herausforderung mit »Brand Storys«, mit denen sich die Kunden auseinandersetzen, und daraus entstehen wieder neue Inhalte, die im Social Web geteilt werden. Coca-Cola nennt dies «Distribution of Creativity».

Hochwertiger Content gefällt Google

Hochwertiger Content ist auch aus dem Grund wichtig, da Google die Texte im Web immer stärker semantischen Kriterien unterzieht und zu stark suchmaschinenoptimierte Texte abwertet. Seit dem Google Penguin-Update im April 2012 sind Suchmaschinenexperten mit der Notwendigkeit konfrontiert, hochwertigen Content zu produzieren, da »thin content« (Inhalte ohne wirklichen Mehrwert und überoptimierte Artikel) schlechter gerankt wird. Wie beliebt der Text in Social Media ist, d.h., wie oft er geteilt und diskutiert wurde, ist dabei ebenfalls wichtig für das Ranking. Genau aus diesem Grund hat Google sein soziales Netzwerk Google+ aufgebaut. Grundsätzliche SEO-Regeln sind deshalb jedoch nicht obsolet und sollten beim Verfassen eines Textes berücksichtigt werden. Allerdings sollten Texte nicht »überoptimiert« werden, wie das früher üblich war. Die Texte müssen vielmehr einen Mehrwert bieten und ein echtes Informationsbedürfnis erfüllen. Recherchieren Sie daher vorab relevante Keywords (am besten »Long Tail«-Keywords, also Themen und Begriffe, die noch nicht so stark besetzt sind) mit dem »Google Adwords Keyword Tool«, wenn sie über ein Thema schreiben wollen, und nutzen Sie das Tool »WPSEO«, *http://wpseo.de*, wenn Sie mit Wordpress bloggen.

Entwickeln Sie eine Content Marketing Strategie

Content Marketing kommt natürlich nicht ohne eine Strategie aus, ansonsten verpuffen die hochwertigen Inhalte im Web. Daher ist es wichtig, dass Sie folgende Punkte beachten:

- Was sind Ihre **Marketingziele** der kommenden 6 bis 12 Monate? Was haben Sie konkret geplant? Wie sehen die Kommunikationsziele aus?
- Wer sind Ihre **Ziel- und Anspruchsgruppen**, und wie verhalten sie sich im Hinblick auf Mediennutzung? Sind sie online, offline und/oder mobil unterwegs?

- Schauen Sie sich die **Customer Journey** Ihrer Kunden genau an. Wer kommt über welche Informationsangebote (Suchmaschine, Foren, Testberichte, Bewertungen, soziale Netzwerke) zu Ihnen? Wird eher online recherchiert oder wird eher der Freundes- und Bekanntenkreis gefragt? Es empfiehlt sich eine Erhebung, bei der Website-Statistik, Social Media Monitoring wie auch schriftliche Befragung von Kunden (Marktforschung) kombiniert werden.
- Was sind die konkreten **Fragestellungen** und Probleme Ihrer Kunden? Greifen Sie genau diese Fragen in Beiträgen auf. Prüfen Sie auch, welche Inhalte (FAQ, Anleitungen etc.) schon im Unternehmen und in den Abteilungen vorhanden sind. Auch die »Autocomplete-Funktion« von Google bietet sich an, herauszufinden, welche Fragen der Suchmaschine im Zusammenhang mit Ihren Produkten gestellt werden.
- Was sind Ihre **Stärken** und was sind Ihre **Schwächen**? Bevor Sie Problemstellungen aufgreifen und beantworten bzw. dem Kunden helfen wollen, stellen Sie sicher, dass Sie bzw. Ihr Personal das auch wirklich können.
- Was ist der **Mehrwert** für den Leser und welches Medium eignet sich für welche Geschichte?
- Und wenn Ihnen selbst einmal kein passendes **Thema** einfällt, recherchieren Sie auf themenspezifischen Webseiten, Newsseiten, Blogs, in Fachzeitschriften, über Newsletter (auch von der Konkurrenz!), über die Social Media wie YouTube, Wikipedia, Facebook und Twitter nach passenden Beiträgen.

Welche Contents eignen sich?

Beim Content Marketing ist sehr viel Kreativität gefragt. Content-Ideen müssen vom Unternehmen initial gepusht werden, damit sie in der Masse der Nutzer und Fans ankommen und schließlich einen Pull-Effekt auslösen (Nachfrage wird von selbst generiert). Hochwertiger Content lebt von der Authentizität der Nutzer und seiner ansprechenden Darstellung. Folgende Content-Formate sind für Content Marketing geeignet: Bilder, Infografiken, Magazine, Online-Magazine, Videos, Podcasts, Whitepaper, Studienergebnisse, Umfrageergebnisse, Präsentationen, Tutorials, Anleitungen, Ratgeber, Tipps & Tricks, Interviews, Expertenbefragungen. Im Folgenden wird Content Marketing mit Blogs, Videos und Bildern ausführlich erklärt. Vorab erfahren Sie aber noch, warum Content Marketing Storytelling benötigt.

6.4.3 Storytelling: Content Marketing braucht gute Geschichten

Unternehmen können heute also nur noch am Markt erfolgreich sein, wenn sie spannende Geschichten erzählen. Denn Geschichten sind die einzige Möglichkeit, die Aufmerksamkeit der Kunden zu gewinnen. Seit jeher erzählen sich Menschen Geschichten. Früher am Lagerfeuer, heute im Café, auf der Bühne oder im Social

Web. Bevor es Bücher gab, waren Geschichten ein probates Mittel, um Wissen weiterzugeben (»Wenn du jemandem etwas erklären willst, dann erzähle ihm eine Geschichte«). Geschichten ermöglichen einen leichten Einstieg, selbst in komplexe Themen, da sie immer nach dem gleichen Muster (Held, Konflikt, Auflösung) erzählt werden. Diese Erzählstruktur lernen Menschen bereits im Kindesalter, wenn sie die Märchen der Gebrüder Grimm erzählt bekommen. Und an diese Erzählstruktur kann das Gehirn leichter anknüpfen. Geschichten können deshalb vor allem Komplexität reduzieren. Informationen über Produkte und Dienstleistungen können so wesentlich leichter an den Kunden herangetragen werden. Ein erklärungsbedürftiges Produkt, eine komplexe Dienstleistung mit hohem Kaufrisiko kann somit vereinfacht dargestellt und verständlich für den potenziellen Kunden aufbereitet werden. Geschichten tragen aber nicht nur positiv zum Produktverständnis, sondern auch zur Erinnerung bei. Wenn einmal eine Dienstleistung oder ein Produktkauf mit einer Geschichte verknüpft wurde, wird das nicht so schnell wieder vergessen. Geschichten sind aber auch deshalb wichtig, da die Konsumenten Produkte mit einer einzigartigen Philosophie und einem guten Lebensgefühl kaufen möchten und Storytelling eine geeignete Methode ist, um über Produkte eine wahre Geschichte zu erzählen. Eine Geschichte, die emotional, sinnstiftend und verständlich zugleich ist. Storytelling ist also auch eine Methode, um Produkte und Services emotional aufzuladen. Dass selbst ein alltägliches Produkt wie ein Energy-Drink durch eine packende Geschichte seine Kunden emotional erreichen und eine Welle der Begeisterung auslösen kann, beweist die Story vom Stratosphärensprung Felix Baumgartners (siehe Abbildung 6.49). Red Bull schaffte es am 14.12.2012, acht Millionen Zuschauer vor die Bildschirme zu locken, um den Jahrhundertsprung des Extremsportlers Baumgartner live mitzuerleben. Warum? Weil es eine packende Story ist, bei der Felix Baumgartner zum Held wird.

Abbildung 6.49 Felix Baumgartner bei seinem Absprung aus der Stratosphäre, Quellle:https://www.youtube.com/watch?v=FHtvDA0W34I

6.4 Die Involvierungsstrategie

Red Bulls Marketingstunt: Red Bull Stratos ist das TV-Event des Jahres 2012

Die Kosten für Red Bull Stratos belaufen sich laut Schätzungen auf 50 Mio. €. Es wurde mehrfach hinterfragt, ob Aufwand und Marketingnutzen in einem angemessenen Verhältnis zueinander stehen. Laut Berichten von Meedia[12] hat sich der Marketingstunt jedoch gelohnt. Der Erfolg wird auf eine Summe im »mehrstelligen Millionenbereich« geschätzt. Außerdem war der Stunt die erste Live-Sendung, die online mehr Zuschauer als über das Fernsehen erreichte. Was das Social Web betrifft, so hat Red Bull mit Baumgartner Marketinggeschichte geschrieben. Die Horizont-Leser wählten Red Bull Stratos zum TV-Event des Jahres 2012.

Die Vorteile des Storytellings kurz zusammengefasst

▶ Die Erzählstruktur von Geschichten wird schon in der frühen Kindheit erlernt und gespeichert.

▶ Geschichten werden immer nach dem gleichen Muster erzählt und sind emotional aufgeladen.

▶ Geschichten reduzieren Komplexität und erleichtern den Einstieg in ein Thema.

▶ Geschichten erleichtern die Entscheidungsfindung beim Konsumenten

▶ Geschichten merkt man sich, sie erhöhen die Markenerinnerung.

▶ Geschichten haben virales Potenzial.

Der Aufbau einer Geschichte

Eine Geschichte besteht immer aus einer Botschaft, einem Konflikt, Charakteren und der Handlung, siehe Abbildung 6.50. In der Einleitung der Geschichte werden die Charaktere vorgestellt und die Handlung (Ort, Zeit) genannt. Der Konflikt bildet den Auslöser für den Mittelteil der Geschichte. Es können mehrere Ereignisse auftreten, die immer wieder zu Komplikationen bei der Lösung des Konflikts führen. Dies steigert sich dann bis zum Klimax, dem Höhepunkt der Geschichte. An dieser Stelle ist die Spannung am größten. Der Leser möchte wissen, wie die Geschichte ausgeht und wie der Konflikt aufgelöst wird. Denn mit dem schrittweisen Aufbau der Handlung überlegt sich der Betrachter bereits Lösungen für den Konflikt. Er versetzt sich in die Lage der Hauptfigur (Protagonist), und da er unbedingt wissen möchte, ob seine Lösung oder seine Erwartungen an den Ausgang des Konflikts stimmen, fesselt ihn die Geschichte. Der Leser klickt nicht und der Zuschauer zappt nicht weg. Zusätzlich können noch Konflikte zwischen Protagonisten und Antagonisten, wie bei der klassischen Erzählung, eingesetzt werden, um noch mehr Spannungen aufzubauen und Konflikte herzustellen. Die Hauptfigur und der Konflikt

---

[12] Meedia, 2012, »Stratos: Red Bull bricht Marketing-Rekorde« http://meedia.de/werbung/stratos-red-bull-bricht-marketing-rekorde/2012/10/15.html.

sind das Wichtigste bei der Methode des Storytellings. Der Konflikt bei Felix Baumgartner war beispielsweise, wie jemand den Mut aufbringt, solch einen Sprung zu wagen. Der Zuschauer fragt sich automatisch: »Was würde ich in seiner Situation tun?«, »Könnte ich das durchhalten?« Das Besondere an Konflikten in Geschichten ist, dass sie eine »innere« Beteiligung auslösen.

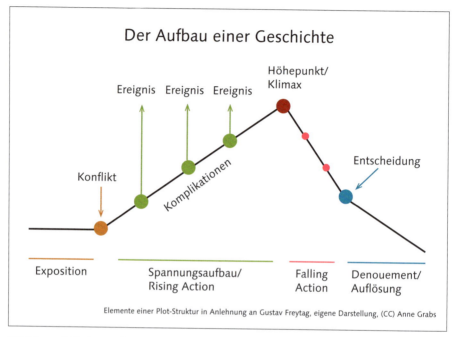

Abbildung 6.50 Der Aufbau einer Geschichte in Anlehnung an Gustav Freytag.
Quelle: http://størytelling.de

Die Heldenreise

Eigentlich hat jeder Mensch das Gefühl, sich zeit seines Lebens auf einer Reise und auf der Suche nach Erkenntnis, Vollkommenheit und Glück zu befinden. Werbung setzt bei dieser Suche an und zeigt einen möglichen positiven Ausgang dieser Suche und präsentiert das beste Auto (Freiheit) oder den tollsten Schokoriegel (Glück). Die Heldenreise beschreibt die Suche nach Erkenntnis, die jeder Mensch im Leben zu bewältigen hat und die sich aus dem Spannungsfeld »Individuum versus Gesellschaft« ergibt. Was also bei einer Heldenreise passiert, ist, dass der Held sein Ego opfert, um die Bedürfnisse der Gesellschaft aufzuzeigen und zu organisieren. Das verspricht auch die Werbung: »Da werden Sie geholfen«, »Carglass repariert«). Der Held ist der Archetyp, der die gewohnte Welt verlässt (was keiner gerne tut), weil er den »Mangel" spürt, in einem dramatischen Konflikt sein Ego hergibt, eine höhere Erkenntnis erlangt, in die alte Welt zurückkehrt, um seine Erfahrung der

Gemeinschaft zur Verfügung zu stellen. Deshalb war der Stratosphärensprung von Red Bull so extrem erfolgreich: Der Held siegt über die Naturgesetze, überwindet also den Tod. Grandioses Storytelling!

Geschichten brauchen Konflikte

Es muss aber nicht immer eine solch extreme Geschichte wie bei Red Bull sein. Und Sie müssen auch nicht den Extremsport zu Ihrer Marketingdisziplin erheben und dafür Millionen ausgeben, um Storytelling zu betreiben. Der Alltag eines Unternehmens ist voller spannender Geschichten mit unterschiedlich starkem Konfliktpotenzial. Eine gute Geschichte schriebt doch das Leben häufig selbst: Die Menschheit sehnt sich nach Erkenntnis, darin sind sich alle gleich. Und echte, tiefe Erkenntnis, das wiederum lehren uns Dramaturgie, Mythologie und Psychologie, entsteht nur in Konfrontation mit Konflikten. Als Konflikte eignen sich die »6 Buttons of Buzz«, die Mark Hughes in seinem Buch »Buzzmarketing: Get people to talk about your stuff« beschreibt:

- Tabus: Lügen, Intrigen, Anstößiges (z. B. Gala, Vice Magazine)
- das Überraschende (z. B. Otto Werbung 2013, Persiflagen von Sixt)
- das Abscheuliche (auch »Shock Marketing«, z. B. United Colors of Benetton)
- das Humorvolle/Komische: (z. B. One Dollar Shave Club)
- das Außergewöhnliche (z. B. Red Bull Stratos, KLM Space)
- Geheimnisse (z. B. KONY 2012)

Geschichten brauchen Archetypen

Neben den Konflikten müssen unterschiedliche Figuren in einer Geschichte auftauchen. Durch die Verwendung von Archetypen aus der Mythologie können sich die Leser oder Zuschauer mit den Figuren identifizieren. Begegnet der Protagonist in der Geschichte dem »Mentor«, der Motivation stiftet und Rat gibt, klingeln damit im Gedächtnis des Rezipienten sofort alle Geschichten und Märchen an, in denen ein Held eine schwere Aufgabe zu bewältigen hatte und Hilfe bei einem klugen Meister suchte. Die Folge davon ist, dass damit auch die Werte dieser Figur transportiert werden. Der Protagonist muss natürlich immer einen Widersacher haben, den »Antagonisten« oder »Schatten«. Weitere Archetypen sind »Schwellenhüter«, die das Geheimnis beschützen, »Trickser«, die Chaos verbreiten, »Gestaltenwandler«.

Storytelling für Händler

Wie kann nun eine Story für einen Onlinehändler oder stationären Händler aussehen? Nehmen wir einmal das Beispiel eines Schmuckhändlers, der neben drei kleinen Filialen auch einen Onlineshop betreibt. Welche Geschichte könnte dieser

Händler erzählen? Zum Beispiel eine Geschichte über die Suche nach dem perfekten Valentinstagsgeschenk. Der Protagonist ist ein Mann um die 35, der seiner Freundin am Valentinstag eine Freude mit Schmuck machen möchte. Er weiß nur leider überhaupt nicht, was ihr gefallen könnte. Deshalb fragt er ihre Mutter, die ihm empfiehlt, ihr einen Ring von Swarovski zu kaufen. Ein teurer Swarovski Ring? Das hatte er sich eigentlich für die Verlobung gedacht und jetzt als Valentinstagsgeschenk? Er bittet daraufhin die beste Freundin um Rat, die wiederum entgegnet, seine Freundin würde überhaupt keinen Schmuck mögen und Valentinstagsgeschenke generell ablehnen (Widersacher). Er gibt nicht auf, sondern geht zu einem Schmuckhändler. Dort erklärt er dem Händler seine Lage und bittet ihn um Rat (Mentor). Der Verkäufer schlägt ihm daraufhin vor, seine Freundin zu einem Theaterstück einzuladen und für diesen Anlass ein Kette zu leihen, damit der Kunde so testen könne, ob sie solch ein Geschenk anspricht oder nicht. Der Kunde folgt dem Rat des Mentors und präsentiert seiner Freundin am Valentinstag Theaterkarten plus Collier. Zunächst einmal ist seine Freundin tatsächlich irritiert, trägt dann aber dennoch die Kette für den gemeinsamen Abend. Nicht zuletzt bietet das Schmuckstück Gelegenheit, um über ihre Schmuckvorlieben zu sprechen. Nach dem gemeinsamen Theaterabend weiß er, mit welchem Schmuck er sie (vor allem, wenn es darauf ankommt) glücklich machen kann.

Für Sie klingt das alles zu sehr nach Drama und Hollywoodschmonzette, und Sie fragen sich jetzt, was Ihnen Storytelling für Ihren Onlinehandel oder stationären Handel bringen kann? Wie so eine Geschichte aussehen kann, macht beispielsweise der Versandhändler Otto vor.

Storytelling beim Onlinehändler Otto.de

Nicht nur Markenartikler können durch Storytelling ihre Marke ins Gespräch bringen, auch Händler können Storytelling nutzen, um Geschichten über ihre Produkte zu erzählen. Genau das setzte der Versandhändler Otto.de mit seiner Cross-Channel-Kampagne Anfang 2013 um. Damit wurden ungewöhnliche Modegeschichten erzählt. Und diese Geschichten unterscheiden sich von den TV-Spots und viralen Spots, die normalerweise im Bereich Fashion gedreht werden. Anstatt eines Models, welches sich im Bett räkelt, auf der Straße entlanggeht, dabei lächelt, ernst schaut, wieder lächelt, wird in dem offiziellen TV-Spot »Ein merkwürdiger Abend« eine ungewöhnliche Situation/Handlung inszeniert. Eine Frau kommt mit einer Maske zu einer Cocktailparty, greift sich einen Kaktus, kippt ihren Wodka darüber und wirft ihn in die Höhe (siehe Abbildung 6.51). Damit endet die Handlung, und der Betrachter erfährt nicht, warum sie sich so verhält. Das irritierende Verhalten ist eine Inszenierung von Otto und wird von dem Onlinehändler wie folgt aufgelöst: »Die einzige Frage, die sich alle stellten, war: Wo hat sie nur diese Tasche her? Gefunden auf otto.de.« Bei dieser Kampagne von Otto handelt es sich um Transmedia Storytelling, denn diese Geschichten wurden für alle Online- und Offline-Kanäle angepasst und ausgespielt.

Abbildung 6.51 Storytelling im TV-Spot von Otto.de; Quelle: https://www.youtube.com/watch?v=o_kqlpFCbjQ

Wenn es darum geht, die Nützlichkeit oder Handhabung eines Produkts zu erklären, eignen sich die wahren Geschichten Ihrer Kunden. Bei Consumer Generated Content, wie Bewertungen und Test- und Erfahrungsberichten, gilt es immer, eine authentische Story zu erzählen. Erfahrungsberichte müssen sprachlich nicht immer ausgefeilt sein. Wichtig ist dabei, dass sich der Leser in die Erfahrung des Nutzers hineinversetzen kann. Auch das ist ein wichtiges Merkmal des Storytellings.

Angenommen, Sie betreiben einen Onlineshop für Fotobücher und möchten ein neues Produkt in Ihrem Unternehmensblog vorstellen. Sie könnten also einfach ein Foto hochladen, die Vorteile des Produkts vorstellen, Variationen und den Preis nennen oder: Sie erzählen eine Geschichte. Dabei erklären Sie, für welche Anlässe sich dieses Fotobuch eignet. Besonders authentisch wirken dafür Erfahrungsberichte von Kunden. Sie fragen also einen Ihrer Kunden, der erst kürzlich ein Fotobuch für den 60. Geburtstag seines Vaters angefertigt hat, ob er bereit wäre, darüber einen Gastbeitrag in Ihrem Blog zu veröffentlichen. Sie glauben, dieser Kunde wird das freiwillig nicht einfach so machen? Seien Sie unbesorgt. Einerseits wird sich der Kunde geschmeichelt fühlen, weil gerade sein Buch ausgewählt wurde, andererseits können Sie ihn mit einem Rabatt für ein weiteres Fotobuch motivieren. In seinem Bericht schreibt der Kunde von der ersten Idee bis zur Fertigstellung des Fotobuchs, von der Schwierigkeit, die Fotos zusammenzutragen, Zitate zu finden und alles in einen richtigen Rahmen zu setzen. Der Kunde gibt dabei Tipps und nennt Quellen, wie er diese Herausforderungen gelöst hat, und erzählt von witzigen und bewegenden Momenten bei der Fotobucherstellung. Dazu werden Auszüge aus dem Fotobuch hochgeladen, sodass der Bezug zum Produkt hergestellt ist. Andere potenzielle Kunden lesen, was sie aus diesem Produkt herausholen können, und werden motiviert, selbst ein Fotobuch anzufertigen. Merke: Storytelling ist die Kunst, von einem Produkt zu erzählen, ohne das Produkt zu erwähnen!

Wenn Sie als Shopbetreiber eines Onlineshops oder stationären Geschäfts Storytelling und Content Marketing strategisch angehen möchten, setzen Sie am besten direkt einen »Content-Hub« auf, wie es z. B. *http://www.openforum.com* von American Express handhabt. Dort werden alle Blogbeiträge, Erfahrungsberichte, Bewertungen und, wenn vorhanden, Tutorials, Whitepaper, Videos, Infrografiken, Podcasts und auch der Dialog mit Kunden veröffentlicht. Sie können aber auch ganz einfach mit einem Blog anfangen und spannende Geschichten veröffentlichen.

6.4.4 Content Marketing mit Blogs

Die Kaffeerösterei Tchibo, *http://blog.tchibo.com*, tut es, Yellostrom, *http://bloghaus.yellostrom.de* tut es, Daimler, *http://blog.daimler.de*, tut es. Sie alle bloggen in einem Corporate Blog – einem Unternehmensblog. Ein Blog ist für die Unternehmenskommunikation und Interaktion mit Kunden ungemein wichtig, denn das Blog ist die Kommunikationszentrale, von der aus alle Inhalte verbreitet werden können. Auf Ihrem eigenen Unternehmensblog haben Sie das Sagen und bestimmen, welche Inhalte wann und in welcher Form veröffentlicht werden. Dort können Sie Gewinnspiele durchführen, können Sie Gastautoren und Experten zu Wort kommen und Mitarbeiter bloggen lassen. Allerdings ist ein Blog nicht die Verlängerung der Presseabteilung. Ihre Leser (Kunden, Journalisten, Investoren) wollen spannende Beiträge lesen, keine Pressemitteilungen, und sie möchten Beiträge teilen und kommentieren können. Blogs eignen sich sowohl für Onlinehändler als auch für stationäre Händler und natürlich auch für Multichannel-Händler, um neue Kunden zu gewinnen. Wie Sie mit Blogs neue Kunden ansprechen und dadurch eine langfristige Kundenbeziehung aufbauen, zeigt die Abbildung 6.52 von Blogwerk, *http://www.blogwerk.com*. Auf der linken Seite steht die Content Creation, das regelmäßige Erstellen und Publizieren von Inhalten. Regelmäßiger Content ist wichtig, um bei der Zielgruppe Aufmerksamkeit zu erreichen und Lesern einen Grund zu geben, Ihr Blog zu abonnieren. Auf der rechten Seite ist dargestellt, wie der Content verbreitet werden muss, um neue Leser zu gewinnen bzw. Leads zu generieren.

6.4 Die Involvierungsstrategie

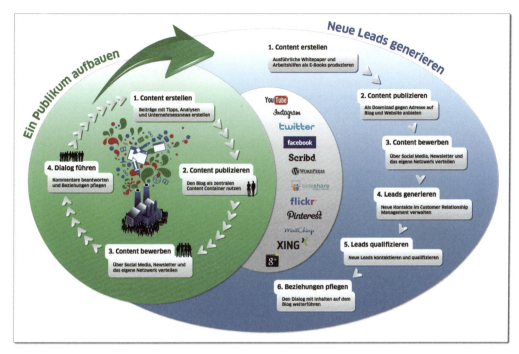

Abbildung 6.52 Wie Sie mit Content Marketing und Social Media Leads generieren.
Quelle: http://www.blogwerk.com

Ein schönes Beispiel aus der Praxis ist das Blog von »Sander Apotheken«. Der Multichannel-Händler Thomas Anthes betreibt in Bremerhaven ein Apotheken-Unternehmen mit angegliedertem Onlineshop, *http://www.apotheke34.de,* und bloggt regelmäßig über Gesundheitsthemen und das Apothekenwesen, siehe *http://blog.sander-apotheken.de* (siehe Abbildung 6.53). In seinen Blogbeiträgen stellt er keine Produkte vor, sondern gibt praktische Tipps bei Erkältungen, Einblicke in Krankheiten, schreibt über menschliche DNA usw. Viele Beiträge werden mit einem Konflikt eingeleitet oder haben eine reale Begegnung als Aufhänger.

> **Wie Sie ein Blog starten**
>
> Wenn Sie selbst mit einem Blog starten wollen, stehen Ihnen kostenlose Blogging-Software wie »Wordpress«, »Blogger« von Google, »Tumblr« usw. zur Verfügung. Daneben gibt es noch eine Reihe von zusätzlichen Tools und Plugins, die sie ebenfalls nutzen können. Eine genaue Auflistung finden Sie in Abschnitt 7.8.1, »Blogging Software«. Überlegen Sie sich, über welche Themen Sie schreiben wollen, ohne dabei auszuufern. Drei »spitze« Themen sind dabei empfehlenswert. Beginnen Sie mit 5–10 Blogbeiträgen pro Monat und versuchen Sie langfristig, täglich einen Blogbeitrag zu veröffentlichen.

Abbildung 6.53 Das Blog von Apothekenbetreiber Thomas Anthes; Quelle: http://blog.sander-apotheken.de

Wie Sie Ihr Blog bekannt machen

Sie haben Ihr Blog aufgesetzt und Ihren ersten Blogbeitrag geschrieben. Bravo! Nun möchten Sie, dass ihn möglichst viele Ihrer Kunden lesen. Folgende Tipps helfen Ihnen dabei, Ihren Blog bekannter zu machen und relevante Blogbeiträge an die richtige Zielgruppe zu kommunizieren.

- **Hochwertiger teilbarer Content**: Erstellen Sie einzigartigen Content mit einer Creative-Commons-Lizenz, *http://de.creativecommons.org*, damit er von den Nutzern geteilt und verbreitet werden kann.

- **Verlinkungen und Trackbacks**: Verlinken Sie relevante Blogbeiträge anderer Blogger, indem Sie »Trackbacks« setzen. Geben Sie immer Quellen von Studien, Whitepapern, Infografiken, Links, Tweets usw. an. Verlinken Sie Ihre eigenen Blogbeiträge in einem neuen Blogbeitrag, wenn sie zum Thema passen.

- **Gastbeiträge**: Lassen Sie Experten und Gastautoren in Ihrem Blog zu Wort kommen und arbeiten Sie mit anderen Bloggern zusammen. Achten Sie darauf, dass diese Blogger über eine hohe Reichweite verfügen, damit sich der Gastbeitrag auch in deren Netzwerken verbreitet.

- **Social Media**: Integrieren Sie Social Plugins in Ihrem Blog und erstellen Sie eigene Social-Media-Präsenzen in Facebook, Google+ und Twitter, um Ihre Blogbeiträge kostenlos zu verbreiten.

- **Blogverzeichnisse**: Tragen Sie Ihren Blog bei gut besuchten Blogverzeichnissen wie *http://blogeintrag.de*, *http://www.bloggerei.de*, *http://www.bloggeramt.de*, *http://blogalm.de*, *http://www.topblogs.de* ein.

- **Social News**: Tragen Sie Blogbeiträge in Social-News-Portalen *http://yigg.de*, *http://www.webnews.de*, *http://www.seoigg.de*, *http://t3n.de/aggregator* zur Abstimmung ein.
- **Kommentieren Sie**: Kommentieren Sie die Beiträge in themenrelevanten Foren, Frage-Antwort-Portalen und reichweitenstarken Blogs und bringen Sie Ihr Fachwissen und Know-how ein. Geben Sie beim Kommentieren unbedingt auch Ihr Blog an und verlinken Sie eigene Blogbeiträge, wenn sie den Lesern einen Mehrwert verschaffen.
- **Content Distribution**: Verbreiten Sie hochwertigen Content mittels Targeting (relevanter Content an relevante Zielgruppe genannt). Dafür können Sie auf die Empfehlungstechnologie »Paid Content Distribution« von plista, *http://www.plista.com*, zurückgreifen (siehe Abbildung 6.54). Auch: Social Ads nach Interessen in Facebook und YouTube schalten.

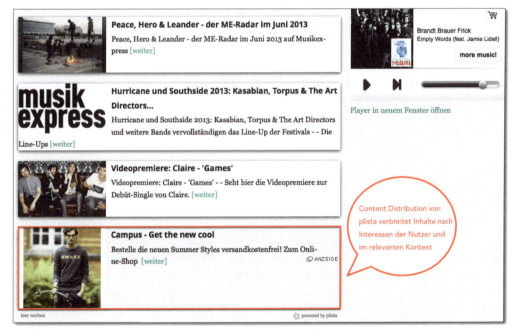

Abbildung 6.54 Mit der Content Distribution Technologie von plista lassen sich redaktionelle Inhalte verbreiten. Quelle: http://www.plista.de

Im Übrigen funktioniert Content Distribution von plista auch auf mobilen Endgeräten, siehe Abbildung 6.55.

Abbildung 6.55 Content Distribution von plista auf mobilen Endgeräten

Neben Content Distribution sollten Sie Ihre Inhalte natürlich auch nach SEO-Prinzipien optimieren. Tipps und Tricks, wie Sie Ihren Content für Google optimieren, lesen Sie in Abschnitt 7.8.5, »Erhöhen Sie mit SEO die Auffindbarkeit Ihres Contents in Google«.

6.4.5 Content Marketing mit Videos

85.000 Stunden Video-Content werden täglich auf YouTube hochgeladen und von der größten Zielgruppe der 18- bis 34-Jährigen nahezu täglich konsumiert. Noch vor fünf Jahren hat YouTube nur etwa 15 % des Video-Traffics ausgemacht, heute sind es ca. 90 %. Auch bei den Verbrauchern kommen Videos besonders gut an. Laut dem »B2B Demand Generation Benchmark Report« stehen Videos an zweiter Stelle nach der persönlicher Kontaktaufnahme mit Unternehmen. Videos werden Whitepapers, Case Studys, Live-Demos, Preislisten, E-Books etc. vorgezogen.[13] Unternehmen, die beispielsweise einen eigenen YouTube-Channel starten, profitieren von der sehr hohen Reichweite von YouTube und der Möglichkeit, über visuelle Inhalte mit Kunden in einen Dialog zu treten. Auf allen Videoportalen können Sie Ihre Videos kostenlos hochladen und diese Videos mittels Video-Player ebenfalls kostenlos auf Ihrer Website oder Ihrem Blog einbinden. Daneben können konkrete Produktlinks, Links

---

13 Eloqua, CMO.com & Software Advice, 2012, »B2B Demand Generation Benchmark Report«, http://b2b-marketing-mentor.softwareadvice.com/2012-b2b-demand-generation-benchmark-survey-report-1212/

vom Onlineshop oder vom Blog auch direkt im Beschreibungstext des Videos verlinkt werden. Mit so genannten Shoppable Video Ads, wie bereits in Abschnitt 2.4.2, »Kundengewinnung mit relevanter Werbung in Social Media«, erläutert, können Produkte aus dem Onlineshop auch direkt verlinkt werden. Onlineshops können Videos zu unterschiedlichen Zwecken nutzen. Virale Videos, Erklärvideos, Anleitungen, Produktdemos – die Bandbreite ist groß und unterscheidet sich je nachdem, was Sie mit Ihren Videos bezwecken möchten: Buzz und Aufmerksamkeit für Ihren Onlineshop oder direkte Conversions? Anhand folgender Best Practices sehen Sie, zu welchen Zwecken Onlinehändler YouTube nutzen können.

Viraler Spot des Onlineshops One Dollar Shave Club

Ein Rasierer-Abo fällt definitiv nicht in die Produktkategorie »innovativ«, »außergewöhnlich« oder »sexy«. Es ist ein nützliches Produkt, aber keines, das man unbedingt braucht oder wofür man ein Abo abschließen möchte. Das war auch Michael Dubin, dem Unternehmensgründer von »DollarShaveClub.com« vollkommen klar, und genau deshalb stellte er ein unterhaltsames Video online, in dem er erklärte, warum sich ein Rasierer-Abo für 1 US$ pro Monat dennoch lohnt (siehe Abbildung 6.56). Durch seine unterhaltsame Tonalität und eine große Portion Ironie konnte es bereits über 10 Mio. Views generieren. Der YouTube-Channel hat bereits über 5.500 Abonnenten (Stand Mai 2013). Natürlich hat Dubin dieses Video nicht über Nacht gedreht, sondern durch seinen beruflichen Hintergrund im Bereich Digital Media wusste er ganz genau, wie er einen Spot produzieren muss, der Aufmerksamkeit erregt. Die Kosten für dieses Video betrugen im Übrigen 4.500 US$. Der Aufwand hat sich gelohnt. In den ersten 48 Stunden nach Launch des Videos verzeichnete http://www.dollarshaveclub.com 12.000 Neuanmeldungen.

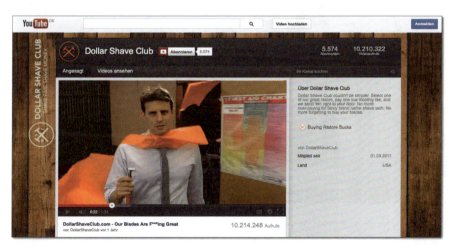

Abbildung 6.56 Viraler Spot mit großer Wirkung »DollarShaveClub.com«; Quelle: http://www.youtube.com/user/DollarShaveClub

Kein YouTube-Marketing ohne YouTube-Ads

Wenn Sie innerhalb der Video-Community für Produkte in Ihrem Onlineshop werben wollen und dabei das Ziel verfolgen, direkte Conversions zu erzielen, müssen Sie YouTube-Ads nutzen. Wenn Sie ein Video-Ad, eine Produkt-Demo oder einen Erklärfilm aufwendig produzieren, müssen Sie die Inhalte auch mittels Anzeigen im Netzwerk verbreiten. YouTube-Ads sind aber nicht nur auf Videos beschränkt. Sie können auch klassische Link-Anzeigen in den Videos buchen. Mehr Informationen erhalten Sie unter *www.youtube.com/user/advertise*.

Onlineshops nutzen YouTube – Best Practice Blue Tomato

Onlineshops wie »Blue Tomato«, *http://www.blue-tomato.com*, nutzen YouTube, um ihre Zielgruppe anzusprechen (siehe Abbildung 6.57). Im Fall von Blue Tomato, die eine junge, online-affine Zielgruppe ansprechen, zahlt sich eine Präsenz in YouTube mit unterhaltsamen Videos aus. Den YouTube-Channel von Blue Tomato haben über 4.000 YouTube-Nutzer abonniert. Aber nicht nur diese Abonnenten sehen die Videos, auch alle anderen YouTube-Nutzer, die nach dieser Unterhaltung suchen. So generiert Blue Tomato auch über den »Long Tail« seiner Videos (Videos zu unterschiedlichen Themen) zahlreiche Aufrufe. Der Vorteil von YouTube-Videos steckt vor allem darin, dass sie nicht wie TV-Spots nur für eine bestimmte Zeit sichtbar sind, sondern immer abrufbar sind.

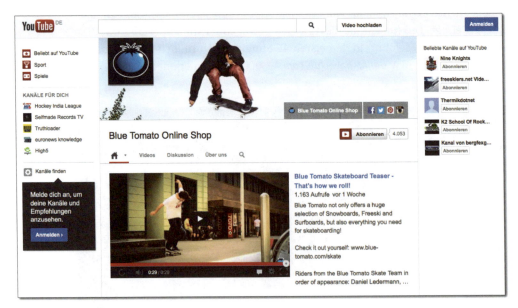

Abbildung 6.57 Der YouTube-Channel des Onlinehändlers Blue Tomato
https://www.youtube.com/user/BlueTomatoShop

Tipps für erfolgreiches YouTube-Marketing

- Produzieren Sie regelmäßigen Content: Channel-Abonnenten wünschen sich regelmäßige Inhalte. Zeigen Sie Ihren Kunden, dass es sich lohnt, Ihren Channel zu abonnieren.
- Laden Sie Videos bis zu 15 Minuten Länge hoch: YouTube unterstützt alle gängigen Videoformate und ermöglicht zudem Webcam-Aufzeichnung, Foto-Diashow, Google+ Hangout, siehe *https://www.youtube.com/my_videos_upload*.
- Achten Sie beim Beschreibungstext auf eine SEO-gerechte Schreibweise und verlinken Sie die URL Ihrer Produkte im Beschreibungstext.
- Nutzen Sie die Verknüpfung von Google und YouTube (2006 hat Google YouTube gekauft, was eine starke Verknüpfung beider Netzwerke erlaubt): Verlinken Sie an passenden Stellen im Video Ihre Google+ Seite direkt im Video.
- Nutzen Sie Videoanmerkungen, so genannte »Annotations«, um Nutzer während des Videos auf Ihre Angebote hinzuweisen, siehe *http://www.youtube.com/t/annotations_about*.
- Empfehlen Sie Channels und werden Sie empfohlen: Das neue »One Channel Design« bei YouTube erlaubt es, andere YouTube-Channels zu empfehlen. Dadurch steigt die Wahrscheinlichkeit, bei ähnlichen Videos auch empfohlen zu werden.
- Erstellen Sie Video-Antworten und verlinken Sie Ihr Video bei ähnlichen Videos.

Erklärfilme

Erklärfilme eignen sich sehr gut, um komplexe Themen, Dienstleistungen und Funktionalitäten (beispielsweise eines Onlineshops siehe Abbildung 6.58. Dabei werden Bilder und Handzeichnungen in einem zwei bis maximal drei Minuten langen Video eingesetzt. Die Anbieter (siehe Abschnitt 7.8.2, »Video-Marketing«) arbeiten dafür mit professionellen Sprechern, teilweise sogar bekannten Stimmen aus TV und Film, zusammen. Erklärfilme eignen sich für Onlineshops und Hersteller von erklärungsbedürftigen Produkten. Gerade Kunden, die zum ersten Mal Ihren Onlineshop aufsuchen, müssen sich nicht erst stundenlang durch den Shop und die FAQ klicken, sondern bekommen in wenigen Minuten erklärt, warum es sich lohnt, in diesem Onlineshop zu kaufen oder eine Dienstleistung/Software/Service zu nutzen. Best Practice: Der Anbieter einer Onlineshop-Lösung für Markenhersteller und Fachhändler, »arendicom«, nutzt Erklärfilme, um sein Konzept schlüssig und auf den Punkt gebracht zu erklären.

Abbildung 6.58 Der Erklärfilm von Anbieter Funk-e beschreibt in wenigen Minuten das Konzept hinter dem Onlineshop The Hub Shop.

6.4.6 Content Marketing mit Bildern, Infografiken und Online-Magazinen

»Ein Bild sagt mehr als 1000 Worte«, und das gilt auch für das Content Marketing. Natürlich sind hochwertige Texte sehr wichtig, aber die Auswahl der Bilder und die visuelle Darstellung trägt zur Beliebtheit eines Inhalts, seiner Verbreitung und zur Untermauerung der Botschaft bei. Gerade Onlineshops, die über einen großen Bilderpool verfügen, können damit Visuelles Storytelling zum Beispiel auf Pinterest, wie Zalando es vormacht, oder im eigenen Blog betreiben. Wichtig bei der Verwendung von Bildern ist, dass die vorgestellten Produkte in der Collage oder Story direkt klickbar sind. Denn die Nutzer sind es mittlerweile durch Polyvore, Pinterest & Co gewohnt, Produkte direkt anklicken zu können. Das Online-Magazin »Freunde von Freunden«, *http://www.freundevonfreunden.com*, die regelmäßig Kreative und Künstler in deren Wohnungen und an deren Arbeitsplätzen interviewen und diese Interviews entsprechend mit Bildern versehen, nutzt für die Verlinkung von Produkten in den Bildern das Tool »thinklink«, *http://www.thinglink.com*. Damit können Produkte im Bild beschrieben und, wenn möglich, mit dem Onlineshop verlinkt werden (siehe Abbildung 6.59).

Abbildung 6.59 Mit thinklink können Produkte direkt im Blogbeitrag oder Magazin verlinkt werden. Quelle: http://www.freundevonfreunden.com/interviews/mercedes-hernaez-alejandro-sticotti/

Infografiken

Ein großer Trend im Bereich Content sind Bilder und Infografiken, in denen komplexe Sachverhalte anschaulich dargestellt werden. Wenn Sie Inhalte im Blog veröffentlichen, sollten Sie unbedingt Bilder, Infografiken und Online-Magazine einbinden und können dabei auf kostenlose Tools zurückgreifen. 2012 war im Bereich der visuellen Darstellung das Jahr der Infografiken. Ähnlich wie Erklärfilme reduzieren sie die Fülle an Informationen auf das Wesentliche. Das Besondere an Infografiken und Bildern ist, dass sie aufgrund ihrer aufwendigen Gestaltung gerne in Blogbeiträgen und auf visuellen Empfehlungsplattformen (Pinterest), Zeitschriften und Magazinen geteilt werden. Die Voraussetzung dafür ist natürlich, dass Sie die externe Verwendung des Bildes freigeben, z. B. mittels Creative Commons. Nur dann werden Sie in Blogbeiträgen und Newsartikeln entsprechend referenziert. Eine Übersicht über kostenlose Tools zum Erstellen von Infografiken finden Sie in Abschnitt 7.8.3, »Tools für Infografiken«.

Online-Magazine

Aktuell lässt sich ein Trend im E-Business beobachten. Händler werden zu Medienunternehmen, und Medienunternehmen werden zu Händlern. Best Practices für Onlineshops, die sich als Mode-Magazin präsentieren und über Inhalte Produkte verkaufen, lauten »Net-a-Porter« und »Harper's Bazaar«. Wenn Onlineshops sich selbst als Magazin präsentieren, dann sparen sie sich den (Werbe-)Umweg über Verlage. Die Verlage sind von den Umsatzeinbußen, die dieser Trend zur Konsequenz hat, natürlich wenig begeistert. Deshalb gehen die Verlage immer öfter den

Weg zum eigenen Onlineshop, wie es zum Beispiel der Burda-Verlag mit der Frauenzeitschrift Cover vormacht (siehe Abbildung 6.60).

Abbildung 6.60 Content Marketing in Onlineshops: Das Online-Magazin »Cover« macht sich für den Burda-Verlag bezahlt. Quelle: http://www.cover-mag.de

Abbildung 6.61 Im Tchibo Blog berichtet das Unternehmen von neuen Produkten im Onlineshop. Quelle: http://blog.tchibo.com

Für Sie als Onlinehändler bedeutet das, egal ob Sie im Bereich Fashion unterwegs sind oder nicht, dass Sie Ihren Onlineshop mit interessanten Inhalten aufwerten müssen. Langfristig werden die Startseiten von Onlineshops nur noch ein Magazin mit hochwertigen und relevanten Inhalten darstellen, die die Nutzer zu den Produkten führen und leiten. Für einige Betreiber von Onlineshops geht dieses Szenario jedoch einen Schritt zu weit. Diese können auch erst einmal mit einem Blog anfangen und interessante Produkte verlinken (z.B. Tchibo Blog siehe Abbildung 6.61).

Welche Tools Sie gezielt einsetzen können, um Content Marketing mit Bildern, Infografiken und Online-Magazinen zu betreiben, lesen Sie in Abschnitt 7.8, »Tools für Content Marketing«.

6.4.7 Involvierung durch Crowdsourcing

Erfolgreiche Social-Media-Kampagnen setzen auf die Teilhabe der Nutzer und schaffen es dadurch, sie zu involvieren. Das wirkt sich positiv auf die Wahrnehmung von Marken, Produkten und Dienstleistungen aus. Ein gelungenes Beispiel ist die Kampagne »Inspired by Iceland«, siehe Abbildung 6.62. Das Land Island hat über mehrere Kanäle, Print, TV, Kampagnenwebsite, Blog, Facebook, YouTube und Veranstaltungen im öffentlichen Raum, die Bewohner Islands zu Botschaftern des Landes gemacht. Die Website *http://www.inspiredbyiceland.com* lebt von den Beiträgen der Menschen (Consumer Generated Content), die von Island so begeistert sind, dass sie es der ganzen Welt sagen möchten. Regelmäßige Umfragen und Inhalte der Nutzer (Musikvideos, Fotoaufnahmen) tragen dazu bei, dass die Community aktiv bleibt.

Abbildung 6.62 Inspired by Iceland: Partizipatives Tourismusmarketing von Islandfans für Touristen; Quelle: http://www.inspiredbyiceland.com

Entwickeln Sie gemeinsam mit Ihren Kunden Ideen

Tauschen und Teilen sind die Treiber menschlichen Miteinanders, und das können Sie auch für Ihr Business nutzen. Unter dem Stichwort »Crowdsourcing« versteht man die Wertschöpfung gemeinsam mit den Konsumenten. Crowd steht in diesem Zusammenhang für »Masse«, also die Masse der Nutzer, und »Sourcing« ist die Abkürzung für »Outsourcing« und bezeichnet das Auslagern der Ideengenerierung an die Nutzer. Das bekannteste Beispiel für Crowdsourcing ist das »GuttenPlag, *http://de.guttenplag.wikia.com/wiki/GuttenPlag_Wiki*, welches durch die akribische Arbeit der Crowd entstanden ist. Mein absolutes Lieblingsbeispiel für ein Crowdsourcing ist das weltweite Filmprojekt »life in a day«, *https://www.youtube.com/user/lifeinaday*. Der Film zeigt das Leben in einem Tag, aufgenommen von 80.000 Nutzern an den verschiedensten Orten der Erde, entstanden aus 4.600 Stunden Filmmaterial. Im Bereich des Handels werden »My Starbucks Idea« (siehe Abbildung 6.63) und »Tchibo Ideas« immer wieder als Best Practices aufgeführt. Bei Starbucks können die Kunden Ideen für Sortimentserweiterungen und -verbesserungen (Kaffee, Getränke, Essen), für Merchandising-Artikel, Einrichtungsveränderungen von Starbucks-Filialen, für Bezahlprozesse und selbst Ideen für soziale Projekte einreichen. In fünf Jahren seit dem Launch der Plattform hat Starbucks 277 Ideen umgesetzt.

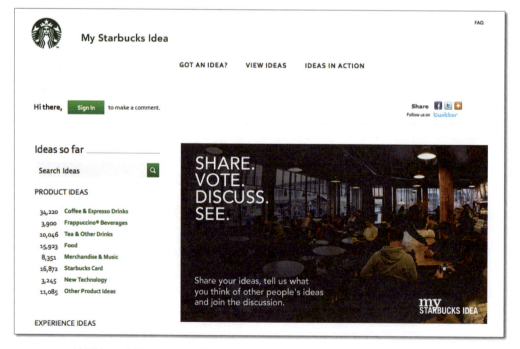

Abbildung 6.63 Bei My Starbucks Idea können Kunden Ideen und Wünsche zur Abstimmung einreichen. Quelle: http://mystarbucksidea.force.com

6.4 Die Involvierungsstrategie

Wie Sie als Händler erfolgreich crowdsourcen

Das Besondere an dieser Form der Wertschöpfung ist die emotionale Involvierung des Kunden und die Auseinandersetzung mit dem Produkt. Kunden, die an einem schöpferischen Prozess teilgenommen haben, verfolgen wie gebannt die Markteinführung des Produkts. Denn durch Crowdsourcing wird das Produkt auch zum »Produkt des Kunden«. Aufgrund der entgegengebrachten Wertschätzung und Aufmerksamkeit gegenüber dem Kunden ist der Überraschungseffekt sehr hoch. Viele Unternehmen trauen sich Crowdsourcing derzeit noch nicht zu. Das hat auch gute Gründe, denn die Produktentwicklung mit Beteiligung des Kunden stellt ohne Zweifel die höchste Stufe des Kundenbeziehungsmanagements dar, birgt aber auch das größte Potenzial in Sachen Markenloyalität. Der Lebensmittelhändler »Edeka« setzt nach seiner erfolgreichen Crowdsourcing-Kampagne »Dein EDEKA-Eis« erneut auf die gemeinsame Ideengenerierung im Internet (siehe Abbildung 6.64). Im Zeitraum vom 1.7.2013 bis 28.7.2013 konnten die Kunden auf der Website mit dem EDEKA-Selbermacher unter *https://selbermacher.edeka.de* Produktkreationen und Variationen für Joghurtprodukte, Cookies und Smoothies einreichen. Im August 2013 wurden die Produkte von der Community abgestimmt und im September 2013 schließlich von einer Jury bewertet.

Abbildung 6.64 Crowdsourcing-Kampagne von Edeka; Quelle: https://selbermacher.edeka.de

Wichtige Prinzipien für Crowdsourcing

Crowdsourcing darf nicht als »kostenlose« Ideenschmiede verstanden werden. Denn ein wichtiges Grundprinzip ist das Geben-und-Nehmen-Prinzip. Der Kunde gibt Ihnen Ideen, Sie belohnen ihn dafür mit Anerkennung, Namensnennung und stellen ihm Gewinne in Aussicht. Edeka hat bei seinem Gewinnspiel beispielsweise als ersten Preis einen Einkaufsgutschein bei Edeka für ein Jahr in Aussicht gestellt. Crowdsourcing benötigt genaues Management, da das gemeinsame Entwickeln von Ideen nicht nach den Effizienzmaßstäben wie im Betrieb funktioniert. Insbesondere die Faktoren Zeit und die Menge der gemeinsam entwickelten Produkte spielen dabei eine Rolle. Crowdsourcing ist in unterschiedlichen Beteiligungsstufen möglich. Sie können es beim Produktdesign, bei der Fertigung, bei der Montage, beim Vertrieb einsetzen. Je nach Unternehmensgröße muss genau abgewogen werden, wo sich Crowdsourcing am besten für Sie einsetzen lässt. Gerade für Händler, die auch eigene Handelsmarken herausbringen, kann Crowdsourcing neben der standardisierten Produktinnovation eingesetzt werden.

Kreieren Sie neue Produkte mit potenziellen Käufern – Anbieter unserAller

Auf der Plattform »unserAller«, *https://unseraller.de*, bestimmen die Konsumenten, wie ihre Lieblingsprodukte aussehen, heißen, schmecken, funktionieren oder sich anfühlen sollen (siehe Abbildung 6.65). Die Drogeriemarktkette dm wie auch Schuhhändler Görtz 17 haben mit der Community Produktinnovationen ausgetüftelt und abgestimmt. Görtz 17 entwickelte Tücher mit Naturprints mit der Community, die schon nach drei Tagen ausverkauft waren.

Abbildung 6.65 Bei unserAller entscheiden die Nutzer, wie eine neue Produktserie aussehen soll. Quelle: https://unseraller.de

Weitere Crowdsourcing- und Crowdtesting-Plattformen für Onlinehändler und stationäre Händler sind in Abschnitt 7.6.4, »Crowdtesting-Anbieter«, gelistet.

6.4 Die Involvierungsstrategie

Exkurs: Mass Customization – Best Practice Leitz Create

Sie kennen bestimmt die Marke »Leitz« als Anbieter für klassische Büro-Ordner. Im Grunde ist das kein besonderes Produkt, eher eines, das man eben braucht. Aber dennoch gibt es viele Kunden, Privat- wie auch Geschäftskunden, die diese Ordner mit eigenen Fotos, Grafiken, Logos und Schriften individuell gestalten möchten. Im B2B-Kundensegment ist der Anspruch, diese Ordner mit dem eigenen Logo und den jeweiligen Kategorien (Einkauf, Bilanzen, Finanzamt etc.) zu beschriften. Diesen Anspruch hat Leitz erkannt und bietet seinen Kunden seit 2010 auf der Plattform »Leitz Create!«, *http://www.leitz-create.com*, die Möglichkeit, Ordner individuell zu gestalten (siehe Abbildung 6.66). Im Fachjargon wird diese Form der Wertschöpfung »Mass Customization« genannt. Dieses neue Vertriebsmodell kommt schon seit einiger Zeit auch bei Fotobüchern, siehe *http://www.myphotobook.de*, Müslimischungen, siehe *http://www.mymuesli.com*, Schokoladenkreationen, siehe *http://www.chocri.de*, zufälligen T-Shirt-Kreationen, siehe *http://zufallsshirt.de*, zum Einsatz. Eigentlich geht Mass Customization so weit, dass die Kreationen der Kunden auch für andere Kunden kaufbar sind. Wenn Sie Mass Customization für Ihren Onlineshop umsetzen wollen, können Sie auf den Anbieter »Salesforce«, *http://www.salesforce.com/de*, zurückgreifen. Leitz Create! wurde beispielsweise mit Salesforce umgesetzt.

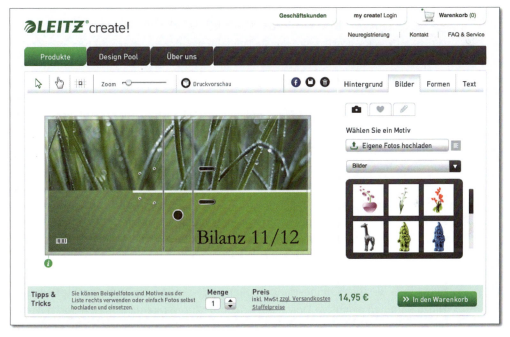

Abbildung 6.66 Der klassische Büro-Ordner wird zum individuellen Einzelstück.
Quelle: http://www.leitz-create.com

Im Übrigen bietet Leitz auch »SociaLeitz« an, ein Service, mit dem sich Kunden alle Facebook-Freunde auf den Ordner drucken lassen können. Über den Social Login via Facebook werden die Profilbilder der Facebook-Freunde ausgewählt. Mehr über den Social Login erfahren Sie in Abschnitt 7.7.1, »Social Login«.

6.5 Die Kundengewinnungsstrategie

Sie haben jetzt erfahren, wie Sie Kunden über Bewertungen, Empfehlungen, Belohnungen und Involvierung gewinnen können. Daher mag es Sie vielleicht wundern, warum eine dezidierte »Kundengewinnungsstrategie« an dieser Stelle auftaucht, wo doch ohnehin alle Strategien darauf abzielen. Mit der Kundengewinnungsstrategie sind Maßnahmen beschrieben, wie Onlinehändler und stationäre Händler potenzielle Kunden mit Coupons (siehe Abschnitt 6.5.1, »Couponing: Kundengewinnung für stationäre Händler)«, speziellen Angeboten in Social Media (Abschnitt 6.5.2, »Anzeigen und Coupons in Social Media«), Produkt-Anzeigen in Google (Abschnitt 6.5.6, »Google Shopping: Von der Produktsuche zum stationären Angebot«) und Preisvergleichsportalen (siehe Abschnitt 7.1, »Preisvergleichsportale«) ansprechen können.

6.5.1 Couponing: Kundengewinnung für stationäre Händler

Wie bereits in Kapitel 3, »Nutzen Sie Digitales Marketing«, beschrieben, eignet sich Couponing besonders für den stationären Handel. Onlinehändler können Gutscheine und Coupons aber ebenso einsetzen. Einige Onlinehändler arbeiten bereits direkt mit digitalen Coupons im Onlineshop. Galeria Kaufhof beispielsweise hat eine eigene Kategorie »6 Tage Rennen« im Onlineshop (siehe Abbildung 6.67) geschaffen, wo spezielle Angebote mit einem zusätzlichen Gutschein je nach Bestellwert verkauft werden. Das Besondere an Coupons: Sie triggern das Prinzip der Knappheit, siehe Abschnitt 5.4, »Das Prinzip Knappheit«. Nicht zuletzt ermöglichen Coupons eine Verzahnung von Onlinehandel mit stationärem Geschäft. So schenkt die Parfümerie Douglas jedem Kunden, der im stationären Geschäft einkauft, einen 5-Euro-Gutschein für einen Einkauf im Onlineshop. Voraussetzung dafür ist natürlich, dass der Kunde auch das Potenzial birgt, online einzukaufen. Douglas fragt deshalb dezidiert nach, ob der Kunde gerne auch online shoppt. Coupons eignen sich also auch für Multichannel-Händler. Die Chancen des Couponings für Online- als auch Offline-Handel sollen in diesem Abschnitt beleuchtet werden. Hinzu kommen exklusive Deals und Angebote für Markenfans in den Social Media als auch spezielle Formen der Online-Werbung, die sich besonders für stationäre Händler eignen.

6.5 Die Kundengewinnungsstrategie

Abbildung 6.67 Couponing im Onlineshop von Galeria Kaufhof

Coupons sind bei Onlineshoppern extrem beliebt

Couponing ist die erfolgreichste Werbeform im Internet nach Produktempfehlungen in Onlineshops (BITKOM, 2012, »Online-Werbung: Web 2.0 und Coupons erfolgreich«). Laut der Studie des Hightech-Verbands wurden 23 % der Onlineshopper durch Rabattgutscheine bzw. Coupons angeregt, einen Online-Kauf zu tätigen. Dabei schauen die Onlineshopper bei den bekannten Plattformen »Groupon«, oder »DailyDeal«, auf Gutschein-Portalen wie »Gutscheine.de«, »Gutscheinbox.de« sowie auf Rabatt-Seiten wie »myvoucher.de« nach zeitlich begrenzten Gutscheinen und Rabatten. Wie beliebt Online-Gutscheine sind, beweisen auch die 4,5 Mio. Unique Visitors, die monatlich das größte deutschsprachige Schnäppchenblog »MyDealz« besuchen. Online-Gutscheine werden von den Onlineshoppern erstaunlich oft genutzt. Laut KPMG-Studie »Preisportale, Couponing, soziale Netzwerke – der Einfluss aktueller Online-Trends auf das Kaufverhalten« lösten im vierten Quartal im Jahr 2011 ein Viertel der Deutschen drei oder mehr Online-Gutscheine ein. Das überraschende Ergebnis: Ein Drittel dieser Umsätze wäre ohne diese Rabattaktion nicht zustande gekommen.

Wozu eignen sich Coupons?

Coupons eignen sich nicht nur, um Impulskäufe zu stimulieren, sondern auch zur langfristigen Kundengewinnung. Denn mit Coupons werden nicht nur Einmalgeschäfte generiert. Etwa 86 % würden den Anbieter auch ohne Gutschein noch einmal aufsuchen. Allerdings ist die Voraussetzung, dass das Angebot den Kunden überzeugt hat (laut genannter KMPG-Studie). Coupons und Online-Gutscheine zielen also auf die Aktivierung von Impulskäufen ab und wirken sich darüber hinaus auch positiv auf die Kundenbindung aus.

Ortsbezogene Deals und Online-Gutscheine

Shopbetreiber und Dienstleister profitieren von der enormen Reichweite der Schnäppchen-Portale. Sie sind bei den Verbrauchern bekannt und werden gerne genutzt.

Dennoch sind Plattformen wie Groupon oder Daily Deal sowohl bei den Verbrauchern als auch bei den Händlern bereits in Verruf geraten. Kunden beklagen die schlechte Qualität der angebotenen Services, beschweren sich über »Massenabfertigung« bei Gastronomie-Deals. Die Händler (insbesondere stationäre Händler) haben dagegen schlechte Erfahrungen mit den Anbietern gemacht. Nicht selten gab es hinterher Probleme bei den Konditionen, speziell der Laufzeit des Angebots und der Anzahl der Gutscheine, wodurch gerade Kleinunternehmer Miese machten. Achten Sie also genau auf die Vertragsbedingungen, speziell auf die Laufzeit des Angebots, die Anzahl der Gutscheine, Provisionen, Widerruf usw.

Aufgrund der Beliebtheit von Coupons und Rabattgutscheinen können dennoch lokale Händler wie auch Betreiber von Onlineshops von den Plattformen profitieren und Werbung für ihr Geschäft bzw. den Onlineshop bekannter machen. Auch Onlineshops können auf den Portalen Rabattgutscheine und Coupons eintragen. Das machen auch bekannte Onlineshops wie Zalando oder Vente Privée. Eine genaue Auflistung der Couponing-Dienste und Portale für Online-Rabatte finden Sie in Abschnitt 7.1.2, »Couponing-Plattformen und Gutschein-Portale«.

> **Bieten Sie Deals direkt in Ihrem Onlineshop**
>
> Wenn Sie unabhängig von Portalen wie Groupon oder DailyDeal sein möchten, bieten Sie ähnlich wie Galeria Kaufhof einfach eigene Deals in Ihrem Onlineshop an. Das Reiseportal »Ab in den Urlaub« hat unter http://www.ab-in-den-urlaub-deals.de eine eigene Website (siehe Abbildung 6.68) gelauncht, wo Kunden täglich einen neuen Urlaubsdeal präsentiert bekommen.

Abbildung 6.68 Der Online-Reiseanbieter bietet unter http://www.ab-in-den-urlaub-deals.de spezielle Tagesdeals.

6.5.2 Anzeigen und Coupons in Social Media

Facebook bietet eine unglaubliche Vielzahl an Werbemöglichkeiten für Onlinehändler und stationäre Händler. Der Vorteil von Werbeanzeigen für stationäre Händler liegt vor allem darin, dass sie mobil geschaltet werden und so die Kunden in unmittelbarer Nähe des Geschäfts erreichen können. Vor kurzem kündigte Facebook an, dass Unternehmen über mobile Facebook-Anzeigen nun auch einen »Shop now«-Button für ihre Anwendung buchen können (siehe Abbildung 6.69). Genauer gesagt: Die »Mobile App Install Ads«, mit denen durch das Install-Ad schon 145 Mio. App-Installationen in iTunes und Google Play generiert wurden, werden für Engagement und Conversion Apps erweitert. Conversion Apps sind beispielsweise Facebook-Shops, wo Produkte direkt in Facebook gekauft werden können. Facebook-Anzeigen mit Call-to-Action »Shop now« können bisher aber nur über den Power Editor gebucht werden, siehe *https://developers.facebook.com/blog/post/2013/10/01/beyond-installs--announcing-mobile-app-ads-for-engagement-and-conversion*.

Abbildung 6.69 Mobile Facebook-Anzeigen für mobile Apps in Facebook mit Call-to-Action Button »Show now«

Der große Unterschied von Social Ads zu klassischen Online-Anzeigen liegt darin, dass sie auf den Prinzipien »Social Proof« und »Affinität«, wie in Kapitel 5, »Prinzipien des Handels« beschrieben, aufbauen. Der Nutzer sieht bei jeder Anzeige, wie viele Likes und Kommentare sie bereits von anderen Nutzern und Freunden erhalten hat und wie oft sie von anderen Nutzern und Freunden geteilt wurde. Das ist ein absolutes Novum bei Werbung allgemein als auch bei Online-Werbung. Die Nutzer geben öffentlich preis, dass ihnen Werbung oder ein Angebot gefällt. Einen ähnlichen Effekt gab es bisher nur bei TV-Werbung, die Nutzer auf YouTube hochgeladen haben, um zu zeigen, dass ihnen diese Werbung gefällt. Das Commitment zu den Werbeanzeigen in Facebook wirkt sich nicht nur positiv auf die Wahrnehmung der Werbung aus, sondern die Anzeigen werden auch schneller geteilt und verbreiten sich im Freundesnetzwerk. Zuletzt sind Werbeanzeigen in Facebook, insbesondere »Sponsored Post« und »Page Like Ad« (siehe Abbildung 6.70), so erfolgreich, weil sie im normalen News-Stream des Nutzers angezeigt werden und wie ein normales Facebook-Post anmuten. Solche Werbung wirkt weniger störend auf den Nutzer als klassische Online-Ads (Banner, Pop-ups).

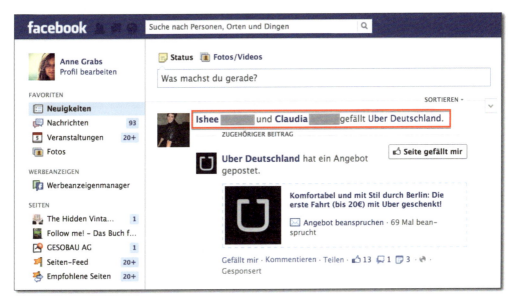

Abbildung 6.70 Anzeigen in Facebook nach dem Prinzip des Social Proof. Facebook-Nutzer sehen, welche Anzeigen und Posts bei Freunden beliebt sind, und liken diese ebenfalls.

Facebook Offers – Coupons für Facebook-Fans

»Facebook Offers« eignen sich, um Kunden Angebote für den Onlineshop, das stationäre Geschäft oder beides (Shop und Geschäft) zu unterbreiten. Die drei Optionen bietet Facebook den Betreibern von Facebook-Seiten (ab 100 Fans) an. Facebook Offers funktionieren aufgrund von zwei Merkmalen besonders gut: Erstens können Facebook Offers geliked, kommentiert und geteilt wurden. Zweitens erscheinen sie im Look & Feel eines üblichen Facebook-Statusupdates und stören den Facebook-Nutzer dadurch weniger beim Netzwerken. Außerdem verbreiten sich Facebook Offers schnell im Netzwerk. Durch die Verbreitung der Facebook Offers können Neukunden und die Freunde des Nutzers erreicht werden. Die Kunden erhalten via Facebook eine Nachricht vor dem Ablauf des Angebots und können beanspruchte Angebote über den Link *https://www.facebook.com/offers* einsehen.

Coupons im digitalen Freundeskreis sind beliebt

42 Mio. Nutzer haben Facebook Offers laut Aussage von Facebook COO Sheryl Sandberg in 2012 genutzt. 100.000 kleinere und mittlere Unternehmen haben auf diese Form der digitalen Angebotsunterbreitung im Netzwerk der Kunden zurückgegriffen.

Abbildung 6.71 Mit Angeboten können Händler Kunden in ihr Geschäft oder in den Onlineshop locken.

Einmalige Angebote an Fans in Facebook

Unternehmen, die eine Facebook-Seite haben, können ihren Fans dort auch spezielle Angebote unterbreiten. Diese Deals sind jedoch nicht zu verwechseln mit »Facebook Offers«. Diese Deals muten im Look & Feel von Groupon an und sind mit einem Zeitmesser versehen, der anzeigt, wie lange das Angebot noch verfügbar ist. Allerdings sind die Nutzer noch sehr zurückhaltend, was Käufe innerhalb des Netzwerks betrifft. Daran krankt nach wie vor der F-Commerce, also der direkte Abverkauf in Facebook. Wenn es sich allerdings einmal etabliert hat, lassen sich damit Markenfans und loyale Fans des Händlers mit exklusiven Angeboten belohnen. Allerdings lassen sich Fans trotzdem mit exklusiven Angeboten locken. Der Mobilfunkprovider »netzclub« hat beispielsweise im September 2013 einen so genannten »Fan Tarif« siehe *http://bit.ly/fantarif* gelauncht und ihn seiner Facebook-Community zur Verfügung gestellt. Die Fans freute es. Innerhalb von nur zwei Wochen reservierten 5.000 Fans den Fan Tarif.

6.5.3 Mobile Couponing: Kundengewinnung on the go

Der Vorteil von mobilen Coupons ist natürlich, dass sie direkt am Ort des Verkaufs den Kunden erreichen können, bzw. er sein digitales Gutscheinheft immer bei sich trägt und bequem per Smartphone einlösen kann. Mobile Coupons sind definitiv die Zukunft der Rabattmarken, denn sie müssen nicht mehr ausgeschnitten oder ausgedruckt werden. Hinzu kommt noch, dass mobile Coupons wesentlich attraktiver sind, wenn man sie einlöst. Denn weder der »Fresszettel« aus dem Anzeigenblatt noch der Schwarz-Weiß-Ausdruck von Zuhause sind sonderlich sexy. Die elektronische Alternative hingegen mutet da schon wesentlich eleganter an. Das Smartphone spielt somit abermals seinen Vorteil als ständiger Einkaufsbegleiter aus und garantiert eine ständige Verfügbarkeit der Coupons via App. Neben der Neukundengewinnung können mobile Coupons auch zur Kundenbindung eingesetzt werden.

Genaue Zielgruppenansprache mit mobilen Coupons

Als stationärer Händler sollten Sie das Potenzial von Mobile Couponing auf keinen Fall unterschätzen, denn mit kaum einem anderen Werbemittel lassen sich Ihre Kunden zielgenauer adressieren. Erst jüngst wurde die App von barcoo um eine Couponing-Funktion erweitert. Die App »Vouchercloud« von Vodafone (siehe Abbildung 6.72) ist inzwischen auch in Deutschland verfügbar, und auch Google bietet mit seiner App »Offers« eine Mobile Couponing-App zum Download an.

Abbildung 6.72 Über die App Vouchercloud findet der Smartphone-Nutzer Angebote in der direkten Umgebung.

Ein weiterer Vorteil ist die exakte Erfolgsmessung solcher Coupon-Aktionen. Mit dem »Online-to-Offline-Tracking« kann ganz genau gemessen werden, welche mobilen Coupons zum Neukundengeschäft beigetragen haben.

Kombinieren Sie Mobile Coupons und M-Payment zur Neukundengewinnung und Kundenbindung

Noch mehr Nutzen verspricht die Kombination von Mobile Couponing und Mobile Payment, also Bezahlen per Smartphone. Stellen Sie sich vor, Ihre Kunden würden über eine App sowohl bezahlen als auch Coupons einlösen können, und Sie hätten die Möglichkeit, diese Kunden gezielt über Angebote und Aktionen zu informieren. Genau dies ist mit der mobilen App »NuBON« möglich. Die App vereint mobiles Bezahlen, Treueprogramme und Kundenbindungsprogramme durch die Auswertung der Käuferdaten. Da die App erst seit April 2013 zum Download bereit steht, muss erst einmal abgewartet werden, wie die Verbraucher und der stationäre Handel die App annehmen. Bisherige Partner sind die Schuhhändler Görtz und Deichmann, das Modehaus Wöhrl und der Elektronikhändler Conrad. Gekoppelt ist NuBON an den Mobile-Payment-Dienst Yapital der Otto Group, die im Februar 2013 ihre Mehrheitsbeteiligung an NuBON bekannt gegeben hat. Besonders als Multichannel-Händler sollten Sie diesen Trend beobachten und gegebenenfalls Kontakt mit NuBON aufnehmen.

Abbildung 6.73 NuBON vereint mobiles Bezahlen und das Einlösen von Coupons und Treuepunkten. Quelle www.nubon.de

6.5.4 Kundengewinnung mit ortsbezogenen Diensten und Angeboten (LBS)

Location-based Services, zu Deutsch »Ortsbezogene Dienste« sind vor allem für stationäre Händler relevante Tools zur Kundenbindung. Durch Location-based Services können die Smartphone-Nutzer ortsbezogene Informationen beziehen, wie z.B.: »Wo ist der nächste McDonald's?«, oder Dienstleistungen, wie z.B. Taxi, Fahrtauskunft oder Pizzaservice.

Location-based Services und Datenschutz
Im Vergleich zu den USA besteht in Deutschland ein ausgeprägtes Bewusstsein für den Datenschutz und die Wahrung der eigenen Privatsphäre. Amerikanische Unternehmen wie Foursquare und Facebook haben es bei den Deutschen daher generell schwer, Dienste zu etablieren, die auf der Erhebung von personenbezogenen Daten basieren. Jedoch ist zu beobachten, dass die Nutzung von LBS in Deutschland immer dann zunimmt, wenn die Nutzer einen echten Mehrwert für sich herausziehen können.

Das Spektrum der Location-based Services ist äußerst breit gefächert. Die Berliner Unternehmensberatung Goldmedia ermittelte jüngst in einer Studie[14], dass derzeit allein in Deutschland 181 LBS-Dienste bestehen. Abhängig von der verwendeten App bezieht der Nutzer hier allgemeine Informationen über seinen aktuellen Aufenthaltsort (Kartendienste, Wikihood) oder auch Inhalte, die aufgrund kommerzieller Interessen zur Verfügung gestellt werden. Somit können Sie Ihre Kunden ganz gezielt und entsprechend ihres aktuellen Aufenthaltsortes adressieren. Möglich ist dies einerseits, indem Sie Ihre Kunden bei der Suche nach Ihrem Ladengeschäft unterstützen (z.B. durch einen Eintrag auf einer lokalen Bewertungsplattform), oder auch indem Sie an Ihre Kunden ortsspezifische Angebote via Push-Notification versenden.

Foursquare – Vom Check-In-Netzwerk zur lokalen Bewertungsplattform mit Couponing-Funktion

Fourquare ist die Mutter aller Check-In-Dienste, dessen Funktionsprinzip von anderen Social-Media-Plattformen als zusätzliche Funktion übernommen wurde. Foursquare beschränkte sich am Anfang ausschließlich auf einen spielerischen Ansatz: Foursquare-Nutzer konnten anderen Nutzern im Netzwerk ihren Aufenthaltsort mitteilen und durch möglichst viele Check-Ins digitale »Orden« (Foursquare-Badges, siehe Abbildung 6.74) erhalten. Am Anfang war es also nur die

---

14 Goldmedia, 2013, http://www.goldmedia.com/aktuelles/info/article/studie-zu-location-based-services.html.

»digitale Avantgarde«, die Gefallen an dieser technischen Spielerei fand. Über die Zeit allerdings bot das den Nutzern keinen tatsächlichen Mehrwert.

Abbildung 6.74 In der Anfangsphase wurden Foursquare-Nutzer vor allem mit Auszeichnungen gelockt. Mittlerweile setzt die mobile App auf Empfehlungen von Orten und Geschäften.

Vor allem in Ballungsräumen wie Berlin und Hamburg ist Foursqure wegen seines erweiterten Funktionsumfangs noch immer beliebt. Foursquare-Nutzer können »Venues« (Orte) in der unmittelbaren Umgebung auf einem Kartenausschnitt einsehen (siehe Abbildung 6.75). Listen mit empfohlenen Orten anderer Nutzer des Netzwerkes dienen als Tippgeber für die Erkundung der eigenen Umgebung. Bei Foursquare können auch Orte durch »Likes« und »Dislikes« bewertet werden.

Stationäre Händler können Foursquare ganz gezielt einsetzen, um für ihr Geschäft und ihr Angebot vor Ort zu werben. Mit Hilfe einer ganzen Reihe unterschiedlicher

»Specials« stehen hier verschiedene Aktionen zur Auswahl, mit denen Kunden für ihren Check-In vor Ort belohnt werden. Je nach Art des Specials können Sie neue Kunden gewinnen, den Abverkauf eines bestimmten Produkts stimulieren oder die Treue Ihrer Stammkunden honorieren. Folgende Specials können Sie unter anderem mit Foursquare umsetzen:

- »Check-in-Special«, z. B. beim ersten/zweiten/dritten Check-in erhältst du einen Kaffee gratis/Rabatt.
- »VIP Treatment«, z. B. Checken Sie ein und erhalten Sie ein Upgrade.
- »Contest«, z. B. Twittern Sie Ihren Check-in und nehmen Sie am Gewinnspiel teil.

Abbildung 6.75 Fourspuare listet Orte in der unmittelbaren Umgebung, lässt seine Nutzer Orte liken und disliken, und ermöglicht stationären Händlern mit Specials auf sich aufmerksam zu machen.

Foursquare ist vor allem zur Kundenbindung mit besonders mobil-affinen Kunden geeignet. Dass das häufig nur ein geringer Teil Ihrer Zielgruppe und Stammkundschaft ist, liegt auf der Hand. Achten Sie daher darauf, solche Aktionen auch in anderen Social-Media-Kanälen wie Twitter und Facebook zu bewerben. Der Vorteil der Specials ist, dass sie immer mit einem Check-In in Ihrem Geschäft verbunden sind und sich dadurch auch Empfehlungen in Twitter und Facebook generieren lassen. Über die Foursquare-Händler-Plattform, *http://business.foursquare.com*, können Sie Ihr Geschäft anmelden oder einen bereits vorhandenen Eintrag claimen und Specials anlegen.

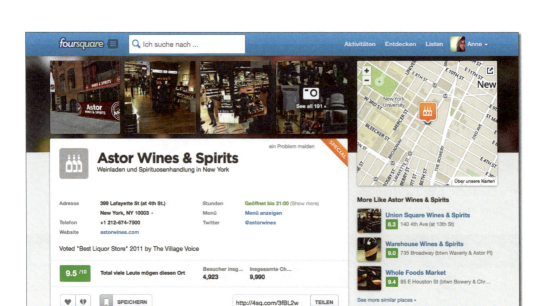

Abbildung 6.76 Der Weinhändler »Astor Wines & Spirits« in New York lockt Kunden mit einer exklusiven Weinverkostung via Foursquare. Quelle: https://foursquare.com/v/astor-wines--spirits/49f37c28f964a520a36a1fe3

6.5.5 Navigieren Sie potenzielle Kunden direkt ins Ladengeschäft

Die Anbieter von Bewertungsplattformen, wie sie bereits in Abschnitt 6.1.9, »Händlerbewertungen: Bewertungen für den stationären Handel« beschrieben wurden, stellen inzwischen alle auch mobile Apps zum kostenlosen Download bereit. Die Apps von Qype, Google+ Local, Yelp und meinestadt.de bieten dank Geolokalisierung (LBS) alle eine gute Orientierungshilfe bei der Navigation durch die Innenstadt. Der Vorteil lokaler Bewertungsplattformen ist, dass Sie dadurch auch Neukunden, die gerade eine Bewertung Ihres Ladengeschäfts lesen, gewinnen können. Die Nutzer der App erhalten nach Eingabe ihres Suchanliegens die nächstgelegenen Anlaufstellen für ihren Einkauf angezeigt. Neben den Bewertungen anderer Nutzer können hier Informationen zu Öffnungszeiten, Ansprechpartnern und teils sogar Sonderangebote eingesehen werden. Selbstverständlich wirken sich gute Bewertungen positiv auf Ihren Kundenstrom aus. Festzuhalten ist: Derzeit gibt es für lokale Händler kaum ein effizienteres Mittel als das Engagement auf lokalen Bewertungsplattformen, um Kunden direkt von der Straße »aufzusammeln«. Die Einträge auf den entsprechenden Portalen sind kostenlos, und Ihre potenziellen Kunden werden zielgenau, ortsbezogen und ihren Interessen entsprechend adressiert. Verpassen Sie diese Chance auf keinen Fall!

6.5 Die Kundengewinnungsstrategie

Locken Sie Kunden mittels Geofencing ins Geschäft

Neben den längst etablierten Navigationshilfen bieten LBS die technische Voraussetzung für die vom Aufenthaltsort abhängige Angebotserstellung. Die technischen Voraussetzungen hierfür liefert die so genannte »Geofencing«-Technologie. Dies ist eine Ortungstechnik, mit der Sie Ihren Bestandskunden abhängig von ihrem aktuellen Aufenthaltsort Angebote unterbreiten können. Solche Lockangebote lohnen sich besonders zu Zeiten mit geringer Besucherfrequenz zur Kapazitätsauslastung. In Verbindung mit CRM-Systemen entstehen hierbei für den stationären Handel völlig neue Möglichkeiten im Bereich des Kundenbeziehungsmanagements. Registrierte Kunden, die eine mobile App mit Geofencing-Funktion nutzen, erhalten, sobald sie sich in einem vorab festgelegten Aktionsradius des Innenstadtbereichs aufhalten, per Push-Notification Warenangebote, die auf ihre persönlichen Bedürfnisse zugeschnitten sind. Alternativ wird Geofencing auch bei Betreten des Ladengeschäfts eingesetzt. Anbieter dieser Technologie sind derzeit RedLaser aus dem Hause eBay und die App von Shopkick, siehe Abschnitt 6.3.5, »Gamification im stationären Handel – Mobile Gamification«.

Vom Preisvergleich zum stationären Angebot – Anbieter barcoo

barcoo ist derzeit mit insgesamt rund 10 Mio. Usern die meistgenutzte Barcode-App Europas. Allein in Deutschland nutzen derzeit 17 % der 30 Mio. Smartphone-Nutzer die App des Berliner Start-ups »checkitmobile«. Aber warum ist gerade barcoo so beliebt bei den Verbrauchern? Der Grund hierfür ist zum einen die überaus benutzerfreundliche Bedienbarkeit (Usability) der App. Viel entscheidender noch ist aber die außergewöhnlich umfangreiche Funktionsvielfalt des Barcode-Scanners. Neben der üblichen Listung der Angebote der miteinander konkurrierenden Onlineshops und -Marktplätze, wie z. B. Amazon und eBay, trumpft barcoo im Gegensatz zu seinen meisten Mitbewerbern zudem auch mit Preisen von stationären Händlern auf! Möglich ist dies über die »in der Nähe«-Funktion des Barcode-Scanners. Mit Hilfe dieses standortbezogenen Dienstes kann der Nutzer seinen aktuellen Aufenthaltsort ermitteln lassen und sieht dann im Kartenausschnitt lokale Händler seiner Umgebung, die das gesuchte Produkt führen!

barcoo punktet zudem mit außergewöhnlich vielen Zusatzinformationen zum gescannten Produkt. Das Bewertungssystem von barcoo ist äußerst umfangreich und glänzt je nach Produktart mit spezifischen Unterkategorien, mit Hilfe derer sich Kaufinteressenten eingehend informieren können. Weiterführende Insights über das gescannte Produkt bieten in vielen Fällen zudem die Links wie z. B. zu den Websites von *www.test.de* oder auch von *www.chip.de*. Die so genannte »Nachhaltigkeitsampel« von barcoo gibt dem Nutzer zudem Aufschluss über die soziale und ökologische Verantwortung des produzierenden Unternehmens. Und selbst vor Detailinformationen über Lebensmittel macht die App nicht halt.

6 Strategien für erfolgreichen Handel

Abbildung 6.77 Die Barcco-App listet Angebote lokaler Händler und Geschäfte in der unmittelbaren Umgebung.

Die »Lebensmittelampel« liefert Informationen zu Nähr- und Inhaltsstoffen. In Zeiten von Dioxin- und Pferdefleischskandalen sind die Verbraucher dankbar für solche Sonderinformationen und Produktwarnungen. Sehr nützlich ist auch die Funktion, mit Hilfe derer verschiedene Produkte einer bestimmten Kategorie verglichen werden können. Entscheidet sich der Nutzer, ein Produkt zu einem späteren Zeitpunkt zu kaufen, kann er dies zudem auf der Einkaufsliste der App vermerken. barcoo bietet somit weitaus mehr als andere Shopping-Apps, bei denen der Barcode-Scanner in vielen Fällen nur ein zusätzliches Feature ist. Denn die App versteht sich nicht nur als nützliches Tool für die Online-Preisjagd, sondern erhebt auch den Anspruch, ihren Nutzern zum gesuchten Produkt möglichst viele weiterführende Informationen bereitzustellen. Mit seinem ganzheitlichen Ansatz konzentriert sich barcoo zudem nicht einzig und allein auf das Produktangebot der Onlinewelt, sondern berücksichtigt auch den lokalen Einzelhandel. Über den barcoo API-Zugang können stationäre Händler Produktstammdaten wie Titel, Untertitel, Beschreibung, Produktbilder, Marke, Hersteller und natürlich die Preise eintragen. Somit haben sowohl Onlinehändler wie auch lokale Einzelhändler die Möglichkeit, ihre Angebote bei barcoo zu platzieren. Stationäre Händler können somit in direkten Wettbewerb mit den konkurrierenden Onlineshops treten. Eine Übersicht weiterer Anbieter von Preisvergleichsportalen und deren Kooperationsmöglichkeiten für Onlinehändler als auch stationäre Händler finden Sie in Abschnitt 7.1, »Preisvergleichsportale«.

6.5.6 Google Shopping: Von der Produktsuche zum stationären Angebot

Vielen stationären Händlern ist es nicht bewusst, aber es gibt auch die Möglichkeit, durch »Google Shopping« das stationäre Angebot im Internet zu präsentieren, selbst ohne eigenen Onlineshop. Google Shopping ist der Nachfolger der Google Produktsuche (ehemals »Froogle«). Hier können lokale Händler mittels so genannter »Product Listing Ads« (»Anzeigen mit Produktinformationen«) Produkte aus ihrem Warensortiment bewerben. Die Möglichkeit, als stationärer Händler die angebotenen Artikel bei Google Shopping einzustellen, ist recht neu und wird daher bisher erst von wenigen Händlern genutzt. Jedoch bietet dies eine echte Chance, sich gegen Mitbewerber im Bereich des E-Commerce zu positionieren, und stellt somit einen echten Wettbewerbsvorteil gegenüber anderen lokalen Händlern dar. Wie genau Sie Produkt-Anzeigen schalten, erfahren Sie in Abschnitt 7.9.1, »Produkt-Anzeigen in Google Shopping schalten«. Das gilt natürlich gleichermaßen für Onlinehändler.

6.6 Die Kundenbindungsstrategie

Britta betreibt hin und wieder Onlineshopping, da sie in Onlineshops für sich, ihren Mann und ihre beiden Kinder Markenprodukte zu günstigen Preisen findet. Sie hat schon mal bei »AmazonVIP« etwas bestellt und ist sogar Kunde bei »Brands4Friends«. Wahlweise hat sie auch schon einmal bei »Zalando«, »H&M«, »Westwing«, »IKEA«, »myToys.de« bestellt. Sie ist auch Fan dieser Shops auf Facebook, liked und kommentiert hin und wieder deren Beiträge. Wenn sie unterwegs ist, nutzt sie die mobile App »MyBestBrands«, um aktuelle Angebote auch mobil abzurufen. Eigentlich dürfte es nicht schwer sein, Britta zu einer Stammkundin zu machen, denn sie ist internetaffin, in Social Media mit ihren Lieblingshändlern verbunden, und sie ist auch offen für mobile Angebote. Dennoch schaffen es die Betreiber der oben genannten Shops nicht, Britta an ihren jeweiligen Onlineshop zu binden. Sie ist zu keinem dieser Onlineshops wirklich committet, sondern kauft spontan bei völlig beliebigen Onlinehändlern und achtet dabei nur auf den Preis.

Worin liegt es, dass die Onlineshops es nicht schaffen, sie zu einer Stammkundin zu machen? Liegt es am Design oder der Nutzerführung des Onlineshops, am Service oder passen vielleicht einfach nicht die Angebote, die sie regelmäßig per E-Mail erhält? Wahrscheinlich könnte man Britta mit einem persönlichen Kontakt, Produkten, die wirklich auf sie zugeschnitten sind, und einem außerordentlichen Service überzeugen, nur hat es bisher noch keiner versucht.

Kundenbindung ist eigentlich keine Zauberei, aber hochautomatisierte Maßnahmen nerven gerade Kunden mit hohen Ansprüchen. Doch durch Social Media und mobile Endgeräte sind die Karten für CRM neu gemischt. Klassische Maßnahmen zur Kundenbindung wie das Customer Relationship Management (kurz »CRM«) werden nun durch das Feedback der Kunden und die Möglichkeit, Informationen über Kundenwünsche und Interessen zu gewinnen, aufgewertet. Kunden können direkter und spezifischer angesprochen werden und erhalten Serviceangebote mit einem tatsächlichen Mehrwert. Das erhöht die Kundenbindung. Die mobilen Endgeräte sind noch dazu ganz nah am Kunden und bieten durch mobile Bezahlmethoden und Belohnungsmaßnahmen ebenfalls Möglichkeiten zur Kundenbindung. Die Kundenbindungsstrategie verrät Ihnen, wie Sie mit SocialCRM Kundenbeziehungen pflegen und Kunden zu loyalen Stammkunden machen. Außerdem erfahren Sie, wie Sie mit Mobile Payment einen Mehrwert für den Kunden schaffen, der sich positiv auf die Kundenbindung und letztendlich auch auf Ihren Umsatz auswirkt.

Erhöhen Sie den Customer Lifetime Value!

Jeder Händler, egal ob Online-Pureplayer, Multichannel-Händler oder reiner stationärer Händler, ist bemüht, seine Kunden an sich zu binden. Kundenbindung ist wichtig, denn loyale Kunden sind weniger wechselbereit. Sie vertrauen ihrem Händler und sind begeistert von dessen Services. Vertrauen und Sicherheit, Freude und Nutzen – das sind tatsächliche Wechselbarrieren, die verhindern, dass der Kunde zur Konkurrenz geht oder gar nichts kauft. Wenn Sie Kundenbeziehungen pflegen und Kunden an Ihren Shop binden, profitieren Sie zudem von einer hohen Wiederkaufsrate. Langfristiges Ziel von Kundenbindungsmaßnahmen ist immer, Kunden zu loyalen Stammkunden zu machen und den Customer Lifetime Value zu erhöhen. Viele der bisher angeführten Strategien und Maßnahmen, siehe Abschnitten 6.2.9, »Influencer Relations«, 6.4.1, »Involvierung mittels Content Marketing«, und vor allem Gamification, siehe Abschnitt 6.3, »Die Belohnungsstrategie«, sind ebenfalls Maßnahmen zur Kundenbindung oder wirken sich zumindest positiv auf die Kundenbindung aus. Kurz zusammengefasst, können Sie mit Kundenbindungsmaßnahmen folgende Ziele erreichen: die Wechselbereitschaft verringern, die Wiederkaufsrate erhöhen, Kunden zu Stammkunden machen und den Customer Lifetime Value erhöhen.

6.6.1 Kundenbeziehungsmanagement – Von der Idee, Kunden zu begeistern

Die Idee von CRM, dass zufriedene Kunden auch mehr Produkte kaufen und Kunden, die lange nichts mehr gekauft haben, mit persönlichen Angeboten zurückgewonnen werden, ist ja an sich nicht verkehrt. Allerdings liegt da auch schon das Problem. Denn Customer Relationship Management hat nie das erfüllen können, was es eigentlich verspricht: Kunden mit persönlichen Angeboten zu begeistern! Der Kunde steht heutzutage noch weniger im Mittelpunkt der CRM-Maßnahmen als zu den Anfängen des Kundenbeziehungsmanagements 1985. Heute ist klassisches CRM eine Maßnahme, die auf Kundenprofitabilität ausgerichtet ist (siehe Abbildung 6.78). In der Praxis sind das unpersönliche Direct Mailings. Diese Kundenbindungsmaßnahmen sind leider alles andere als kundenzentriert. Die Herausforderung des CRM liegt daher darin, kundenspezifische Angebote mit Mehrwert am richtigen Kundenkontaktpunkt, zur richtigen Zeit und zu optimalen Kosten auszuspielen. SocialCRM verspricht hier Abhilfe zu schaffen. Denn Onlinehändlern stehen mit SocialCRM Möglichkeiten zur Verfügung, Kunden im After-Sales-Prozess tatsächlich individuell und personalisiert anzusprechen.

Abbildung 6.78 Die Entwicklung des CRM zu SocialCRM; Quelle: eigene Darstellung

6.6.2 SocialCRM

SocialCRM stellt den Kunden in den Mittelpunkt des Kundenbeziehungsmanagements, im Grunde genau das, was CRM schon immer bewirken wollte: Durch individuelle Betreuung und speziell auf den Kunden zugeschnittene Produkte und Services soll die Kundenbindung erhöht werden. Beschwert sich ein Kunde beispielsweise auf der Facebook-Seite eines Onlineshops über eine zu späte Lieferung, kann das Unternehmen öffentlich dazu Stellung nehmen, ihm helfen und ihn so zu einem zufriedenen Kunden machen. Solch ein öffentlicher Kundensupport wirkt im besten Fall für potenzielle Kunden als Empfehlung des Onlineshops oder Händlers. Kleinere und mittlere Händler sind bei solchen Szenarien im Vorteil, denn sie können sich mittels SocialCRM einen noch besseren Überblick über ihre Kundschaft verschaffen und daraus Maßnahmen für eine genauere Beratung ergreifen. Sie können dem Kunden passende Angebote unterbreiten und ihn noch besser beraten. Große Unternehmen sind an dieser Stelle mit weitaus mehr Daten konfrontiert und müssen sie so clustern, dass sie abschätzen können, welche Kundenbemühungen sich lohnen. Denn ein Unternehmen wie IBM hat schlichtweg nicht die Kapazitäten, jeden Kunden, der etwas über IBM im Social Web schreibt, individuell zu beraten. Daher muss das Unternehmen abwägen, und dabei hilft das Auswerten von Daten. Laut einer McKinsey-Studie von 2011 hat ein durchschnittliches Unternehmen in den USA mit 1.000 Mitarbeitern bereits 200 Terabyte Daten gesammelt. Große Unternehmen wie Facebook, AOL, Baidu, IBM, Yahoo arbeiten aus diesem Grund mit dem Dateien-Framework »Hadoop«. Damit lassen sich große Datenmengen auf viele kleine Rechner in der Cloud verteilen und Rechenprozesse mit dem »MacReduce«-Algorithmus von Google auswerten. Cloud-Computing-Plattformen spielen bei der Bewältigung der Datenmengen eine wichtige Rolle. Vor ein paar Jahren wäre das noch gar nicht so möglich gewesen. Sie werden zum Erfolgsfaktor für SocialCRM, denn sie ermöglichen eine Datenauswertung in Echtzeit.

Big Data – »Öl des 21. Jahrhunderts«

90 % aller Daten im Internet wurden in den letzten zwei Jahren generiert, und alle zwei Jahre verdoppelt sich das Datenvolumen. Daten werden auch als das »Öl des 21. Jahrhunderts« bezeichnet. Mit ihnen lassen sich Wahlergebnisse prognostizieren und Staatskrisen vorhersagen. Datenauswertungen haben beispielsweise immens zur Wiederwahl von US-Präsident Obama beigetragen. In Echtzeit wurden mithilfe der Software »Salesforce« große Datenmengen von potenziellen Wählern und Wählergruppen ausgewertet. Verlor man Stimmen in einem Bezirk, konzentrierte man sich nur auf den Austausch mit genau diesen Wählern, deren E-Mails nach Postleitzahl vorgefiltert wurden. Kampagnen und Werbeanzeigen konnten ebenfalls in Echtzeit angepasst und ausgesteuert werden. Neben diesen Vorteilen birgt Big Data natürlich auch die Gefahr der Verletzung des Datenschutzes. Datenschutzskandale wie »Prism« bestätigen genau das. Es ist äußerst bedenklich, wenn Unternehmen wie »MasterCard«, welches jährlich 34 Mrd. Kreditkartentransaktionen speichert, seinen Datenpool an Werbeunternehmen vermietet, die damit Kundendaten und Einkaufsverhalten analysieren und passende Werbung errechnen. Für Datenschützer ist das ein echter »Datensupergau«, denn der Kunde hat zu keinem Zeitpunkt sein Einverständnis dafür gegeben. Für die gezielte Angebotsunterbreitung ist diese Erlaubnis (so genanntes »Opt-in«) jedoch zwingend notwendig.

Den Datenpool befüllen die Menschen zunehmend selbst

Gleichzeitig geben die Nutzer freiwillig immer mehr Daten von sich preis. Um Googles kostenlose Produkte zu verwenden, sind sie damit einverstanden, dass Google ihre Daten sammelt und auswertet. Und das betrifft nicht nur anspruchsvolle Tools und Services wie zum Beispiel »Google Analytics« zur Auswertung von Webseiten und Onlineshops. Jede Google-Suchanfrage, jede über Gmail verschickte E-Mail, jedes in YouTube gesuchte Video und jedes in Google+ geteilte Status-Update etc. trägt dazu bei, Nutzer noch genauer zu identifizieren. Für Google ist diese permanente Datenanalyse und -auswertung die Geschäftsgrundlage, denn nur so kann Google immer wieder neue Kunden gewinnen. Und obwohl Google seinen Ruf als »Datenkrake« weg hat und sich ständig auf einem sehr schmalen Grad bewegt, Kunden zu gewinnen und Kunden zu verprellen, werden die Services genutzt, und geben Nutzer Daten preis. Ein weiterer Bereich, wo Nutzer freiwillig Daten von sich preisgeben, sind mobile Apps. Mit mobilen Apps dokumentieren die Nutzer ihre Fitness (z.B. Running-Apps), Schlafgewohnheiten, Gesundheit (Apps, mit denen sie ihren Puls, Blutdruck und Gewicht eingeben können). Vom »Quantified Self« und »Self Measurement« spricht man hierbei im Fachjargon. Und schließlich wären da noch alle die Daten, die Kunden in sozialen Netzwerken hinterlassen. 72 Stunden Videomaterial pro Minute auf YouTube, 350 Mio. Fotos pro Tag auf Facebook.

Beachten Sie die rechtlichen Rahmenbedingungen des SocialCRM

Kunden hinterlassen Spuren bei ihren Online-Einkäufen, die mit Cookies gesammelt werden. Nun lassen sich auch Daten in Social Media sammeln, und für Onlinehändler wäre nichts naheliegender, als diese Daten mit ihren vorhandenen Kundenprofilen zu verknüpfen. Denn in Verbindung mit der Kaufhistorie ließen sich dadurch ganz leicht Rückschlüsse über die Vorlieben und Interessen des Kunden und seine Familien- und Einkommensverhältnisse ziehen, und man könnte dem Kunden ganz gezielt Angebote unterbreiten. Doch das sprengt den Rahmen des Datenschutzes und des Wettbewerbsrechts. Deshalb ist es nicht möglich, die aus sozialen Netzwerken gewonnenen Nutzer-Daten eins zu eins mit den Bestandskundendaten des klassischen CRM-Systems zu verknüpfen, um dem Kunden daraufhin spezielle Angebote per E-Mail, SMS, Telefon oder Post zu unterbreiten. Denn das fällt in die Kategorie »Permission Marketing« und verlangt immer die ausdrückliche Einwilligung des Kunden (Opt-in). Eine solche Erlaubnis geben Kunden, die sich für einen Newsletter anmelden, auf ihrer Website um Rückruf bitten (Call-Back-Funktion) oder ein Kontaktformular ausfüllen. Die Einwilligung geht auf das Wettbewerbs- und Datenschutzrecht zurück und hat zum Ziel, den Kunden vor übermäßiger Werbebelästigung zu schützen. Außerdem werden die Daten zweckgebunden erhoben. Daten, die im Onlineshop erhoben werden, dienen einem anderen Zweck als Daten in Facebook & Co.

Werden die Daten jedoch so aggregiert, dass kein direkter Bezug zu einzelnen Kunden möglich ist, bewegen Sie sich in einem rechtlich sicheren Bereich und können daraus Erkenntnisse für Marketing, Vertrieb, Service und Produktinnovation gewinnen. Die Software »arvato services« von Bertelsmann beispielsweise kann genau bestimmen, woher die Online-Kunden kommen und über welches Haushaltsnettoeinkommen sie verfügen. Das Gleiche gilt auch für Offline-Einkäufe: Warenströme und Transaktionen werden gespeichert und analysiert. Wer bequem mit Kredit- oder EC-Karte bezahlt, verrät auch gleichzeitig, was er in Zukunft kaufen wird (noch bevor er es selbst weiß). Eine Kaufprognose könnte dann so lauten: Wenn der Kunde gerade Kletterschuhe gekauft hat, dann wird er mit einer hohen Wahrscheinlichkeit in Zukunft die Dokumentation »Am Limit« kaufen, da Kunden mit ähnlicher Kaufhistorie in weiterer Folge auch »Am Limit« kauften. Das US-Unternehmen »Target«, *www.target.com*, kann beispielsweise auf Basis von Einkäufen eine mögliche Schwangerschaft von Kundinnen prognostizieren und bietet dann über sein Empfehlungssystem und Online-Werbung gleich die entsprechenden Produkte an.

Wer kennt nun seinen Kunden besser? Der stationäre Handel oder der Onlinehandel?

Onlinehändler kennen ihre Kunden in den meisten Fällen wesentlich besser als der stationäre Einzelhändler. Die im Onlineshop hinterlassenen Spuren (Kundenhistorie, Cookies, hinterlegte Zahlungsarten) bieten deutlich mehr Aufschluss über den Kunden, als stationäre Händler bei dem anonymen Besuch ihrer Kunden im Geschäft jemals erfahren können. Onlinehändler können dem Kunden dadurch personalisierte Produkte unterbreiten. Allerdings ist der Nachteil die Art der Angebotsunterbreitung, die anonym mittels Algorithmus erfolgt (mehr dazu in Abschnitt 7.5.6, »Empfehlungssysteme für Onlineshops«) und nicht die persönliche Empfehlung eines Verkäufers ist. Beides hat also seine Vor- und Nachteile. Der Onlinehandel hat die Daten, der Offlinehandel den Face-2-Face-Kontakt. Was wäre, wenn man diese beiden Aspekte miteinander verknüpft? Zum Beispiel durch mobile Endgeräte, mit denen der Kunde Produkte im Onlineshop und im stationären Geschäft mobil bezahlen kann. So würden alle Einkäufe des Kunden in der App gespeichert, und der Händler könnte dem Kunden passende Produkte vorschlagen und ihm Erinnerungen schicken, wann er eines der Produkte preiswert einkaufen kann. Es liegt also auf der Hand: Das Smartphone bietet das Instrument für eine zeitgemäße Kunden-Händler-Beziehung, besonders für Multichannel-Händler.

6.6.3 Fragen Sie Ihre Kunden direkt nach deren Produktvorlieben

Bei der Generierung von Kundendaten für gezieltes SocialCRM muss unterschieden werden zwischen Daten, die Konsumenten im öffentlichen Kundendialog preisgeben (auf den Facebook-Seiten der Unternehmen, in öffentlichen Foren usw.), und Nachrichten, die Kunden privat an Unternehmen richten, die mittels Social Media Monitoring Tools (siehe 7.7.6, »Social Media Monitoring Tools«) gesammelt werden können. Im besten Fall fließen die Kundenmeinungen, Anfragen und

Beschwerden direkt in das bestehende CRM-System des Unternehmens ein. Eine detaillierte Auflistung von Anbietern, die entsprechende Schnittstellen zu den Social Media bereitstellen, finden Sie in Abschnitt 7.6.3, »SocialCRM-Anbieter«. Diese lassen sich mitunter auch in die bereits existierende Infrastruktur (z.B. Unternehmen, die mit SAP arbeiten) integrieren. Sie helfen dabei, Service-Anfragen schneller zu beantworten, und geben Aufschlüsse über Kundenwünsche. Diese Daten fließen anschließend wieder in die Überarbeitung des Onlineshops und Serviceverbesserungen. Herstellern und Markenartiklern hilft SocialCRM außerdem, Produkte zu verbessern und zu innovieren.

Sie müssen aber nicht immer den Umweg über die Datenanalysen gehen. Sie können Ihre Kunden auch einfach nach ihren Produktvorlieben fragen. Und zwar direkt im Onlineshop! Einige Onlineshops haben bereits erkannt, dass Kunden gerne bereit sind, dem Betreiber des Onlineshops ihre Produktwünsche zu verraten, wenn sie im Anschluss daran von vorselektierten Produkten profitieren. Wer sich beispielsweise im Onlineshop von BerryAvenue anmeldet, kann sich seine persönlichen Experten zusammenstellen und erhält dann nur die Produktempfehlungen dieser Experten (siehe Abbildung 6.79).

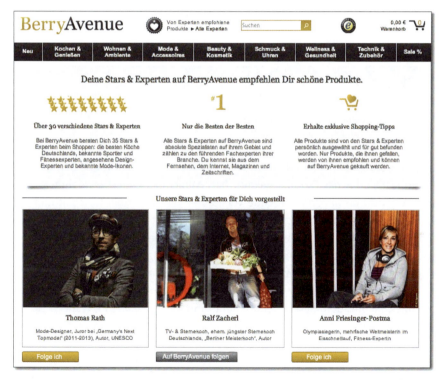

Abbildung 6.79 Bei BerryAvenue können die Kunden selbst bestimmen, welche Produkte ihnen vorgeschlagen werden. Quelle: https://www.berryavenue.de

6.6.4 Kundenbindung durch personalisierte Angebote

Auch wenn Ihnen die Rechtslage eine zielgerichtete Kaltakquise mit den gewonnenen Daten verbietet, können Sie sie trotzdem zur Verbesserung Ihrer Werbeanzeigen (online wie offline) nutzen. Das gilt beispielsweise für Retargeting-Kampagnen in sozialen Netzwerken. Kunden, die vorher Ihren Onlineshop besucht haben, werden mittels Anzeigen in Facebook & Co zurückgewonnen (siehe Abbildung 6.80). Durch Retargeting in Social Media können Sie verlorene Umsätze zurückholen (die Zusatz-Klickraten und Zusatz-Conversions bei Targeting liegen bei 1 bis 3 %).

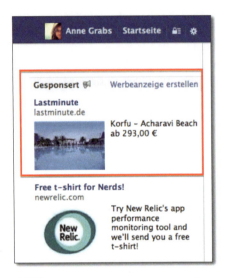

Abbildung 6.80 Lastminute.com nutzt Retargeting in Social Media, um Kunden zurückzugewinnen.

Retargeting stößt aber immer dann an seine Grenzen, wenn der Kunde bereits seine Reise gebucht oder das Produkt gekauft hat. Manchmal dauert es mehrere Tage, bis der Algorithmus am anderen Ende verstanden hat, dass kein Geschäft mehr zu machen ist. Obwohl der Kunde schon längst gebucht hat und überhaupt nicht mehr an Angeboten interessiert ist, wird ihm immer wieder das gleiche Produkt angeboten. Erfolgversprechender ist im Falle einer Reisebuchung Cross-Selling mit Produkten, für die sich der Kunde nach der Buchung eines Sommerurlaubs auch tatsächlich interessiert. Denn ganz automatisch nimmt er selektiv Sonnencremes, Badeshorts, Bikinis, Sommerkleider, Kameras und Kamera-Zubehör wahr. Das Zauberwort dafür lautet »Predictive Behavioral Targeting«, bei dem in Echtzeit Daten ausgewertet und mit anonymen Nutzerprofilen verknüpft werden, um relevante Werbung und Contents auszuspielen, wie es beispielsweise der Anbieter für digitales Zielgruppenmarketing »nugg.ad« tut, *http://nugg.ad/de/solutions/predictive-behavioral-targeting.html* und AdParlor, *http://www.adparlor.com/de*.

Kundenbindung durch Produktempfehlungen im Onlineshop

Neben Targeting und Retargeting können Sie Ihren Kunden auch direkt im Onlineshop passende Angebote unterbreiten. Amazon bietet seinen Kunden im Kundenmenü »Ihre Empfehlungen« speziell auf sie zugeschnittene Produkte an. Wichtig bei solchen personalisierten Angeboten ist, dass Sie den Kunden in seiner Auswahlfreiheit nicht allzu sehr beschneiden. Wenn er nur noch »auf ihn zugeschnittene« Angebote und Produkte präsentiert bekommt, verlässt er womöglich den Onlineshop wieder ganz schnell, da er nicht das ganze Produktspektrum präsentiert bekommt. Außerdem können auch Algorithmen irren. Nicht selten werden Anzeigen geschaltet, die gar nicht zum Kunden passen. Für die Produktpräsentation in Onlineshops bieten sich daher zwei Modi an – einmal erhält der Kunde wie gewohnt das komplette Produktportfolio und einmal erhält er auf ihn persönlich zugeschnittene Produkte und Empfehlungen wie bei Amazon (siehe Abbildung 6.81). In Abschnitt 7.5.6, »Empfehlungssysteme für Onlineshops«, finden Sie eine Übersicht von Anbietern, die sich auf Produktempfehlungen im Onlineshop spezialisiert haben.

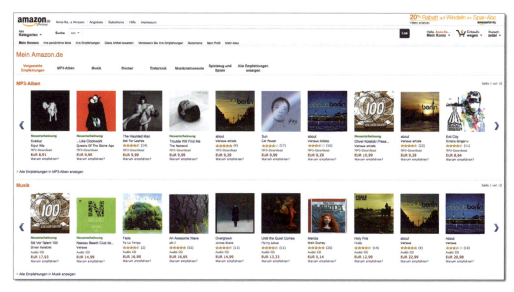

Abbildung 6.81 Amazon-Kunden gelangen über ihr Nutzerkonto zu »Ihre Empfehlungen«. Quelle: https://www.amazon.de/gp/yourstore

6.6.5 Erfolgreiches SocialCRM braucht herausragenden Service

Nach einer Online-Bestellung wünschen sich Ihre Kunden vor allem einen guten Service und Kundenbetreuung. Denn viele Kunden fürchten immer noch, dass sie online über den Tisch gezogen werden und Geld für etwas bezahlen, was sie nie in Anspruch nehmen können. Nicht selten steht dem Kunden jedoch nach der

Online-Bestellung nur eine 0180-Telefonnummer zur Verfügung, wo im schlimmsten Falle keiner ans Telefon geht. So bindet man aber keine Kunden, sondern so verliert man sie. Das kann sich nur ändern, wenn Unternehmen neben herausragenden Produkten auch einen herausragenden Service bieten. Das betrifft insbesondere den Online-Support und Service via Social Media. Die Kunden haben heute eine ganz andere Erwartungshaltung, wenn es um Serviceanfragen geht, insbesondere was die Schnelligkeit und die Kanäle, wo diese Fragen beantwortet werden, betrifft. Ein guter Kundenservice erhöht aber nicht nur die Kundenbindung, sondern verringert auch Reklamationen und Retouren. Dennoch sind viele Kunden immer noch extrem positiv überrascht, wenn sich Unternehmen tatsächlich um ein persönliches Gespräch bemühen. Dieses positive Erlebnis wirkt sich extrem positiv auf die Kundenbindung aus.

Best Practice Social Service bei der Lufthansa
Als im März 2010 der Vulkan »Eyjafjallajökull« in Island ausbrach und über mehrere Wochen die »Aschewolke« über dem Land hing, was im April 2010 dazu führte, dass der Flugverkehr eingestellt werden musste, wurden 20 % der Kundenanfragen bei der Lufthansa via Facebook und Twitter beantwortet.

Herausragender Service ist eine Frage der Schnelligkeit

Wer einen herausragenden Service bieten möchte, muss schnell antworten. Laut einer Studie von »NM inside« (Nielsen & McKinsey Company)[15], die mit 2.000 Teilnehmern in den USA durchgeführt wurde, erwarten 83 % der Kunden in Twitter und 71 % der Kunden in Facebook eine Antwort auf eine Serviceanfrage innerhalb von 24 Stunden. Die Hälfte der Twitter-Nutzer erwartet sogar eine Antwort innerhalb von zwei Stunden. Unternehmen bleibt nur ein kleines Antwortfenster, bevor der Kunde abspringt oder von der Konkurrenz bedient wird. Antworten ist wichtig, aber schnell antworten ist entscheidend für die Kundenbindung. Neben der Geschwindigkeit spielt auch die Qualität der Antwort eine Rolle. In der besagten Studie gaben nur 36 % der Kunden an, dass ihre Frage schnell und hilfreich beantwortet wurde. 80 % der Kunden, die eine schlechte Service-Erfahrung gemacht haben, kommen nicht wieder. Der Vorteil einer schnellen Antwort: Sie überträgt sich auch auf andere Leistungen des Unternehmens (»Halo-Effekt«). So geht der Kunde davon aus, dass ein Unternehmen, das schnell antwortet, auch schnell liefert und schnell hilft, wenn es Probleme gibt. Große Onlinehändler und stationäre Händler sind daher gut beraten, wenn sie mit einem Anbieter für SocialCRM zusammenarbeiten. Diese sind in Abschnitt 7.6.3, »SocialCRM-Anbieter«, gelistet.

---

15 NM inside, 2012, »State of Social Customer Service«, http://nmincite.com/download-state-of-social-customer-service-report/

6.6 Die Kundenbindungsstrategie

Kleinere Händler können auf kostenlose Social Media Monitoring Tools, siehe Abschnitt 7.6, »Social Media Monitoring Tools«, ebenfalls Kapitel 7 zurückgreifen.

Service in Echtzeit mittels Live-Chat

Aufgrund der geringen Zeittoleranz bei der Beantwortung von Serviceanfragen müssen Onlinehändler neue Wege in Sachen Service gehen. Dabei hilft vor allem eine Live-Chat-Funktion direkt im Onlineshop, die Service in Echtzeit ermöglicht. Mittlerweile setzen viele Onlineshops auf diese Funktion und können damit noch schneller das Vertrauen der Kunden gewinnen. Denn das Heraussuchen der E-Mail-adresse oder der Telefonnummer bzw. der Aufwand, um zum richtigen Ansprechpartner zu gelangen, stellt für den Kunden häufig eine zu große Hemmschwelle dar. Öffnet sich aber dagegen ein Chat-Fenster wie in Abbildung 6.82 bleibt der Kunde im Onlineshop, stellt seine Frage und erhält im besten Fall innerhalb kürzester Zeit eine Antwort. Selbst wenn die Antwort nicht zu 100 % dem entspricht, was der Kunde erwartet hat, ist Live-Chat eine besondere Form des Kundenservices, da er dort sofort unmittelbar Hilfe erhält. Eine ausführliche Darstellung von Anbietern erhalten Sie in Abschnitt 7.7.3, »Anbieter von Live Chat-Software für den Onlineshop«.

Abbildung 6.82 Sofortservice mittels Live-Chat im Onlineshop

Herausragender Service in Echtzeit

Viele Unternehmen stellt Social Service und Support vor eine große Herausforderung, da die Anfragen in Social Media in das bestehende CRM sinnvoll übernommen werden oder von einem Social Media Manager an die entsprechenden Abteilungen im Unternehmen weitergeleitet werden müssen. Besteht diese Struktur aber einmal, können die Fragen mit dem Ticketing-System beantwortet werden. Selbst die Deutsche Bahn und die Telekom bearbeiten so Anfragen in Twitter (@db_bahn und @telekom_hilft, siehe Abbildung 6.83).

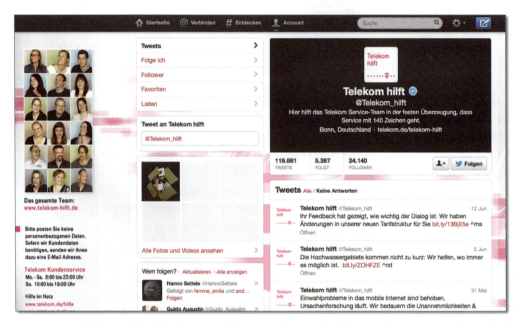

Abbildung 6.83 Soforthilfe von Telekom via Twitter; Quelle: https://twitter.com/telekom_hilft

Wenn die Community berät – Best Practice giffgaff

Noch anspruchsvoller, dafür aber umso glaubhafter ist Service, bei dem versierte Kunden selbst die Fragen anderer Kunden beantworten. Sie glauben, das ist nicht möglich? Das Best Practice des Mobilfunkanbieters »giffgaff« (siehe Abbildung 6.84), Tochter des Telefónica Konzerns zeigt, dass es selbst bei technischen Fragen möglich ist. 2009 wurde die giffgaff-Community eingeführt, wo nach dem »Peer-to-Peer-Prinzip« Fragen zum Thema Mobilfunk, Smartphones, SIM-Karten usw. untereinander beantwortet wurden. Nach dem erfolgreichen Launch der Community wurde 2010 das Produkt selbst, die SIM-Karten von giffgaff, eingeführt. Auf eine Anschubwerbung wurde zur Markteinführung vollkommen verzichtet. Innerhalb kürzester Zeit entwickelte sich giffgaff zu dem am schnellsten wachsenden Mobilfunkanbieter in Großbritannien. Das ist bemerkenswert, denn der Markt für Mobilfunkanbieter galt damals mehr als gesättigt. Der Grund für den Erfolg liegt vor allem an der starken Community, die alle Serviceanfragen beantwortet. Dafür wird sie im Gegenzug mit Guthaben belohnt, welches sie auf ihrem »Payback«-Konto gutgeschrieben bekommt. Das Wort »giffgaff« ist im Übrigen ein alter Begriff aus dem Schottischen und steht für »gegenseitiges Schenken«.

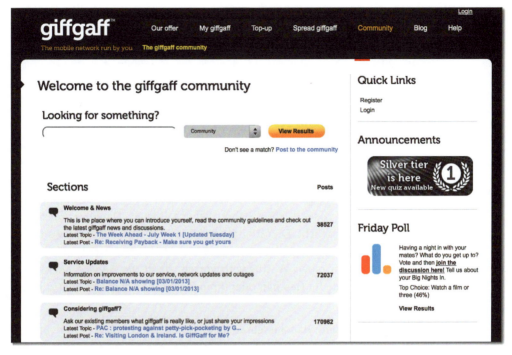

Abbildung 6.84 In der giffgaff-Community helfen sich die Kunden gegenseitig.
Quelle: http://community.giffgaff.com

Da die Community so aktiv ist, sind auch die Mitglieder stets bemüht, genaue und richtige Antworten zu geben. Und das wirkt sich positiv auf die Kundenzufriedenheit aus. Diese liegt bei giffgaff bei 91 %. Noch bemerkenswerter ist die Weiterempfehlungsquote. Üblicherweise liegt der Net Promoter Score bei Telekommunikationsanbietern bei maximal 35 %. Bei giffgaff empfehlen 73 % der Kunden den Anbieter weiter. Das liegt einerseits an der Kundenzufriedenheit und der Schnelligkeit der Community. Kunden erhalten ihre erste Antwort innerhalb von drei Minuten, und es dauert im Durchschnitt eine Stunde, bis ein Problem gelöst wird.

giffgaff wird aber auch deshalb gern weiterempfohlen, da die Mitglieder auch dafür Punkte gutgeschrieben bekommen. giffgaff betreibt also auch Empfehlungsmarketing mit Belohnungen, die einen wirklichen Mehrwert für den Kunden darstellen. Ein »Top-Empfehler« verdient bei giffgaff etwa 16.000 Pfund. Gemessen daran, wie viele neue Kunden er generiert, ist das immer noch ein geringes Marketing-Budget. Außerdem sichert sich giffgaff damit loyale Kunden. Denn Kunden, die weiterempfehlen, wechseln weniger zu anderen Anbietern.

Neben Sales und Service bindet giffgaff seine Mitglieder auch in die Produktinnovation und zeigt damit, dass es möglich ist, nahezu das gesamte Marketing-Spektrum an die Community abzugeben. Bis 2012 wurden etwa 6.000 Ideen für Verbesserungen gesammelt. Auch dafür erhalten die Mitglieder Punkte. Technisch basiert Giffgaff auf einer Software von »Lithium«.[16]

6.6.6 Tipp: Nutzen Sie Service Design

Wenn es zum Thema Service im Unternehmen kommt, sind viele Unternehmen »betriebsblind« oder haben einfach Angst, sich mit den Schwachstellen ihres Services bzw. Kundensupports auseinanderzusetzen. Das ist auch nachvollziehbar, denn niemand möchte gerne kritisiert werden, aber geholfen ist Ihnen damit trotzdem nicht. Die Lösung lautet daher: Service Design. Dahinter steckt eine Methode, die es ermöglicht, Dienstleistungen und Produkte von Anfang an so zu designen, dass sie ein einmaliges Service-Erlebnis bieten. Damit sichern sich Unternehmen zudem einen Wettbewerbsvorteil, denn der Service entscheidet darüber, ob der Kunde Ihr Geschäft oder Ihren Onlineshop aufsucht oder zur Konkurrenz geht.

Angenommen, Sie sind Händler eines handelsüblichen Produkts, zum Beispiel Tacker fürs Büro. Diesen Artikel gibt es online wie offline zu etwa gleichen Preisen ohne große Qualitätsunterschiede zu kaufen. Welchen USP können Sie als Händler also bieten, um Kunden gerade in Ihr Geschäft oder Onlineshop zu locken? Zum Beispiel durch einen einmaligen Service, der den Kunden daran erinnert, wann er wieder Heftklammern in welcher Größe bestellen muss.

Wenn Sie also ein neues Produkt auf den Markt bringen oder ein bestehendes so verändern wollen, dass es einen besseren Service bietet, nutzen Sie die »Service Design Canvas« (siehe nachfolgende Abbildung; Quelle: *http://thisisservicedesignthinking.com*, Jakob Schneider & Marc Stickdorn). Mit dieser Vorlage können Sie die Erwartungen der Kunden an das Produkt genau bestimmen, die Erfahrungen während der Konsumentenreise aufzeichnen und ableiten, wie sich das auf die Kundenzufriedenheit oder -unzufriedenheit auswirkt. Dies hilft Ihnen, Ihren Service zu verbessern.

---

16 Lithium, »Giffgaff case study«, https://www.lithium.com/pdfs/casestudies/Lithium-giffgaff-Case-Study.pdf.

6.6 Die Kundenbindungsstrategie

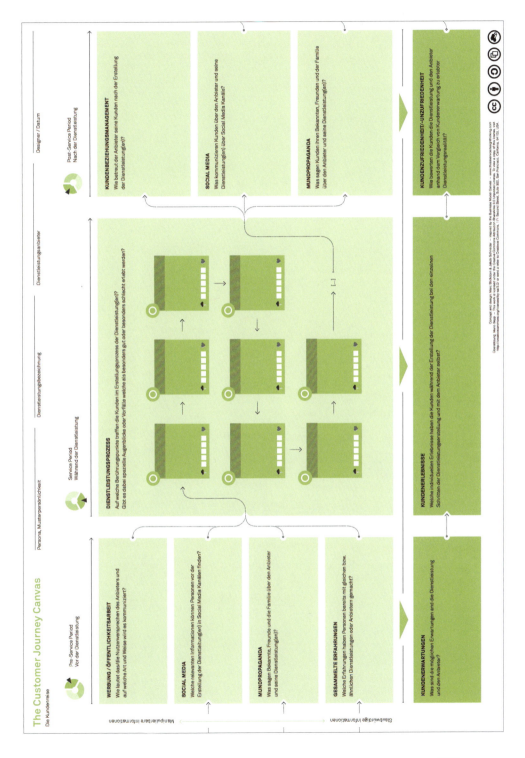

7 Wichtige Tools für Onlinehändler und stationäre Händler

Ein Tool aus einem Guss für alles gibt es nicht, aber dafür eine ganze Reihe von nützlichen Tools, Software und Features für Onlinehändler, stationäre Händler und Multichannel-Händler.

Es gibt viele Möglichkeiten, mit denen Sie sich die Arbeit erleichtern können. Hier wollen wir Ihnen ein Übersicht der wichtigsten Tools geben.

7.1 Preisvergleichsportale

Preisportale haben eine große Reichweite und sind daher ein nützlicher Multiplikator für die Bekanntmachung Ihres Onlineshops und die Zuführung von Besuchern in Ihren Onlineshop. Außerdem bieten Preisvergleichsportale auch Raum für Bewertungen, wenn Sie als Onlinehändler auch dort Ihre Produkte listen (siehe Shopbewertungen bei guenstiger.de Abbildung 7.1). Alleine schon deshalb sollten Sie auf das Angebot dieser Portale zurückgreifen. Außer den Kosten für Klicks auf Ihre Shopbewertungen (CPC) fallen keine weiteren Kosten an.

Abbildung 7.1 Preisvergleiche und Shopbewertungen bei guenstiger.de

Auch für den stationären Handel interessant: Preisvergleichsportale

Bisher sind stationäre Händler bei Preisvergleichsportalen immer außen vor gewesen. Allerdings setzt nicht nur Google mit seinem Dienst Google Shopping auf die Involvierung stationärer Händler, auch Preisvergleichs- und Bewertungsportale gehen immer mehr in die Richtung, auch die Preise lokaler Händler in der unmittelbaren Umgebung anzuzeigen. Somit steht der stationäre Handel im direkten Vergleich zu den Online-Preisen und kann mit sofortiger Warenverfügbarkeit und mitunter sogar günstigeren Preisen neue Kunden gewinnen.

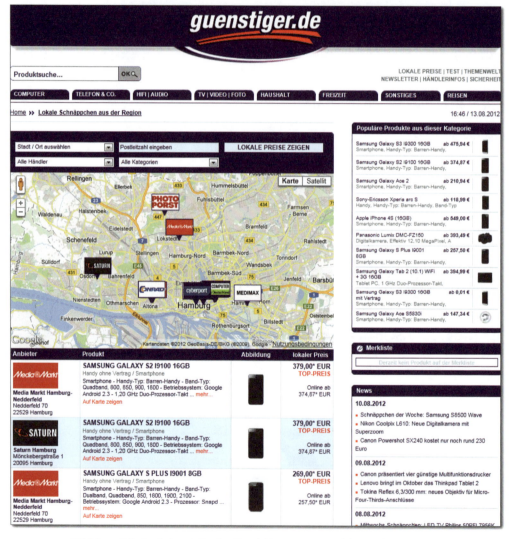

Abbildung 7.2 Auch der stationäre Handel kann seine Produkte und Preise bei guenstiger.de eintragen.

Für den lokalen Händler hat das den Vorteil, Kunden am digitalen Point of Sale erreichen zu können. Um beispielsweise als Händler im Preisvergleich bei guenstiger.de (siehe Abbildung 7.2) gelistet zu werden, müssen folgende Kriterien erfüllt werden:

- mindestens ein Ladengeschäft in Deutschland (Onlineshop nicht notwendig)
- feste Öffnungszeiten (kein reiner Showroom auf Anfrage)
- mehrere Artikel sofort abholbereit (nicht nur auf Bestellung)
- Exportfunktion, um die Artikelbestände per Produktdatenliste aktuell zu übermitteln (Artikel-Nr., Bezeichnung, Ladenpreis, Verfügbarkeit)
- bei Händlern mit mehreren Filialen gegebenenfalls noch Filialdateien (Straße, Ort etc.)

7.1.1 Übersicht über die wichtigsten Preisvergleichsportale

Preisvergleichsportale gibt es wie Sand am Meer. Daher haben wir die wichtigsten Portale herausgesucht und überprüft, inwiefern sie sich für den Onlinehandel (OH), den stationären Handel (SH) eignen, und ob diese Angebote auch als App erreichbar sind (siehe Tabelle 7.1). Denn besonders relevant sind Preisvergleichsportale, die auch für mobile Endgeräte funktionieren. Denn gerade am Point of Sale werden gerne Preise verglichen. Dann ist es wichtig, dass Sie den Nutzer in Ihren Onlineshop oder Ihr stationäres Geschäft lotsen.

Anbieter	OH	SH	mobileApp	Kontakt
Barcoo	✓	✓	✓	*http://www.barcoo.com/api-zugang*
günstiger.de	✓	✓	✓	*http://www.guenstiger.de/Text/ Haendler.html* (ohne BC-Scanner)
Geizhals	✓	✓	✓	*http://unternehmen.geizhals.de/ about/de/sales/* auch für österreichischen Markt
billiger.de	✓	–	✓	*http://www.billiger.de/application/ recommend.html*
RedLaser	✓	✓	✓	*http://redlaser.com/partners* (nur in USA verfügbar)
Geizkragen.de	✓	–	✓	*http://www.geizkragen.de/ haendler.html*

Tabelle 7.1 Übersicht über Preisvergleichsportale in Deutschland

Anbieter	OH	SH	mobileApp	Kontakt
Idealo	✓	–	✓	http://www.idealo.de/preisvergleich/ShopRegister.html
Shopzilla	✓	–	✓	http://www.shopzillasolutions.de/register/
Doyoo	✓	–	–	http://www.dooyoo.de/community/_page/dyocom/ecommerce/
Kelkoo	✓	–	–	http://www.kelkoo.de/co_13954-informationen-fur-onlineshops-partnerschaften-mit-kelkoo-de.html
Ciao!	✓	–	–	http://www.ciao-group.com/index.php?id=265&L=0
Ladenzeile.de	✓	–	–	http://www.ladenzeile.de/partner-werden.html
Preis.de	✓	–	–	http://www.preis.de/shopanmeldung.html
Preisroboter.de	✓	–	–	http://www.preisroboter.de/anmeldung

Tabelle 7.1 Übersicht über Preisvergleichsportale in Deutschland (Forts.)

Streng genommen gehört auch Google Shopping zu den Preissuchmaschinen, da damit ja Preisvergleiche möglich sind. Wie stationäre Händler und Onlinehändler Google Shopping nutzen können, um ihre Produkte zu listen, ist in Abschnitt 7.9.1, »Produktanzeigen in Google Shopping schalten« erklärt.

7.1.2 Couponing-Plattformen und Gutschein-Portale

Aktionen auf Couponing-Plattformen sollten stationäre Händler und Dienstleister nur ab und an einsetzen, um auf ein spezielles Angebot aufmerksam zu machen.

Groupon: http://www.groupon.de

DailyDeal: http://dailydeal.de

Gutschein-Portale eignen sich insbesondere für Onlineshop-Betreiber. Schreiben Sie den Betreiber des Portals an, noch bevor Sie das Angebot launchen, und bitten Sie ihn, am Launchtag darüber zu schreiben.

Mydealz: *http://www.mydealz.de*

Preisjäger.de: *http://www.preisjaeger.de*

Schnäppchenfuchs: *http://www.schnaeppchenfuchs.com*

Kostnixx.de: *http://www.kostnixx.de*

7.2 Anbieter für Produktbewertungen

Produktbewertungen im Onlineshop sind sehr wertvoll, um mithilfe des Social Proof (siehe Abschnitt 5.2, »Das Prinzip Social Proof«) den Kunden zum Kauf zu bewegen und um gleichzeitig auch in Google besser aufzufallen (siehe Abschnitt 7.2.3, »Rich Snippets im organischen Suchergebnis integrieren«).

7.2.1 Externe Anbieter für Produktbewertungen

Wenn Sie Produktbewertungen in Ihrem bestehenden Onlineshop integrieren wollen, empfiehlt es sich, auf diese Anbieter zurückzugreifen:

eKomi

»eKomi« ist in Deutschland der bekannteste Anbieter für Produktbewertungen und lässt sich ganz leicht in das bestehende Shopsystem integrieren. Darüber hinaus werden eKomi-Bewertungen direkt in Google Adwords (Rich Snippets) integriert. Produktbewertungen bei eKomi sind relativ neu, da das Hauptaugenmerk bei eKomi lange Zeit auf Shopbewertungen lag (siehe Abschnitt 7.3.1, »Anbieter für Shop- und Händlerbewertungen«). Wenn Sie sich für eKomi entscheiden, nutzen Sie am besten vorab den Demozugang.

Kosten: Preis auf Anfrage

Website: *http://www.ekomi.de/de*

Trustpilot

Bewertungen bei Trustpilot werden direkt im Onlineshop eingebunden (siehe Abbildung 7.3). Trustpilot ist vergleichsweise teurer als die anderen Anbieter.

Kosten: ab 79 € pro Monat

Website: *http://www.trustpilot.de*

7 Wichtige Tools für Onlinehändler und stationäre Händler

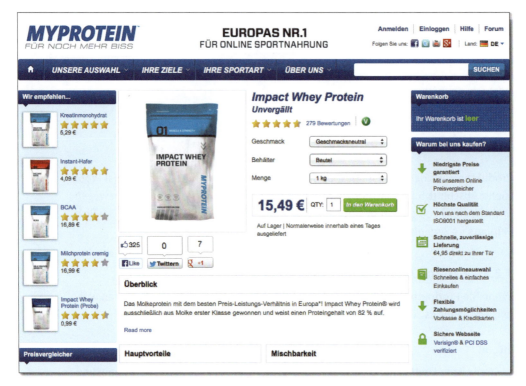

Abbildung 7.3 Bewertungen im Onlineshop von Myprotein.de mit Trustpilot; Quelle: http://de.myprotein.com

Bazaarvoice

»Bazaarvoice« mit Sitz in München bietet Bewertungen inklusive Monitoring. Das heißt, sobald eine Bewertung eingeht, werden Sie benachrichtigt. Als zusätzliches Feature bietet Bazaarvoice mit seiner Lösung »Conversation«, *http://www.bazaarvoice.com/de/solutions/conversations*, Facebook-Integration, Bewertungsaufforderung per E-Mail und das Zusatztool »Fragen und Antworten« an. Ein Beispiel für einen Onlineshop mit Produktbewertungen von Bazaarvoice finden Sie in Abbildung 7.4.

Kosten: auf Anfrage

Website: *http://www.bazaarvoice.com/de*

7.2 Anbieter für Produktbewertungen

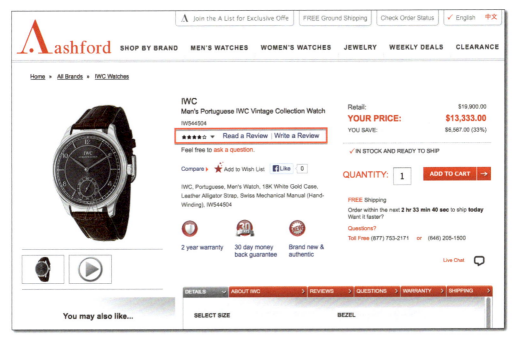

Abbildung 7.4 Produktbewertungen im Onlineshop »Ashford«, umgesetzt mit Anbieter Bazaarvoice; Quelle: http://www.ashford.com

Shopauskunft

Mit »Shopauskunft« können Sie Produktbewertungen direkt in Ihren Onlineshop integrieren (siehe Abbildung 7.5). Als zusätzliches Feature sei die Funktion, Bewertungen gegenüberzustellen (hilfreichste vs. kritischste Bewertung siehe das Beispiel Bergfreunde in Abschnitt 6.1, »Die Bewertungsstrategie«), erwähnt. Das lässt Bewertungen besonders authentisch erscheinen, und der Kunde kann sich noch schneller einen Überblick über das Pro und Contra des Produkts verschaffen. Auch wenn für Sie negative Bewertungen ein rotes Tuch sind, helfen sie unsicheren Kunden dabei, sich noch schneller zu entscheiden. Nutzen Sie bei Shopauskunft am besten die Premium-Variante, da Sie damit einerseits die Bewertungen und Kundenmeinungen in Ihrem Onlineshop anzeigen können und zum anderen auch das Bewertungsmanagement einschließlich individualisierbarer Mails an Kunden inkludiert ist. Shopauskunft bietet auch eine kostenlose Variante an, allerdings werden dann die Shopbewertungen nur auf Shopauskunft.de und nicht in Ihrem Onlineshop angezeigt.

Kosten: Premium 29 € pro Monat oder 290 pro Jahr bei jährlicher Zahlungsweise

Website: *http://www.shopauskunft.de/about_packages.html*

7 Wichtige Tools für Onlinehändler und stationäre Händler

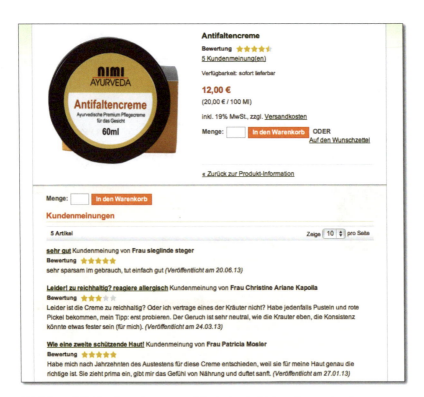

Abbildung 7.5 Kundenmeinungen auf Basis des Anbieters Shopauskunft, Quelle: http://www.ayurveda-handel.de

7.2.2 Shop-Lösungen mit Produktbewertungen

Wenn Sie bisher noch keinen Onlineshop haben und planen, Ihr Angebot auch online anzubieten oder Ihren Anbieter zu wechseln, dann lohnt es sich, direkt eine Shop-Lösung mit Bewertungsfunktion zu nutzen. Natürlich spielen weitere Faktoren wie Bezahlverfahren, Logistikfunktionen, Hosting, ERP- und CRM-System, mobile Verfügbarkeit und natürlich der Preis eine wichtige Rolle. Wir haben bei der Auswahl daher darauf geachtet, solche Anbieter zu wählen, die auch in den anderen Kategorien gut abschneiden.

Magento

»Magento« ist als kostenlose Open-Source-Lösung 2008 gestartet und gehört mittlerweile zu eBay. Magento ist in drei Versionen verfügbar und unterstützt auch Mobile Shopping. Die »Community Edition« ist nach wie vor kostenlos und kann mit Zusatzfunktion »Magento Connect« erweitert werden. Dazu gehört auch das neue Ratings & Reviews System, welches seit März 2013 verfügbar ist, oder die »Yopto Bewertungen«. Wenn Sie keinen Programmierer bei der Installation zu Rate ziehen können und sich direkte Hilfe von Magento selbst wünschen, bietet sich für kleinere Händler »Magento Go« und für große Händler »Magento Enterprise« an. Der technische Support erfolgt dann auf Englisch.

Weitere Infos unter *http://www.magentocommerce.com*

Ratings und Reviews: *http://www.magentocommerce.com/blog/using-the-new-ratings-reviews-system-for-magento-connect*

Yopto Bewertungen:
http://www.magentocommerce.com/magento-connect/yopto-reviews-5759.html

plentymarkets

»plentymarkets« bietet mit »plentymarkets Enterprise« eine Shop-Lösung für kleinere und mittlere Unternehmen. Kunden: Auch Edeka setzt auf diese Lösung, siehe *http://www.edeka-lebensmittel.de*.

Kosten: monatliche Grundgebühren für plentymarkets Enterprise 99 €

http://www.plentymarkets.eu

OXID

»OXID« bietet mit »Enterprise Business« eine Shop-Lösung mit Bewertungen für kleinere und mittlere Händler, wie zum Beispiel bikesportworld.de, siehe *http://www.bikesportworld.de*. Ansonsten kann auch die kostenlose Open Source Version »OXID eShop« genutzt werden. In der OXID Entwickler-Community unter *http://www.oxid-esales.com/en/community.html* können Sie sich bei Problemen helfen lassen. Allerdings setzt das grundlegende Programmierkenntnisse voraus.

Website: *http://www.oxid-esales.com/de/e-commerce-loesungen.html*

Amazon Webstore

Amazon bietet mit »Amazon Webstore« eine kostengünstige Shop-Lösung für kleinere und mittlere Händler. Für etwa 25 € pro Monat, einer Transaktionsgebühr von 2 % und einer Gebühr für die Nutzung von Amazon Payment, können Sie einen Onlineshop aufsetzen – mit Bewertungen natürlich, das versteht sich bei Amazon von selbst. Charmant ist auch, dass Sie gleichzeitig Ihr Angebot in Amazon listen können. Dann kommt zwar noch die Gebühr für Verkäufe auf Amazon hinzu, aber sie greifen gleichzeitig die Besucher auf Amazon ab (ähnlich einem Verkäufer-Konto bei eBay).

Mehr Infos unter:
http://webstore.amazon.de/amazon-webstore-preise/b/2605166031

Rakuten, Etsy & Co

Ähnlich wie bei Amazon und eBay können Sie zum Einstieg in den Onlinehandel Marktplätze wie »Rakuten«, *http://www.rakuten.de*, oder »Etsy«, *http://www.etsy.com*, nutzen. Beide Portale sprechen allerdings unterschiedliche Zielgruppen an. Während man bei Rakuten beliebte Artikel aus so ziemlich allen Lebensbereichen findet, tummeln sich bei Etsy eher Kunden, die ein außergewöhnliches Möbelstück, Vintage Mode, etwas Handgemachtes oder Bastelmaterial suchen.

Sie profitieren von der starken Besucherfrequenz dieser Onlineshops, den Marketingaktivitäten (Newsletter-Kampagnen) und können spezielle Produktanzeigen schalten. Gerade für den Start in den Onlinehandel ist eine Präsenz auf diesen Portalen neben eBay eine gute Möglichkeit, um mit dem Onlinehandel vertraut zu werden.

Weitere Infos: *http://info.rakuten.de* und *http://www.etsy.com/de/sell?ref=so_sell*

Shopware

Mit der »Shopware Community Edition« können Sie einen Onlineshop mit den Funktionen Bewertungen, Facebook-Integration durch Facebook-Kommentare, Merklisten und Weiterempfehlungen aufsetzen. Bei Fragen steht Ihnen die Shopware Community zur Verfügung. Als Referenz können Sie einen Blick auf *http://www.arktis.de* werfen.

Download: *http://wiki.shopware.de/Downloads_cat_448.html*

Demandware

»Demandware« ist ein internationaler E-Commerce-Anbieter speziell für stationäre Händler und Multichannel-Händler. Unternehmen wie »Butlers«, »House of Fraser« und »Crocs« setzen auf die Lösung aus dem Hause Demandware. Neben der Integration von Produktbewertungen bietet Demandware auch Lösungen für einen mobilen Onlineshop an. Und die Software erlaubt es, gezielt Aktionen wie zum Beispiel »3 zum Preis von 2« zu setzen. Damit wird das Prinzip Knappheit, siehe Abschnitt 5.4, »Das Prinzip Knappheit« gezielt eingesetzt. Demandware ist im Vergleich zu den bisherigen Anbietern teurer und lohnt sich vor allem für große Filialisten und Multichannel-Händler.

Mehr Infos unter: *http://www.demandware.de*

7.2.3 Rich Snippets im organischen Suchergebnis integrieren

Die Einbindung der Rich Snippets erfolgt über die Eingabe von »strukturierten Daten« im HTML-Code der Website. Neben der kurzen Beschreibung der angezeigten Webseite können zusätzlich noch Bilder oder Links zu Unterseiten der Webpräsenz angezeigt werden. Am interessantesten für den Onlinehandel sind jedoch die fünf gelben Ratingstars, die mithilfe von Rich Snippets der Kategorie »Erfahrungsberichte« eingebunden werden (siehe Abbildung 7.6). Hiermit können Sie sowohl Ihre gesammelten Produktbewertungen als auch die aggregierten Shopbewertungen von Bewertungsdienstleistern (z.B. eKomi) direkt in den Suchergebnissen abbilden. Der Nutzer bekommt somit den Durchschnittswert der vorhandenen Bewertungen direkt in den Suchergebnissen von Google angezeigt. Mithilfe von Rich Snippets der Kategorie »Produkte« können Sie zudem auch noch konkrete Informationen über das Produkt an Google weitergeben. Das sind neben der Durchschnittsbewertung und dem Preis beispielsweise der aktuelle Lagerbestand, die URL eines Produktbildes, der Produktname, die Marke und die Produktkategorie. Mehr Informationen zu Rich Snippets bei Google und ein ausführliches Erklärvideo finden Sie hier: *http://support.google.com/webmasters/bin/answer.py?hl=de&answer=99170*.

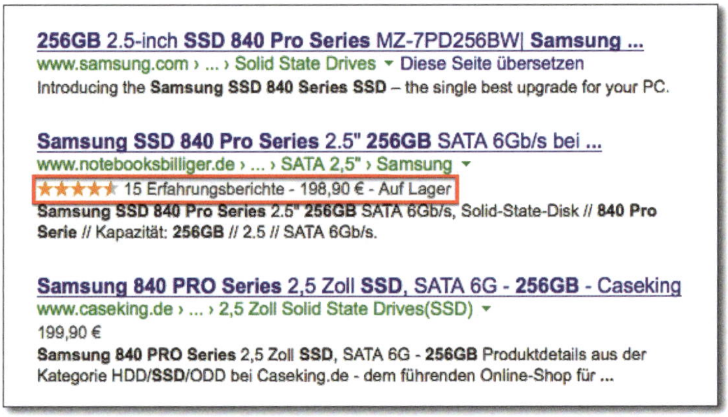

Abbildung 7.6 Organisches Suchmaschinenergebnis mit Rich Snippet für die Produktbewertung von notebooksbilliger.de

Bewertungen von eKomi & Co als Rich Snippets anzeigen

Wenn Sie bisher noch kein eigenes Bewertungssystem in Ihrem Onlineshop führen, sondern bislang mit Bewertungsdienstleistern wie »eKomi«, »Trusted Shops« oder vergleichbaren Anbietern zusammengearbeitet haben, haben Sie ebenfalls die Möglichkeit, diese Shopbewertungen direkt in den Suchmaschinenergebnissen einzubinden (siehe Abbildung 7.7). Potenzielle Kunden erfahren somit bereits während ihrer Suche bei Google, dass es sich bei Ihrem Onlineshop um einen vertrauenswürdigen Anbieter handelt, und die Wahrscheinlichkeit, dass der Nutzer gerade Ihren Onlineshop besucht, steigt deutlich.

Abbildung 7.7 Organisches Suchergebnis mit Rich Snippet, aggregiert aus der Shopbewertung von Trusted Shops

Das technische Verfahren für die Einbindung der Shopbewertungen in den Suchergebnissen ist das gleiche wie bei den Produktbewertungen. Weiterführende Informationen hierzu erhalten Sie in der Dokumentation Ihres Bewertungsdienstleisters. Ausführliche Hinweise für die Implementierung der Ratingstars via Rich Snippets erhalten Sie zudem auf *http://schema.org*.

7.3 Shopbewertungen (Onlinehandel)

Kunden, die zum ersten Mal auf einen Onlineshop gelangen, bringen unterschiedliche Erfahrungen beim Onlineshopping mit. Manche kaufen zum ersten Mal online ein, manche haben bisher in den Onlineshops bekannter Versandhändler wie Otto oder Bonprix gekauft, und manche kennen bisher nur Onlineshopping bei Amazon. Weniger erfahrene Onlineshopper sind oft misstrauisch und gehemmt, neue Onlineshops auszuprobieren. Hier können unabhängige Bewertungsdienstleister, die mit Gütesiegeln für Ihren Onlineshop bürgen, Vertrauen stiften.

7.3.1 Anbieter für Shop- und Händlerbewertungen

Warum ein Kunde online immer wieder zu den gleichen Shops zurückkehrt, hängt unmittelbar mit dem Vertrauen des Kunden in den Onlineshop zusammen. Dieses Vertrauen können Sie mit Shopbewertungen (auch Händlerbewertungen genannt) erhöhen. Folgende Anbieter stehen Ihnen dafür zur Auswahl.

Trusted Shops

Trusted Shops ist der Primus unter den Shop- und Händlerbewertungen. Das Trusted Shops-Symbol taucht immer häufiger in Onlineshops auf (siehe Abbildung 7.8) und wird zunehmend zum Standard. Das betrifft vor allem das Gütesiegel von Trusted Shops, das nur die Onlineshops erhalten, die die Qualitätskriterien von Trusted Shops (Datenschutz, Widerrufs- und Rückgaberecht, Zahlung, Lieferung etc. siehe *http://trustedshops.de/guetesiegel/einzelkriterien.html*) erfüllen.

7.3 Shopbewertungen (Onlinehandel)

Abbildung 7.8 Gütesiegel von Trusted Shops im Onlineshop von allbatteries;
Quelle: http://www.all-batteries.de

Über dieses Gütesiegel hinaus bietet Trusted Shops auch die Funktion der Händlerbewertung. Diese werden über ein Widget im Onlineshop eingebunden, welches auf die ausführliche Bewertungsübersicht bei Trusted Shops verlinkt. Trusted Shops ermittelt aus allen Bewertungen eine Gesamtnote auf einer Skala von 1 bis 5.

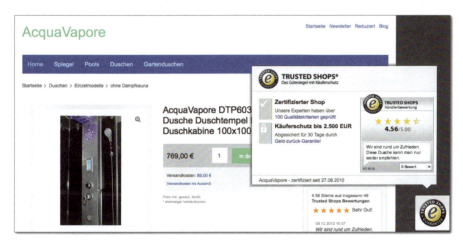

Abbildung 7.9 Händlerbewertung von Trusted Shops im Onlineshop von AcquaVapore;
Quelle: http://www.rakuten.de/shop/acquavapore

Kosten: ab 49 € pro Monat

Website: *http://www.trustedshops.de/shopbetreiber/index.html*

eKomi

eKomi bietet neben den Produktbewertungen (siehe Abschnitt 7.2.1, »Externe Anbieter für Produktbewertungen«) auch Shopbewertungen an. Diese werden ebenfalls über ein Widget auf der Website eingebunden, welches auf die Shopbewertung auf eKomi führt (siehe Abbildung 7.10).

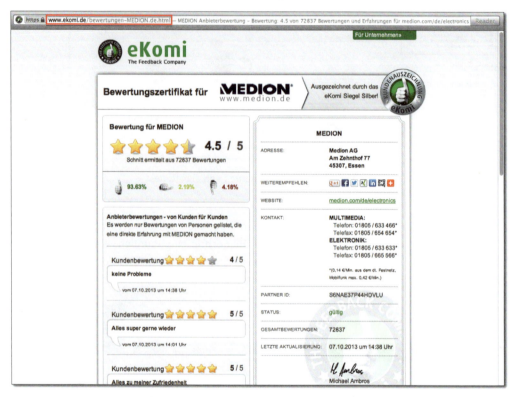

Abbildung 7.10 Shopbewertung für den Onlineshop medion.de auf eKomi; Quelle: www.medion.de

Kosten: Preis auf Anfrage (die Preise variieren je nach Bestellungen)

Website: *https://www.ekomi.de*

Foxrate

Foxrate bietet wie auch alle anderen Anbieter Shopbewertungen an. Das Bewertungsmanagement (Mails an Kunden und Bewertungen eintragen) übernimmt Foxrate selbst. In der kostenlosen Variante unterstützt Foxrate einen eBay Shop und einen Onlineshop. Allerdings müssen Sie dabei auch auf die Darstellung von Produktbewertungen (nur Bestellbewertungen werden unterstützt) verzichten. Daher empfiehlt es sich, die Variante »Professionell« zu wählen.

Kosten: ab 49 € monatlich

Website: *http://foxrate.de/#produkt*

7.3.2 Gütesiegel für Onlineshops

Kleineren Onlineshops seien Gütesiegel empfohlen, damit sich potenzielle Kunden sicher fühlen. Folgende Anbieter können Sie dafür nutzen:

- Trusted Shops: *http://www.trustedshops.de*
- EHI geprüfter Onlineshop: *http://www.shopinfo.net*
- TÜV-Siegel: *http://www.safer-shopping.de*
- Protected Shops: *http://www.protectedshops.de*

7.3.3 Google Seller Rating – Die Google Verkäuferbewertung nutzen

Googles Anzeigenkunden (Google AdWords) profitieren ebenfalls von Shopbewertungen, denn mit den gelben Ratingstars lassen sich nicht nur die organischen Suchergebnisse aufwerten, sondern auch die Anzeigen bei Adwords und in der Produktsuche von Google Shopping (siehe Abbildung 7.11). Im Gegensatz zu den organischen Suchergebnissen erfolgt die Einbindung der »Google Verkäuferbewertung« (»Google Seller Rating«) bei Adwords jedoch ohne Ihr weiteres Zutun.

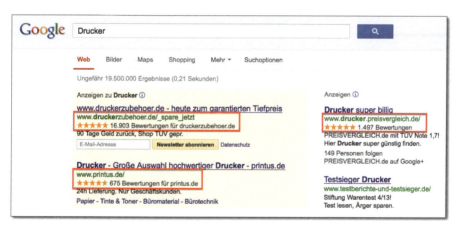

Abbildung 7.11 Anzeigen mit Google Händlerbewertung

Die Grundlage für das Seller Rating liefern abermals die Daten von Bewertungsdienstleistern wie eKomi und die Shopbewertungen auf Preis- und Bewertungsportalen wie z.B. Idealo.de. Google sammelt all diese Bewertungen mithilfe seiner hauseigenen Produktsuchmaschine »Google Shopping« und ermittelt dort auch den Durchschnittswert für die Onlineshops. Dieser wird bei Adwords mit Hilfe der »Seller Extension« dann anhand der Ratingstars angezeigt. Jetzt sind Sie neugierig geworden und möchten gerne wissen, wie es um das Google Seller Rating für Ihren eigenen Onlineshop steht? Nichts leichter als das, denn unter der folgenden Adresse können Sie nachsehen: *http://www.google.de/products/seller?zmi=*. Ergänzen Sie die URL einfach mit der Domain Ihres Onlineshops!

Sie haben keine Bewertung für Ihren Shop bei Google für sich gefunden? Dies kann natürlich durchaus sein, denn um bei Google Shopping mit einem Seller Rating gelistet zu werden, müssen einige grundlegende Bedingungen erfüllt sein:

- Insgesamt müssen mindestens 30 Bewertungen für Ihren Onlineshop innerhalb der letzten zwölf Monate abgegeben worden sein.
- Mindestens zehn aller Bewertungen müssen in der Landessprache der Benutzeroberfläche des Users verfasst sein.
- Der von Google ermittelte Durchschnitt Ihres Seller Ratings muss 3,5 oder mehr Sterne aufweisen.

Sind diese Bedingungen erfüllt, wird das Google Seller Rating Ihres Onlineshops automatisch zu Ihrem AdWords-Konto hinzugefügt. Reicht die vorhandene Anzahl für das Google Seller Rating nicht aus, sollten Sie in jedem Fall einen Bewertungsdienstleister beauftragen. Weitere Informationen zum Google Seller Rating und der Einbindung der Ratingstars bei Adwords finden Sie unter: *https://support.google.com/adwords/answer/2375474?hl=de*.

> **Warum Onlineshops vom Google Seller Rating gleich doppelt profitieren**
> Durch die erhöhte Aufmerksamkeit für Ihre Anzeigen bei Adwords und dem hiermit verbundenen Vertrauensvorsprung werden Ihre Anzeigen häufiger geklickt (erhöhte CTR) und der Traffic auf Ihren Onlineshop steigt an. Hierbei entsteht ein für Sie angenehmer Nebeneffekt. Denn die erhöhte CTR verbessert die Qualität der Adwords-Kampagnen, was langfristig zu einem geringeren Cost-per-Click (CPC) führt.

7.4 Bewertungsportale für den stationären Handel

Wenn es darum geht, mit Kundenmeinungen auf Ihren lokalen Shop aufmerksam zu machen, haben Sie als stationärer Händler ähnliche Möglichkeiten wie Onlinehändler. Das entsprechende Pendant zu den Preis- und Bewertungsportalen, auf denen Kunden Onlineshops bewerten können, sind Bewertungsplattformen. Wie bei Produkt- und Shopbewertungen erfolgt die Bewertung eines Händlers auf lokalen Bewertungsplattformen mithilfe eines One-Click-5-Star-Ratings und ein hieran gekoppeltes Freitextfeld für einen Fließtext. Das Besondere an Plattformen wie Qype und Yelp ist, dass alle Bewertungen von Usern stammen. Es kann also durchaus sein, dass schon längst eine Händlerbewertung für Ihr Geschäft vorliegt und Sie davon noch nichts mitbekommen haben. Das ist auch der große Unterschied von Händlerbewertungen lokaler Geschäfte und Filialen zu Shopbewertungen von Onlineshops. Denn um als Onlinehändler in Preis- und Bewertungsportalen wie Idealo, Ciao! und Geizkragen gelistet zu werden, wird die Übermittlung des Online-Angebots vorausgesetzt.

7.4.1 Qype, Yelp & Co

Qype wird als lokale Bewertungsplattform von den deutschen Konsumenten zur Zeit am häufigsten genutzt. Das Hamburger Unternehmen wurde 2012 von seinem amerikanischen Vorbild »Yelp« aufgekauft. Dennoch besteht Qype derzeit noch als eigenständige Plattform weiter und ist für viele Konsumenten die Anlaufstelle Nummer eins, wenn es darum geht, sich über ortsansässige Unternehmen zu erkundigen. Nicht ohne Grund: Vor allem im städtischen Umfeld gibt es kaum noch einen Einzelhändler, Gastronom oder Dienstleister, der nicht bei Qype vertreten ist. Die Bewertungen können durchaus kontrovers sein. Das zeigen zum Beispiel die Bewertungen des Cafés »The Barn« in Berlin (siehe Abbildung 7.12). Das Café scheint seine Gäste zu polarisieren, und das zeigt sich auch in den Bewertungen (siehe Abbildung 7.13).

Dienstleistungen und Ladengeschäfte in Qype eintragen

Ein Eintrag in Qype ist generell kostenlos und erfolgt über diesen Link *http://qype.com/business_users/find?qlb_path=HeaderB1*. Sie müssen den Namen und die Adresse des Geschäfts angeben und Ihre persönlichen Daten. Empfehlenswert ist bei Qype die Option »Qype Premium-Partnerschaft«, bei der Ihr Eintrag über dem des Wettbewerbers angezeigt wird. Sucht also jemand nach einem Friseur in Hamburg Altona und bekommt »Schrägschnitt« in Qype anzeigt, wird Ihr Eintrag darüber platziert. Alle Informationen zu den Qype Optionen finden Sie hier: *http://www.qype.com/business_pitch/what_you_get?qlb_path=HeaderB6*

> **Nutzen Sie mobile Optionen bei Qype**
> Neben dem browserbasierten Webauftritt des Bewertungsdienstleisters ist die mobile App von Qype äußerst beliebt (siehe Abbildung 7.13). Der größte Mehrwert entsteht für den Kunden bei der Nutzung der Standortlokalisierung. An den Funktionen »um Dich herum«, »in der Nähe« und »Kartensuche« kann sich der Nutzer gut orientieren und sich schnell und umfassend über das lokale Angebot in seiner unmittelbaren Umgebung informieren.

7 Wichtige Tools für Onlinehändler und stationäre Händler

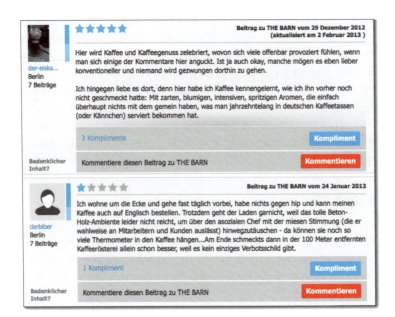

Abbildung 7.12 Kontroverse Meinungen zum Café The Barn in Berlin; Quelle: http://www.qype.com/place/1475626-THE-BARN-Berlin#reviews

Abbildung 7.13 Die App der lokalen Bewertungsplattform Qype schlägt den Nutzern Geschäfte und Lokale je nach Standort vor.

Yelp

Yelp hat, wie schon erwähnt, Qype 2012 aufgekauft und steht für Dienstleistungen und Geschäfte zur Verfügung. Das Besondere an Yelp ist der Consumer Alert, der gefälschte Bewertungen oder Unternehmen, die ständig mit Angeboten und Belohnungen Bewertungen generieren, abstraft. Anmelden können Sie Ihr Geschäft unter *http://biz.yelp.de/support*.

Abbildung 7.14 Das weltbekannte »KaDeWe – Kaufhaus des Westens« in Berlin wird bei Yelp intensiv bewertet. Quelle: http://www.yelp.de/biz/kadewe-kaufhaus-des-westens-berlin

Weitere lokale Branchenverzeichnisse

Qype und Yelp sind neben Google+ Local die beiden großen und wichtigen Bewertungsplattformen für Unternehmen. Es existieren jedoch noch weitere solche Plattformen. Dazu gehören:

▶ **Das Örtliche**, *http://www.dasoertliche.de*: Unternehmenseinträge bei lokalen Branchenverzeichnissen werden mitunter in Google hoch gerankt, besonders bei mobilen Abfragen (siehe Abbildung 7.15). Sicherlich gibt es von Ihrem Unternehmen einen Brancheneintrag bei einem der bekannten Verzeichnisse. Prüfen Sie also, ob Sie auch digital eingetragen sind, und fragen Sie nach, falls Ihr Unternehmen nicht auftaucht.

- **KennstDuEinen,** *http://kennstdueinen.de*: KennstDuEinen ist das Branchenverzeichnis von »Winlocal« und bietet Unternehmenseinträge mit Bewertungsfunktion. Winlocal verspricht den Eintrag auf Seite 1 bei Google zu listen. Außerdem erhalten Sie Statistiken, wie häufig Ihr Eintrag aufgesucht wurde. KennstDuEinen eignet sich vor allem für Dienstleister und die Branchen Finanzen & Steuern, Handwerk, Gesundheit, Immobilien, Auto, Schönheit & Wellness, Bildung & Karriere. Mehr Infos unter: *http://www.kennstdueinen.de/neukundengewinnung*.

- **GoLocal,** *http://www.golocal.de/unternehmen.* Einträge bei GoLocal sind kostenlos, und das Unternehmen wartet mit einer Reihe von Empfehlungsmarketing-Aktionen auf. Allerdings ranken die Ergebnisse von GoLocal nicht so stark.

- **Cylex,** *http://web2.cylex.de/Homepage/Home.asp*: Bestimmt sind Sie schon einmal über einen Brancheneintrag bei Cylex gestolpert. Das Online-Branchenbuch existiert bereits seit 16 Jahren und ist in mehreren Ländern in Europa aktiv. Der Eintrag bei Cylex ist ebenfalls kostenlos und erfolgt über diesen Link: *https://admin.cylex.de/firma_default.aspx?step=0&d=cylex.de*. Der Eintrag kann anschließend mit Jobangeboten erweitert werden.

Abbildung 7.15 Suchergebnis mit dem Smartphone bei der Suche nach »Reinigung Berlin Kreuzberg«

Was Sie bei der Auswahl der Branchenportale beachten sollten

Bei diesen vielen Anbietern mögen Sie sich jetzt vielleicht fragen, welchen Sie wählen sollen. Am besten gehen Sie bei der Auswahl so vor: Googeln Sie nach Ihrer Branche und Stadt (z. B. »Fitnessstudio Nürnberg«) und schauen Sie, welches Portal als erstes rankt, bzw. wie die anderen ranken. Wenn zudem noch Wettbewerber auf bestimmten Portalen auftauchen, zeigen Sie dort Präsenz und machen Sie selbst einen Eintrag in den jeweiligen Portalen.

7.4.2 Google+ Local Unternehmensseite anlegen und verwalten

Wie bereits in Kapitel 3, »Nutzen Sie Digitales Marketing« beschrieben, hat Google seinen lokalen Dienst Google Places inzwischen bei Google+ integriert und nennt diesen jetzt Google+ Local. Einträge in Googles lokales Branchenbuch können somit nun direkt bei Google+ erstellt werden. Anbei finden Sie eine Step-by-Step-Anleitung, für die Erstellung einer lokalen Unternehmensseite bei Google+ Local.

How to Google+ Local? Verifizierte Google+ Local Seite erstellen

1. Gehen Sie auf *http://www.google.com/intl/de/+/business* und klicken Sie oben rechts auf »Google+ Seite erstellen« (siehe Abbildung 7.16). Falls Sie noch kein Google-Konto haben, müssten Sie an dieser Stelle eines erstellen. Achten Sie darauf, bereits dort Ihre Geschäftsdaten anzugeben (offizielle E-Mail, Telefonnummer).

Abbildung 7.16 Um einen Google+ Eintrag anzulegen, gehen Sie auf http://www.google.com/intl/de/+/business.

2. Nach erfolgreicher Anmeldung schlägt Ihnen Google im nächsten Schritt fünf Geschäftskategorien vor. Wählen Sie aus einer der fünf Kategorien aus. Für Einzelhändler und Dienstleister eignen sich die Kategorien »Lokales Geschäft«, für große Unternehmen und Filialisten »Unternehmen, Einrichtung oder Organisation« (siehe Abbildung 7.17).

Abbildung 7.17 Auswahlkategorien für Unternehmenseinträge in Google+

3. Wenn Sie die Kategorie »Lokales Geschäft« ausgewählt haben: Geben Sie das Land und Ihre Telefonnummer an und klicken Sie auf »Suchen«. Die Angabe einer Telefonnummer ist Bedingung für einen Eintrag eines lokalen Geschäfts in Google+. Google sucht nach dieser Nummer, und falls eine Übereinstimmung bereits vorhanden ist, wird der Eintrag angezeigt.

4. Geben Sie weitere Informationen an: Name, Adresse und Kategorien. Wenn die Markierung nicht stimmt, können Sie die Stecknadel an die richtige Stelle verschieben. Klicken Sie anschließend auf »OK«, um den Eintrag zu erstellen.

5. In der Google+ Ansicht Ihres Unternehmenseintrags werden Sie aufgefordert, den Eintrag zu bestätigen und weitere Informationen hinzuzufügen (siehe Abbildung 7.18). Dazu gehören eine Beschreibung Ihres Unternehmens und Öffnungszeiten, die Sie sofort ausfüllen sollten.

7.4 Bewertungsportale für den stationären Handel

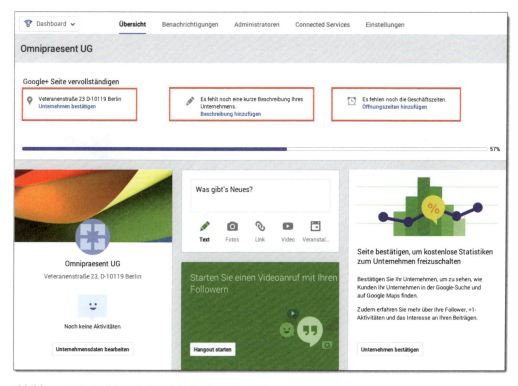

Abbildung 7.18 Dashboard einer lokalen Google+ Seite

6. Für die Bestätigung Ihres Unternehmens tragen Sie den Ansprechpartner ein und akzeptieren Sie die Nutzungsbedingungen. Google schickt Ihnen dann eine Postkarte mit einer Pin-Nummer, mit der Sie den Eintrag verifizieren können.

7. Warten Sie nicht mit den nächsten Schritten, bis Ihr Unternehmen bestätigt ist, sondern besuchen Sie Ihre Unternehmensseite auf Google+ und laden Sie als Erstes ein neues Hintergrundbild hoch. Es empfehlen sich Bilder ohne Text, z. B. Aufnahmen vom Büro, vom Gebäude usw.

8. Laden Sie über die Funktion »Fotos« erste Bilder von Ihrem Geschäft hoch, da diese Bilder in den Google-Suchergebnissen angezeigt werden. Mit den richtigen Bildern lassen sich wahre Eyecatcher erstellen, die die Besucher auf Ihre Seite führen. Überlegen Sie also genau, welchen Eindruck Sie von Ihrem Unternehmen geben wollen, und kommunizieren Sie das mit hochwertigen Fotos.

9. Erstellen Sie regelmäßig Beiträge und verlinken Sie spannende Inhalte, posten Sie eigene Fotos mit Text und Video (auf YouTube).

Abbildung 7.19 Google fordert Sie per Post auf, Ihr Unternehmen zu bestätigen.

Wie in Kapitel 3, »Nutzen Sie Digtales Marketing«, bereits dargestellt, wurden 2012 beim Rollout von Google+ Local alle Einträge des einstigen Dienstes Google Places in Googles soziales Netzwerk exportiert. Die hierbei automatisch erstellten Einträge bei Google+ Local haben jedoch im Gegensatz zur lokalen Unternehmensseite bei Google+ Local nur eine eingeschränkte Funktion!

Lokale Unternehmensseiten bei Google+, die wie in der Step-by-Step-Anleitung angelegt werden, verfügen über die Reiter »Info«, »Fotos« und »Erfahrungsberichte«, »Videos« und ganz besonders wichtig »Beiträge«. Über die letzten beiden Funktionen verfügen die von Google Places exportierten Einträge bei Google+ Local jedoch nicht. Die Folge hiervon ist eine starke Einschränkung der Seitenfunktion. Denn ohne den Reiter »Beiträge« ist die gezielte und regelmäßige Verbreitung von Informationen in Googles sozialem Netzwerk nicht möglich. Um hierfür die notwendigen Voraussetzungen zu schaffen, muss der bestehende Eintrag bei Google+ Local (ehemals Google Places) mit einer lokalen Unternehmensseite bei Google verbunden werden.

Übrigens können Sie über das Google+ Dashboard auch direkt Anzeigen bei »Google AdWords Express« buchen (siehe Abschnitt 7.9.2, »Google AdWords«).

> **Einen alten Google Places-Eintrag mit der Unternehmensseite bei Google+ Local verbinden**
>
> Unternehmen, die bereits zu Zeiten von Google Places über einen Eintrag in Googles Branchenverzeichnis hatten, können Ihren nach Google+ Local exportierten Eintrag mit einer lokalen Unternehmensseite bei Google+ Local verbinden. Dies ist durchaus sinnvoll! Denn bereits vorhandene Bewertungen Ihres Geschäfts bei Google+ Local gehen somit nicht verloren und Sie verfügen zudem auch über alle notwendigen Boardmittel für ein gezieltes Content-Marketing. Wie Sie eine lokale Unternehmensseite bei Google+ Local anlegen, wissen Sie bereits. Eine genaue Anleitung für die Zusammenlegung mit Ihrem Eintrag bei Google+ Local bietet Ihnen das Video-Tutorial »How to Connect Your Google Plus Business Page to Your Google« *http://www.youtube.com/watch?v=H__pBpALfU4*.

7.4.3 Local Citations – Das SEO für den stationären Handel

»Local Citations« sind Unternehmenseinträge auf lokalen Bewertungsplattformen und in digitalen Branchenverzeichnissen. Für lokale Händler sind sie ein unverzichtbares Tool für die Kundengewinnung im Internet, denn jeder Eintrag in einem digitalen Branchenverzeichnis stellt einen Consumer Touchpoint dar. Noch wichtiger ist, dass auch jede Erwähnung Ihres Geschäfts auf einem Branchenportal als positives Signal von Google gewertet wird. Ebenso wie bei den Online-Bewertungen hat die Anzahl der Local Citations Einfluss auf das Ranking der lokalen Suchergebnisse bei Google. Sprich: Je öfter Ihr lokales Geschäft auf Branchenportalen erwähnt wird, umso größer ist die Chance, dass Ihr Eintrag in Google einen der begehrten oberen Plätze in den lokalen Suchergebnissen bei Google erreicht.

Was genau sind Local Citations?

Local Citations sind nichts anderes als die Erwähnung eines Unternehmens inklusive der Adress- und Kontaktdaten auf einer externen Webseite. Raum für solche Einträge bieten neben den lokalen Bewertungsplattformen wie Qype auch digitale Branchenportale ohne Bewertungsfunktion wie z.B. »Gelbe Seiten« und »city-map.de« siehe Abbildung 7.20.

Abbildung 7.20 Local Citation auf dem Branchenportal city-map.de

Was Sie bei der Erstellung der Local Citations beachten sollten

Bei Local Citations ist es wichtig, dass Sie die Kontaktdaten Ihres Unternehmens in möglichst vielen unterschiedlichen Branchenverzeichnissen streuen und dabei konsistente Angaben machen. Achten Sie also darauf, dass Sie immer die gleichen Informationen über Ihr Unternehmen/Geschäft/Filiale eintragen. Alles andere irritiert den Google Algorithmus. Bei Local Citations kommt es also auf Qualität und Quantität an, allerdings besteht nicht wie sonst die Gefahr des »Duplicate Content«. Die Anzahl der Local Citations erhöht die Wahrscheinlichkeit, von potenziellen Kunden direkt gefunden zu werden, und hat zudem Einfluss auf das Google Ranking. Folgende Angaben müssen bei Local Citations stringent sein:

- Wer sind Sie? Firmenname und Branche
- Was bieten Sie? Produkte/Dienstleistungen
- Wo sind Sie? Adresse und Standortinformationen
- Öffnungszeiten und Terminvereinbarung
- Wie sind Sie zu erreichen? Telefonnummer, E-Mail, Kontaktformular, Postanschrift

7.5 Tools für Empfehlungsmarketing

Um Empfehlungen zu generieren, müssen die richtigen Multiplikatoren identifiziert werden. Und diese können sich in Foren oder Frage-Antwort-Portalen verstecken, Blogs schreiben, regelmäßig YouTube-Videos veröffentlichen usw. Um Sie zu finden, stehen Ihnen einige kostenlose und kostenpflichtige Tools zur Verfügung.

7.5.1 Forensuche

Foren sind eigenständige Communitys, bei denen die Mitglieder oft innerhalb weniger Minuten antworten. Der Konsument erhält hier also mitunter schneller eine Antwort, als wenn er beim Hersteller oder Händler anfragen würde. Neben der Schnelligkeit wird aber auch die unabhängige Meinung der Mitglieder sehr geschätzt. Häufig sind die Foren durch Werbung finanziert, oder es werden Kooperationen mit Herstellern oder Händlern eingegangen. Einige Foren wie zum Beispiel Motor-Talk bieten auch Beratungsleistungen für Unternehmen. Manche Foren verzichten jedoch auch völlig auf Werbung. Zu den wohl bekanntesten unabhängigen Foren in Deutschland gehören:

- gulli:board: *http://board.gulli.com*
- Stern Wissenscommunity: *http://www.stern.de/noch-fragen*
- Heise-Foren: *http://www.heise.de/foren*

- Motor-Talk: *www.motor-talk.de*
- Telefon-Treff: *http://www.telefon-treff.de*
- Eltern.de Forum: *http://www.eltern.de/foren*
- Gofeminin: *http://www.gofeminin.de/world/communaute/forum/forum0.asp*

Für die gezielte Forensuche stehen Ihnen als kostenlose Tools »Boardreader«, *http://boardreader.com*, und »Forumcheck.de«. *http://forumcheck.de*, zur Verfügung.

Setzen Sie Ihr eigenes Forum auf!

Schaffen Sie einen eigenen Raum für Diskussionen und Austausch über Ihre Produkte! Obwohl die technischen Voraussetzungen für das Aufsetzen eines Forums relativ gering sind, scheuen sich viele Unternehmen davor, da sie einerseits befürchten, damit würde Kritik dann Tor und Tür geöffnet, oder andererseits davon ausgehen, dass es gar nichts über die Produkte zu sagen gibt. Dass beides nicht stimmt, zeigen die zahlreichen Special-Interest-Foren im Internet, wo Angelzubehör, seltene Spielkarten, Pferdezucht, Anbau von Tomaten usw. von Forenteilnehmern diskutiert werden.

7.5.2 Influencer recherchieren und identifizieren

Wenn ein Nutzer Ihren Onlineshop empfiehlt oder einfach nur gern und häufig über Sie schreibt, dann sollten Sie das unbedingt sofort wissen und darauf reagieren. Denn Influencer sind eigentlich nichts anderes als Ihre jahrelange Stammkundschaft, die daran interessiert ist, Ihren Service möglichst vielen Freunden und potenziellen Kunden weiterzuempfehlen. Wie bereits in Abschnitt 6.2.9, »Influencer Relations«, beschrieben, gibt es unterschiedliche Typen von Influencern. Influencer-Tools messen den Einfluss des Nutzers anhand seines Freundeskreises, seiner Beitragsfrequenz und anhand der Weiterempfehlungen des Beitrags. Influencer-Tools wie »Klout« oder »Kred« basieren auf einem rein quantitativen Maß (Wie häufig hat der Nutzer etwas geschrieben?) und werten nicht qualitativ (Was hat er geschrieben?) aus. Daher kann der Score auch leicht von den Nutzern manipuliert werden. Hat der Nutzer das einmal erkannt, kann er sie auch beeinflussen und seinen Score erhöhen. Genau dann ist der Score aber nicht mehr ganz valide, sondern von dem Nutzer manipuliert. Unternehmen sollten deshalb ihr Empfehlungsmarketing »um den Score« aufbauen. Das bedeutet einerseits, den Score als Messgröße heranzuziehen, und andererseits, die Qualität der Beiträge des Influencers zu checken.

Kostenlose Tools eignen sich für kleinere und mittlere Unternehmen mit einer eigenen Präsenz in Twitter, Facebook, YouTube, Google+ usw. Umso größer jedoch das Unternehmen und umso größer die Follower- und Fananzahl, lohnt sich ein kostenpflichtiges Monitoring-Tool, da das Clustern der Daten sonst zu viel Zeit in Anspruch nehmen würde. Kostenpflichtige Tools finden Sie in Abschnitt 7.6.2, »Kostenpflichtige Social-Media-Monitoring-Tools«). Einige Social-Media-Monitoring-Tools und SocialCRM-Anbieter, wie zum Beispiel »Brandwatch«, *http://www.brandwatch.com*, oder »Engagor«, *https://engagor.com*, integrieren Influencer- und Engagement-Statistiken, sodass Sie Beiträge direkt nach Influencern filtern können.

Klout

Mit Klout werden die Social-Media-Profile der Nutzer nach ihrem Einfluss gerankt. Ein Klout-Score mit 100 Punkten sagt demnach aus, dass der Nutzer sich besonders für Empfehlungen eignet (siehe Abbildung 7.21).

Website: *http://klout.com/home*

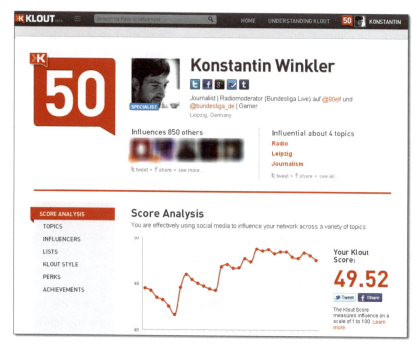

Abbildung 7.21 Das Klout-Ranking basiert auf quantitativen Messgrößen: Anzahl der Freunde, Anzahl der Beiträge und Anzahl der Weiterempfehlungen.

Kred

Kred bietet unterschiedliche Influencer-Statistiken an. Ähnlich wie bei Klout können Sie mit »Kred Story« Ihren Twitter-Account analysieren (siehe Abbildung 7.22). Das Besondere an Kred: User werden je nach Kred-Score mit Rewards belohnt und können sie auf der Website eintauschen. Auch Social-Media-Monitoring-Anbieter wie Brandwatch nutzen die Technologie von Kred.

Website: *http://kred.com*.

7.5 Tools für Empfehlungsmarketing

Abbildung 7.22 Kred erstellt einen Score je nach Nutzer-Aktivität in Twitter und Facebook. Der Nutzer kann seinen Score anschließend einlösen (»Rewards«).

SocialBro

Mit SocialBro können Sie Ihre Follower in Twitter nach deren Influence-Faktor ganz einfach filtern (siehe Abbildung 7.23). Außerdem interessant: Seit Kurzem bietet SocialBro eine Verknüpfung von Newsletter-Datenbasis mit den Twitter-Profilen an.

Website: *http://www.socialbro.com*

PeerIndex

Mit PeerIndex lässt sich das vorhandene Twitter-Profil auswerten. Das Tool setzt also voraus, dass Sie bereits in Social Media aktiv sind.

Website: *http://my.peerindex.com/home-redirect*

Tweetreach

Mit Tweetreach können Sie die Reichweite Ihrer Tweets messen und sehen gleichzeitig die Influener zu diesem Tweet.

Website: *http://tweetreach.com*

Weitere kostenpflichtige Tools zur Influencer-Identifikation:

- Appinions: *http://appinions.com*
- salesforce/marketingcloud: *http://www.salesforcemarketingcloud.com*
- mBlast: *http://www.mblast.com*

Abbildung 7.23 SocialBro analysiert und rankt Follower nach ihrem Influence-Faktor. Quelle: http://www.socialbro.com

7.5.3 Blogger identifizieren

Laut dem »Digital Influence Report 2013« von TechnoratiMedia haben Blogs weltweit zu einem Drittel (31,3 %) Einfluss auf die Kaufentscheidung. Blogs gehören inzwischen zum festen Bestandteil der Customer Journey und bilden für viele Käufer eine willkommene Ergänzung zu den Informationen in Onlineshops (56 %) und den Inhalten auf Herstellerwebsites (34 %). Blogs haben somit mehr Einfluss auf die Kaufentscheidung als Facebook und YouTube.[1] Bloggende Influencer (86 % der Influencer bloggen regelmäßig) sind daher eine wichtige Zielgruppe zur Vermarktung Ihres Angebots oder Ihres Onlineshops. Blogs sind generell als Medium zwischen den klassischen Medien und Social Media einzustufen. Blogs sind kleine Communitys und leben von der Individualität und Authentizität der Blogger selbst. Die Blogosphäre in Deutschland hat in den letzten fünf Jahren zwar sehr stagniert, dafür ist aber die Qualität gestiegen.[2] Wie aktiv die deutsche Blogosphäre dennoch ist, zeigt das aktuelle Projekt von Luca Hammer, der sowohl die deutsche als auch die österreichische Bloggerszene visualisiert hat (siehe Abbildung 7.24).

---

1 TechnoratiMedia's 2013 Digital Influence Report, http://technoratimedia.com/report/2013-dir/.
2 idw, 2013, »Kommunikationswissenschaftler der FH Mainz: Wachstumsschub für deutsche Bloglandschaft erwartet« https://idw-online.de/pages/de/news518929.

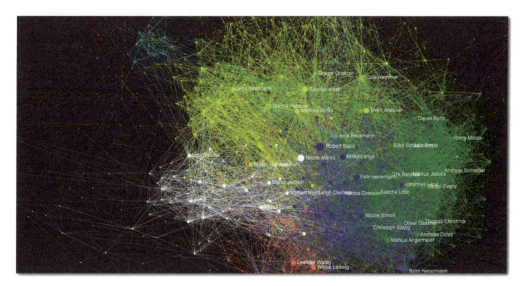

Abbildung 7.24 Die Blogosphäre in Deutschland, analysiert und visualisiert von Luca Hammer; Quelle: http://www.blognetz.com

Die richtigen Blogger zu identifizieren, ist mit Tricks und Kniffen verbunden. Das liegt einerseits daran, dass täglich tausende neue Blogs hinzukommen und andererseits noch Rankings nach Qualität und Reichweite des Blogs fehlen. Viele erfolgreiche Blogs sind aus einem Hobby heraus entstanden und über die Zeit gewachsen. Doch die gute Nachricht ist: Ein Großteil der Blogger (91,4 %) ist aufgeschlossen gegenüber Kooperationen mit Unternehmen.[3] Für erfolgreiche Blogger Relations ist es daher unumgänglich, dass Sie eine Liste mit allen relevanten Blogs anlegen und über die Zeit beobachten, wie aktiv der Blogger ist, wie häufig seine Beiträge kommentiert und geliked werden, und wo Sie auch immer wieder neue Blogs hinzufügen können. Dafür bietet sich eine Excel-Liste in Google Docs an, an der mehrere Mitarbeiter gleichzeitig arbeiten können. Denn Blogger Relations sind eine langfristige Maßnahme zur Zusammenarbeit mit Influencern. Folgende Tools eignen sich, um Blogger ausfindig zu machen:

- Technorati: Technorati ist das bekannteste Tool, um relevante Blogs zu einem bestimmten Themenbereich aufzuspüren. Technorati ermöglicht die Suche nach Blogs und Blogposts. Die Blogsuche ist ziemlich genau, allerdings sind keine Einschränkungen (Sprache, Land etc.) gegeben, weshalb es doch nur als eine allgemeine Blogsuche dient: *http://technorati.com*.

---

[3] rankseller, 2013, http://blog.rankseller.de/pressemeldungen/studie-so-bloggt-deutschland/

- Googles Blogsuche: Mit Googles Blogsuche können Sie aktuelle Einträge in Blogs zu Ihrem Themengebiet/Produktsortiment herausfinden. So entdecken Sie immer wieder neue relevante Blogger, die Sie bezüglich einer Kooperation oder eines Produktlaunchs anschreiben können. Sie können die Blogsuche aber auch nutzen, um beliebte Blogs von vielen Lesern zu finden und dort zu kommentieren: *http://google.com/blogsearch*.
- Twingly bietet neben der Microblog-Suche (Twitter) auch eine spamfreie Blogsuche: *http://www.twingly.com/search*.
- Deutsche Blogcharts: Um reichweitenstarke Blogs herauszufinden, nutzen Sie die Rangliste Deutsche Blogcharts unter *http://deutscheblogcharts.de*. Dort werden die 100 beliebtesten und reichweitenstärksten deutschen Blogs gelistet. Einerseits gibt diese Liste Aufschluss über Themen, die gerne in Blogs gelesen werden, andererseits finden sich dort die Blogs, in denen Sie kommentieren können. Abonnieren Sie relevante Blogs (am besten mit »feedly« *http://cloud.feedly.com*) und kommentieren Sie Beiträge und geben Sie dabei die URL Ihres Onlineshops an.
- Öffentliche Listen von Blogs: Google-Docs-Übersicht über deutsche Blogger, *http://bit.ly/LjURt0*, und österreichische Blogger, *http://bit.ly/So3rJe*, WuV Blog Charts *http://bit.ly/WKxZY2*.

Haben Sie ein relevantes Blog gefunden, so lohnt sich auch der Blick auf die »Blogroll« des Bloggers. Darin listet der Blogger weitere interessante Blogger aus seinem Themenbereich. So gelangen Sie ebenfalls zu weiteren interessanten Bloggern. Die gewonnenen Daten sollten Sie in einer Verteilerliste eintragen und neben den Blogs auch die Social-Media-Präsenzen der Blogger eintragen, denn viele Blogger teilen ihre eignen Inhalte zusätzlich in Social Media, nachdem sie sie veröffentlicht haben. Die wichtigste Spalte in dieser Verteilerliste aber sollte für Sie sein, ob Sie mit dem Blogger schon einmal Kontakt hatten, mit ihm persönlich gesprochen haben, und ob er bereits über Sie geschrieben hat.

Tipp: Nutzen Sie Blogger-Netzwerke!

In jüngster Zeit schließen sich immer mehr Blogs zu Blogger-Netzwerken zusammen, um noch mehr Reichweite zu generieren, den Content bzw. die Contentfrequenz zu erhöhen und um Unternehmen ein attraktives Werbeumfeld anbieten zu können. Der große Vorteil von Blogger-Netzwerken ist, dass Sie Ihren Content im richtigen Themenumfeld bewerben können. Der Blog-Vermarkter »stilanzeigen«, *http://stilanzeigen.net*, verspricht sogar, dass stilvolle Anzeigen in einem stilvollen Umfeld geschaltet werden. Natürlich wirkt sich exklusiver passender Content auf Themenseiten auch auf die Klickraten positiv aus. Anzeigen, die zum Thema passen und anspruchsvoll gestaltet sind, werden eher geklickt als schnöde Google-Anzeigen.

Der Netzwerk-Trend aus Amerika kommt gerade auch in Deutschland an und zeigt sich als Erstes besonders im Bereich Fashion & Lifestyle. Beispielsweise haben sich auf »Supreme Mag«, *http://www.suprememag.tv*, mehrere Blogger zusammengetan, und das »Reiseblogger Kollektiv« ist, wie der Name schon sagt, ein Zusammenschluss von bekannten Reisebloggern, *http://reiseblogger-kollektiv.com*. Wie erfolgreich solche Kollektive zusammenarbeiten, muss sich noch zeigen. Erst im Januar 2013 hatten sich beispielsweise vier Mode-Bloggerinnen zum Netzwerk »TheMusenet« zusammengetan und bereits nach sechs Monaten wieder getrennt. Als Grund für die Trennung gab der Vermarkter »Monochrome« den zu geringen Teamgeist innerhalb des Teams an. Das noch recht junge Unternehmen »rankseller«, *http://rankseller.de*, hat es sich indes zur Aufgabe gemacht, Blogger und Unternehmen professionell zusammenzubringen. Bei rankseller können sich Blogger auf eine Kampagne des werbenden Unternehmens bewerben. Sie als Werbetreibender können dadurch vorher festlegen, welche Kriterien das Blog erfüllen muss. Ähnlich wie rankseller gehen auch »ranksider«, *http://www.ranksider.de*, und »EverLinks«, *http://everlinks.net*, vor.

7.5.4 Empfehlungen mit Pinterest generieren

Das Prinzip von Pinterest ist einfach. Nutzer, die in einem Onlineshop ein Produkt sehen, können das Produktbild »pinnen« und in ihrem Pinterest-Account einem Board hinzufügen. Andere Nutzer sehen oder finden dieses Bild und können es »repinnen« und/oder »herzen«.

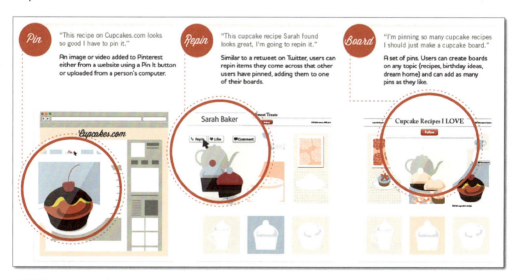

Abbildung 7.25 Auf einer Website, z.B. Cupcakes.com, entdeckt Sarah Baker ein Bild eines Cupcakes und pinnt es in ihrem Pinterest-Board »Cupcake Recipes I LOVE«. Quelle: http://bit.ly/xCV0iZ

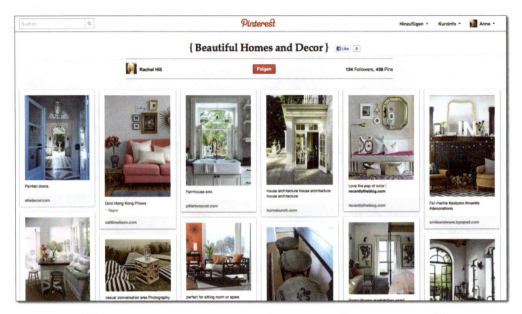

Abbildung 7.26 Typisches Pinterest-Board einer Nutzerin bei Pinterest. Die Bilder stammen alle ursprünglich von Webseiten, Online-Magazinen und Onlineshops.

Achtung Urheberrecht

Pinterest ist nach wie vor kritisch zu betrachten, wenn es um Urheberrecht geht. Mit jedem gepinnten Bild wird eine Urheberrechtsverletzung begangen, da der ursprüngliche Urheber des Bildes (Betreiber der Website, des Blogs, des Onlineshops) im Regelfall nicht sein Einverständnis für die »weltweite, unwiderrufliche, unbefristete, nicht-exklusive, übertragbare und gebührenfreie Nutzung« (EULA »Endbenutzer-Lizenzvereinbarung) gegeben hat. Diese Lizenz räumt sich allerdings Pinterest laut seinen »Terms of Service«, siehe *http://about.pinterest.com/terms*, ein. Allerdings stellte Pinterest im März 2012 bereits klar, dass sie keine Bilder bzw. Inhalte an Dritte verkaufen.

Wie Sie Pinterest für Ihren Onlineshop nutzen

Ob Pinterest für Ihr Unternehmen ein »Must-have« oder »Nice-to-have« ist, können Sie anhand der Pinterest-Kategorien unter *http://pinterest.com/categories* überprüfen. Generell gilt: Für Onlineshops, die Produkte im Bereich Mode, Lifestyle & Living führen, ist es ein Muss.

- **Professioneller Pinterest-Account**: Sichern Sie sich einen Business-Account, *http://business.pinterest.com*. Gestalten Sie Ihre Pinterest-Präsenz ansprechend, orientieren Sie sich dabei an erfolgreichen Pinterest-Accounts von Etsy, allmyrecipes, Zalando. Updaten Sie regelmäßig Ihre Boards.

- **Integrieren Sie den Pinterest-Button in Ihren Onlineshop**: Erleichtern Sie das Pinnen Ihrer Produkte mithilfe eines prominenten »Pin-it«-Buttons. Dadurch muss der Nutzer nicht den Umweg über die Toolbar gehen, sondern bleibt während des gesamten Weiterempfehlungsprozesses in Ihrem Onlineshop.
- **Schützen Sie sich mit Wasserzeichen**: Wie schon geschrieben, passieren täglich, stündlich Urheberrechtsverletzungen auf Pinterest. Aber Sie können sich bei Ihren eigenen Bildern schützen, indem Sie Wasserzeichen benutzen. Nutzen Sie ein kleines Wasserzeichen am unteren Ende des Bildrandes mit dem Namen Ihres Onlineshops.
- **Beschreiben Sie Ihre Bilder**: Beschreiben Sie die Bilder, die Sie bei Pinterest von Ihrem Onlineshop aus pinnen und geben Sie wichtige Tags (Keywords) an.
- **Seien Sie sozial**: Repinnen, kommentieren, folgen Sie auch anderen Nutzern. Das ist wichtig in Pinterest, damit die Nutzer auf Sie aufmerksam werden, insbesondere in der Startphase. Achten Sie dabei darauf, dass Sie Nutzern folgen, die etwas mit Ihrer Marke oder Ihrem Onlineshop zu tun haben, am besten die wichtigen Influencer! Zusätzlich können Sie Sachen pinnen, liken und teilen, die sie lustig und inspirierend finden. So entsteht um Ihren Pinterest-Account eine lebendige Community.
- **Taggen Sie Nutzer in Pinterest**: Ähnlich wie bei Twitter können in Pinterest Nutzer mithilfe von @Nutzername erwähnt werden. So können Sie sich zum Beispiel bei besonders aktiven Pinnern bedanken und sie in einem Bild erwähnen (»Dieses Bild ist ein Dankeschön für @Nutzername1 und @Nutzername2 etc.«). Ebenfalls können Sie #Hashtags nutzen, um beispielsweise einen aktuellen Trend in Pinterest zu besetzen oder Ihren Onlineshop ganz leicht auffindbar zu machen (Zalando würde den Hashtag #Zalando und #Fashion nutzen).
- **Pin it to win it**: Belohnen Sie das Engagement der Pinterest-Nutzer mit kostenlosen oder vergünstigten Produkten. Sony hat beispielsweise eine Charity-Kampagne via Pinterest mit dem Titel »Pin it to give it« gestartet, siehe *http://pinterest.com/sonyelectronics/sony-s-pin-it-to-give-it*.

7.5.5 Word-of-Mouth-Marketing: Anbieter und Agenturen

Word-of-Mouth-Marketing ist noch immer ein starkes Nischenthema im Marketing-Mix, obwohl sich damit messbare Empfehlungen in der relevanten Zielgruppe generieren lassen. Folgende Anbieter und Agenturen haben sich auf WOM spezialisiert:

- trnd: Ist die bekannteste und größte deutschsprachige Produkttester-Community (siehe Abbildung 7.27) *https://www.trnd.com*
- Buzzer.biz *http://de.buzzer.biz*

- Burda Community Network:
- *http://www.burda-community-network.de/medien-angebote/word-of-mouth-marketing*
- G+J WoM: *http://ems.guj.de/media-solutions/word-of-mouth*
- NetMoms: *http://www.netmoms.de/produkte-testen*
- Konsumgöttinnen.de: *http://www.konsumgoettinnen.de*
- Kjero (für Österreich): *http://www.kjero.com*
- BzzAgents (für internationale Marken): *https://www.bzzagent.com*

Abbildung 7.27 Word-of-Mouth-Marketing bei trnd ist »Marketing zum Mitmachen«. Quelle: https://www.trnd.com

Die 7 Schritte bei der Konzeption einer WOM-Kampagne

Eine WOM-Kampagne muss gründlich geplant und konzipiert werden. Diese Fragen helfen Ihnen beim Agentur-Briefing.

1. Um welches Produkt handelt es sich? Ist es bereits am Markt oder wird es neu eingeführt? Gab es schon ähnliche Kampagnen von Wettbewerbern?
2. Wie ist die derzeitige Reputation Ihres Unternehmens bzw. Ihrer Marke? Gibt es viele Kritiker unter den Verbrauchern? Was könnten sie an der WOM-Kampagne kritisieren?
3. Welche Zielgruppen wollen Sie ansprechen? Teens, Twens, Singlefrauen, Singlemänner, Familien, DINKS, Senioren?

4. Welche Plattformen eignen sich für diese Zielgruppen? Testercommunitys, Foren oder eigene Website/eigener Onlineshop?
5. Wie wird die WOM-Kampagne darüber hinaus bekannt gemacht? Kommen Offline- und Online-Medien zum Einsatz? Wie wird die Kampagne in den Social Media platziert?
6. Welche Ziele werden mit der WOM-Kampagne verfolgt? Bekanntmachung, Buzz, Abverkäufe?
7. Wie wird der Kampagnenerfolg gemessen? Kundenbefragung, Social Media Monitoring, Net Promoter Score (Empfehlungsquote), Abverkäufe im Kampagnenzeitraum und Vorher-Nachher-Messung?

7.5.6 Empfehlungssysteme für Onlineshops

Bei den Empfehlungssystemen muss man generell zwischen zwei Arten unterscheiden. Systeme, die Produktempfehlungen individuell auf Grundlage der Produktvorlieben und des Verhaltens des Nutzers unterbreiten, und nicht-individualisierte Systeme, die nur auf Basis der Ähnlichkeit der Produkte Vorschläge machen. Eine andere Möglichkeit, Produkte zu empfehlen, sind Social Recommendations, womit ähnliche, beliebte und für den Nutzer passende Produkte vorgeschlagen werden können, wie in Abschnitt 2.6.1, »Social Recommendations: Empfehlungen mittels Software«, beschrieben. Bei individuellen Systemen »lernt« das Vorschlagswesen immer wieder dazu. Um wirklich passgenaue Produktvorschläge zu unterbreiten, muss das System die Qualität einer Empfehlung bewerten. Dafür gibt es wiederum unterschiedliche Filtersysteme:

Content-based Filtering

Beim Content-based Filtering werden die Eigenschaften der Produkte analysiert und die Ähnlichkeiten dieser Objekte ermittelt, um Produktvorschläge zu unterbreiten. Das kann zum Beispiel die Farbe, Größe, Marke eines Produkts sein. Bei Elektronikartikeln sind es technische Produkteigenschaften wie Speicher, Ladezeit (siehe Empfehlen im Onlineshop von Cyberport, Abbildung 7.28). Beim Autokauf spielen die Eigenschaften Baujahr, Motor, PS usw. eine Rolle. Sucht ein Nutzer in einem Auto-Shop beispielsweise nach Hybridautos der Marke »Toyota«, könnten ihn auch Autos der Marke »Citroën« interessieren. Das System kommt naturgemäß an seine Grenzen, wenn es sich um echte Markenfans handelt. Wenn hinter dem Nutzer ein wahrer Toyota-Fan steckt, dann wird er mit Citroën-Vorschlägen eher verprellt als gewonnen. Alternativ gehen einige Onlineshops dazu über, die Produktvorlieben der Kunden vorher abzufragen, wie es beispielsweise die Shops »Fancy« und »BerryAvenue« nach der Anmeldung machen.

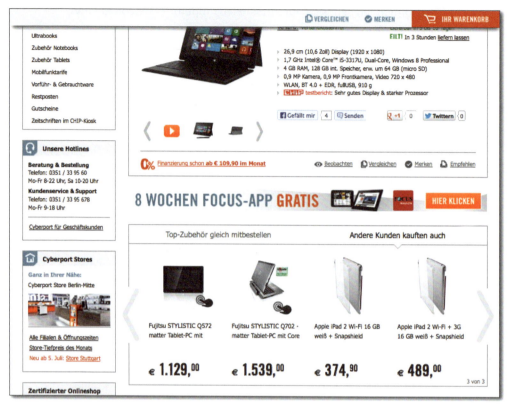

Abbildung 7.28 Produktvorschläge nach Content-based Filtering im Onlineshop von Cyperport; Quelle: https://www.cyberport.de

Collaborative Filtering

Wenn Sie einen Onlineshop mit Produkten führen, die aufgrund ihrer Einzigartigkeit wenig anhand objektiver Produkteigenschaften vergleichbar sind (z.B. Einzelstücke, Antiquitäten, auch Filme und Bücher), dann ist nur eine Vergleichbarkeit über die Hauptkategorie oder das Genre möglich. In diesem Fall hilft das Collaborative Filtering, das die Ähnlichkeiten von Benutzerprofilen auswertet. Je nachdem, wie ein Nutzer Produkte bewertet und Produkte betrachtet, können Produktempfehlungen für andere Kunden abgeleitet werden. Im Onlineshop eines Versandhändlers könnte ein solches Empfehlungsszenrio wie folgt aussehen: Petra und Anne mögen beide gern Gürtel der Marke Moschino. Petra hat zusätzlich schon Gürtel der Marke Gucci gekauft. In diesem Fall würde das Empfehlungssystem Anne Gucci-Gürtel vorschlagen. Der Vorteil von Collaborative Filtering ist, dass es je nach Ähnlichkeiten unter den Nutzern auch Produktvorschläge völlig anderer Kategorien vorschlägt. Wenn Petra zum Beispiel auch an Designermöbeln interessiert ist und diese Produkte im Onlineshop anklickt, werden sie Anne auch vorgeschlagen. Collaborative Filtering setzt eine Anzahl an Nutzerprofilen voraus und rentiert sich über die Zeit.

Hybride Lösungen

Um das Geheimnis von Amazons Empfehlungstechnologie gleich einmal zu lüften: Es handelt sich um eine hybride Lösung, die sich »Item-to-Item-Collaborative Filtering« nennt. Vorher werden die Ähnlichkeiten der Produkte »Item-to-Item« analysiert und dann in Echtzeit in Verbindung zu den Nutzern gesetzt.

Anbieter von Empfehlungssystemen bzw. Software für Onlineshops

- Econda: *http://www.econda.de/cross-sell/recommendation-engine*
- Epoq: *http://www.epoq.de*
- Fredhopper: *http://www.sdl.com/products/fredhopper*

7.6 Social-Media-Monitoring-Tools

Social Media Monitoring und Social Media Management werden häufig in einen Topf geworfen. Mit Monitoring können Kanäle, wie der Name schon sagt, »monitort«, also überwacht werden. Monitoring-Tools eignen sich aber auch, um das Engagement mit den Nutzern, die Interaktionen mit den Kunden zu messen und Influencer herauszufiltern. Somit können Sie Monitoring-Tools auch für Recherche- und Analysezwecke nutzen und daraus Maßnahmen für die Influencer Relations ableiten. Social Media Management ist dafür da, die eigenen Social-Media-Kanäle auszusteuern, d.h. Inhalte zu verbreiten, auf Anfragen zu antworten, kurz Community Management. Im Folgenden finden Sie eine Übersicht von kostenlosen Monitoring-Tools für kleinere Händler, kostenpflichtigen Tools und vor allem Social-CRM-Anbieter, die geeignet sind für den Kundenservice.

7.6.1 Kostenlose Social-Media-Monitoring-Tools

Kostenlose Monitoring-Tools eignen sich vor allem für kleine Händler mit einer überschaubaren Zielgruppe (bis zu 10.000 Fans auf Facebook). Zum einen können Sie die Monitoring-Funktionalitäten der sozialen Netzwerke selbst, also Facebook, Twitter, Google+, YouTube, nutzen. Oder Sie gehen über ein Dashboard (z.B. Hootsuite) und steuern dort alle Social-Media-Kanäle aus und haben alles auf einen Blick. Wenn Sie noch gar nicht in Social Media aktiv sind und dennoch wissen möchten, ob über Sie als Händler bereits gesprochen wird, können Sie sich mit kostenlosen Tools wie »Socialmention«, »Addict-o-matic« oder aber auch mit Google einen Überblick verschaffen.

Facebook

Kontrollieren Sie täglich, ob ein Fan auf Ihrer Facebook-Seite kommentiert oder etwas auf Ihre Chronik gepostet hat. Besuchen Sie dafür Ihre Facebook-Seite und wählen Sie »Beiträge von anderen«. Damit sehen Sie auf einen Blick, wer zuletzt etwas gepostet hat. Nutzen Sie auch die Benachrichtigungsfunktion von Facebook und lassen Sie sich per E-Mail informieren, sobald ein Nutzer geschrieben hat. Nicht zuletzt bietet Facebook mit seinen hauseigenen Statistiken spannende Einblicke in die Fan-Struktur (Demografie), Fan-Wachstum, Interaktionen, Content-Statistiken (beliebteste Beiträge, beste Posting-Zeit) etc. (siehe Abbildung 7.29).

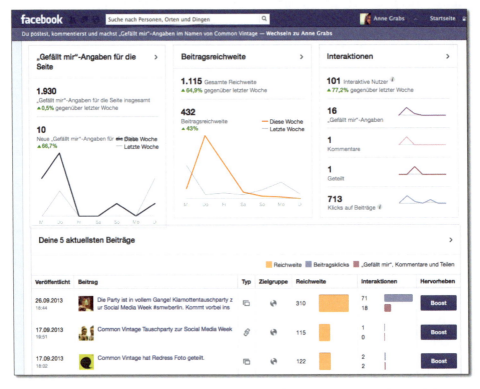

Abbildung 7.29 Facebook-Statistiken geben Auskunft über die Nutzer-Struktur und die Performance der Facebook-Seite.

Zur Konkurrenzbeobachtung in Facebook empiehlt es sich, Social Bakers, *http://www.socialbakers.com*, und FanPageKarma, *http://www.fanpagekarma.com*.

YouTube und Google+

Wenn Sie einen YouTube-Channel besitzen und/oder eine Google+ Seite verwalten, können Sie sich vom Netzwerk benachrichtigen lassen. Gehen Sie dabei auf

7.6 Social-Media-Monitoring-Tools

»Einstellungen« und geben Sie bei »Benachrichtigungen erhalten« (siehe Abbildung 7.30) Ihre E-Mailadresse an.

Abbildung 7.30 Benachrichtigungseinstellungen bei Google+

alert.io

Mit »alert.io« können sich kleinere Händler kostenlos einen Alert einrichten. Sie werden dann benachrichtigt, sobald jemand zu Ihrem eingetragenen Keyword etwas geschrieben hat. In der kostenlosen Version können Sie zwei Alerts einrichten und werden bis zu 250 Erwähnungen benachrichtigt. Alert.io eignet sich auch für große Händler und ist mit 49,90 € pro Monat für 50.000 Erwähnungen und 50 Alerts in der großen Version vergleichsweise günstig. Mehr Infos unter http://de.alert.io.

Twazzup

Wenn Sie Twitter nutzen, dann sollten Sie auf das Echtzeit-Monitoring gekoppelt mit Influencer-Analysen von Twazzup nicht verzichten. Das Tool listet alle relevanten Tweets zum Keyword und die dazugehörigen Top-Influencer. http://twazzup.com.

socialmention

Um einen generellen Überblick über Kommentare, Meinungen und Stimmen zu Ihrem Onlineshop oder Geschäft zu bekommen, können Sie »socialmention«, *http://socialmention.com*, nutzen (siehe Abbildung 7.31). Die Plattform durchforstet Blogs, Twitter, Webseiten usw. nach Ihrem Suchbegriff. Socialmention rankt die Einträge nach Tonalität (positiv, negativ, neutral). Ähnlich wie Socialmention aggregieren auch die Portale »Addict-o-matic«, *http://addictomatic.com*, und »HowSociable«, *http://www.howsociable.com*, Daten aus dem Web. Allerdings sind die Ergebnisse sehr schwammig und ungenau. Die Tools sind beide nicht zu empfehlen. Klick: *http://socialmention.com*.

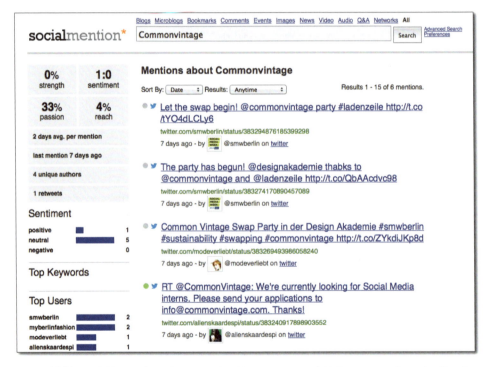

Abbildung 7.31 socialmention aggregiert Kommentare und Meinungen zu einem bestimmten Suchbegriff aus dem Social Web in Echtzeit.

Hootsuite

Das All-in-one-Dashboard »Hootsuite« erlaubt es Ihnen in der kostenlosen Variante, fünf Social-Media-Profile aus unterschiedlichen Netzwerken auf einen Blick zu monitoren und zu managen. In der kostenpflichtigen Variante stehen Ihnen für 9,99 € 50 Profile zur Verfügung. Für den Einstieg ist die kostenlose Variante aber allemal ausreichend.

Abbildung 7.32 Mit dem Hootsuite-Dashboard können mehrere Social-Media-Kanäle gleichzeitig monitort werden. Quelle: http://hootsuite.com

Streams anlegen: Gehen Sie auf »Streams« und anschließend »Add Stream«, um neue Profile oder Seiten anzulegen (siehe Abbildung 7.33). In Hootsuite können Sie Seiten, Gruppen und Profile in Twitter, Facebook, Google+, LinkedIn (auch LinkedIn Gruppen), Foursquare, Wordpress anlegen. Sie können also gleichzeitig Ihre Facebook-Seite, Ihr Twitter-Profil und Ihren Blog (insofern er mit Wordpress, siehe dazu Abschnitt 7.8.1, »Blogging Software«, angelegt wurde) überwachen.

Abbildung 7.33 Streams anlegen in Hootsuite: Klicken Sie auf Streams, anschließend auf »+ Add Stream« und wählen Sie aus den Netzwerken aus.

Relevante Keywords anlegen und monitoren: In Hootsuite können Sie sich eine Liste mit interessanten Keywords zusammenstellen und in Echtzeit prüfen, ob Kunden dazu twittern. Angenommen Sie führen einen Onlineshop für Teppiche aller Art. Suchen Sie nach dem Keyword »Teppich« und klicken Sie auf »Save as Stream« (siehe Abbildung 7.34). So sehen Sie immer, wenn jemand darüber schreibt, und können proaktiv auf Ihr Angebot verweisen.

Abbildung 7.34 Hootsuite-Dashboard mit abonnierten Keywords als Streams

IFTTT

Ein Tool, welches ein wenig in Vergessenheit geraten ist, aber immer noch sehr nützlich ist, lautet IFTTT (»If this then that«). Damit können Sie Social-Media-Kanäle miteinander verknüpfen. Das bedeutet, Sie können automatisiert auch Beiträge auf anderen Kanälen streuen, zum Beispiel ein Bild, welches Sie auf Instagram hochladen, würde dann automatisch in Ihrem Tumblr-Blog erscheinen (»If I'm posting on Instagram post it to my Tumblr too«). Mit Hashtags können Sie das Ganze noch genauer aussteuern (»If I post on Instagram using the Hashtag #Onlineshop then post it on my Tumblr too«). IFTTT unterstützt regelmäßiges Content Management. Vor allem Unternehmen mit vielen Social-Media-Präsenzen können IFTTT einsetzen, damit spannende Inhalte breit gestreut werden und gerade die Social-Media-Kanäle, die sonst ein Schattendasein fristen, öfter aktualisiert werden. Denn IFTTT bietet eine Vielzahl von Channels an (siehe Abbildung 7.35). Allerdings dürfen Sie nicht das Community Management vergessen. Denn jeder Beitrag kann auch geteilt und kommentiert werden. Fazit: Unbedingt ausprobieren und auf Community Management achten.

> **Mit bit.ly-Links die Performance messen**
> Vielleicht ist Ihnen schon aufgefallen, dass in diesem Buch hin und wieder bit.ly-Links auftauchen. Diese Links können Sie selbst über *http://bitly.com* erstellen. Wenn Sie noch dazu ein Konto bei bit.ly anlegen, können Sie sehen, woher die Besucher kommen und wie oft der Link geklickt wurde. Gerade bei Kampagnen empfiehlt es sich, Links mit bit.ly zu verkürzen, um die Performance zu kontrollieren.

Abbildung 7.35 IFTTT bietet eine Reihe von Social-Media-Kanälen zur Auswahl und Verknüpfung. Quelle: http://ifttt.com

7.6.2 Kostenpflichtige Social-Media-Monitoring-Tools

Der Markt an kostenpflichtigen Monitoring-Tools ist breit gesät, allerdings unterscheiden sich die Anbieter stark im Hinblick auf Implementierung, Individualisierung der Dashboards und Zusatzfunktionen. Professionelle Monitoring-Tools beginnen häufig bei etwa 500 € pro Monat. Wenn Sie sich für eines der Tools interessieren, fragen Sie nach einer Demo- oder Testversion.

Sysomos Heartbeat

»Heartbeat« vom Anbieter »Sysomos« ist ein Echtzeit-Monitoring-Tool, mit dem sich aber auch Key Influencer und Opinion Leader identifizieren lassen. Das Tool ist für alle gängigen europäischen Sprachen verfügbar und erlaubt Sprachen- und Länderfilter.

Mehr Infos: *http://www.sysomos.com/products/overview/heartbeat*

Engagor

»Engagor« bietet, wie der Name schon sagt, Insights zum Engagement mit Influencern. Zudem kann das Tool auch für Community Management und das Monitoring der Konkurrenz genutzt werden. Im Hinblick auf die Datenvisualisierung und -individualisierung bietet Engagor modulare Dashboards an. Engagor gibt es ab 500 € monatlich, und Sie können die Testversion 14 Tage lang testen.

Mehr Infos: *http://engagor.com*

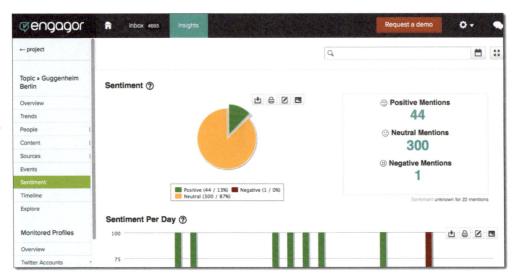

Abbildung 7.36 Das Monitoring-Dashboard von Engagor; Quelle: https://engagor.com

Synthesio

»Synthesio« bietet ein sehr leicht bedienbares Dashboard mit individualisierbaren Grafiken und Modulen an. Darüber hinaus kann Synthesio auch für Community Management genutzt werden (siehe Abbildung 7.37). Synthesio unterstützt Facebook, Twitter, Blogs, Foren. Bei Influencer-Statistiken schneidet das Tool allerdings nicht so gut ab.

Mehr Infos: *http://synthesio.com*

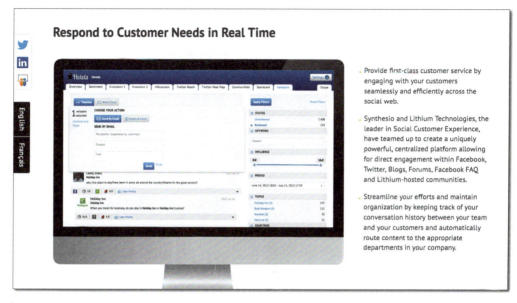

Abbildung 7.37 Synthesio vereint Social Media Monitoring und SocialCRM.
Quelle: http://synthesio.com

Brandwatch

»Brandwatch« mit Sitz in Berlin bietet sowohl Social Media Monitoring (25 Sprachen) als auch eine Community-Management-Lösung. Zwei Vorteile bringt das Tool mit sich: Brandwatch kann Meinungen genau lokalisieren, und Sie können Regeln festlegen, wie mit bestimmten Kommentaren umgegangen werden soll. Influencer identifiziert Brandwatch mit Klout und Kred.

Weitere Infos: *http://brandwatch.com*

Redarly von linkfluence

»Redarly« vom Anbieter »linkfluence« ist Echtzeit-Monitoring und Community Management in einem. Das Tool glänzt mit einem einfachen Interface und Filtermöglichkeiten. Kostenpunkt: ab 490 € pro Monat.

Weitere Infos: *http://linkfluence.com/de*

Salesforce Marketing Cloud

»Salesforce« hat im März 2011 Monitoring-Anbieter Radian6 gekauft und bietet mit seiner »Marketing Cloud« Social-Media-Monitoring, Community Management und Advertising in einem.

Mehr Infos unter: *http://www.salesforcemarketingcloud.com*

uberMetrics

»uberMetrics« bietet neben Echtzeit-Monitoring über Social-Media-Kanäle hinaus Verbreitungs- und Influencer-Analysen und Reputation Management (siehe Abbildung 7.38).

Mehr Infos: *http://www.ubermetrics-technologies.com/dynamic-2*

Abbildung 7.38 Das Dashboard von uberMetric; Quelle: http://www.ubermetrics-technologies.com

Tipp: Mit Attensity Tonalität genau messen

Die meisten Monitoring-Tools bewerten die Meinungen in den drei Tonalitäten »positiv«, »neutral« und »negativ«. Allerdings sind dies meist grobe Einteilungen. Qualitative Textanalysen bietet dafür das Tool »Attensity«, *http://www.attensity.com/products/attensity-analyze*. Der Versandhändler Schneider nutzt die Response-Management-Lösung von Attensity für seinen Onlineshop, *http://schneider-online.com*.

7.6.3 SocialCRM-Anbieter

Wie in Abschnitt 6.6.2, »SocialCRM« beschrieben, müssen Sie als Händler einen exzellenten Service in Social Media sicherstellen. Kleinere Händler können das mitunter durch manuelles Monitoring und mithilfe von kostenlosen Tools bewerkstelligen. Je größer jedoch das Unternehmen, umso unübersichtlicher wird es, und ein professionelles Tool lohnt sich. Dabei muss zwischen eigenständiger SocialCRM-Software und solcher, mit der ein bestehendes CRM-System mit Social-Media-Kanälen erweitert werden kann, unterschieden werden. Dies ist häufig eigenständige Software für das Customer Relationship Management und wird um »Social« erweitert, sodass sich in Anfragen in den Netzwerken ganz einfach importieren lassen.

Eigenständige SocialCRM-Software

Eigenständige SocialCRM-Systeme eignen sich für Unternehmen, die entweder noch kein CRM-System haben oder ihr altes austauschen wollen.

- Microstrategy: Microstrategy hat einen Schwerpunkt auf Facebook und bietet dafür Cloudlösungen an. Mit »Wisdom« werden die Daten und Interessen des Nutzers gesammelt, und »Gateway« konvertiert die unstrukturierten Daten des Social Graph, sodass das Tool auch für Vertriebszwecke sehr interessant ist. Weitere Infos: *http://www2.microstrategy.com/ae/social-intelligence/enterprise/wisdom/*

- Oracle: Oracle bietet mit seinem »Social Relationship Management« gleich Social Media Monitoring und SocialCRM. Weitere Infos: *http://www.oracle.com/us/solutions/social/overview/index.html* und *http://www.oracle.com/us/products/applications/social-crm/index.html*

- SugarCRM: Mit SugarCRM lassen sich Konversationen in Twitter, LinkedIn in das bestehende CRM importieren. Weitere Infos: *http://www.sugarcrm.com/feature/social-crm*

- Meltwater Buzz: Als Social-Media-Monitoring-Tool angefangen, bietet Meltwater Buzz auch SocialCRM-Lösungen an. Darüber hinaus unterstützt Meltwater Buzz auch mit Beratung zum Thema Social Media Engagement und Social Media Strategie. Weitere Infos: *http://www.meltwater.com/de/solutions/losungen-fur-social-media-marketing*

Nebenbei: Bei einigen Unternehmen ist es unisono, dass sie erst einmal die Beschwerden von Influencern beantworten und erst danach die von »weniger einflussreichen« Nutzern. Allerdings kann das schnell mal nach hinten losgehen, denn was diese Tools nicht messen, ist das soziale Kapital, welches die Nutzer außerhalb ihres digitalen Daseins besitzen und im Fall eines Mangels oder einer Produkttäuschung mobilisieren können.

SocialCRM-Software zur Erweiterung einer bestehenden CRM-Software

Damit können Sie Ihr bestehendes CRM-System mit SocialCRM erweitern:

- D&B: *http://www.dnb.com*
- Dell Boomi: *http://www.boomi.com*
- SAS Dataflux: *http://support.sas.com/software/products/dataflux*
- TIBCO: *http://www.tibco.com*
- Informatica: *http://bit.ly/1dZg5fh*

7.6.4 Crowdtesting-Anbieter

Wenn Sie Ihren Onlineshop oder Ihre App von der Community testen lassen wollen, um wertvolle Hinweise über die Usability, User-Experience, das Klickverhalten der Nutzer, App-Downloads zu erhalten, bieten sich folgende Portale an:

- testCloud: *https://www.testcloud.de*
- testhub: *http://www.testhub.com*
- Passbrains: *http://www.passbrains.com*
- Testbirds: *http://www.testbirds.de*

Crowdtesting-Plattformen sind nicht kostenlos, sondern die Tester werden je nach Projekt von den Anbietern bezahlt. Sie werden von den Anbietern speziell ausgewählt und über die Plattform rekrutiert. Dort testen also nicht irgendwelche Nutzer, sondern ein Teil der relevanten Zielgruppe. Tests von Onlineshops und Apps lohnen sich, um die Kundensicht zu erfahren und das Angebot, Inhalte, Ladezeiten usw. zu optimieren.

7.7 Social Tools für den Onlineshop

Diese Tools helfen Ihnen dabei, Ihren Onlineshop zu »socialisen«.

7.7.1 Social Login

Viele Onlineshopper sind in ihr soziales Netzwerk eingeloggt, während sie einen Onlineshop besuchen. Social Labs fanden 2011 heraus, dass im Durchschnitt etwa 50 % Besucher von Onlineshops parallel in Facebook eingeloggt sind.[4] Das birgt enormes Potenzial für die Verknüpfung von Social Media mit dem Onlineshop, um

---

[4] Social Labs, 2011, http://www.sociablelabs.com/blog/bid/101763/Over-50-of-Shoppers-are-Logged-In-to-Facebook-While-on-Ecommerce-Sites.

Empfehlungseffekte auszulösen, aber auch, um Neukunden über den Social Login via Facebook, Google und Twitter zu gewinnen. Denn mithilfe des Social Logins (auch »Social Sign-in«) können sich Ihre Kunden bequem mit ihrem Facebook-, Twitter- oder Google-Profil in Ihrem Onlineshop anmelden. Durch den Social Login spart sich Ihr Kunde einen langwierigen Anmeldeprozess. Außerdem möchten die Kunden nicht für jeden Onlineshop einen neuen Account mit einem neuen Passwort anlegen, das sie sich dann sowieso nicht merken. Besonders auf mobilen Endgeräten ist aufgrund des kleinen Bildschirms ein einfacher und benutzerfreundlicher Anmeldeprozess entscheidend für die Neukundengewinnung (Abbildung 7.39). Bei der Entwicklung einer mobilen Shopping-App sollten Sie Social Login auf jeden Fall anbieten.

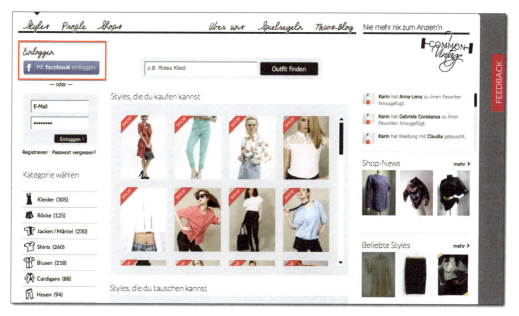

Abbildung 7.39 Über den Social Login kann der Onlineshop Commonvintage neue Kunden gewinnen. Quelle: http://www.commonvintage.com

> **Onlineshoppper wünschen sich Social Login**
>
> 77 % der Nutzer weltweit wünschen sich laut einer Studie aus dem Jahr 2011 von »janrain«, siehe *http://janrain.com*, die Option »Social Login«. Viele europäische Onlineshops setzen bereits auf den Social Login via Facebook. Laut einer Studie von »Betabond«, die 200 Onlineshops weltweit untersuchten, boten 14,5 % der europäischen Shops den Login via Facebook an, während es in den USA nur 6 % waren.[5]

---

5 Futurebiz, 2013, »Facebook Login im Onlinehandel: Europa toppt die USA«, http://www.futurebiz.de/artikel/facebook-login-im-onlinehandel-europa-toppt-die-usa/

Soziale Netzwerke, die Social Login unterstützen:

Facebook: *http://developers.facebook.com/docs/facebook-login*

Google+: *http://developers.google.com/+/*

Twitter: *http://dev.twitter.com/docs/auth/oauth*

Weitere Vorteile des Social Logins

Die Betreiber von Onlineshops können mit Social Login ganz nebenbei auch Insights über ihre Kundschaft gewinnen. Der Social Login gewährt Ihnen Einblicke in die soziodemografischen Daten des Nutzers und seine Interessen. So können Angebote und Produkte auf den Nutzer abgestimmt werden. Wie bereits in Abschnitt 2.6, »Schlagen Sie dem Kunden passende Produkte vor«, an dem Beispiel Frontlineshop beschrieben, können dadurch direkt im Onlineshop individuelle und personalisierte Angebote unterbreitet werden. Der Vorteil des Social Logins liegt in der Praxis aber viel häufiger in der Verknüpfung von Freundeslisten und Kontakten. Wer sich zum Beispiel bei dem Netzwerk »Vine« (siehe Abbildung 7.40) mit seinem Twitter-Profil oder bei Pinterest mit seinem Facebook-Profil einloggt, kann dadurch auch direkt sehen, wer seiner Twitter-Kontakte schon in dem mobilen Netzwerk verbunden ist und ihnen folgen. Gerade für neue Kunden ist das ein Grund, länger auf der Plattform zu bleiben. Social Login macht sich also auch besonders bezahlt, wenn der Onlineshop über »soziale« Funktionalitäten wie zum Beispiel Produktabstimmung, Gift Lists, Nutzern oder Boards folgen etc. verfügt. Achten Sie vor allem bei einer App darauf, dass Sie Social Login anbieten.

Abbildung 7.40 Social Login via Twitter in der mobilen App Vine

7.7 Social Tools für den Onlineshop

> **Instant Sharing: Produktempfehlungen durch Social Login**
> Ein weiterer Vorteil des Social Logins ist, dass Produkte, die der Nutzer liked oder »herzt«, automatisch in seinem Facebook-Stream geteilt werden. Dadurch werden seine Freunde auf Produkte in Ihrem Onlineshop aufmerksam.

Achtung Datenschutz

Die Daten, die beim Social Login mit Facebook abgefragt werden, sind immens. Bei einem Facebook-Login im Onlineshop von »Etsy« (siehe Abbildung 7.41) muss der Nutzer sein Einverständnis geben, dass Etsy folgende Informationen verwenden darf: öffentliches Profil, Freundesliste, E-Mail-Adresse, Beziehungen, Geburtstag, Ausbildung, Interessen, derzeitiger Wohnort, persönliche Beschreibung, »Gefällt mir«; sowie Informationen von Facebook-Freunden: Beziehungen, Geburtstage, Ausbildung, Interessen, persönliche Beschreibungen und »Gefällt mir«.

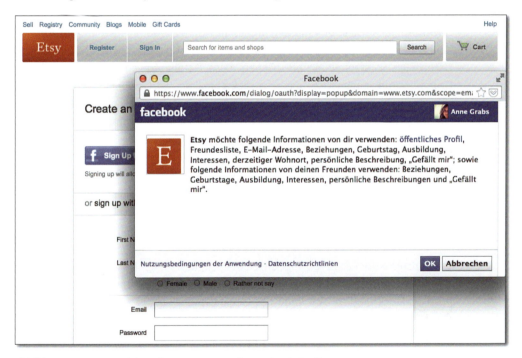

Abbildung 7.41 Datenabfrage beim Login mittels Facebook-Profil; Quelle: http://www.etsy.com

Viele Kunden schreckt aber auch genau das ab. Deshalb sollten Sie unbedingt darauf hinweisen, dass Sie diese Daten auf keinen Fall an Dritte weitergeben, und dass

Sie niemals ohne die ausdrückliche Einwilligung des Kunden auf der Facebook-Pinnwand des Kunden etwas posten werden.

Social Login bei Gewinnspielen

Gewinnspiele in sozialen Netzwerken sind beliebt. Ein kostenloses iPad oder ein Amazon Kindle, klar machen da die Nutzer gerne mit. Wie sich über Gewinnspiele in Facebook Kunden für weitere Produkte gewinnen lassen (Cross-Selling), hat kürzlich Amazon vorgemacht. Über eine Facebook-App konnte der Nutzer am Kindle-Gewinnspiel teilnehmen und gab damit gleichzeitig Amazon das Okay für folgende Daten des Nutzers in Facebook: Name, Geschlecht, Profilbild, E-Mail-adresse, Geburtstag, sämtliche «Gefällt mir»-Angaben des Nutzers und seiner Freunde, alle Fotos und Videos des Nutzers, Geburtstage von Freunden. Aufgrund der Datenabfrage konnte Amazon anschließend Cross-Selling für seinen Service »Amazon Cloud« betreiben und beispielsweise ein Backup für Facebook-Fotos anbieten.

Gewinnspiele in Facebook müssen immer als App (Facebook-Anwendung) zur Verfügung gestellt werden. Sie nehmen bei der Weitergabe und Verwendung von Daten eine Sonderstellung ein. Genau diese Datenabfragen sind aber auch der Grund, warum einige User davor zurückschrecken, an Gewinnspielen teilzunehmen. Sie befürchten, dass ihre Daten weitergegeben werden. Achten Sie also darauf, in den Nutzungsbedingungen der Facebook-App darauf hinzuweisen, dass Sie die Daten nicht weitergeben, und machen Sie deutlich, wozu Sie die Daten erheben. Amazon wurde für sein Gewinnspiel stark im Netz kritisiert. Nicht wegen der Datenabfrage an sich, sondern weil nicht klar war, wozu die Daten erhoben werden. Wenn der Nutzer am Ende von gezielten Produktvorschlägen profitiert, stört ihn das auch weniger.

Newsletter-Kunden mit dem »Double Opt in«-Verfahren gewinnen

Gewinnspiele in Facebook eignen sich auch, um neue Newsletter-Kunden zu gewinnen. Das ist jedoch nur mit dem ausdrücklichen Einverständnis des Facebook-Nutzers möglich. Am Ende des Gewinnspiels muss er gefragt werden, ob er den Newsletter des Onlinehändlers oder Händlers bestellen möchte (siehe Abbildung 7.42). Weisen Sie bei dieser Abfrage auch darauf hin, dass der Kunde den Newsletter jederzeit wieder abbestellen kann. Doch mit dieser Abfrage ist es nach dem Wettbewerbsrecht noch nicht getan. Der Kunde muss daraufhin eine E-Mail mit einem Bestätigungslink für diesen Newsletter erhalten, den er anklicken muss. Erst dann ist das Newsletter-Abonnement rechtens, und es liegt eine wirksame Einwilligung des Kunden vor. Dieses Verfahren nennt man »Double Opt-in«.

7.7 Social Tools für den Onlineshop

Abbildung 7.42 Newsletter-Kundengewinnung beim Facebook-Gewinnspiel von Deichmann

7.7.2 Social Plugins

Damit Produkte einfach und leicht im Netzwerk weiterempfohlen werden, darf es keine technischen Hindernisse für den Nutzer geben. Ein solches Hindernis wäre es zum Beispiel, wenn der Nutzer den Shop-Link kopieren und in ein Posting in Twitter einfügen müsste. Mit Social Plugins für den Onlineshop wird das Teilen von Produkten in allen gängigen sozialen Netzwerken (Facebook, Twitter, Google+, Linkedin, Pinterest) erleichtert. Allerdings dürfen auf keinen Fall automatisch Postings im Netzwerk des Users generiert werden. Darauf reagieren vor allem die deutschen Nutzer extrem allergisch. Einige Nutzer sind dennoch kritisch in Bezug auf Social Plugins, weshalb mancher Onlineshop auf eine 2-Klick-Lösung setzt (siehe Abbildung 7.43).

Social Plugins integrieren

Social Plugins können Sie entweder über die sozialen Netzwerke selbst integrieren oder auf eine bestehende Lösung, mit der Ihnen ein Bündel von Social Plugins zur Verfügung steht (z. B. »Addthis«), zurückgreifen.

- Addthis: *http://www.addthis.com/social-plugins#.UlMT4SSAR-8*
- Facebook Like Button:
  http://developers.facebook.com/docs/plugins/like-button

Weitere Social Plugins von Facbeook:

http://developers.facebook.com/docs/plugins

- Google +1 Schaltfläche: *http://www.google.com/+/learnmore/+1/*
- Twitter Button: *http://twitter.com/about/resources/buttons*
- Xing Share-Button: *http://www.xing.com/app/share*
- LinkedIn Share Button:
  http://developer.linkedin.com/plugins/share-plugin-generator

> **2-Klick-Lösung zur Gewährleistung des Datenschutzes**
>
> Einige Leser werden beim Thema Social Plugins ganz hellhörig und kritisch, was den Datenschutzaspekt dieser Tools betrifft. Das ist auch gut so, denn diese Social Plugins speichern Daten, ohne dass der Nutzer den Datenaustausch kontrollieren kann, teilweise sogar auch dann, wenn er noch gar nicht auf »Gefällt mir« geklickt hat. Abhilfe kann an dieser Stelle derzeit nur eine »2-Klick-Lösung« schaffen, bei der der Nutzer zunächst einmal zustimmt, ob das Plugin aktiviert werden soll, und erst dann das Produkt weiterempfiehlt.

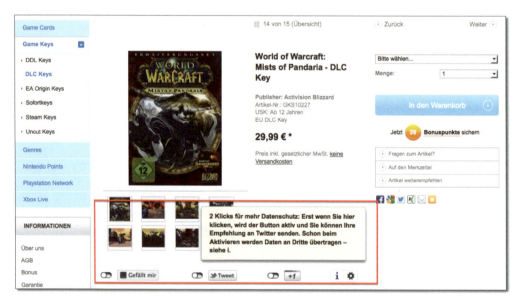

Abbildung 7.43 Der Onlineshop »GameKeyShop« setzt auf die 2-Klick-Lösung von Heise.de bei der Integration von Social Plugins. Quelle: http://www.gamekeyshop.net

Social Plugins eignen sich besonders, um zu signalisieren, dass ein Inhalt, ein Produkt oder ein Onlineshop bei der Masse gut angekommt (siehe »Das Prinzip Social Proof« in Kapitel 5, »Die Prinzipien des Handels«).

Anbieter von 2-Klick-Lösungen

- Heise:
  http://www.heise.de/ct/artikel/2-Klicks-fuer-mehr-Datenschutz-1333879.html

Dokumentation: *http://www.heise.de/extras/socialshareprivacy*

- Wordpress: *http://wordpress.org/plugins/2-click-socialmedia-buttons/faq*.
  Das Wordpress-Plugins kann demnach nur für Wordpress Blogs genutzt werden.

7.7.3 Anbieter von Live Chat-Software für den Onlineshop

Immer mehr Onlineshops bieten einen Live Chat an, damit Kunden direkt Fragen stellen können. Aber keine Angst: Live Chat hat nichts mit ICQ-Chats oder Sonstigem zu tun, sondern wirkt sich bei vielen Onlineshops sehr positiv auf die Kundenzufriedenheit aus, da die Kunden direkt am Online-POS ihre Fragen stellen können. Somit können vor allem Kaufabbrüche während des »Checkouts« verhindert werden.

Anbieter

- Snap Engage: *http://snapengage.com/live-chat-reviews*, Referenz:
  http://www.fashionforhome.de
- Userlike: *http://www.userlike.de/pricing*, Referenz:
  http://www.notebooksbilliger.de
- Zopim: *http://www.zopim.com/?lang=de*

7.8 Tools für Content Marketing

Mit dem Erstellen von Inhalten verhält es sich so ähnlich wie mit dem effizienten Arbeiten an einem PC oder Laptop. Es macht keinen Spaß, an einem alten langsamen Rechner an einem Word-Dokument zu arbeiten. Zum Glück bietet das Web einfache und kostenlose Tools zur Content-Erstellung und -Verbreitung.

7.8.1 Blogging Software

Ein Blog ist für gezieltes Content Marketing unerlässlich, denn nirgendwo anders als auf Ihrem Blog können Sie Ihre Geschichten erzählen, Bilder und Videos einbinden.

Wordpress

Wordpress ist eine echte Empfehlung, denn die Software lässt sich sehr leicht installieren, bedienen, und die aktive Entwickler-Community bringt regelmäßig neue Funktionen und Designs heraus, die Sie kostenlos nutzen können. Angefangen als reine Blog-Software werden mittlerweile umfangreiche Webseiten mit

Wordpress umgesetzt (siehe Abbildung 7.44), und viele Unternehmen nutzen Wordpress mittlerweile als Content Management System (CMS), da sich das Dashboard so leicht bedienen lässt (siehe Abbildung 7.45). Nicht zuletzt schneidet Wordpress auch im Google Ranking recht gut ab. Im Übrigen gibt es für Wordpress auch eine Shop Extension »eShop«, siehe http://wordpress.org/plugins/eshop.

Abbildung 7.44 Das Shopbetreiber-Blog, das mittlerweile schon eine vollumfängliche Website darstellt, wurde mit Wordpress erstellt. Quelle: http://www.shopbetreiber-blog.de

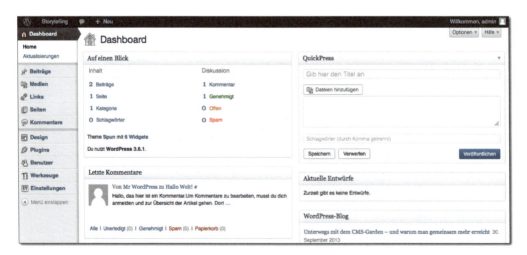

Abbildung 7.45 Ansicht des Wordpress Dashboards

Tumblr

Tumblr bietet zwar weniger Funktionen als Wordpress, dafür aber eine starke Community. Im August 2013 wurden weltweit 130,5 Mio. Tumblr-Blogs gezählt. Tumblr listet, wie es bei Blogs gang und gäbe ist, die Beiträge chronologisch. Sie können einen reinen Text, Fotos, Zitate, Links, eine Unterhaltung, Audio oder Videos posten und natürlich auch das Tumblr-Design anpassen. Tumblr eignet sich besonders für unterhaltsame Inhalte, wird aber auch für besonders ästhetische Bilder und Kunstwerke gerne verwendet. Besonders interessant an Tumblr ist die »Reblogging«-Funktion, mit der Beiträge noch einmal gebloggt werden können (siehe Abbildung 7.46).

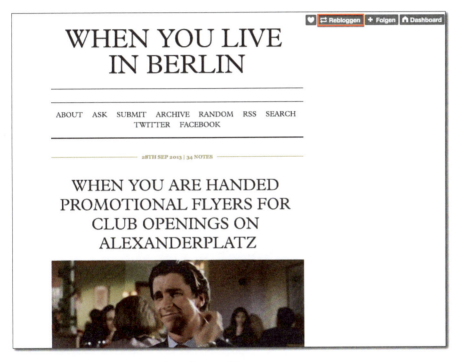

Abbildung 7.46 Reblogging-Funktion bei Tumblr;
Quelle: http://whenyoureallyliveinberlin.tumblr.com

Google Blogger

Auch Google bietet eine eigene Blogging Software, *www.blogger.com*, und entwickelt diese beständig weiter. Insbesondere die Integration von Google+ ist dabei interessant.

> **Ghost will zu den Ursprüngen des Bloggens zurück**
>
> Dass Blogs heute gar keine Blogs mehr sind, sondern mehr oder weniger Websites mit chronologisch aktualisierten Beiträgen, und Wordpress häufig als CMS genutzt wird, hat Entwickler John O'Nolan Ende 2012 dazu bewogen, eine neue Blogging Software zu programmieren. Unter dem Namen »Ghost« soll jedem ein kostenloses Tool zur Verfügung stehen, der wirklich bloggen möchte und dabei auf ein schönes Design und leichte Bedienbarkeit nicht verzichten möchte. O'Nolan ließ seine Idee übrigens auf Kickstarter crowdfunden, wo er 5.236 Unterstützer fand, die ihm knapp 200.000 Pfund zur Verfügung stellten, siehe *www.kickstarter.com/projects/johnonolan/ghost-just-a-blogging-platform*. Zum Zeitpunkt der Buchveröffentlichung steht Ghost nur den Kickstarter-Unterstützern zum Test zur Verfügung. Wer will, kann sich aber unter *http://ghost.org* anmelden und zum offiziellen Launch benachrichtigen lassen.

7.8.2 Video Marketing

In Kapitel 6, »Strategien für erfolgreichen Handel«, haben wir bereits über die Relevanz von YouTube als Quelle von Influencern, die dort per Video Ihre Produkte weiterempfehlen (können), berichtet (siehe Abschnitt 7.9.2, »Google AdWords«). YouTube eignet sich natürlich auch, um eigene Inhalte zu präsentieren, wie ebenfalls in Kapitel 5, »Die Prinzipien des Handels«, dargestellt.

Was bei Video-Content generell wichtig ist: Die Zeiten von Wackelbildern sind vorbei, denn die Qualität der Kameras ist immer besser geworden, und die Nutzer sind gute Bilder gewöhnt. Achten Sie daher auf eine gute Videoqualität und einen guten Schnitt. Folgende Plattformen und Tools stehen Ihnen für Ihre Videos zur Verfügung:

YouTube

Bei YouTube hat sich 2013 einiges geändert. Branded Channels sind weggefallen, dafür setzt YouTube bzw. Google vor allem auf seine Werbeformate, siehe Abschnitt 7.9, »Tools für Digitales Marketing«. Das wichtigste Werkzeug in YouTube sind die »Anmerkungen«. Diese erreichen Sie in Ihrem YouTube-Channel unter »Video-Manager«, Video auswählen, auf »Bearbeiten« klicken und dann können Sie Ihre Google+ Seite unter »Anmerkungen« verlinken (siehe Abbildung 7.47).

YouTube bietet mit dem »YouTube Editor«, *http://www.youtube.com/editor*, auch ein Schnittprogramm, dass Sie für kleine Änderungen am Video (zum Beispiel Anfang und Ende des Videos abschneiden, Vorspann und Abspann einfügen, Untertitel wie Crowling Titles einfügen) nutzen können. Übrigens: Video-Animationen können Sie mit Animoto, *http://animoto.com* erstellen.

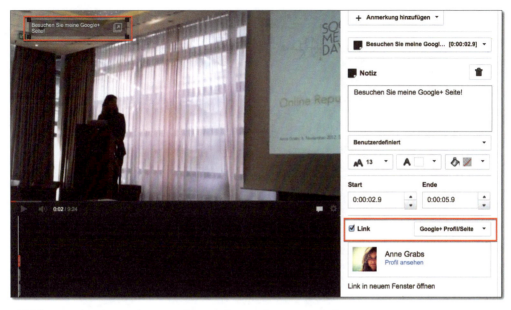

Abbildung 7.47 Mit YouTube-Anmerkungen die Google+ Seite verlinken

YouTube-Rankingfaktoren

Das Ranking eines Videos in YouTube bzw. Google hängt von VideoSEO-Faktoren (siehe Abbildung 7.48) ab. Dazu gehören »onVideo«-Faktoren wie Video-Keyword, Titel und Relevanz des Videos, der Einfluss der YouTube-Nutzer (in der Abbildung 7.48 »User Aktion«, »Empfehlungen« genannt) und die Kanalstärke selbst.

Kanalstärke

Mit dem Aufsetzen eines YouTube-Channels schaffen Sie die Basis für die Faktoren Vertrauen und Autorität, siehe »Trust« in Abbildung 7.48. Trust meint Vertrauen stiftende Maßnahmen, die das Vertrauen in den Channel erhöhen, die sowohl zu einem besseren Ranking als auch zu einer besseren Auffindbarkeit führen. Die Darstellung und grafische Aufmachung des Kanals, das Playlisten-Konzept und die kontinuierlichen Video-Uploads tragen dazu bei, dass sich die Anzahl der Video-Views und die Anzahl der Abos erhöhen und, vor allem, dass YouTube den Channel als vertrauenserweckend einstuft. Als weiterer relevanter Faktor für die Kanalstärke wird die Verknüpfung des YouTube-Channels mit einem Google+-Konto angeführt. Diese Verknüpfung können Sie in Ihrem YouTube-Konto einrichten. Die Autorität eines Kanals wird durch Textinformationen, Playlisten und externe Links erhöht. Geben Sie in Ihrem YouTube-Channel daher Links zu Ihrer Website und Social-Media-Kanälen an.

7 Wichtige Tools für Onlinehändler und stationäre Händler

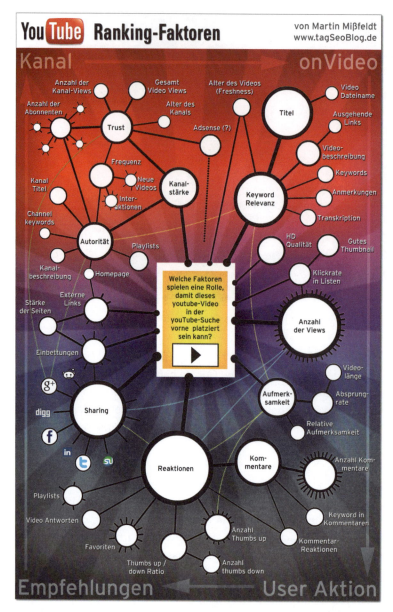

Abbildung 7.48 YouTube-Rankingfaktoren; Quelle: www.tagSeoBlog.de

onVideo – VideoSEO

Der zweite wichtige Schritt zur Steigerung der Sichtbarkeit des Videos in der YouTube- und Google-Suche sind Maßnahmen »onVideo«, siehe Abbildung 7.48. Bereits der Name der Videodatei als auch ausgehende Links tragen zum Ranking des Videos bei. Besonders wichtig bei der Suchmaschinenoptimierung von YouTube-Videos ist die Betitelung, Beschreibung und Beschlagwortung des Videos.

Kriterien für das YouTube-Ranking:

1. Optimierung für ein bis maximal drei Keywords
2. Angabe (Haupt-)Keyword im Titel des Videos
3. Beschreibungstext: ca. 200 bis 300 Wörter
4. Zwischenüberschriften mit Neben-Keywords
5. Top-Headline im Beschreibungstext, die zum Lesen auffordert
6. Verständlicher Beschreibungstext (keine Schachtelsätze und eine Aussage pro Satz)
7. Angemessene Keyword-Verteilung im Text
8. Variationen des Keywords (Singular, Plural, zusammengeschrieben oder getrennt)
9. Angabe relevanter Keywords als Tags
10. Keywords in Playlistenbezeichnung und Beschreibung

Weitere Optimierungsansätze, um das Ranking auf YouTube zu verbessern

1. Frequenz: Wie oft wurde das Video in welcher Frequenz betrachtet?
2. Bewertungen: Welche und wie viele Bewertungen gibt es?
3. Wie oft taucht das Video in den Favoriten von Usern auf?
4. Wie oft wurde es auf Websites eingebunden?
5. Wie oft taucht das Video in Playlists auf?
6. Wie viele Videoantworten gibt es?
7. Ist das Video eine Videoantwort zu einem populären Video?
8. Wie viele Abonnenten hat der Kanal?

Zudem wird angenommen, dass Video-Bewertungen Einfluss auf »Universal Search Einblendungen« haben: Je beliebter ein Video, desto höher ist die Wahrscheinlichkeit, dass es als Universal-Search-Ergebnis in den SERPs auftaucht.

Google+ Hangout

Dass Videos nicht nur genutzt werden können, um die Community mit Videoinhalten zu versorgen, zeigt die Beliebtheit von Google+ Hangout. Damit können Community-Mitglieder zu einem offenen Q&A (Questions and Answers) eingeladen werden. Ein mögliches Szenario: Sie launchen ein neues Produkt im Onlineshop und präsentieren es vorab in einem Hangout der Community, die dazu entsprechend Fragen stellen können. Mehr Infos über Google+ Hangout und wie Sie es einrichten, erfahren Sie hier: *http://www.google.com/+/learnmore/hangouts*

Vine

Vine ist eine kostenlose App, mit der sich kurze Video-Snippets erstellen lassen. Gerade für kleine Einblicke hinter die Kulissen des Büroalltags und lustige Momente, die Sie mit der Community teilen. Vine ist nur über die mobile App nutzbar: *http://vine.co*

Erklärfilme

Da der Markt für Erklärfilme noch relativ jung ist, gibt es erst ein paar Dutzend professionelle Anbieter für Erklärfilme, die zu empfehlen sind. Allerdings sind Erklärfilme nicht billig. Genauso wie Sie Geld für einen TV-Spot ausgeben müssen, müssen Sie das auch bei Erklärfilmen tun. Folgende Anbieter stehen Ihnen zur Verfügung:

- Simpleshow, *http://simpleshow.com*: Kosten ca. 8.000 €. Simpleshow erstellt nach dem Briefing ein ausführliches Storyboard, nach dessen Vorgaben dann das Video gedreht wird. Sie arbeiten mit professionellen Sprechern zusammen und haben bereits für Kunden wie Paypack und Mobile.de gearbeitet, siehe *http://simpleshow.com/referenzen*.

- Explain it, *http://www.explain-it.tv*: Explain it bietet einen Schwarz-Weiß-Film von bis zu drei Minuten zum Komplettpreis von 5.800 € an. Weitere Film-Features wie Sprachen, farbige Zeichnungen, etc. können hinzugebucht werden.

- Textzeichnerin, *http://www.textzeichnerin.com*: Die Textzeichnerin produziert für jeden Kunden ein individuelles Erklärvideo nach seinen Wünschen und liegt im mittleren Preissegment. Hinter der Textzeichnerin stehen Marketingexperten, die großen Wert auf Inhalte und die Story dahinter legen, um die mit dem Erklärvideo gesteckten Ziele auch zu erreichen. Auf Wunsch bieten sie zusätzliche Unterstützung in der Vermarktung des Videos.

- AniManuel, *http://animanual.de*: Arbeitet mit animierten Grafiken und bietet neue unterschiedliche Styles zur Auswahl, Referenzen finden sich im YouTube-Channel *http://www.youtube.com/user/AniManual*.

- action selection, *http://action-selection.de*: Erstellt Erklärfilme mit animierten Grafiken, 10 Sekunden Video kosten 399 € netto.

- Funk-e, *http://www.funk-e.net*: Bietet Erklärfilme als 2D-Animationen zu drei unterschiedlichen Tarifen Simple, Basic und Branded.

- How-to-Video, *http://how-to-video.tv*: Die Videoagentur Infotainweb bietet unter der Marke How-to-Video Erklärfilme und verwendet dabei Zeichnungen, Animationen, Grafiken, Fotos und Videos (siehe Abbildung 7.50). Auf Wunsch kümmert sie sich auch um die Verbreitung des Videos.

- Erklärmehr, *http://www.erklaermehr.de*: Bietet Erklärfilme für Unternehmen und Dienstleistungen, Apps und Software.

7.8 Tools für Content Marketing

Abbildung 7.49 Erklärfilm des Anbieters Simpleshow über Paypack; Quelle: http://simpleshow.com/referenzen

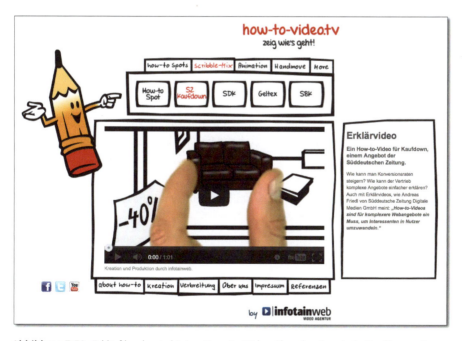

Abbildung 7.50 Erklärfilm des Anbieters How-to-Video über das Angebot »Kaufdown« der Süddeutschen Zeitung; Quelle: http://how-to-video.tv

7.8.3 Tools für Infografiken

Infografiken sind sehr beliebt in Social Media und werden gerne geteilt. Gerade für Sie als Händler gibt es viele »Statistiken«, die Sie, natürlich humorvoll verpackt, als Infografik darstellen können. Angenommen, Sie betreiben einen Onlineshop für Sportlernahrung und Ergänzungsmittel. Dann könnten Sie ein Tortendiagramm darstellen à la »Momente, in denen ich darüber nachgedacht habe, meinen inneren Schweinehund zu überwinden vs. Momente, in denen ich ihn überwunden habe«, wobei auf letztere Aussage eben nur 1 % fallen würde. Der Postingtext dazu könnte lauten »Jetzt loslegen mit Produkt XY«.

Um solche Infografiken zu erstellen, empfiehlt es sich, mit einem Grafiker zusammenzuarbeiten. Achten Sie darauf, dass Ihre Grafiken in Ihrem CI erstellt sind. Ansonsten können Sie noch auf folgende kostenlose Tools zurückgreifen:

Piktochart: *http://piktochart.com*

Infogr.am: *http://infogr.am*

Easel.ly: *http://www.easel.ly*

7.8.4 Tools für Online-Magazine und Tutorials

Was neben Blogs auch sehr beliebt ist bei Betreibern von Onlineshops, sind Online-Magazine. Anstelle des Katalogs wird dem Käuferpublikum ein Magazin mit spannenden Inhalten und Bildern zur Verfügung gestellt. Otto hat das beispielsweise mit seinem »MyLife Magazin« vorgemacht.

Anbieter

- Megazine3: Mit Megazine3 lassen sich in der Demoversion (»MZ3-Demo) bis zu 30 Seiten kostenlos erstellen. Das MyLife Magazin von Otto wurde beispielsweise mit dieser Software umgesetzt. *http://www.megazine3.de/overview.html*

- Ownzee: Ein sehr simples Tool, um ein Magazin zu erstellen. Unterschiedliche Schriftarten sind bereits vorab installiert. Ein wirkliches »Ready to publish«-Tool. *http://www.ownzee.com*

- Issuu: Issuu ist ein einfaches Tool, um Online-Magazine zu erstellen. Besonders nützlich ist die Funktion, Bilder zum Onlineshop zu verlinken (siehe Abbildung 7.51). *http://issuu.com*

- Scribd: Scribd ist bekannt für eBooks und eher wissenschaftliche Veröffentlichungen. Es kann Ihnen also dazu dienen, Jahresberichte und Anleitungen zu veröffentlichen. *http://de.scribd.com*

7.8 Tools für Content Marketing

- Slideshare: Wenn Sie Tutorials und Anleitungen veröffentlichen wollen (beispielsweise eine Bedienungsanleitung eines Ihrer Produkte), dann lohnt es sich, dies auf Slideshare zu veröffentlichen, da es von dort aus geliked, kommentiert und weitergeleitet werden kann. Slideshare erlaubt auch die Einbindung von YouTube-Videos. *http://www.slideshare.net*
- Prezi: Prezi ist ein kostenloses Präsentationstool, mit dem Sie Vorträge oder Anleitungen einmal abseits der bekannten Powerpointvorlagen präsentieren können. Auch YouTube-Videos lassen sich spielend leicht integrieren. Einfach ausprobieren! *http://prezi.com*
- Fodey: Sie mögen es lieber altmodisch? Mit Fodey lassen sich Bilder im Stil einer alten Zeitungsnachricht darstellen. Das Datum kann verändert werden. Angenommen, bei Ihnen trifft neue Ware ein. Erstellen Sie ein Bild mit Fodey und posten Sie es in Ihren Social-Media-Kanälen. *http://www.fodey.com/generators/newspaper/snippet.asp*

Abbildung 7.51 Mit Issuu lassen sich ganz einfach Online-Magazine erstellen und Produktbilder direkt zum Onlineshop verlinken.

7.8.5 Erhöhen Sie mit SEO die Auffindbarkeit Ihres Contents in Google

Google ist derzeit die wichtigste Plattform für die Neukundengewinnung im Internet, denn Google ist ungeschlagener Marktführer bei den Suchmaschinen. Inhalte, die die Suchmaschine gut lesen kann, kann sie auch weit oben ranken. Das betrifft Produktbeschreibungen und -bewertungen in Ihrem Onlineshop, Beiträge im Corporate Blog, Einträge in digitalen Branchenverzeichnissen. All dieser Content trägt dazu bei, potenzielle Kunden über Google zu gewinnen. Oberstes Ziel ist es daher, gute und verkaufsfördernde Inhalte zu liefern und dafür Sorge zu tragen, dass Google sie lesen kann. Dann werden Sie mit einem guten Ranking in Google belohnt. Dafür sollten Sie sich an grundlegende SEO-Regeln für die Aufbereitung und Verarbeitung von Inhalten halten. SEO ist die Abkürzung für »Search Engine Optimization«, auf Deutsch »Suchmaschinenoptimierung«.

> **SEO funktioniert On-Page wie Off-Page**
> Im Bereich der Suchmaschinenoptimierung geht es immer darum, die Auffindbarkeit von Webinhalten in den organischen Suchergebnissen (»Search Engine Result Pages«, kurz »SERPs«) – also den Treffern, die nicht in Form einer kostenpflichtigen Anzeige dargestellt werden –, zu verbessern. Hierbei wird zwischen zwei grundlegenden Bereichen unterschieden: Bei der On-Page-Optimierung geht es immer darum, die Qualität, die Struktur und die Form der Inhalte auf der eigenen Webseite/Onlineshop so aufzubereiten, dass sie von Google als nutzerfreundlicher und somit auch als relevanter Content eingestuft wird. Unter Off-Page-Optimierung hingegen werden alle Maßnahmen zusammengefasst, die außerhalb des Onlineshops, also auf externen Webseiten, durchgeführt werden und zu einem besseren Ranking des eigenen Web-Contents sorgen. Das sind zum Beispiel so genannte »Backlinks« auf anderen Seiten, die auf den Onlineshop verlinken.

Content Optimierung

Suchmaschinen wie Google durchsuchen in regelmäßigen Abständen das Internet nach Webseiten mit neuen Inhalten, um diese in ihrem Such-Index aufzunehmen und zu bewerten. Der von Google »gecrawlte« Content wird hierbei nach unterschiedlichen Kriterien bezüglich seiner Relevanz beurteilt, die dafür ausschlaggebend sind, welche Position Ihre Webseite in den organischen Treffern in der Suchmaschine einnimmt. Lange Zeit lautete die goldene Regel, dass das Ranking bei Google in ganz entscheidendem Maße von einer möglichst hohen Anzahl an Backlinks (Links auf externen Webseiten, die auf das eigene Angebot verweisen) abhängt (Off-Page-Optimierung). Die Zeiten der »Linkfarmen« sind inzwischen jedoch endgültig passé. Getreu dem Motto »Content is King« liegt Googles Hauptaugenmerk inzwischen unverkennbar auf der Qualität der auf einer Webseite angebotenen Inhalte (Content Creation). Zu diesem Zweck schaut sich Google die Inhalte Ihrer Webseite sehr genau an. Die ausschlaggebenden Kriterien bei der Beurteilung der Qualität Ihrer Inhalte sind:

- **Uniqueness** (Einzigartigkeit): Bei Erstellung eines Textes geht es hier immer darum, »Duplicate Content« zu vermeiden. Duplicate Content sind identische Inhalte, die auf zwei unterschiedlichen Webpräsenzen veröffentlicht werden. Verbindliche Aussagen von Seiten Googles, was als »Duplicate Content« gewertet wird, gibt es nicht. Eine recht verlässliche Methode, um die Einzigartigkeit eines Artikels zu ermitteln, ist jedoch der direkte Suchmaschinenvergleich. Hilfreich sind hierbei Tools wie z.B. der »ArticleSpinning Wizard« oder »Copyscape«.
- **Richness** (Reichhaltigkeit): Zwar spielen Bilder und Videos bei Googles Einstufung der Wertigkeit des Contents nicht eine so große Rolle wie die Einzigartigkeit des Textes, dennoch ranken Webseiten, die mit Bildinhalten angereichert sind, besser als Websites ohne Bildinhalte. Denn gerade Lesefaule klicken gerne auf Bilder und Videos und empfinden solche Inhalte als sehr informativ.
- **Freshness** (Aktualität) **& Timelineness** (Kontinuität): Die Aktualität und die Kontinuität der Webinhalte steht bei Google hoch im Kurs. Die kontinuierliche Schaffung neuen Contents auf Ihrer Webpräsenz ist somit das A und O, um bei Google gut zu ranken. Neben der Erstellung eigener Inhalte ist auch die Bereitstellung von Bewertungssystemen und die Freischaltung von Kommentarfunktionen eine gute Strategie, um von Google berücksichtigt zu werden.
- **Keywords & Keyword-Kombinationen** (Suchbegriffe und Phrasen): Keywords und Keyword-Kombinationen sind Begriffe und Phrasen, nach denen die User in Suchmaschinen suchen. Sie spielen sowohl bei der Aufbereitung von Texten als auch bei der Beschreibung von Struktur und Aufbau einer Webseite ein ganz zentrale Rolle. Im Vordergrund steht hierbei immer die entscheidende Frage: Über welche Keywords bzw. welche Phrasen gelangen Kunden zu meinem Content? Diese Keywords gilt es dann in einem ausgewogenen Verhältnis (siehe Keyworddichte) in der Überschrift, im Text, in Bildunterschriften und Alt-Attributen zu verwenden. Hilfreich bei der Auswahl der passenden Keywords ist der »Keyword Planner« von Google, *http://adwords.google.de/ko/KeywordPlanner/Home*.
- **Keywordhäufigkeit & Keyworddichte**: Google berücksichtigt, wie häufig ein Begriff in einem Text vorkommt. Daraus ergibt sich auch die Keyworddichte: Sie ist das Verhältnis von Anzahl der Nennungen eines Begriffs zur Gesamtanzahl der Wörter im Text. Eine Keyworddichte von 3 bis 5 % gilt als angemessen. Allerdings darf Sie das nicht dazu verleiten, einfach nur das relevante Keyword im Text unterzubringen. Denn es ist auch entscheidend, an welcher Stelle der

Seite das Keyword auftaucht. Der »Page Analyzer«, *http://www.ranks.nl/tools/spider.html*, hilft Ihnen, herauszufinden, ob die Keywords an der richtigen Stelle auftauchen.

- **Aufbau und Struktur der Webseite**: Die benutzerfreundliche Navigation ist Bewertungsmaßstab für Google. Mehr darüber, welche Maßstäbe hier gelten und was Sie vor dem Aufsetzen einer Webseite bezüglich der Suchmaschinenfreundlichkeit beachten sollten, bzw. wo auf Ihrer bestehenden Webpräsenz eventuell Optimierungsbedarf besteht, erfahren Sie unter *http://www.seo-united.de/sitemap.html*.

Bei der Suchmaschinenoptimierung von Inhalten besteht die oberste Priorität darin, Inhalte zu liefern, die einzigartig, umfangreich, aktuell und informativ sind. Für die Produktdetailseite in einem Onlineshop zum Beispiel lässt sich hieraus ableiten, dass sich die Beschreibung eines Produkts vom üblichen Einheitsbrei der Mitbewerber abheben muss.

Nutzen Sie Gastbeiträge

Gastbeiträge von Branchenexperten und/oder Journalisten lohnen sich, um einerseits hochwertigen Content zu liefern und andererseits, um von dem Netzwerk der Gastautoren zu profitieren. Letztlich ist es auch eine hervorragende Möglichkeit, Backlinks zu platzieren, sind z. B. Gastbeiträge auf fremden Blogs. Ausschlaggebend für die Wirksamkeit einer solchen Verlinkung ist neben der Qualität (Page Rank) und der Autorität (Authority) der Webseite zunehmend auch der Autorenrang (AuthorRank). Möglich ist die Berücksichtigung der »Autorität« eines Urhebers mithilfe des »Google Authorship Markups«, das die eindeutige Identifizierung eines Autors ermöglicht. Vielleicht ist Ihnen ja bereits aufgefallen, dass in letzter Zeit in den organischen Treffern bei Google die Treffer für Blogbeiträge immer häufiger mit einem Autorenbild versehen sind? Genau dies sind die Authorship Markups, die organische Suchergebnisse aufhübschen und mit zusätzlichen Informationen über den Autor anreichern. Ein Authorship Markup können Sie ganz einfach über Ihr Google+ Profil hinzufügen. Dort müssen Sie den Namen, unter dem Sie auch im Blog oder auf der Website schreiben, eintragen. Die Namen müssen identisch sein. Außerdem benötigen Sie eine E-Mailadresse, die bestätigt, dass Sie auf dem Blog schreiben, also zum Beispiel anne.grabs@størytelling.de. Weitere Informationen zum Autorship Markup finden Sie unter *https://plus.google.com/authorship*.

7.9 Tools für Digitales Marketing

Wie bereits in Kapitel 3, »Nutzen Sie Digitales Marketing!«, beschrieben, lohnt es sich auch für stationäre Händler, in digitales Marketing zu investieren. Welche

Möglichkeiten Google, Facebook und Twitter dafür bereithalten, erfahren Sie in diesem Kapitel.

7.9.1 Produktanzeigen in Google Shopping schalten

Der Vorteil von Produktanzeigen bei Google Shopping ist, dass sie den Kunden unmittelbar bei seiner Produktsuche abholen. Angenommen, jemand recherchiert in Google nach dem Begriff »Staubsauger« (siehe Abbildung 7.52): Es erscheinen auf der rechten Seite die Google-Shopping-Ergebnisse. Mit einem Klick auf »Google-Shopping-Ergebnisse für Staubsauger« erhält der Nutzer eine Übersicht über die in der Google-Shopping-Datenbank gelisteten Staubsauger. Hat ein Händler das gesuchte Produkt mittels Produkt-Anzeige (»Product Listing Ad«) eingestellt, erhält der Nutzer bei Ansicht der Produktdetails den Hinweis, dass der Artikel auch in stationären Geschäften in seiner Region erhältlich ist (siehe Abbildung 7.53, »17 Geschäfte in der Nähe«). Der Nutzer kann dann hier einsehen, um welche Geschäfte es sich handelt und zu welchem Preis das Produkt angeboten wird. Der Kartenausschnitt von Google Maps bietet hierbei eine leichte Orientierung.

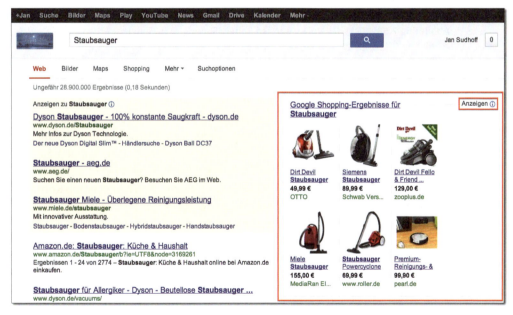

Abbildung 7.52 Google Shopping-Ergebnisse für den Suchbegriff »Staubsauger«

Selbstverständlich eignen sich Produkt-Anzeigen nicht nur für stationäre Händler, sondern auch für Onlinehändler. Da Google AdWords jedoch häufig als Tool für Onlinehändler verstanden und genutzt wird, wollten wird diese Möglichkeit für stationäre Händler veranschaulichen.

7 Wichtige Tools für Onlinehändler und stationäre Händler

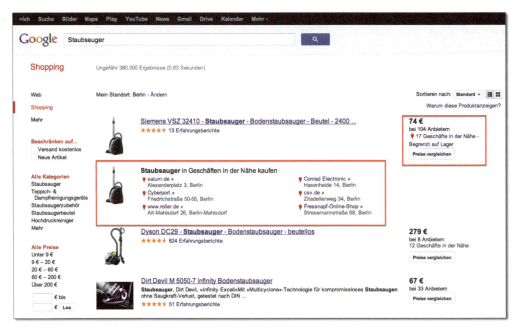

Abbildung 7.53 Klickt der Nutzer auf den Reiter »Shopping« in Google, werden ihm stationäre Händler in der Umgebung gelistet.

Wie Sie Produktanzeigen schalten

Um Produktanzeigen schalten zu können, benötigen Sie ein Google AdWords-Konto und ein Google Merchant-Center-Konto, die sie zunächst miteinander verknüpfen müssen. Das Google Merchant Center, *http://google.com/merchants*, ist wiederum ein Tool, welches Google Shopping unterstützt. Dort können Sie Ihre Produkte aus dem Onlineshop oder stationären Handel eintragen, damit Sie bei Google Shopping gelistet werden. Klicken Sie in Ihrem Merchant-Center-Konto auf »Einstellungen« und dann auf »AdWords« und geben Sie Ihre AdWords-Kundennummer ein. Nachdem Sie das gemacht haben, gehen Sie wieder zu Ihrem AdWords-Konto und wählen »neue Kampagne« aus und klicken »Nur Such-Netzwerk« an. Anschließend haben Sie die Möglichkeit, die Option »Anzeigen mit Produktinformationen« auszuwählen (siehe Abbildung 7.54). Danach legen Sie Ihre Gebotsstrategie und das Budget fest. Starten Sie am besten mit einem kleinen Budget und wählen Sie die Klicks manuell. Dann können Sie am besten überprüfen, wie die Produkt-Anzeigen ankommen. Bei den Anzeigenerweiterungen müssen Sie abschließend noch das Häkchen »Anzeigen mit Produktinformationen« machen. Danach schalten Sie wie üblich eine Anzeige in Google. Weitere Informationen entnehmen Sie dieser Beschreibung von Google: *https://support.google.com/adwords/answer/2456103*.

7.9 Tools für Digitales Marketing

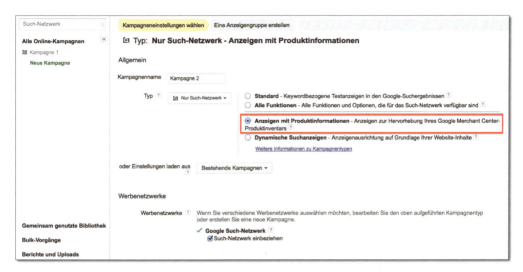

Abbildung 7.54 Nach der Verknüpfung des AdWords-Kontos mit dem Merchant-Center-Konto können Sie »Anzeigen mit Produktinformationen« auswählen.

7.9.2 Google AdWords

Klar, ohne Google AdWords kommt kein Onlineshop aus. Das Besondere an Google AdWords für Händler ist, dass es regionales Targeting ermöglicht und damit Streuverluste minimiert werden können. Zudem können Kampagnen auch so ausgerichtet werden, dass sie ausschließlich auf mobilen Endgeräten erscheinen. Google AdWords sollen hier nicht das Hauptaugenmerk sein. Sie können selbst mit einem eigenen AdWords-Konto, *http://www.google.de/AdWords,* aktiv werden oder eine Agentur beauftragen. Für Händler bietet Google AdWords aber noch mehr:

Google AdWords Express

Google AdWords Express ist ein »verschlanktes« AdWords, das es den Inhabern eines Google Place ermöglicht, Anzeigen zu bestimmten Keywords lokal (im Umkreis von 25 bis maximal 65 Kilometern) zu schalten, ohne eigens ein Adwords-Konto einzurichten. Die Anzeigen werden in Google mit einer blauen Stecknadel dargestellt (siehe Abbildung 7.55), damit sie potenziellen Kunden direkt ins Auge fallen (sonst immer rote Stecknadel).

Mehr Infos unter: *http://www.google.de/adwords/express/#tab0=0*

YouTube-Video zur Erklärung von AdWords Express:

http://www.youtube.com/watch?v=AJoUEBYIniI

Abbildung 7.55 AdWords-Express-Anzeigen eignen sich für stationäre Händler und werden mit blauer Stecknadel hervorgehoben.

Dynamic Retargeting Ads für Händler

Dynamic Retargeting Ads in Google können jetzt auch Händler nutzen, die basierend auf dem Nutzerverhalten (speziell »Surf«, »Purchase«, »Abort«) geschaltet werden. Damit können also Kunden, die im Onlineshop verloren gegangen sind, zurückgeholt werden. Die Voraussetzungen dafür sind:

- ein Merchant-Center-Account
- die Implementierung eines dynamischen Retargeting Codes

Eine ausführliche Anleitung, wie Sie dies einrichten, finden Sie unter: *http://blog.smarter-ecommerce.com/de/dynamic-retargeting-ads-for-retailers.*

7.9.3 YouTube-Anzeigen

Da YouTube und Google zusammengehören, liegt es auf der Hand, dass Google mit dem Dienst Geld verdienen will, und das soll am besten über YouTube-Werbung geschehen. Anzeigen für eigene YouTube-Videos können Sie ganz einfach über Ihr Google-Konto buchen. Wählen Sie dabei einfach das entsprechende YouTube-

Video aus. YouTube-Anzeigen können Sie nach Geschlecht, Alter, Interessen und Standort aussteuern.

Mehr Infos unter: *http://www.youtube.com/yt/advertise/de/index.html*

7.9.4 Facebook-Anzeigen

Facebook bietet eine Reihe von Werbemöglichkeiten, *http://www.facebook.com/advertising*. Generell gilt: Nutzen Sie vor allem »Sponsored Posts«, um Beiträge im Stream zu bewerben. Anzeigen rechts im Stream performen sehr schlecht und erzielen geringe Klickraten. Wählen Sie beim Schalten von Sponsored Spots zudem immer die Option »Für Klicks optimieren« (nicht für Impressions).

Facebook Offers

Wenn Sie ein Facebook Offer erstellen wollen, klicken Sie auf Ihrer Facebook-Seite wie beim Erstellen eines üblichen Postings auf »Angebot, Veranstaltung« (ab 100 Fans) und geben Sie das entsprechende Angebot ein (siehe Abbildung 7.56).

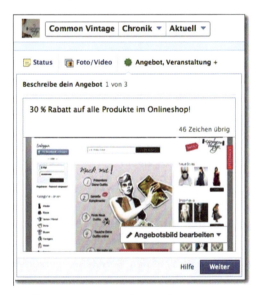

Abbildung 7.56 Ein Facebook Offer können Sie ganz einfach über Ihre Facebook-Seite erstellen.

Für Betreiber von Onlineshops lohnen sich vor allem Retargeting Anzeigen in Facebook, um Kunden, die zuvor ihren Onlineshop besucht haben, im sozialen Netzwerk an ihren Kaufwunsch zu erinnern. Der Anbieter AdRoll, *http://www.adroll.com*, (siehe Abbildung 7.57) und AdParlor, *http://adparlor.com/de*, bieten beispielsweise Retargeting und Anzeigen-Management in Facebook an.

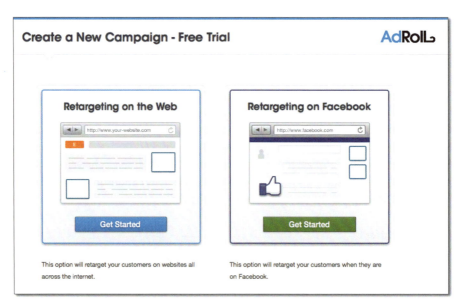

Abbildung 7.57 Mit AdRoll lassen sich Retargeting-Anzeigen auf Facebook schalten.
Quelle: http://www.adroll.com

7.10 Mobile Bezahlverfahren im Onlinehandel

Im Bereich des Onlinehandels spricht man immer dann von Mobile Payment, wenn Konsumenten ihre mobilen Endgeräte dazu nutzen, um reale oder digitale Güter zu bezahlen. Mobile Endgeräte können in diesem Fall neben Smartphones und Tablet-PCs auch herkömmliche Mobiltelefone sein, die in den Bezahlungsprozess involviert sind.

7.10.1 Handypayment – Zahlungsabwicklung über die Mobilfunkrechnung

Die Idee, Handys für Bezahlvorgänge zu nutzen, ist nicht neu. Bereits seit geraumer Zeit können herkömmliche Mobiltelefone dazu genutzt werden, um Kleinstbeträge über die Mobilfunkrechnung zu begleichen (so genanntes »Micropayment«). Dabei kommen so genannte Mehrwertdienste und Premium-SMS, mit Hilfe derer die Kosten für meist digitale Güter oder Dienstleistungen beglichen werden können (z.B. Klingeltöne, Logos, Votings/Gewinnspiele) zum Einsatz. Abgesehen von Votings bei TV-Shows konnten sich solche Dienste bisher jedoch kaum etablieren. Daran ist auch der schlechte Ruf von Handypayment – bedingt durch den schleierhaften Verkauf von Klingeltönen – schuld, der meist in einer Abofalle endete. Hinzu kommt, dass beim klassischen Handypayment der Maximalbetrag pro Transaktion auf 29,99 € begrenzt ist. Allein deshalb ist das klassische Handypayment für Bezahlvorgänge in Onlineshops nicht wirklich geeignet. Alternativ kann jedoch das Bezahlverfahren »mpass«, *http://www.mpass.de,* genutzt werden, das auch Beträge über 30 € über den Mobilfunkanbieter abrechnet. Damit können Kunden reale Güter in Onlineshops ohne Einschränkungen kaufen. mpass ist eine gemeinsame Initiative der drei großen Mobilfunkanbieter Telekom, Vodafone und O2. Für eine erhöhte Sicherheit bei der Zahlungsabwicklung sorgt die Abfrage von Mobilfunknummer, einer persönlichen PIN und einer SMS TAN. Konzeptionell sehr ähnlich ist das System »Aperto move«, auch hier erfolgt eine doppelte Sicherheitsabfrage durch die parallele Autorisierung mittels Internet und Mobiltelefon. Abgerechnet wird auch hier wie bei den Mehrwertdiensten über die Telefonrechnung.

Abbildung 7.58 Zahlungsmethode mpass im Onlineshop von mymuesli.com

7.10.2 Bezahlsysteme in mobil optimierten Onlineshops

Die Bezahlprozesse in mobil optimierten Onlineshops unterscheiden sich im Wesentlichen nicht von Transaktionen, die im herkömmlichen Onlineshop getätigt werden. Zu beachten hierbei ist jedoch, dass die Darstellung und die Eingabemöglichkeiten an das mobile Endgerät angepasst werden müssen. Bei der steigenden Nachfrage nach mobilen Shoppingangeboten sollten Sie hier besonders darauf achten, dass Sie für Ihre Kunden den Bezahlvorgang im mobilen Onlineshop so einfach wie möglich gestalten, um Kaufabbrüche beim Check-out zu vermeiden.

Bequemes Bezahlen mit »In-App-Payment«

Beim In-App-Payment erfolgen sowohl der Einkauf als auch der Bezahlvorgang innerhalb einer mobilen App. Prinzipiell zu unterscheiden ist hierbei zwischen dem Angebot von digitalen Waren, die direkt auf dem mobilen Endgerät konsumiert werden, und zwischen realen Gütern. Erfolgt die Bezahlung über die App, handelt es sich in beiden Fällen um Mobile Payment. Zu beachten ist hierbei jedoch ein ganz entscheidender Unterschied: Beim In-App-Payment für digitale Waren, wie z.B. der Ausgabe einer Tageszeitung oder der Erweiterung eines Videospiels, wird die Bezahlung innerhalb der App in der Regel vom Anbieter des Betriebssystems übernommen. Die Abrechnung erfolgt in diesem Fall über die im App-Store hinterlegten Zahlungsdaten des Kunden. Die Nutzung alternativer Zahlungsanbieter ist beim Angebot digitaler Waren nicht möglich, denn sowohl Apple, Google als auch Microsoft wollen bei den In-App-Käufen mitverdienen. Hier sind unabhängig von der jeweiligen Plattform bei jeder Transaktion, die über die App getätigt wird, 30 % Vermittlungsprovision an den Anbieter des Betriebssystems fällig. Der Onlinehandel und der stationäre Händler bleiben von dieser Regelung jedoch zum Glück verschont. Sie haben die Möglichkeit, über eine so genannte »Payment Library« alternative Bezahlverfahren in die App einzubinden. Die Library übernimmt beim Bezahlprozess die Kommunikation mit dem Payment Service Provider (PSP) der jeweiligen Bezahldienste. Dienstleister wie z.B. »Payone« oder »Ogone« erleichtern mit ihrem »Software Development Kit« (SDK) den Entwicklern die native Einbindung von Elementen von Kreditkartenanbietern und anderen Zahlungsdienstleistern (Paypal, Sofortüberweisung).

7.11 Mobile Bezahlverfahren im stationären Handel

Bei den Bezahlverfahren, die im stationären Handel zum Einsatz kommen, ist zwischen zwei grundsätzlich verschiedenen Verfahren zu unterscheiden: Customer-Enabled Mobile Payment und Merchant-Enabled Mobile Payment. Ersteres funktioniert über das mobile Endgerät des Kunden, z.B. über die Bezahlung via App oder über das »Mobile Wallet«.

7.11.1 Kunden zahlen mit ihrem Smartphone über Bezahl-Apps

Die Voraussetzung schaffen so genannte Mobile Wallet-Apps oder auch Shopping-Apps auf dem Gerät des Kunden. Die in der App hinterlegten Payment Schemes ermöglichen dem Kunden die Anbindung an verschiedene Bezahldienste, zum Beispiel:

- Finanzindustrie: »Paypass«, »Paywave«, »Gigogo«
- IT-Branche: »Paypal«, »ClickandBuy«
- Handelsunternehmen »Yapital«, »Valuephone«
- Telekommunikationsunternehmen »mpass«

7.11.2 Mobile Wallets – Die digitale Brieftasche für das Smartphone

Das Schlagwort »Mobile Wallet« ist derzeit in aller Munde und gehört momentan zu den am meisten diskutierten Themen, wenn es um Mobile Payment geht. Gemeint hiermit sind mobile Applikationen für Smartphones und Tablets, mit deren Hilfe im Ladengeschäft kontaktlos bezahlt werden kann. Wenn man den derzeit vorherrschenden Expertenmeinungen Glauben schenken darf, dann werden Mobile Wallets die herkömmliche Brieftasche bereits in absehbarer Zeit in vielen Fällen ersetzen. Neben der meist kontaktlosen Bezahlfunktion via NFC oder QR-Code warten Mobile Wallets mit zahlreichen Zusatzfeatures auf, die das Mitführen einer herkömmlichen Brieftasche obsolet machen. Denn neben den Zahlungsdaten von Kredit- bzw. Debitkarten und Zahlungsdienstleistern können auch Eintrittskarten, Bordkarten, Bonuskarten und elektronische Coupons (Mobile Couponing) in der Mobile Wallet abgespeichert werden. Der Mehrwert für die Nutzer von Mobile Wallets beschränkt sich somit nicht nur auf die bargeldlose Bezahlung. Denn die Bezahl-Apps helfen auch dabei, die herkömmliche Geldbörse zu entrümpeln und vergünstigte Angebote wahrzunehmen. Die Händlerseite profitiert hierbei von mehr Kundennähe. Neue Kunden können durch Coupons gewonnen werden, und Bestandskunden werden durch Loyality-Programme gebunden. Ebenso nimmt ortsbezogenes Marketing via LBS und Social Shopping durch Mobile Payment erneut an Fahrt auf.

Wie funktioniert die Bezahlung mit der Mobile Wallet?

Möglich ist das kontaktlose Bezahlen via Mobile Wallet entweder mittels NFC-Technologie (Near Field Communication) oder mit Hilfe von QR-Codes. NFC ist ein Übertragungsstandard für den kontaktlosen und verschlüsselten Datenaustausch. Die technischen Voraussetzungen schaffen ein integrierter NFC-Chip auf der Rückseite des Smartphones und ein spezielles Kassenterminal mit NFC-Schnittstelle, welches mit dem Smartphone des Kunden kommuniziert. Experten gehen derzeit davon aus, dass sich das kontaktlose Bezahlen via NFC in Europa bis 2016 flächendeckend etablieren wird. In Deutschland sind Kassenterminals mit NFC-Funktion derzeit jedoch noch Mangelware. Zudem verfügen bei weitem noch nicht alle Smartphones, die sich derzeit im Umlauf befinden, über den benötigten NFC-Chip. Apples iPhone 5s erschien im Herbst 2013 ohne NFC, und auch bei den übrigen Herstellern beschränkt sich die Auswahl der NFC-fähigen Geräte derzeit meist noch auf die Modelle der neuesten Generation in der oberen Preisklasse. Zwar ist abzusehen, dass es innerhalb der nächsten zwei Jahre einen deutlichen Schub bei der Verbreitung NFC-fähiger mobiler Endgeräte geben wird; Händler, die jedoch bereits jetzt eine Vielzahl an Kunden mit Mobile Payment erreichen wollen, sind derzeit mit der Brückentechnologie QR-Code noch besser beraten. Die Kommunikation mit dem Kassenterminal geschieht hier, indem auf dem Display des Kassensystems oder eines Kartenlesegerätes ein QR-Code dargestellt wird. Der Kunde kann diesen QR-Code mit Hilfe des in seiner Mobile Wallet integrierten QR-Readers einlesen und die Zahlung bestätigen. Vorhandene Kassensysteme und Kartenlesegeräte können mit einem Software-Update erweitert werden. Als Händler profitieren Sie hierbei neben der größeren Zielgruppe, die Sie mit dem Payment-System erreichen, somit auch von einem wesentlich kostengünstigeren Umstieg in die Welt des Mobile Payment.

Welche Anbieter für Mobile-Wallet-Systeme gibt es?

Bereits jetzt ist der Markt für Mobile-Wallet-Lösungen stark fragmentiert und alles andere als übersichtlich. Welcher Anbieter letztendlich in der Gunst des Kunden das Rennen machen wird, ist derzeit noch nicht abzusehen. Zudem sind einige im Ausland bereits eingeführte Systeme in Deutschland derzeit noch nicht verfügbar. Kunden des NFC-Pioniers Google Wallet müssen sich hierzulande noch gedulden und können das System bis dato nur browserbasiert für Online-Einkäufe und im »Google play«-Store nutzen. Apples »Passbook«-App wartet bisher noch mit keiner Bezahlfunktion auf. Der Nutzen der iOS-App beschränkt sich gegenwärtig noch auf die Bündelung von Coupons, Bordtickets und Eintrittskarten. In Deutschland sind die Mobile-Wallet-Lösungen der Mobilfunkanbieter Telekom »myWallet« und Telefonica »O2 Wallet«, verfügbar. Doch kann hier bei weitem noch nicht von einer beachtenswerten Marktdurchdringung gesprochen werden. Beide Systeme befinden sich derzeit noch in der Beta-Phase und können nur bei ausgesuchten Handelspartnern genutzt werden. Hinzu kommt, dass beide Lösungen ausschließlich die Bezahlung via NFC anbieten. Derzeit bleiben also Kunden, die ein iPhone nutzen, somit kategorisch außen vor. Wenn Ihre Statistik also einen hohen Traffic an mobilen Apple-Nutzern ausmacht, sollten Sie auf die NFC-Technologie freilich nicht setzen.

7.11.3 Händler verwandeln ihr Smartphone in ein Kartenlesegerät

Auf der anderen Seite kann aber auch das mobile Endgerät des Händlers für die bargeldlose Bezahlung verwendet werden. Dieser benötigt hierfür neben der entsprechenden Software einen Steckaufsatz für sein Smartphone oder sein Tablet, um dieses in ein vollwertiges Kartenlesegerät zu verwandeln. Das benötigte »Dongle« der verschiedenen Anbieter ist meist sehr kostengünstig, wenn nicht gar kostenfrei. So greifen inzwischen immer mehr, vor allem kleinere Händler auf die mobilen Lösungen zurück, um ihren Kunden die ortsunabhängige Kartzahlung zu ermöglichen. Vorreiter dieser Idee ist das seit 2010 bestehende Unternehmen »Square« aus San Francisco (siehe Abbildung 7.59), dessen Kartenlese-»Dongles« in den USA derzeit reißenden Absatz finden. Die Einsatzszenarien von Smartphone-Kartenlesegeräten sind extrem vielfältig. Gerade Händler, die vorrangig auf Märkten verkaufen oder nur ein kleines Geschäft betreiben, sollten auf diese Alternative zurückgreifen.

Abbildung 7.59 Mit dem Anbieter Square können Händler ihr Smartphone zum Kartenlesegerät verwandeln, Quelle: https://squareup.com

---

Merchant-Enabled Mobile Payment

Merchant-Enabled Mobile Payment ist für kleine Händler eine echte Alternative zum herkömmlichen Kartenlesegerät.

Beim Merchant-Enabled Mobile Payment wird das Smartphone oder das Tablet des Händlers mit einem aufsteckbaren Aufsatz zu einem voll funktionsfähigen Kartenlesegerät erweitert. Die Idee dahinter ist es, die gängigen Bezahlterminals für Kredit- oder EC-Karten zu ersetzen. Die herkömmlichen Terminals sind in der Anschaffung oder der Miete verhältnismäßig teuer. Zudem müssen Händler in Deutschland für die Nutzung einen Kartenakzeptanzvertrag haben. Viele kleinere Händler greifen daher inzwischen auf »Add-on«-Lösungen wie z. B. von »Square« zurück. Diese sind kostengünstiger und können zudem ortsunabhängig genutzt werden.

Das Coverbild

Sabine Tress in ihrem Atelier.
Das Portraitfoto ist von Gilbert Flöck (*www.gilbert-floeck.de*).

Das Titelbild dieses Buchs stammt von Sabine Tress, die 1968 in Ulm geboren wurde und von 1989–1994 Malerei an der Ecole nationale supérieure des Beaux Arts de Paris studierte. Anschließend arbeitete sie freiberuflich als Malerin in Ateliers in London und Berlin. Seit 2004 mietet sie einen Arbeitsraum im Kunstwerk Köln, Deutz. Ihre Arbeiten haben sich mehr und mehr zu einer Auseinandersetzung mit der Farbe als Materie und der Fläche entwickelt. Viele Übermalungen und Farbschichten kennzeichnen ihre Acrylbilder, in denen sie oftmals auch mit Sprayfarbe interveniert. Bereits vorhandene Farbflächen werden bis zur Unkenntlichkeit überdeckt, andere werden so verführerisch und hauchzart verschleiert, dass man umso neugieriger wird auf das immer noch offenkundige Darunter. Sabine Tress stellt keine Welt von außen in ihren Bildern dar, sondern schafft eigene und persönliche Bildebenen. Diese lassen dem Betrachter genug Platz für individuelle Assoziationen. Die Bildtitel sind in diesem Sinne nur Hinweise auf mögliche Inspirationsquellen oder Gedankenblitze.

Mehr Infos unter: *www.sabinetress.de*

Index

A

Absatzförderung durch Knappheit 162
action selection 370
Addthis 361
Advocates 230, 235
AdWords 379
Affiliate Marketing 66, 223
After-Sales-Prozess 293
alert.io 347
Amazon Webstore 315
Angebote
   exklusiv 165
   mobil 46
   persönlich 31
AniManuel 370
Anreize
   monetär 31
   schaffen 31
Attensity 354
Auffindbarkeit erhöhen 90
Augmented Reality 112–113, 138
Auktionsprinzip 163
Autoritäten 153
   im Onlinehandel 154
   im stationären Handel 153

B

barcoo 123, 289
   Bewertungssystem 289
Bazaarvoice 312
Belohnungen 31, 63, 186
   Belohnungssysteme im Onlineshop 246
   Hall of Fame-Rezensenten 160
   in Social Media 216
   loyaler Fans 282
   mit Check-ins 249
   monetär 238
   psychologisch 238
   Stammkunden belohnen 247
Belohnungsstrategie 50, 63, 160, 184, 217, 236–237, 239

Best Practice
   Bewertungen 188
   Bonusprogramm im Onlineshop 242
   Commitment erzeugen 175
   Crowdsourcing 73
   Crowdsourcing im Handel 273
   Curated Shopping 154
   Facebook für Handelsketten 94
   Facebook Offers 103
   Facebook-Shop 53
   Gamification im Onlineshop 245
   Instagram 227
   Kundenbindung 69
   Kundenservice 221
   Kundenservice Community 302
   Kundenservice in Twitter 300
   künstliche Verknappung 164
   limitierte Coupons 166
   Loyaltyprogramm im Onlineshop 242
   mobile Empfehlungen 228
   Mobile Gamification 246
   Mobile-First-Strategie 42
   mobiler Einkauf 39
   Pinterest im stationären Handel 60
   Produktcollagen 158
   QR-Code im Handel 125
   Reziprozität 178
   Shopping-App 133, 136–137
   Shopping-Club 168
   Social Gifting 71, 138
   Social Proof im Onlineshop 149
   Social Proof stationärer Handel 151
   Social Recommendations 67
   Storytelling 258
   Unternehmensblog 260
   virales Video 265
   Word-of-Mouth-Marketing 215
   YouTube Onlinehandel 266
Beta-Tests 236
Bewertungen 19, 48, 55, 57, 183
   5-Star-Rating 91, 99, 190
   als Wettbewerbsvorteil 58
   belohnen 196, 207
   Bewertungsformular 193

Bewertungskriterien	199
Bewertungsportale	13, 27, 29, 47, 90, 191
Bewertungssysteme	189, 193, 199
Fake-Bewertungen	209
für stationären Handel	203, 205
gefälscht	209–210
generieren	184, 205
Hall of Fame	196
im Onlinehandel	186
im Onlineshop	58, 184, 193
in Fließtextform	91, 190
in Google	84, 86, 90
in Google anzeigen	201
monitoren	208
positiv	187, 197
Produktbewertungen	27
Umgang mit negativen Bewertungen	207–208
Bewertungsdienstleister	199–200
eKomi	199
für Shopbewertungen	199
Trusted Shops	199
Bewertungskultur	28
Bewertungsmanagement	207
Bewertungsportale	
für stationären Handel	322
Bewertungsstrategie	111, 183, 186
Bewertungsprozess	193
Bezahldienste	384
Big Data	294
Bilderkennungssoftware	136, 138
Bing	202
Bit.ly	351
Blog	13, 188, 232
bekannt machen	262
Blogroll	338
Blogverzeichnisse	262
Kommunikationszentrale	260
Leads generieren	260
Reichweite	337
Software	261
starten	261
Trackbacks	262
Verlinkungen	262
Blogger	30, 57, 230
Einfluss auf Handel	232
identifizieren	336–337

Netzwerke	338
Video-Blogger	156, 234
Blogger Relations	232, 234, 336
Blogging Software	349, 363
Google Blogger	365
Tumblr	365
Wordpress	363
Blogosphäre	336
Blogsuche	338
Boardreader	333
Bonusprogramm	242
Branchenverzeichnisse	325
Brand Awareness	231
Brandwatch	334, 353
Burda Community Network	342
Buzzer	341
BzzAgents	342

C

Call-to-Action	279
choice under conflict	149
Click Through Rate	202
ClickandBuy	384
Click-to-Call	137
Cloud Computing	294
Collaborative Filtering	344
Commitment	
Definition	173
erzeugen	173–174, 181, 184
Community Management	345, 352–353
Community-Richtlinien	208
Consumer Generated Content	48, 52, 191, 225, 228, 259, 271
Consumer Touchpoint	331
Content Marketing	15, 153, 184, 225, 249, 331, 363
Content Distribution	263
Content Optimierung	374
Contentfrequenz	338
Content-Strategie	250–252
Definition	250
Earned Media	56
für Onlinehändler	250
Gastbeiträge	376
mit Bildern	268
mit Blogs	153, 188, 260

mit Videos 156, 186, 229, 264
Premium Content 235
Tonalität 348
Tools 271, 363
Content Markting
   Content-Hub 260
Content-based Filtering 343
Cost per Click 192, 322
Couch Commerce 42
Couchdevice → Tablet-PC
Couchshopper 120, 130
Couponing 46, 101, 276
   digitale Coupons 78
   für Onlinehändler 281
   für stationäre Händler 56, 105, 276, 281
   Group Buying 101
   Groupon 277–278
   Gutscheine limitieren 166
   im Onlineshop 276
   in Facebook 281
   in Social Media 279
   mit Facebook-Offers 78
   mit Google Zavers 104
   mit mobilen Coupons 51
   mobile Coupons 78, 105, 110, 114,
      122, 127, 247, 282
   Nutzung 277
   Online-Couponing 46, 101
   Plattformen 310
   Rabatte 49, 52
   Zeitlimit 168
   zur Neukundengewinnung 102
Creative-Commons-Lizenz 262
CRM → Customer Relationsship Management
Cross-Selling 55, 236
Crowdsourcing 55, 72, 184, 271–272
   Beispiele 272
   Crowdtesting 55
   Crowdtesting-Anbieter 356
   für Händler 273
   Prinzipien 273
Curated Shopping → Empfehlungen von Celebritys
Customer Journey 25
Customer Journey → Konsumentenreise
Customer Lifetime Value 53
   erhöhen 69, 122, 134–135, 292

Customer Relationship Management
      292–293
   CRM-System 295
Customer-Enabled Mobile Payment 384
Cylex 326

D

Das Örtliche 325
Datenanalyse 295, 297
Datenschutz 294, 359, 362
Demandware 316
Deutsche Blogcharts 338
Diffusionstheorie 230
Digital Influence 234
Digitale Branchenverzeichnisse 77
Digitales Couponing → Online-Couponing
Digitales Marketing 14–15, 44, 75, 202,
      327, 376
   Angebote pushen 78
   für stationären Handel 76
   Google AdWords 78
   Tools 376
Double Opt in 360
Duplicate Content 332
Dynamic Retargeting Ads 380

E

Early Adopter 230
Earned Media → Bewertungen
eBay 138, 289
   App 138
Echtzeit-Monitoring 347, 353
E-Commerce → Onlinehandel
Econda 345
Einkaufserlebnis 22, 42, 44, 69
   mit mobilen Endgeräten 112
Einkaufsladen, virtuell 113
Einkaufsverhalten 17, 19, 23, 109, 145
   Onlineshopper 21
eKomi 187, 199, 311, 317
   Bewertungen 317
   Produktbewertungen 200
   Shopbewertungen 320
   Widget 200

Empfehlungen 13, 19, 29, 113
   bei Kaufentscheidungen 211
   belohnen 217, 220, 241, 243–244
   durch Reziprozitätsnorm 180
   Empfehlungssysteme 186, 237, 296, 299, 343
   für Onlineshops 225
   generieren 15, 30, 51, 63, 184
   in Facebook 63, 98, 216
   in Social Media 186, 217
   in Verbraucherforen 220
   mit Pinterest 219, 223, 339
   mit Produktcollagen 31, 65
   mündlich 212–213, 231
   persönlich 215
   persönliche Empfehlung 29, 62, 97
   Plattformen 226
   Produktempfehlungen 215, 219–220, 236, 297
   Reichweite 229
   Shopempfehlungen 215, 219, 222
   unter Freunden 213
   Verbrauchertipps 47
   vertrauen 29
   visuell 221, 225–226
   von Celebritys 64, 74, 154, 231
   von Freunden 147
   von Influencern 184
   von Konsument zu Konsument 158
   von Promis 30
   Weiterempfehlungsbereitschaft 212, 215
Empfehlungseffekte 13, 52, 63, 78, 100
Empfehlungsmarketing 30, 52, 97, 213, 231, 239, 242
   im Onlineshop 53
   mit Bloggern 232
   mit Empfehlungssoftware 52
   mit YouTube 228
   Tools 332
   Top-Empfehler 303
   Weiterempfehlungsquote 303, 343
Empfehlungsstrategie 15, 184, 211
Empfehlungstrend 159
Endowment-Effekt 172, 179
Engagement 334
Engagor 352
Epoq 345
Erfahrungsberichte 186, 251, 317
   vertrauen 28

Erklärfilme 267, 370
   Anbieter 370
Erklärmehr 370
Erklärvideo 317
Etsy 316
Exklusivität 162
   für treue Kunden 164
Explain it 370

F

Facebook 13, 220
   Check-in 96
   Datenströme 295
   Facebook Connect 67
   Facebook Edgerank 216, 227
   Facebook Offers 51, 103, 281, 381
   Facebook-Anzeigen 49, 77, 100, 381
   Facebook-App 98
   Facebook-Kommentare 316
   Facebook-Offers 100
   Facebook-Orte 95
   Facebook-Orte claimen 97
   Facebook-Seite 97
   Facebook-Shops 53
   Gewinnspiel 175
   Gewinnspiele 360
   Graph Search 99, 205
   Händlerbewertungen 77
   Instant Sharing 227
   Konkurrenzbeobachtung 346
   Mobile App Install Ads 279
   Monitoring 346
   Orte in der Nähe 97
   Page Like Ad 280
   Retargeting Ads 381
   Shop now-Button 279
   Social Graph 67
   Sponsored Post 280
   Unternehmen eintragen 95
Facebook Marketing 95
   für stationäre Händler 95
Facebook Nearby → Facebook, Orte in der Nähe
Fan Engagement 32
Feedback
   in Social Media 217
   negativ 207

Index

öffentlich 28, 74
   Produktverbesserungen 26
   von Freunden 171
feedly 338
Flipping the Funnel 29
Fodey 373
Foot-in-the-door-Technik 173
Foren 220, 332–333
   Forensuche 332
Forumcheck.de 333
Foursquare 204, 247, 285
   Check-in 96
   Check-In Special 247
   Check-in-Special 287
   für stationären Handel 286
   Loyalty Special 248
   Mayor Special 247
   Venue 247
   VIP Treatment 287
   zur Kundenbindung 287
Foxrate 320
Frage-Antwort-Portale 217, 332
Fredhopper 345
Freshness 375
Funk-e 370

G

G+J WoM 342
Game-based Marketing 239
Gamification 15, 63, 216, 240
   Badges 224, 239
   für den Onlinehandel 241
   für den stationären Handel 246
   Gamificaton-Ansatz 63
   Ranglisten 239
   spieltypische Elemente 240
   zur Kundenbindung 240
Gastbeiträge 376
Geben und Nehmen-Prinzip 177, 184, 273
Geofencing 113, 289
Geolokalisierung 112
Gewinnspiele 174, 239, 260, 274
   mit Social Login 360
Gewohnheitskauf 25
Ghost 366
Gigogo 384
GoLocal 326

Google 374
   Auffindbarkeit 92
   Author Rank 376
   Bewertungssystem 91
   Google Merchant Center 378
   Google Ranking 364
   Google Seller Rating 200
   Google Zavers 104
   Händlerbewertung 321
   Produktanzeigen 276
   Ranking 92
   Ranking-Faktoren 188, 190, 205
   Social Search 99
Google AdWords 58, 61, 77, 87, 202, 322, 378
   Dynamic Retargeting Ads 380
   Express 330
   Google Adwords Express 379
   Targeting 379
Google Analytics 295
Google Blogger 365
Google Maps 204
Google Places 77
Google Places → Google+ Local
Google Seller Rating 322
Google Shopping 87, 111, 202, 291, 308, 310, 322, 377
   Detailansicht 88
   für stationäre Händler 89, 378
   Produktanzeigen 89–90, 377
   Suchergebnisse 89
Google+ 77
   Dashboard 329
   Hangout 369
   Meine Kreise 83
   Monitoring 346
   Unternehmenseinträge 328
Google+ Local 77, 99, 189, 203, 288, 327, 331
   +1-Button 86
   Definition 83
   Eintrag anlegen 204
   Eintrag erstellen 327
   Erfahrungsbericht schreiben 84
   Funktionen 330
   Funktionsweise 83
   für stationäre Händler 204
   Google Maps 84, 89
   Unternehmensbilder 86

Index

Unternehmenseintrag 85
Veranstaltung erstellen 86
Groupon 101
Gruppenzwang 172, 181
Gutschein 278

H

Halo-Effekt 24, 300
Handel 21
   Abo-Commerce 69, 179
   Couch Commerce 118
   Curated Shopping 65, 70
   Multichannel 36
   No-Line-Commerce 133
   Onlinehandel 13, 28, 31, 33, 65,
          75, 123, 245
   Prinzipien 14, 74, 183
   sozial 28
   stationärer Handel 13, 22, 47, 51,
          75, 80, 87, 110, 145
Händler 13
   Händlerauswahl 25
   kleinere Händler 31
   Multichannel-Händler ... 39, 75, 107, 260,
          276, 292, 296
   Onlinehändler 27, 51–52
   Online-Pureplayer 292
   stationäre Händler 31, 108, 115, 184
   Versandhändler 32
Händlerbewertungen 14, 56, 77, 184,
      189, 202, 318–319
   auf mobilen Endgeräten 92
   Bewertungsplattformen 92, 202–203
   in Facebook 77, 204
   in Google+ Local 84, 86, 203
   Local Citations 92
   online 79
   Qype 77, 323
   Yelp 77, 323
   zur Neukundengewinnung 90
Händlerempfehlungen
   mobil 113
Händlerrecherche 35
Händlersuche 78–79
   mit dem Smartphone 80
Handypayment 382
Hawthorne-Effekt 174

Heartbeat 352
Heldenreise 16
High-Involvement-Produkte 144
Hootsuite 348
   Dashboard 350
   Keywords monitoren 350
   Stream anlegen 349
How-to-Video 370

I

IFTTT 350
Impulskauf 145
In-App-Payment 383
Influencer   64, 74, 145, 156, 158, 184, 212
   Analyse 354
   ansprechen 235
   belohnen 231
   Blogger 336
   Definition 229
   digital 156, 231–233
   für den Onlinehandel 233
   gewinnen 234
   identifizieren 235
   Netzwerkpotenzial 234
   recherchieren 333, 345
   Typologie 231
Influencer Relations 153, 156, 170,
      229, 233, 235, 333
   Influence-Faktor 335
   Tools 352
   Ziele 230
Influencer-Tools
   Klout 333
Infografiken 269, 372
   Tools 372
Instagram 226
Instant Sharing 359
Instore-Media → Mobile Endgeräte im
   Ladengeschäft
Involvierungsstrategie 15, 184, 249
Issuu 372

K

Kaltakquise 298
Kannibalisierung 104, 167

Index

Kaufabbruch 17
   bei mobilen Endgeräten 42
   vermeiden 122, 131
Kaufabschluss 23–24, 29, 38, 115
   mit mobilen Endgeräten 23
   mit Smartphones 38, 110
   mit Tablets 38
Kaufentscheidung 14, 18, 25, 115
   extensiv 144
   habitualisierte Kaufentscheidungen ... 145
   im Freundeskreis 158
   impulsive Kaufentscheidungen 145
   limitierte Kaufentscheidungen 145
   nach dem Bauchgefühl 144
Kaufentscheidungen beeinflussen ... 30, 47, 211
   durch Affinität 74
   durch Autorität 74, 153
   durch Commitment 74
   durch Knappheit 74
   durch Reziprozität 74
   Einfluss von Blogs 336
Käufertypen 36
Kaufhistorie 296
Kaufimpuls 13, 89
   stimulieren 46, 120, 127
Kaufkraft 31
Kaufparty 171, 181
Kaufprognose 296
Kaufrisiko 254
Kaufverhalten 14, 158, 172
   am Point of Sale 133
   beeinflussen 14, 157
   Einflussfaktoren 183
   mit Coupons 277
   mit Smartphones 117–118
Kaufvorbereitung 13, 23–25
   mit mobilen Endgeräten 115
   mit Smartphones 113
Kaufwahrscheinlichkeit erhöhen 58, 146
Kaufwunsch 170
Kaufzwang 181
KennstDuEinen 326
Keyworddichte 375
Keywordhäufigkeit 375
Keywords 375
Kjero 342
Klout 333–334
   Ranking 334

Kognitive Dissonanz 173
Kommentare, negativ 184
Konformitätsdruck 172–173
Konsumenten
   beeinflussen 48, 146
   Käufertypen 36
   Konsumaffinitäten 67
   Soziodemografie 19
Konsumentenreise 13–14, 17, 24, 47, 87, 115, 226
   Kaufinteresse 25
   Kaufvorbereitung 17
   Moment der Wahrheit 26
   Produktauswahl 25
   Produktevaluation 25
Kostenkontrolle 77
Kred 333–334
Kunde
   als Autorität 156
   als Multiplikator 65
   Erwartungshaltung 13, 49, 165, 238
   Handlungsfreiheit 160
   im Mittelpunkt 44
   involvieren 15, 31, 184, 249
   Kundenansprache 14
   Kundenberatung in Echtzeit 186
   Kundenbetreuung 221
   Kundenbeziehung 31
   Kundendialog 53
   Kunden-Händler-Beziehung 53
   Kundenhistorie 31
   Kundenkontakt 205
   Kundenkontaktpunkte 115, 226
   Kundenmeinungen 19, 27, 53
   Kundenperspektive 99
   Kundenunzufriedenheit 26
   Kundenwunsch 297
   Kundenzufriedenheit 304
   Macht des Kunden 18, 48, 238
   Neukunde 23
   selbstbewusst 41
   Stammkunde 165
Kundenbeziehungsmanagement 293
Kundenbindung 15, 24, 49, 51, 55, 68–71, 114, 183–184, 239
   durch mobiles Bezahlen 110
   durch personalisierte Angebote 186
   durch Produktempfehlungen 299
   erhöhen 132

Index

im Onlinehandel 184
im stationären Handel 76
mit Bonusprogrammen 186, 237
mit Gamification 246
mit Loyalty-Programmen 121–122
mit mobilen Coupons 104, 283, 284
mit personalisierten Angeboten 298
mit Treueprogrammen 284
Kundenbindungsstrategie 15, 45, 70, 184, 291
Kundendaten
   gewinnen 174
Kundenfreundlichkeit
   in Onlineshops 198
Kundengewinnung 184, 237
im stationären Handel 111, 184
mit Barcode-Apps 289
mit Empfehlungen 55, 62
mit ortsbezogenen Angeboten 110
mit ortsbezogenen Diensten 285
Strategie 184
Kundengewinnungsstrategie 276
Kundenkommunikation 27
Kundenmeinung 79, 322
kritisch 207
Kundenrückgewinnung 55
Kundenservice 49, 51, 199, 241
in Echtzeit 301
Service Design 304
SocialCRM 51, 55, 186, 292–293, 299
Kundensupport 294
Kundenzentrierter Handel 14, 45
Kundenzentriertes Marketing 44

L

Ladengeschäft 14, 34
Live Chat 363
Local Citations 331
Definition 331
erstellen 332
Location-based Services 46, 81, 247
Check-ins 96
Datenschutz 285
Funktionsprinzip 96
Lock-in-Effekt 237

Lokale Suche 35, 75, 79, 100, 204, 331
Folgehandlung 82
mit dem Smartphone 82
mit mobilen Endgeräten 35
Long Tail 252
Low-Involvement-Produkte 144

M

Magento 314
Marke
   Handelsmarke 274
   im Social Web 27
   Lieblingsmarke 51
   Markencommitment 51
   Markenfan 25, 49, 51, 276
   Markenimage 176
   Markenkommunikation 57
   Markenloyalität 26, 240, 273
   Markensozialisation 170
   Markentreue 26
   Relevant Set 25–26, 145
Markenbotschafter 15, 23, 31
gewinnen 26, 29, 233
Marktforschung 213
Markttransparenz 37
Mass Customization 275
M-Commerce → Mobile Commerce
Megazine3 372
Meinungsführer 14, 146
Meinungshoheit 230
Meltwater Buzz 355
Merchant-Enabled Mobile Payment
.... 384, 387
Microstrategy 355
Mobil, Definition 114
Mobile Commerce 14, 31, 37, 41, 74, 109, 111, 183, 226
Couch Commerce 42
Definition 113
Mobile Payment 31
Mobile Wallet 141
Mobile-First-Strategie 42
Mobile-ony 132
Smart Shopper 116, 129
Strategie 116
Teilbereiche 114

Index

Ziele 121
Ziele Onlinehandel 122
Ziele stationärer Handel 121
Mobile Couponing   110, 122, 127, 282, 385
  Anbieter 105
  für stationäre Händler 283
Mobile Endgeräte 13
  am Point of Sale 122
  im Ladengeschäft 126
  Verbreitung 111
Mobile Gamification 246
Mobile Payment → Mobiles Bezahlen
Mobile Shopping → Mobiler Einkauf
Mobile Wallets 385
Mobile Web 17, 172
Mobiler Einkauf 14, 37
  am Point of Sale 114
  beim stationären Einkauf 172
  mit Shopping-Apps   40, 42, 109, 114, 121
  mit Smartphones 39
  mit Tablets 38–39, 43, 130
  Motive 42
  Strategie   109, 111, 116, 122, 129–130
  über QR-Codes 39
  über Touchscreens 40
  Verbreitung 116
  Warenkorb 130
Mobiler Onlineshop
  Konzeption 42
Mobiles Bezahlen 14, 45, 113, 120, 122, 139, 247, 284
  Anbieter 141
  Bezahlverfahren 120, 141
  Definition 141
  Handypayment 382
  im Onlinehandel 382
  im stationären Handel 384
  In-App-Käufe 384
  Kartenlesegerät 114
  mit Mobile Wallets 110, 114, 385
  mit NFC 139, 385
  per App 383–384
  Potenziale 140
Mobile-Wallet
  Anbieter 386
Monitoring 345
mpass 384
M-Payment → Mobiles Bezahlen

M-Shopping → Mobiler Einkauf
Multichannel, Shopper 37
Multichannel-Ansatz 79
Multichannel-Strategie 75
Multiplikatoren 30, 165, 183–184, 307
  belohnen 160
  gewinnen 215
  identifizieren 332
Mundpropaganda 156, 165
  digital 156
  offline 213, 220
  online 213
myWallet 386

N

Net Promoter Score 212, 343
NetMoms 342
Neukundengewinnung
  durch Bewertungen 183
  mit Mobile Couponing 284
Newsletter-Kampagnen 316
Newsletter-Kunden
  gewinnen 360
NFC 385
NFC-Chip 385
NFC-Technik 113
Nielsen-Regel 48, 193
Nutzer, Affinitäten 78

O

O2 Wallet 386
Off-Page 374
Off-Page-Optimierung 374
One-Day-Delivery 40
Online Reputation 90, 187, 220
  Management 354
Online-Magazin 65, 269
  erstellen 372
Onlineshop
  2-Klick-Lösung 361, 363
  Bekanntheit steigern 55, 232, 307
  bewerten 198, 200, 202
  Bewertungen 316
  Call-Back-Funktion 295

399

Index

   Check & Reserve 108
   Check-out 163
   Click & Collect 75, 107–108
   Gütesiegel 185, 188, 319, 321
   im Responsive Design 131
   individualisiert 171
   individuelle Produktvorschläge 67
   Konzeption 183
   künstliche Verknappung 163, 185
   Live Chat 301
   Live Chat Software 363
   mit Coupons 276, 278
   mobil optimiert 40, 116–117, 121, 128–131
   Preisnachlass 180
   Produkte empfehlen 236
   Produktfotos 186
   Shop-Lösungen 314
   sichere Bezahlung 185
   Social Plugins 361
   Social Tools 356
   Social-Media-Funktionalitäten 14
   Sortimentsgestaltung 55, 72
   Traffic erhöhen 55, 58–59, 202
   Umsätze generieren 111
   Verweildauer 130–131
   visuelle Darstellung 65
   Wunschlisten 186
   Wunschlisten integrieren 71
Onlineshopper 30, 34, 57, 138, 164, 179, 187, 277
   begeistern 30
   Typologie 21, 36
Onlineshopping 17, 36
   mit Touchscreens 40
On-Page 374
onVideo 368
Opt-in 294
Oracle 355
Otto 130
Ownzee 372
OXID 315

P

Page Rank 376
Passbook 386
Passbrains 356

Paypal 384
Paypass 384
Paywave 384
PeerIndex 335
Pinterest 64, 219, 221, 268, 339
   Business-Account 340
   Button 341
   für Onlineshops 223, 340
   Nutzer taggen 341
   Nutzerdemografie 224
   Pin it to win it 341
plentymarkets 315
Polyvore 223
Pop-up-Stores 33
Preis
   Preissensibilität 26
Preisjagd 124
Preistransparenz 161
Preisvergleich 13, 18
   im Ladengeschäft 37
   im stationären Handel 106
   mit Barcode-Apps 37, 110, 123–124
   mit dem Smartphone 109–110, 113, 115
   Portale 192, 196
   Preisportale 123, 277, 291, 307, 323
   Preissuchmaschine 25
   Preisvergleichsportale 106
Pre-Launches 162
Pre-Sales-Phase → Kaufvorbereitung
Prezi 373
Prinzip
   Affinität 14, 74, 146, 170, 184
   Autorität 14, 30, 74, 146, 152, 184
   Commitment 14, 74, 173
   Knappheit 14, 74, 147, 160, 246, 276, 316
   Reziprozität 14, 74, 123, 146, 177, 196, 214
   Social Proof 74, 145, 147
Produkt
   -exklusivität 161
   -limitierung 160
   Produktaffinitäten 31
   Produktproben 74
   -wert 160
Produkt Listing Ads → Google Shopping Produktanzeigen
Produktangebote 13

400

Index

Produktauswahl, personalsiert 178
Produktberater 250
Produktbewertungen 13, 115, 186,
                         188–189, 191–192, 196
  Anbieter 311
  Anbieter für Onlineshops 314
  auf Preisportalen 192
  Bewertungsfunktion 314
  Qualität 198
Produktempfehlungen . 30–31, 41, 47, 212
  gewinnen 156
  mit Social Login 359
Produktentwicklung 273
Produkterfahrung 26, 181
  negative Erfahrung 26
Produktinnovation 72, 274
Produktrecherche 13
  am Point of Sale 17, 19, 23, 37, 45
  Folgehandlung 35
  im Internet 17, 21, 23, 25, 76, 79
  im Social Web 27
  in Foren 47
  mit Barcode-Apps 23
  mit mobilen Endgeräten 19, 23, 38, 79
  mit Smartphones 113
Produktsortiment verbessern 189
Produktsuche 111
  in Google Shopping 377
Produkttester, Community 341
Produkttests 175
Produktvergleich 226
Produktvermarkter 31
Produktvorschläge im Onlineshop 344
Produktvorteile 123
Prosumer, Definition 48
Public Relations 233

Q

QR-Code 40, 122, 124, 385
  erstellen 124
  Mehrwert 125
  QR-Code-Reader 112
  QR-Payment 139
  QR-Shopping 40
Quantified Self 295

Qype 90, 92, 99, 111, 189, 288, 323
  App 324
  Check-in 96
  mobil 92
  Verhaltenskodex 208

R

Rabattmarkentradition 127
Rakuten 316
rankseller 339
Reaktanzverhalten 160
Red Bull Stratos 254, 257
Redarly 353
Regel der Gegenseitigkeit → Prinzip, Reziprozität
Responsive Design 131
  Darstellung 132
Review → Erfahrungsbericht
Rezensionen 210
Reziprozitätsnorm 177–178, 180
  beim Abo-Commerce 179
  im Onlinehandel 177
Rich Snippets 201–202, 316
  im Google-Suchergebnis 318
Richness 375
ROPO-Effekt 19, 45, 76, 89

S

Salesforce Marketing Cloud 353
Scribd 372
Search Engine Optimization 374
Second Screen 120
Selling-the-top-of-the-line 162
SEO 374
SEO → Suchmaschinen-Optimierung
Service 184
  verbessern 304
Service Design 304
Serviceanfragen 13
Shitstorm 18, 208
Shopauskunft 313
Shopbewertungen 198, 209, 307, 317, 322
  Anbieter 318, 320
  für Onlinehandel 199–200, 202
  in Google anzeigen 201

401

Shopping-App 125, 132, 169
   Angebote pushen 134
   Bestellprozess 135
   Funktionen 133, 135
   für Multichannel-Handel 133
   Konzeption 134
   Push-Notifications 134
Shopware 316
Showrooming 17, 22, 25, 37, 45, 110,
                           115, 122, 124, 188
   Effekt 22, 38, 122
   für Onlinehandel nutzen 123
   mit Barcode-Apps 124
   Showrooming-Effekt 151
Simpleshow 370
Slideshare 373
Smartphone
   als Kartenlesegerät nutzen 386
   Boom 112
   im Verkaufsprozess 126
   Markt 111
   mit GPS-Empfänger 112
   mit NFC-Chip 112
   Nutzung 109, 111
   Verbreitung 109
Smartphone-Nutzung
   am Point of Sale 109
   Motive 117
Social Commerce   14, 30, 44, 222, 224, 231
   Definition 51, 53
   Facebook-Commerce 53
   Formel 54
   für den Onlinehandel 55
   für stationären Handel 56
   Shopping-Communitys 74
   Social Gifting 71
   Social Login 71, 276, 357
   Social Recommendations 53, 55, 67,
                                     185, 343
Social Login 357
Social Media 13, 26, 111, 115, 171,
                           215, 220, 238, 244
   als Entscheidungshilfe 47
   als Inspirationsquelle 64
   Communitys 27
   Foren 217
   Funktionen im Onlineshop 53
   für Öffentlichkeitsarbeit 49

   für stationäre Händler 31, 93
   im Kommunikations-Mix 27
   Nutzung 49
   sicherer Umgang 45
   Social Ads 61, 77, 100, 263
   Social Plugins 53, 186, 262, 361
   Social Search 78
   Social Web 17, 31
   Soziale Netzwerke 13, 27, 47
   Werbung 52, 279
Social Media Management 345, 348
Social Media Marketing 31, 49, 52
   Kampagne 271
Social Media Monitoring 217, 221, 343
   Tools   156, 217, 296, 334, 345, 347, 351
   Tools kostenlos 345
Social Proof 14, 74, 147, 181, 184,
                             186, 190, 280, 311
   als Verkaufstaktik nutzen 148
   bei Amazon 149
   im Onlinehandel 149
   im stationären Handel 151
Social Relationship Management 355
Social Web 174, 294
SocialBro 335
SocialCRM 293, 297
   Anbieter 334, 355
   rechtliche Rahmenbedingungen 295
   Software 355
Social-Media-Kanäle verknüpfen 350
socialmention 348
Soziale Bewährtheit → Prinzip Social Proof
Spielmechaniken → Gamification
Stickiness-Faktor 224
Storytelling 16, 184, 186, 253, 268
   Aufbau einer Geschichte 255
   bei Bewertungen 190
   Erzählstruktur 254
   für Onlinehändler 259
   für stationäre Händler 257
   Heldenreise 256
   mit Konflikten 257
   Transmedia Storytelling 259
   Vorteile 255
Strategien 14, 183, 276
   Mobile-First-Strategie 42
Streuverluste
   minimieren 100

Suchmaschinen-Marketing
  mit Content 374
Suchmaschinen-Optimierung 374
  mit Bewertungen 58, 188, 190
  mit Content Marketing 250, 252
  mit Local Citations 331
SugarCRM 355
Supreme Mag 339
Synthesio 352
Sysomos Heartbeat 352

T

Tablet-PC 109
  Nutzung 111, 118
  Verbreitung 109
Targeting 100, 298
  Predictive Behavioral Targeting 298
  Retargeting 298–299
Technorati 337
Testberichte 188, 241
Testbirds 356
testCloud 356
testhub 356
Testimonial 231
Textzeichnerin 370
That's not all-Technik 180
Theorie der Schweigespirale 172
Theorie der Selbstbestimmung 173
Timelineness 375
Traffic
  im Onlineshop erhöhen 222
  mobil 172
trnd 213, 341
Trusted Shops 199–200, 317
  Gütesiegel 200, 319
  Käuferschutz 200
  Qualitätskriterien 318
  Shopbewertungen 318
Trustpilot 311
Tumblr 365
Tupperparty 181
Twazzup 347
Tweetreach 335
Twingly 338
Twitter 180, 220, 334
  Analysetool 335
  Kundenservice 300, 302

Monitoring 347
Tweet Shop 181

U

uberMetrics 354
Uniqueness 375
Urheberrecht 340

V

Valuephone 384
Verbraucher 47
  Verbraucherrolle 47
Verbraucherperspektive 72
Verkäufer-Käufer-Beziehung 30
Verkaufsförderung 238–239
  mit Bewertungen 191
  mit mobilen Angeboten 145
  mit mobilen Endgeräten 113
Verkaufsstrategie
  Autorität 153
Verkaufstechniken 145
Verknappung 147
  bei Shopping-Clubs 166
  in Onlineshops 163
  künstlich 161–162
Versand 178
Vertrauen 13, 19
  beim Onlineshopping 189
  durch Affinität 170
  Experten vertrauen 30
  gewinnen 29
  in Bewertungen 188
  in Empfehlungen 212, 216
  in klassische Werbung 29
  in Onlineshop 129
  in Onlineshop erhöhen 55
  in persönliche Empfehlung 63
  in Werbung 62, 188
  steigern 48, 52, 56, 58, 183
  stiften 154, 187
  Vertrauenseffekt 202
Vertrauen stiften 18
Vertrieb 76
Video Marketing 366
VideoSEO 368

Vielfliegerprogramme 237
Vine 370
Vlogger 157

W

Werbewirksamkeit 154
Werbung 13, 29, 48, 280
   Bannerwerbung 61
   Direct Mailings 293
   effektiv 212
   in Social Media 13
   klassisch 27, 77, 211
   Werbebudget 77
   Werbewirkung 187
Wertschöpfung 275
Wettbewerbsvorteile 94, 304
   sichern 52, 116
WOM → Word-of-Mouth-Marketing
Word-of-Mouth-Marketing 156, 212
   Agenturen 341
   Anbieter 213
   Definition 212
   im Media-Mix 213
   Kampagne 342
   Kampagnenerfolg 343
   Ziele 213
WordPress 252, 363
Wynsh 249

Y

Yapital 384
Yelp   90, 92, 99, 203, 210, 288, 323, 325
   App 325
   Consumer Alert 210
   mobil 92
YouTube   13, 158, 220, 234, 295, 329, 366
   Editor 366
   für Onlinehändler 265–266
   Haul-Videos 229
   Monitoring 346
   Nutzung 264
   Profis 157
   Rankingfaktoren 367
   Shoppable Video Ads 61
   Stars 233
   YouTube-Ads 158, 266
YouTube-Anzeigen 380
YouTube-Marketing 266–267

- Von der Planung bis zum Monitoring und Reputation Management

- Kundenbeziehungen stärken und Empfehlungsmarketing nutzen

- Inkl. Google+, Social Commerce und vielen Fallbeispielen aus D/A/CH

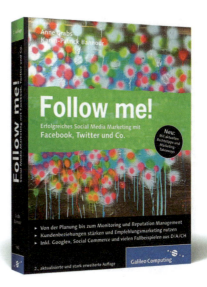

Anne Grabs, Karim-Patrick Bannour

Follow me!
Erfolgreiches Social Media Marketing mit Facebook, Twitter und Co.

Für Unternehmen jeder Branche und jeder Größe ist es interessant, in Social Media aktiv zu werden. Folgen Sie der Erfolgsstrategie: Was ist Social Media? Wie gehen Sie damit um? Welche Schritte müssen in welcher Reihenfolge erfolgen? Welche Gefahren drohen und wie können Sie diese Gefahren minimieren? Inkl. Strategien zum mobilen Marketing, Empfehlungsmarketing, Crowdsourcing, Social Commerce, Google+, Rechtstipps u.v.m.

538 S., 2. Auflage 2012, komplett in Farbe, 29,90 Euro
ISBN 978-3-8362-1862-7
www.galileocomputing.de/3028

»Das Wichtigste zuerst. „Follow Me" liest sich einfach wunderbar und auch Profis freuen sich bestimmt über die unzähligen kleinen Tipps und Tricks zwischen den Zeilen.«
Kulturbanause - Jonas Hellwig

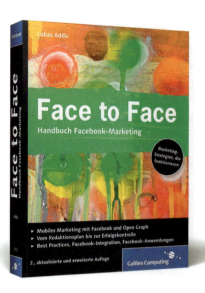

- Mobiles Marketing mit Facebook und Open Graph

- Vom Redaktionsplan bis zur Erfolgskontrolle

- Zahlreiche Best Practices, Facebook-Integration, Facebook-Anwendungen

Lukas Adda

Face to Face
Handbuch Facebook-Marketing

Face to Face bietet einen umfassenden Überblick zum Einsatz von Facebook als Marketing-Instrument. Inkl. Definition von Zielen, Strategien und zahlreichen Best Practices. Lukas Adda stellt Ihnen auf unterhaltsame Weise Facebook vor und gibt Ihnen erprobte Strategien und kreative Denkanstöße an die Hand, um selbstständig erfolgreiche Social-Media-Kampagnen auf Facebook zu planen oder Dritte (z. B. eine Agentur) effektiv briefen zu können.

504 S., 2. Auflage 2013, komplett in Farbe, 29,90 Euro
ISBN 978-3-8362-2212-9
www.galileocomputing.de/3323

Ausführliche Informationen: www.galileocomputing.de

- Die Grundlagen digitaler PR-Arbeit mit zahlreichen Best Practices

- Social Media sinnvoll nutzen und Projekte erfolgreich umsetzen

- Der Praxisguide für Unternehmen, Verbände, Vereine und NGOs

Dr. Rebecca Belvederesi-Kochs

Erfolgreiche PR im Social Web
Das praktische Handbuch

Nutzen Sie das Potenzial von Facebook, Twitter & Co.! Stellen Sie sich der Herausforderung einer modernen, dialogorientierten PR-Strategie. Anhand von Praxisbeispielen aus unterschiedlichen Branchen lernen Sie, soziale Medien systematisch einzusetzen. So wird Ihre digitale PR- und Öffentlichkeitsarbeit zum Erfolg. Unsere Autorin erklärt Ihnen Social-Media-Kampagnen von der Idee bis zur Realisierung, inkl. Verbandskommunikation, Sozial- und Kulturmarketing, Employer Branding, Produktvermarktung sowie Service, Support und Imagegestaltung.

522 S., 2013, komplett in Farbe, 29,90 Euro
ISBN 978-3-8362-2011-8
www.galileocomputing.de/3260

»Das Buch ist gut bebildert und enthält viele Beispiele. Die Marketing-Take-aways und Rechtipps liefern wichtige Infos ganz kompakt.«
Online-Marketing-Praxis

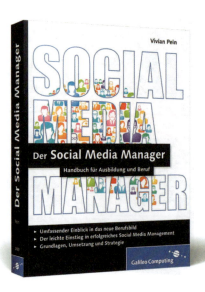

- Umfassender Einblick in das neue Berufsbild

- Grundlagen, Umsetzung und Strategie

- Der leichte Einstieg in erfolgreiches Social Media Management

Vivian Pein

Der Social Media Manager
Handbuch für Ausbildung und Beruf

Was ist ein Social Media Manager? Welche Aufgaben nimmt er im Unternehmen wahr? Und welche Ausbildungsmöglichkeiten gibt es für diesen spannenden neuen Beruf? Antworten darauf und vieles mehr bietet das erste deutsche Handbuch für jeden, der diesen Job anstrebt oder die Stelle im Unternehmen einführen möchte. Mit vielen Beispielen, praxisnah und umfassend!

575 S., 2014, komplett in Farbe, 29,90 Euro
ISBN 978-3-8362-2023-1
www.galileocomputing.de/3280

Begleiten Sie uns: www.facebook.com/GalileoPressVerlag

- Von der Planung bis zur Erfolgskontrolle

- Brand Awareness, Kundenzufriedenheit, Innovation Management

- Employer Branding, Social Commerce, Monitoring

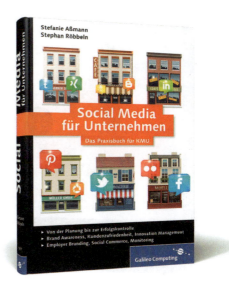

Stefanie Aßmann, Stephan Röbbeln

Social Media für Unternehmen
Das Praxisbuch für KMU

Social Media steckt in Deutschland noch in den Kinderschuhen und gerade im Bereich der KMU gibt es einen großen Bedarf an Strategien und Konzepten. Unser Praxisbuch gibt Ihnen einen verständlichen Einblick in alle relevanten Arbeitsschritte für eine erfolgreiche Social-Media-Teilnahme.
Konkrete Themenfelder wie Brand Awareness, Kundenzufriedenheit, Innovation Management etc. zeigen Möglichkeiten der Umsetzung und bieten Anleitungen und Best Practices für KMU.

392 S., 2013, komplett in Farbe, 29,90 Euro
ISBN 978-3-8362-1977-8
www.galileocomputing.de/3211

»Gut bebildert und mit aktuellen Best Practices liefern Sie für nahezu alle Situationen hilfreiche Tipps sowohl für absolute Einsteiger als auch für diejenigen, die sich bereits mit dem Thema befasst haben.«
Dr. Torsten Schwarz

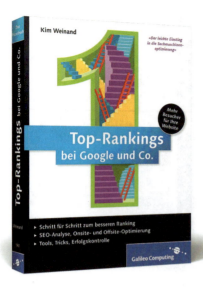

- Schritt für Schritt zum besseren Ranking
- SEO-Analyse, Onsite- und Offsite-Optimierung
- Tools, Tricks, Erfolgskontrolle

Kim Weinand

Top-Rankings bei Google und Co.

Zieht Ihre Internetseite zu wenige Besucher an? Die Lösung dieses Problems liegt meist klar auf der Hand: Die Website wird im Internet nicht gefunden. Maßgeblich für den Erfolg eines Unternehmens ist, dass der Internetauftritt auf der ersten Seite bei Google & Co. erscheint. Kim Weinand vermittelt in seinem Einsteigerbuch aktuelles Praxiswissen und Erfahrungswerte zu den Trends der Suchmaschinen-Optimierung. Hier erfahren Sie alles darüber, wie Sie erfolgreicher im Netz auftreten können.

407 S., 2013, 24,90 Euro
ISBN 978-3-8362-1961-7
www.galileocomputing.de/3184

»Ein Buch, das als uneingeschränkte Empfehlung der NetzNews-Redaktion gilt.«
NetzNews

Leseprobe im Web!

- Mit Schriften, Farben und Grafiken gestalten

- CSS-Layouts, Navigationen, Icons, Buttons

- Usability, Webstandards und Responsive Webdesign

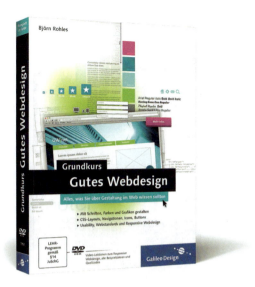

Björn Rohles

Grundkurs Gutes Webdesign
Alles, was Sie über Gestaltung im Web wissen sollten

Was macht aus einer einfachen Website einen echten Hingucker, der im Gedächtnis bleibt? In diesem Buch erfahren Sie es, denn hier erlernen Sie die Gestaltungsgrundlagen für gutes Webdesign – vom perfekten Layout über die richtigen Farben und die passende Schrift bis hin zum Design von Grafiken, Bildern und Icons mit Photoshop. Dass dabei mit HTML5 und CSS3 gearbeitet wird, versteht sich von selbst. Auch Barrierefreiheit, Usability und Responsive Webdesign werden groß geschrieben. So entstehen moderne und attraktive Websites, die jeder gerne besucht!

424 S., 2013, komplett in Farbe, mit DVD, 24,90 Euro
ISBN 978-3-8362-1992-1
www.galileodesign.de/3236

Galileo Press

- Alle wichtigen HTML5-Elemente und CSS3-Eigenschaften einsetzen

- Grundlagen und Konzepte für Responsive Webdesign

- Mobile Navigation, Media Queries und Gridlayouts

Peter Müller

Flexible Boxes
Eine Einführung in moderne Websites

Ihnen schwirrt der Kopf bei all den vielen Begriffe, Konzepten und Anforderungen? Dann sollten Sie einen Blick in das neue Buch von Peter Müller werfen. Er zeigt Ihnen von Grund auf, was Sie für die Erstellung von flexiblen Webseiten für die verschiedensten Endgeräte beachten müssen. Egal, ob es sich dabei um HTML5, CSS3, Adaptive oder Responsive Webdesign, Mobile First, Grid-Frameworks handelt.

448 S., 2013, 24,90 Euro
ISBN 978-3-8362-2519-9
www.galileocomputing.de/3415

»Das Buch hat das Zeug, zum neuen State-of-the-Art-Einführungsbuch für Responsive Webdesigns zu werden.«
mediavalley.de

Ausführliche Leseproben: www.galileocomputing.de

- Grundlagen, Praxisbeispiele, Referenz

- Responsive Webdesign, Flexbox, SASS u. v. m.

- Inkl. CSS-Layouts, YAML, mobiles Webdesign

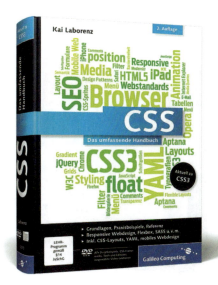

Kai Laborenz

CSS
Das umfassende Handbuch

Das vollständige Wissen zu CSS und Co. in einem Band! Einsteiger erhalten eine fundierte Einführung, professionelle Webentwickler einen Überblick über alle CSS-Technologien und Praxislösungen für CSS-Layouts sowie Tipps, um aus dem täglichen Webeinerlei herauszukommen. Inkl. HTML5, CSS3, Mobiles und Responsive Webdesign u.v.m.

791 S., 2. Auflage 2013, mit DVD und Referenzkarte, 39,90 Euro
ISBN 978-3-8362-2313-3
www.galileocomputing.de/3348

»Das Buch eignet sich gut, um vorhandenes Wissen zu vertiefen, ist aber zugleich ein brauchbares Nachschlagewerk. Alle Themen sind didaktisch gut aufbereitet. Viele Screenshots und Listings ergänzen den flüssig lesbaren Text.«
c't

Galileo Press

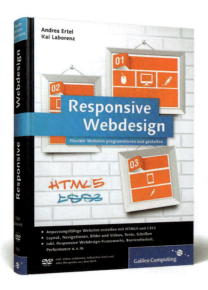

- Mit HTML5 und CSS3 flexible Websites erstellen

- Layout, Navigationen, Bilder und Videos, Texte, Schriften

- Inkl. Responsive Webdesign-Frameworks, Barrierefreiheit, Performance u.v.m.

Andrea Ertel, Kai Laborenz

Responsive Webdesign
Anpassungsfähige Websites programmieren und gestalten

»Responsive« ist eine der wichtigsten Anforderungen für moderne Websiten. Als erfahrener Webentwickler lernen Sie in diesem Buch alles, was Sie wissen müssen: flexible Gestaltungsraster, anpassungsfähige Biler, Media Queries, dem Aufbau einer HTML5-Site, textliche Gestaltung sowie Navigations- und Layoutanforderungen, Barrierefreiheit, Tools, Frameworks. Lassen Sie sich von den spannenden Beispielprojekten inspirieren.

ca. 400 S., komplett in Farbe, mit DVD, 39,90 Euro
ISBN 978-3-8362-2582-3, Dezember 2013
www.galileocomputing.de/3429

Ausführliche Informationen: www.galileocomputing.de

- Dynamische Webanwendungen entwickeln

- Inklusive HTML, CSS, Ajax, jQuery, jQuery mobile

- Mit zahlreichen Beispielprogrammen und Projektvorlagen

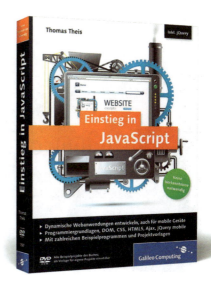

Thomas Theis

Einstieg in JavaScript

Lernen Sie die Grundlagen der modernen JavaScript-Programmierung. Schnell erstellen Sie Ihre erste eigene Anwendung. An typischen Beispielen wie z. B. einer Digitaluhr testen Sie Ihr Wissen. Das Buch führt Sie in alle Bereiche ein, die für die JavaScript-Programmierung relevant sind: CSS, HTML, jQuery und Ajax. Schon bald werden Sie anspruchsvolle interaktive Programme für Ihre Website entwickeln.

Keine Programmierkenntnisse notwendig!

438 S., 2014, mit CD, 24,90 Euro
ISBN 978-3-8362-2587-8
www.galileocomputing.de/3434

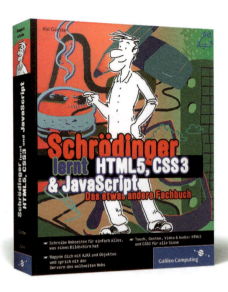

- Schau dem WWW gründlich unter die Haube
- Schreibe Webseiten für einfach alles, was einen Bildschirm hat
- Wappne dich mit AJAX und Objekten, und sprich mit den Servern des weltweiten Webs
- HTML5 und CSS3 für alle Sinne

Kai Günster

Schrödinger lernt HTML5, CSS3 und JavaScript
Das etwas andere Fachbuch

Eine runde Sache: Schrödinger wird Webentwickler! Zum Glück hat er einen Kumpel, der auf jede Frage eine Antwort weiß, wenn er nur genug Kaffee bekommt. Zusammen lernt ihr HTML, CSS und JavaScript ohne das Buch zu wechseln - was auch zu schade wäre. Mit viel Witz, der nötigen Theorie, Unmengen an Code, Tipps, Übungen und den verdienten Pausen. Von "Hallo Webwelt" über AJAX bis zu Responsive Webdesign und TouchScreens: alles auf dem neuesten Stand und, wenn du willst, mit deinem eigenen Webserver. Umwerfende Beispiele, fantastisch illustriert.

826 S., 2013, komplett in Farbe, 44,90 Euro
ISBN 978-3-8362-2020-0
www.galileocomputing.de/3277

Immer gut informiert: Bestellen Sie unseren Newsletter!